发明心地

永嘉大师圆寂1305周年国际学术研讨会论文集

陈中浙 主编

商务印书馆
创于1897 The Commercial Press

涵芬楼文化 出品

序

据《弘治温州府志》卷三记载："头陀山，宿觉剪发于此。"由此可见玄觉是在温州头陀寺剃发受戒的。这在佛教其他的一些著作中也有类似记载，如明释石奇就认为头陀寺为"永嘉祖道场"，称玄觉为"本山真觉大师"（《雪窦石奇禅师语录》卷六）；民国初年高僧印光也说，"头陀山密印寺，即唐一宿觉道场也。"（《印光法师文钞·法幢和尚传略》）总之，玄觉与头陀寺的关系非常密切。为了纪念温州历史上的这一伟大而光辉的事件，2018 年 11 月头陀寺举行了永嘉玄觉大师文化节。这一年也正值头陀寺悟智法师荣膺方丈宝座，应悟智法师的要求，我出面组织了一次关于玄觉禅师的国际学术研讨会。

在禅宗史上，永嘉玄觉是最具创造性的一位禅师。他的两部名著《永嘉证道歌》和《永嘉禅宗集》堪称千古绝唱、百代慈航。玄觉原先是学天台的，后来经慧能的门人玄策指点，才到曹溪拜见慧能。《证道歌》就是他在得到慧能的印证之后写的一部著作。这部书是玄觉晚年所写，以无为实相为宗，"顿悟无生"为最高境界，认为修行不可落断常之坑，批评了"豁达空，拨因果"和"舍妄心取真理"这两种错误的见解，提出了"坐亦禅，行亦禅，语默动静体自然"的禅修法门。《证道歌》虽然义理深奥，但因为以诗颂的形式行文，所以言语通俗，读起来琅琅上口，故自诞生之日起就一直风靡民间萧寺，士庶同唱，流被海内外。这部书还被印度人尊称为"东土大乘经"（《佛祖统纪》卷十引洪觉范语"梵僧觉称，谓西竺目此歌为'东土大乘经'"），其地位犹如《金刚经》在中国（梅汝能《后序》亦称："后有梵僧传归西天，谓之'证道经'，人人受持，如中国之持《金刚经》也"）。

相较而言，《永嘉集》的影响就稍微逊色一些。这部书是玄觉去参见慧能之前的感悟心得，所以更多的是体现了与天台宗的关系。而且，这部书是由唐人魏静根据玄觉生前的开示记录编辑而成的，共分为十门，除第九门《劝友人书》之外，其余诸篇皆论述了"道不浪阶，随功涉位"的佛教次第修学法门。在汉传佛教诸多经书里，《永嘉集》对次第修学法门的论述最为详细与实在，是非常难得的一部修学指引典籍。在这个意义上，玄觉禅师可以说是中国佛教史上把禅学思想和禅修实践结合得最完美的一位禅师。玄觉禅师之所以杰出，在某种意义上说也是因为《证道歌》和《永嘉集》这两部著作影响巨大。同样，《证道歌》和《永嘉集》之所以这么出名，也是因为它们是出自玄觉禅师之手。这两者是相得益彰、相互影响的关系。

除了这两部名著之外，玄觉禅师最为后人津津乐道的，就是他初次去见六祖慧能时的表现，以及与慧能之间的一段对话。师徒两人的这段对话涉及到了佛教当中的一个核心概念——"无生"思想。"无生"思想是佛教当中最核心的机密，谁要是感悟到了，谁就脱离了"六道轮回"，摆脱了烦恼，得大自在圆满之身。因为玄觉在慧能那里只住了一个晚上便得悟，于是就有了一个脍炙人口的雅号："一宿觉"。虽然这个描述是有事实依据的，但人们这样称呼玄觉多少已经有了些神秘的色彩。

虽然玄觉禅师在禅宗史上很有名，但是为他专门举办一次高规格的国际学术研讨会好像并没有过。与会的各位专家在接到邀请之后，都表现出了非常高的热情，并在很短的时间内从各自的角度撰写了高质量的研究心得。这些专家学者都是来自于海内外高校的佛学研究人员，除国内知名院校的专家之外，还有加拿大、法国、日本等国家以及中国台湾和香港地区的专家。从人员构成来说，本次研讨会可谓囊括了老中青三代研究者，既有国内外资深学者，也有大学青年教师以及在读的研究生。同时，为了拓宽研究视野，我们还邀请了寺院里有理论研究的法师参会。所以说，这一次研讨会的覆盖面还是比较广的。

研讨会从筹备到举办再到后期的出版工作，都是在头陀寺方丈悟智大和尚的指导下完成的。我的学生常馨悦、张文晔、林丹慧、李承臻以及陈涵女士与南京大学的研究生林诗丛同学，也为会议做了大量工作，在此一并表示衷心的感谢。

现在这本论文集要出版了，这是一件好事。因为除了纪念头陀寺与玄觉禅师的深厚缘分之外，也是对玄觉禅师圆寂 1305 周年的一种告慰与致敬。同时，这也是对玄觉禅师研究的一次阶段性总结，以便为今后展开更为深入的研究打下基础。

陈中浙

2019 年 12 月于永临书院

目　录

永嘉玄觉与《证道歌》再探

徐文明[1]

内容提要：永嘉玄觉是中国禅宗史最具创造性的一代宗师。本文对其生平经历、禅学思想和重要著作《证道歌》进行论述，强调《证道歌》确实是玄觉作品，且版本差别不大，未经后人故意删改。

关键词：永嘉玄觉 《证道歌》 创造性 中国禅宗

永嘉玄觉大师是中国禅宗史的一代宗匠，也是一位有创造性思想的划时代的禅学理论家。

玄觉（665—713），俗姓戴，浙江永嘉人。早岁出家，遍习三藏，精通天台止观法门，与左溪玄朗交好。后遇六祖弟子玄策，受其启发，同往曹溪礼拜六祖，言问之下，顿得法要，便欲辞行，六祖强留一宿，时号"一宿觉"。玄觉回乡之后，学者云集，号真觉大师。其著作有唐庆州刺史魏静（靖）辑其"禅宗悟修圆旨"十篇，目为《永嘉集》，另有"歌行偈颂"流行，为其姊所集，《证

道歌》即其一。先天二年（713）玄觉圆寂，春秋四十九（《祖堂集》云其寿三十九）。

禅宗史书如《坛经》《景德传灯录》等皆载玄觉著《证道歌》一事，敦煌遗书（p.2104）等也载有《证道歌》，可见玄觉确有此作。胡适对《证道歌》有怀疑，并且开近代怀疑否定玄觉之先河，然而其论证粗疏，包括作者在内的很多人已经予以驳斥，不须再论。虽然如是，怀疑玄觉和《证道歌》的风气并未消歇，还是有很多学者不承认玄觉为《证道歌》的作者。

杨鸿飞作《〈永嘉证道歌〉的年代及其作者》[1]，因袭胡适之说，否定玄觉为作者，并且进一步提出长沙景岑为作者，此说对于学界亦有很大影响。

杨氏之说，一则强调《永嘉集》与《证道歌》之不同，认为二者没有关联，分属不同之作者。类似的观点笔者已经做过辩驳，不再重复。杨氏否定"一宿觉"与玄觉之关系，认为"一宿觉"代表"树下一宿"的头陀行，或者是一个晚上写出了《证道歌》。玄觉就是"一宿觉"，出自《坛经》，并且见于各种禅宗史料，根本无法否定。

据《六祖大师法宝坛经》卷一：

> 师曰："善哉！少留一宿。"时谓"一宿觉"。后著《证道歌》，盛行于世（谥曰"无相大师"，时称为"真觉"焉）。[2]

这是"一宿觉"最早的出处，表明玄觉生前就有此号，意为他聪明绝顶，一夜悟道。

据《景德传灯录》卷六：

---

1 《一九八〇年佛学研究论文集》，佛光出版社，1994 年 9 月，第 125—153 页。

2 《大正藏》第 48 册，第 357 页下。

朗州中邑洪恩禅师。仰山初领新戒到谢戒，师见来于禅床上拍手云："和和。"仰山即东边立，又西边立，又于中心立，然后谢戒了，却退后立。师云："什么处得此三昧？"仰云："于曹溪脱印子学来。"师云："汝道曹溪用此三昧接什么人？"仰云："接一宿觉用此三昧。"仰云："和尚什么处得此三昧来？"师云："某甲于马大师处学此三昧。"[1]

中邑洪恩为马祖门人，从其与仰山对话中，可知曹溪六祖以此三昧接引玄觉一宿觉，后来这一法门传到马祖。

据《云门匡真禅师广录》卷二：

举一宿觉云："幻化空身即法身。"师拈起拄杖云："尽大地不是法身。"[2]

云门文偃多次引用玄觉《证道歌》，大多称为一宿觉而不名，可见他认为玄觉就是一宿觉。

据《景德传灯录》卷十八：

杭州龙册寺顺德大师道怤，永嘉人也，姓陈氏。卅岁不食荤茹，亲党强啖以枯鱼，随即呕哕。遂求出家，于本州岛开元寺受具。游方抵闽川谒雪峰。峰问："什么处人？"曰："温州人。"雪峰曰："恁么即与一宿觉是乡人也。"曰："只如一宿觉是什么处人？"雪峰曰："好吃一顿棒！且放过。"[3]

这一记载又见《祖堂集》，可见雪峰门下普遍认为温州永嘉的玄觉就是一宿觉。

1　《大正藏》第 51 册，第 249 页中。
2　《大正藏》第 47 册，第 554 页中。
3　《大正藏》第 51 册，第 348 页下。

据清凉文益《宗门十规论》卷一：

> 一宿觉云："欲得不招无间业，莫谤如来正法轮。"[1]

如此法眼宗的创始人清凉文益也有同样的观点。

据《景德传灯录》卷十八玄沙机缘：

> 师问镜清："教中道：菩萨摩诃萨，不见一法为大过失。且道不见什么法？"镜清指露柱云："莫是不见遮个法么？"（同安显别云：也知和尚不造次。）师曰："浙中清水白米从汝吃，佛法未会在。"（玄觉云："且道玄沙怎么道，意在什么处？不见僧问洞山云：'不见一法为大过失，此意如何？'洞山云：'不见一法，好言语。上座，一宿觉云：不见一法即如来，方得名为观自在。普贤菩萨又云：不见一法为大过失。是一个，是两个，试断看。'"）[2]

由于镜清道怤与玄觉为同乡，是故雪峰玄沙都引与玄觉相关的公案启发他。不见一法为大过失，出自唐译《华严经》卷四十九普贤行品，意为嗔心最为可怕，菩萨过失，以嗔心为最，若菩萨于他菩萨生起嗔心，则成就百万障碍，不能证道。菩萨以慈悲为本，嗔心与慈悲相反，故障道最重。玄觉之"不见一法即如来"，是引《心经》，强调观自在菩萨照见五蕴皆空，于一切法无染无着。二者意谓本来出处不同，意味有别，但在禅者看来，实则非一非异。清凉文益门人玄觉导师报慈行言对此有评述，并且引洞山之言，表明洞山之时就明确一宿觉就是玄觉。

---

1 《新续藏》第 63 册，第 37 页下。

2 《大正藏》第 51 册，第 346 页下。

禅宗史料中的例证实在太多，不胜枚举。在其他史料中同样有相关证据。

据《宋高僧传》卷八《玄觉传》：

> 既决所疑，能留一宿。号曰"一宿觉"，犹"半遍清"也。[1]

是故史家赞宁同样认为玄觉就是一宿觉，表明其悟道之速，与"半遍清"一样，都是表示利根顿悟。赞宁之说可能出自李邕所作《神道碑》，值得重视。所谓"半遍清"，实是"一遍沼"之误书，"沼"与"照"通，隋唐之时有"河南一遍照"，即神照，唐朝有"山东一遍沼"，即窥基门人白马惠沼（648—714）。

据《法藏碎金录》卷四：

> 一宿觉《证道歌》云：一切数句非数句，与吾灵觉何交涉。
> ……一宿觉《永嘉集》中所说枝条念，吾愿学人无使滋繁。
> ……一宿觉云：初修心人须识五念，一故起念，二串习念，三接续念，四别生念，五即静念。得此五念停息之时，名为一念相应。[2]

晁迥为宋初之人，他多以一宿觉称呼玄觉，可见他也认为二者本为一人。晁迥晚年经常读诵《证道歌》，以此修行。

总而言之，玄觉就是一宿觉，从古到今，除了杨氏之外，没有任何人提出异议，并且一宿觉就是玄觉专门的称号，历史上也没有出现过第二个一宿觉。法名玄觉者很多，号真觉大师者也不少，但是一宿觉只有一个。杨氏未否定一宿觉是《证道歌》的作者，只在"招觉"与"招贤"上做文章，实是徒劳无功，

1 　《大正藏》第 50 册，第 758 页上。
2 　《大藏经补编》第 27 册，第 740 页上、750 页上。

思路也不很清楚。

明确玄觉就是一宿觉，一宿觉就是玄觉，就没有必要解释杨氏提出的"招觉大师一宿觉"为"招贤大师一宿觉"的观点了。

《证道歌》的出现，远在招贤景岑之前，有多个证据。

据《传心法要》，黄蘗言道："古人心利，才闻一言，便乃绝学，所以唤作'绝学无为闲道人'。"[1] 希运所说的心利的古人便是玄觉，"才闻一言，便乃绝学"，指的就是玄觉在曹溪一语得悟的故事，由是也可以证明《证道歌》的早出。希运为南岳下三代，其所谓"古人"，当然与之相差不只一代，而应是马祖以前之人，正与玄觉相应。希运除引用《证道歌》首句外，更引"势力尽，箭还坠，招得来生不如意。争似无为实相门，一超直入如来地"[2]，以令学者莫学有为，莫向文字中求，还引"了了见，无一物，亦无人，亦无佛。大千世界海中沤，一切圣贤如电拂"，以说明"一切不如心真实"[3]。《宛陵录》载希运言"性即便是'本源自性天真佛'故"[4]，亦是引用《证道歌》原句。[5]

黄蘗希运与招贤景岑为同辈，若是《证道歌》为后者之作，黄蘗怎么可能称其为古人？

依照杨氏的逻辑，凡是不符合其观点的说法都是后人追改，因此处所谓"古人"也和《祖堂集》中的"古人"一样，都应当是后人妄加，如此"古人"当为"今人"。黄蘗大量采用同辈的招贤之作而不加注明，也是难以理解的。

据《景德传灯录》卷三：

皓月供奉问长沙岑和尚。"古德云：了即业障本来空，未了应须偿宿

---

1 《新续藏》第 68 册，第 15 页上。
2 《新续藏》第 68 册，第 15 页下。
3 《新续藏》第 68 册，第 16 页上。
4 《新续藏》第 68 册，第 20 页中下。
5 参见徐文明《中土前期禅学史》相关部分。

债。只如师子尊者、二祖大师，为什么得偿债去？"长沙云："大德不识本
来空。"彼云："如何是本来空？"长沙云："业障是。"又问："如何是业障？"
长沙云："本来空是。"彼无语。长沙便示一偈云："假有元非有，假灭亦非
无。涅槃偿债义，一性更无殊。"[1]

此处也是称"古德云"，这与杨氏所谓《祖堂集》乃追改、《景德传灯录》
保持原貌之说并不一致。

依照《祖堂集》及《景德传灯录》之次序，招贤景岑与皓月供奉的对话是
在南泉迁化之后，而杨氏认为，景岑创作《证道歌》是采用吸收皓月引用的古
人之言，然而早在南泉生时，就已经与门人讨论《证道歌》之语句了。

据《景德传灯录》卷十：

> 终南山云际师祖禅师，初在南泉时，问云："摩尼珠，人不识，如来藏
> 里亲收得。如何是藏？"南泉云："与汝来往者是藏。"师云："不来往者如
> 何？"南泉云："亦是藏。"又问："如何是珠？"南泉召云："师祖。"师应诺。
> 南泉云："去！汝不会我语。"师从此信入。[2]

如果杨氏的观点成立，那么景岑在作《证道歌》时，不仅吸收了皓月供奉
所引的古人之言，还采用了其师南泉与师弟云际师祖讨论时引用的两句话，看
来早在景岑创作《证道歌》之前，其中很多重要语句就已经出现了，那么景岑
还有必要创作或者抄袭吗？

与景岑同时的黄蘖希运、皓月、洞山、师祖都引用过《证道歌》，并且三
人都称为"古人"言，足以证明景岑不可能是作者。

---

1 《大正藏》第51册，第221页上。

2 《大正藏》第51册，第276页中。

杨氏还花了不少工夫论证《证道歌》与景岑思想的一致，其实这些都只能说明景岑是在吸收和学习玄觉的思想，无法证明景岑是作者。

杨鸿飞的观点还可能影响到了贾晋华，她也认为《证道歌》的"真正作者很可能又是马祖的弟子辈"[1]。然而贾晋华的论证方式与杨鸿飞如出一辙，那就是所谓在《证道歌》中有大量马祖和洪州禅的思想。其实不是《证道歌》中有马祖的思想，而是马祖大量吸收了玄觉《证道歌》的思想。正如祖孙相似，是因为孙子继承了祖辈的基因，不能反过来说爷爷继承了孙子的基因。

假如《证道歌》的作者是马祖门人，那么是哪一位门人呢？贾晋华没有明确到底是谁，然而其早期流传与南泉一系关系密切，那么有没有可能是南泉呢？

事实上这种可能性还是不存在。因为南泉门人云际师祖引用《证道歌》，明确称为"古人言"，云际师祖既没有可能将活着的老师称为古人，也不可能与南泉同辈称为古人。同样道理，黄檗希运也不可能将百丈怀海一辈称为古人。如此马祖弟子辈作《证道歌》绝无可能，那么是不是马祖同辈呢？

与马祖同辈的杰出禅师，只有石头希迁最为著名，相传希迁有《草庵歌》，也是擅长歌行偈颂者。然而石头希迁与马祖门风有别，想必贾晋华也不会同意石头希迁为作者，而且没有类似的说法。

近代月溪法师作《神会与〈证道歌〉》：

> 《证道歌》是我中国禅宗的重要著作，外国学者把他当作中国大乘论来看待的，一向是著名永嘉《证道歌》，后有人怀疑过他不是永嘉禅师所作的，好多年前月溪尝于西安卧龙寺偶然获得到一本宋版的《证道歌》，著者却是神会（这本书可惜在战争中失掉了），引起我的疑心，于是我拿《证道歌》来和《永嘉集》仔细的参对，是有两方面辩论证明：《永嘉集》与永嘉《证

1　贾晋华《古典禅研究：中唐至五代禅宗发展新探》（修订版），上海人民出版社，2013 年 6 月，第 186 页。

道歌》说的话意思是两样,《证道歌》与《荷泽神会语录》(商务印书馆出版)意思是一样,《永嘉集》的话是庄子的话,《证道歌》与荷泽语录,是明心见性后说最上乘的话,你们拿这几种书自己参考,都能明白,觉得两者在思想和口吻上皆大相径庭。又把他来和神会的《显宗记》参对,则不但思想相同,而且文字口吻都极近似。

此说颇为新奇,然而证据不足,也缺少细致的论证。

聂清作《证道歌作者考》[1],受到月溪法师和杨鸿飞的启发,论证提出神会为作者。杨氏指出:

> 《证道歌》中"建法幢,立宗旨,明明佛敕曹溪是",这是一种口角争论的口吻和笔调,这种口吻和笔调,要不是参战神会的攻击北宗,大概是不会产生的!

他还指出,"建法幢,立宗旨",与敦煌本《坛经》中吹捧神会的二十年预言有关,《证道歌》中顿觉了与如来禅的结合,乃是神会攻击北宗的说教。这些说法显然影响了聂清,他由此进一步提出《证道歌》作者为神会之说。

他引近代月溪禅师之说,以为宋代刊本有"荷泽所作"之作,可惜此说乃是孤证,那个标明荷泽所作的所谓宋本好像没有其他人见过,而将《永嘉集》视为二乘老庄之言恐怕有失公平,他所列出的其他证据也都无法成立。

首先,所谓"吾早年来积学问"之经历与神会相合。此说不足为据,因为早年从事学问、精通内外典籍的禅僧实在太多,六祖门下不只玄觉、神会二人,还有很多。严格考察,这反而是属于玄觉的证据。因为这是玄觉学禅悟道之后对于早年经历的反思,也是后世天台宗人最不满意之处,因为此说有抬高

---

1 《宗教学研究》,1999 年第 1 辑,第 131—137 页。

禅宗、批评天台之嫌，天台宗之所以认为其"辞旨乖庆"，就是由此。其中所说的"疏与经论"并非泛指，实际是指天台宗人研习的经论与注疏。

"却被如来苦呵责"，此如来未必专指六祖慧能。一则虽然玄觉对于六祖十分尊敬，然而按照当时的佛教传统，将六祖直接称为"如来"是犯忌讳的，会引起很大的争议，甚至会为六祖招致毁谤。因为当时北宗一系势力和影响非南宗所能及，神秀、老安等在朝廷的地位也高于慧能，六祖的身份尚未确定，怎么可能敢直接把慧能称为佛呢！二则经中有明确的出处。

据《大方广佛华严经》卷五《菩萨明难品6》：

> 譬如贫穷人，日夜数他宝，
> 自无半钱分，多闻亦如是。[1]

这一偈颂被天台宗和禅宗的很多大师都引过，如慧可、智𫖮等，玄觉当然对此十分熟悉。

其次，作为一个老师，六祖批评的弟子很多，不只神会。在《坛经》中，六祖还批评过志诚、智常等。由此一句，便限定神会一人，不太严格。

六祖本人没有直接批评玄觉的记载，但是门人玄策曾经指点过玄觉，并要求他到曹溪请益，这也是玄觉从天台宗转向禅宗的关键。玄策本人同样是从天台宗转向禅宗的，曾经作为湛然的天台宗启蒙导师，他的经历对于玄觉很有启发。

聂清认为，"有疑不决直须争"数句，反映了神会在滑台寺与北宗的争论。不只神会，玄觉一生也多次面临争论。一是其他人对他在寺中孝养母亲和姐姐的疑谤；二是天台宗人内部的理论争议，如他与左溪之争；三是南宗北宗之争。切莫认为在六祖生前不存在南北之争，《坛经》中就有明确的记载，甚至还有

---

[1] 《大正藏》第 9 册，第 429 页上。

北宗不肖弟子派遣志诚刺杀慧能的说法。面对来自各方的批评甚至毁谤，玄觉在《证道歌》中有所记述和回应，这是十分正常的。所谓六祖门下除神会之外没有第二人有类似受到毁谤乃至迫害的经历，这是不能成立的。

其三，所谓《证道歌》有很多思想与《神会语录》一致，这是十分正常的，因为二人同师六祖，其所谓一致的说法有共同的来源，并不奇怪。此说不能作为神会是作者的证据，否则六祖门人都可以作为《证道歌》作者。二者思想一致，还有可能是神会参照引用玄觉的著作。

另外，说神会是《证道歌》作者，有一致命问题，因为神会不承认，甚至不知道二十八代说。聂清以"后人追改"将此一笔带过，那么追改以前的版本是什么，有没有证据证明后人改过，对此不能置之不理。

陈盛港在《中华佛学研究》第五期发表《永嘉证道歌原作者溯源并歌文比较》，还是神会为作者，在论证上也下了一些功夫，然而基本思路与论证方式与月溪、聂清没有太大差别，轻易否定玄觉为作者。其论证有三。一是认为二十八代说为后出，玄觉生时不可能有。二十八代说始自六祖，玄觉最早得到传授。二是认为六代传衣、中土六祖传承当时不可能有。玄觉之时有关中土传承及南北之争早就开始了。三是认为"曹溪"代表慧能当时不可能出现。六祖在曹溪说法三十多载，以曹溪代表六祖根本不是问题。这三种说法都不严密，皆属似是而非。

总而言之，将神会作为《证道歌》作者，是不能成立的。此说也没有得到学界的承认。

总之，将《证道歌》作为玄觉一宿觉之作品，证据历然，十分合理；对此无端怀疑，非要让不相干的人充当作者，不仅于史无据，而且毫无必要。如果宋代天台宗人的怀疑是出于宗派的偏见，是为了维护本宗利益，那么近代自胡适以来的怀疑纯粹是疑古情结在作怪，是为怀疑而怀疑。

当年由于条件限制，无论是胡适还是杨鸿飞都未能掌握敦煌本《证道歌》的完整情况，如今这一情况已经有所改变。张子开先生在《宗教学研究》1994

年第 2、3 期上发表《永嘉玄觉及其〈证道歌〉考辨》，驳斥了胡适的观点，指出号称真觉和一宿觉的玄觉才是作者。近来侯成成先生进一步指出：

> P.2104 卷背栏框顶端虽横抄有"招觉大师一宿觉"，但却与《证道歌》抄写笔迹不同，应是后人阅读时补写，并非作为《证道歌》作者出现。其实，"招"为"真"的讹字，"招觉大师"实为"真觉大师"。P.2104 卷所抄《证道歌》原本未署作者，后来的阅读者出于个人需要在卷端给予添注，这说明该阅读者也认为同卷《证道歌》的作者是有"一宿觉"之称的真觉大师释玄觉。S.2165 卷题有"真觉禾上云"，P.3360 卷亦题有"真觉和尚偈"。"禾上"当为"禾""上"二字合文，即"和尚"，说明 S.2165、P.3360 两卷《证道歌》书手均认为作者为"真觉和尚"玄觉。因此，即便从书手抄写《证道歌》写卷时的主动抄写意识来看，敦煌本《证道歌》的作者无疑应作真觉大师释玄觉。作为莫高窟藏经洞遗留下来未经后人改编的原始文献，敦煌本《证道歌》完整保存了晚唐五代时期《证道歌》在民间流传的写本形态。[1]

也就是说，根据对敦煌本《证道歌》的完整情况的深入研究，可以证明所谓"招觉大师一宿觉"只是后人补写，敦煌本《证道歌》的作者应当是真觉大师玄觉。如此胡适、杨鸿飞的立论基础就不存在了，从敦煌本《证道歌》得不出作者不是玄觉的结论。

魏靖编《永嘉集》，未收《证道歌》，这是很多人不认可玄觉为作者的重要原因。

据魏靖《永嘉集序》：

> 静往因薄宦，亲承接足，恨未尽于方寸，俄赴京畿。自尔以来，幽冥

1　侯成成《敦煌本证道歌再探讨》，载《敦煌学辑刊》第 30 页，2016 年第 4 期。

遽隔。永慨玄眸积翳，忽丧金錍；欲海洪涛，遄失智楫。遗文尚在，龛室寂寥。[1]

魏靖（一作"静"）曾在温州一带为官，并于其时受教于玄觉，但时间不长就谢任回到京师，故尔未能尽其心要，后来玄觉就圆寂了。

据刘升《大唐故金吾将军魏公（靖）墓志铭并序》[2]载：魏靖（659—726），字昭绪，河北巨鹿曲阳人，生于显庆四年（659），弱冠应制举，授成武尉，前后历二十五官。他曾经贬为温州岳城主簿，就是在那里时亲近玄觉，然而何时任职不详。此前，他曾于长安二年（702）任监察御史[3]，引佛教果报之说上书反对酷吏，后来为殿中侍御史，出为鄠县令，贬为岳城主簿，因此他可能因为反对酷吏而埋下祸根，在长安末年被贬。他在谢任岳城主簿之后至开元初担任庆州刺史之前，已经历苻离县令、幽冀彬蕲郏五州司马、濮原二州长史、库部郎中、万年县令十职，因此在每处任职时间都不会长。

根据魏靖的经历，一则可知他亲近玄觉的时间不长，二则其时在玄觉神龙元年（705）参慧能之前。因此他所搜集的文本只是本人所了解的一部分，不知道玄觉晚年所作的《证道歌》，甚至对于玄觉后来参访禅宗亦不甚了了，因为他后来任职之地距离温州都很远。虽然魏靖是一个虔诚的居士，对玄觉也很敬重，但他由于时间和地域限制，对于玄觉的了解并不全面，其所编辑《永嘉集》当然远非全面而完整，其中没有提及《证道歌》等也就十分正常了。

总而言之，玄觉一宿觉作《证道歌》是确定无疑的事实，所有的怀疑都是没有根据的宗派成见或以偏概全，无法成立。于是自宇井伯寿以下，还流行一种观点，即虽然承认《证道歌》，却又不肯全部承认，认为其中关键部分如二十八祖说乃后人追改。

1　《大正藏》第 48 册，第 387 页下。

2　吴钢主编，《千唐志斋新收墓志》，西安：三秦出版社，2006 年，第 148 页。

3　吴兴勇、郭长庚编著，《魏姓史话》，南昌：江西人民出版社，2004 年，第 41 页。

这一观点虽然赞成者不少，却都没有证据。如果说是后人追改，那么改编之前的原始版本是什么，有谁见过？六代传衣与二十八代传承代表了慧能南宗的合法性，是《证道歌》的主旨，将此改换或抹杀，《证道歌》价值何在！

二十八祖说始传自六祖慧能，他生前至少讲过两次，一是对玄觉单独传授，二是临终之前对诸大弟子公开传授。

玄觉晚年撰写《证道歌》之后，很快便流传开来。然而由于其中很多说法都是首次出现，因此对其奥义并不清楚。在他去世之后，其妹净居玄机便有注本，然而由于玄机对于上代传承和西天二十八祖说也不清楚，在注释这几句时也是胡乱解释。

《高丽佛籍集佚》（东国大学校出版部，1985年8月）收有永嘉玄觉之妹净居的《永嘉证道歌注》，其中《证道歌》原本与今本只有数字之差，如"水中捉月争捻得"（捻，今本作"拈"，意同），"觉后悠悠无定止"（觉后，今本作"生死"，当从今本），"却成认贼将为子"（却，今本作"深"，义有未安，当从原本），"顿入无生慈忍力"（慈忍，今本作"知见"，原文注文有"顿大〔当作"入"〕无生知力也"之句，故知原本传刻有误，当从今本），"逆行顺行天莫恻"（今本作"测"，原本刻印有误，当从今本），"入此土，菩提达摩为初祖"（比照今本，可知原本误漏了"法东流"三字），"圆顿教，没人情，有疑不决直须争"（没，今本作"勿"，于义无别），"是即龙女顿成佛，非即善星生陷坠"（即，今本均作"则"，义无别异），"饥逢王膳不能餐，病遇医王争得差"（"餐"今本作"飡"，原本注文亦作"飡"，"差"今本作"瘥"，当从今本）等。[1]

据《释氏通鉴》卷九：

> 温州净居寺尼玄机，景云中得度，常习定于平阳大日山石窟中。或者
> 云，尝与兄宿觉同参六祖，因著《圆明歌》，与《证道歌》相表里。后倒立

1　参见徐文明《中土前期禅史》相关部分。

而化。法属以生死颠倒语呵之，应声而仆。将葬之夕，风雷阴黯，若有神物移之。越二日，有自大日来者，云是夕空中有萧磬声，机之枢已厝是峰上。其徒迎舍利归葬于寺，建浮屠，号圆明塔。赵清献公立碑载其事（永宁编）。[1]

如此玄觉之妹，法名玄机（？—724），住持温州净居寺，并经常在平阳大日山中习定。相传她曾与兄玄觉同参六祖，并作《圆明歌》，与《证道歌》并行。这一资料来源是北宋赵抃所作碑记，应当可靠。

胡雪冈先生作《永嘉禅宗大师玄觉与玄机》，引录了清周天锡《樗庵手抄》所载《圆明歌》全文，其内容确实与《证道歌》接近。[2]

玄觉之妹净居玄机最早注释了《证道歌》。注释应作于先天二年（713）玄觉入灭之后，开元十二年（724）前，然而由于她不明上代传承，并且当时二十八祖说并不流行，因此对于六代传衣、法幢宗旨、二十八代等数句注释错误，这反而说明这一注本确实出于净居玄机，并非后人伪造，也表明她与玄觉同参六祖之说不可靠。

玄机注本保存至今，其中所存《证道歌》版本与《景德传灯录》本差别不大，而与敦煌本更为接近，其中关键之处，是误漏了"法东流"一句，而这一版本不仅影响敦煌本，在宋代传本中仍然存在。

据《祖庭事苑》卷七：

西天记

法东流，脱此三字一句。盖见古本《永嘉集》，以文势推之，固无疑也。

然《证道歌》《十玄谈》《六祖坛经》《沩山警策》，虽盛传于禅林，而绝无

1　《新续藏》第 76 册，第 96 页中下。

2　胡雪冈《胡雪冈集》，合肥：黄山书社，2009 年 9 月，第 28、29 页。

完本，盖各以臆论妄自改易者多矣。[1]

典籍在流传过程中出现多种版本是十分正常的。客观来讲，《证道歌》的版本差异是比较小的，与《六祖坛经》相比更是如此。

玄机之后，还有很多人为《证道歌》作注，然而流传至今者不多。现存者有北宋南明法泉《证道歌颂》、梵天彦琪《证道歌注》、两宋之际妙空智讷《证道歌注》、元代竺源永盛《证道歌注》。宋代云门宗对《证道歌》颇为关注，三人都是云门宗大师，另外据葛立方《韵语阳秋》卷十二，佛日契嵩门人草堂逸老葛密也曾注释《证道歌》，是为云门宗在家传人。

《证道歌》不仅在 9 世纪时就远传日本，还被译成梵文回传天竺。

据《释门正统》卷八：

洪觉范云：梵僧觉称，谓本国目为东土大乘经。[2]

又据《佛祖统纪》卷四十四：

中天竺沙门觉（称法）戒来朝，进舍利梵夹、金刚座真容、菩提树叶。召见便殿，尉劳甚厚，馆于译经院。称进赞圣颂，诏惟净译之。称谓学士杨亿曰："入此国，见屠杀猪羊市肆悬肉，痛不忍观。西竺食肉五辛者驱出城，故无货者。心不欲久居此，愿至五台礼文殊，即还本土。"晋公丁谓问之曰："数万里远来，更何所为？"称曰："并欲礼宣律师塔耳。"及还，诏赐金襕袈裟奉安金刚座，及赐装钱茶果。[3]

---

1 《新续藏》第 64 册，第 423 页中。
2 《新续藏》第 75 册，第 358 页上。
3 《大正藏》第 49 册，第 404 页中。

觉称，即觉称法戒，中天竺沙门，大中祥符三年（1010）来朝，他称天竺以《证道歌》为东土大乘经，表明当时已经有梵本流传。

由于天台宗人不承认《证道歌》，甚至以为可焚，当然也不会认可这一说法。然而此说并非孤证。

据《大慧普觉禅师普说》卷二：

> 后来有一本《证道歌》，传到西天。妙喜昔在京师，有密三藏者，方中年人，见其端然受数辈老比丘礼拜。因问其所以，曰："我是中印士（土）人，乃佛生处，当受四印土人礼。非但比丘，百姓亦然。"信知五天之人，可杀重佛法。因他说《证道歌》，彼方译作梵语，分为三册，才说着，以手加额。[1]

如此大慧宗杲北宋末年在京城时，遇到中天竺密三藏，密三藏以中天竺佛国之人自居，颇为骄傲，却称《证道歌》在天竺译成梵语，分为三册，并加额称敬。

据《证道歌注》卷一：

> 永嘉真觉大师者，乃祖席之英人也，法讳玄觉。少而落彩，聪敏颇异。始者习天台智者教观，即左溪同时也。于是遍历讲肆参寻知识，忽一日因览涅槃大经洞明法旨，即往曹溪六祖印可。祖叹其深证，实时遽然告归。祖少留一宿，故号为一宿觉焉。则以所证法门发言为歌，以警未悟。师复预期冥感，实时定中，观见字字化作金色满虚空界，自后天下丛林无不知也。诸方老人或注或颂，以至梵僧传皈印土，翻译受持。若非深契佛心，其孰能与于此哉。彦琪山居暇日，因学者所问，故乐为其说，许彼所录。录成直叙大略，题于卷首。

1　《大正藏》第 59 册，第 865 页中。

时绍圣丁丑仲夏十八日列岫轩书。[1]

这是绍圣四年（1097）舒州梵天彦琪所作《注证道歌》序，可见梵僧传归本土、译为梵语之说由来已久，非始于北宋之末。有此三证，足见其流传天竺非是虚设，这也充分证明《证道歌》地位之高、流传之广。

据《释氏通鉴》卷八：

> 永嘉真觉大师，名玄觉，博贯三藏。参曹溪六祖，一见语合。祖即印可。师遽告归，祖少留一宿，故号为一宿觉焉。及回永嘉，学徒奔萃。因著《证道歌》一篇，以警未悟。师复预期冥感，实时定中，观见字字化作金色，满虚空界。是年师示寂（一云先天二年），葬于松台山（今净光也）。李邕为作神道碑。后宪宗元和中，杜守贲（一云柳守贲）爱其《证道歌》，辄发地视，躯完如生，因为营塔。僖宗时，郡守朱襃，状表其事，赐谥无相大师，塔号净光。师有妹曰玄机，亦参六祖（今净居祖师也）。师之《证道歌》，梵僧传归天竺翻译，彼皆钦仰，目为东土大乘经。师又著禅宗悟修圆旨十篇及观心十门，见传于世（皇朝太平兴国中，有进其遗集者，唐太宗悦之，剃其进者。赐银百两，使归植众。并给赐茶山，许自置田赡僧众。祥符中，赐御书山水图画一百余轴。见永嘉编及诸录）。[2]

此说显然受了彦琪之序的影响，不过也增添了不少新史料。李邕为其作神道碑，当在开元年间。李邕初于开元四年至六年任括州司马，后于二十四年至二十七年为括州太守，括州离温州很近，李邕作碑，当在括州任职之时。据《宋高僧传》卷八，"后李北海邕为守括州。遂列觉行录为碑，号神道焉。"[3] 表

明李邕在开元末为括州太守时作碑。

据《温州府志》卷十四《仙释》：

> 玄觉，永嘉净光禅院祖师。姓戴氏，瑞安人，居帆游乡。少精天台真观，后往曹溪参六祖，一见语契而去，时谓之一宿觉。唐先天二年卒，葬松台山，李邕作《神道碑》云："无证无修，不离此心而得佛；或默或语，未尝有法以示人。"世称宿觉禅师。[1]

李邕所作《神道碑》，可能在明代尚且保存，至少保存一部分，现在已经难觅踪迹了，然而赞宁所作传记肯定参考了此碑，其中大部分内容应当源自碑文。他还到神秀门下参访，看来他很可能在神龙元年（705）北上游方，先到京城参神秀，当时神秀已到晚年，次年便入灭了，即使有缘相见，也无法给予玄觉太多教导，玄觉便再南下参访慧能，终于曹溪得法。

温州太守杜贲事迹不明。他因为喜欢《证道歌》，打开玄觉墓地探视，竟然发现玄觉真身不坏，看来玄觉果然是六祖嫡传，就连保存真身都和六祖一样，杜贲为其建塔供养。到了唐末，太守朱褒（？—902）长期占据温州，为其请谥，僖宗谥为无相大师、净光之塔。入宋之后，太平兴国年间，有人进《永嘉集》，宋太宗赐钱并准其剃度，真宗大中祥符中，又赐御书山水画图一百多轴，可见玄觉在宋代影响仍然很大。

玄觉与《证道歌》是不可分割的。玄觉之所以杰出，是因为《证道歌》；《证道歌》之所以影响广泛，是因为出自玄觉。任何割裂玄觉与《证道歌》的做法都是徒劳无益的。

1　［明］王瓒、蔡芳编，胡珠生校注：《弘治温州府志》，上海社会科学院出版社，2006年，第398页。

永嘉之月映晦庵：禅佛水月与"理一分殊"渊源考辨

陈金华[1]　张轶男[2]

内容提要：《朱子语类》中几例取譬水月之喻以诠释朱熹"理一分殊"思想的语录，透露出禅佛水月对"理一分殊"的影响。为进一步探析两者交涉的深层意蕴，还需追溯以下几个问题：一、中国月象的嬗变与禅化；二、华严水月所蕴含的辩证思想与圆融观念如何成为"理一分殊"思想一个重要的思辨方法和理论来源；三、禅师们的诗化处理，使颇具经院哲学思辨气质的华严水月具有了人间烟火气息，进而引起宋代理学的回响，当不是偶然的；四、无论从"理一分殊"之"理"的思想内涵及其内在的辩证关系，还是从理学之先进以至朱熹问道禅师、得其启示之行迹看，这一哲学命题都带有浓郁的禅学色彩；五、理一分殊固然受禅宗影响更多，然而华严与禅宗的界限既如水中着盐，而朱熹理学既沉淀着华严的圆融思想，也蕴含着禅宗的超越意识，故华严、禅宗影响等说实属见仁见智之说。总之，禅佛水月以其诗学象征，承载着华严圆融辩证的禅理，融入朱熹"理一分殊"的思辨哲学中，完成了水月之喻从诗学意象到宗教意象到哲学意象的渐次流转，弥补了旧儒学思辨哲学与形象思维的先天不足；同时，禅学在"盛极而衰"之

1　陈金华，加拿大英属哥伦比亚大学教授。

2　张轶男，中国北华大学博士。

际，借理学之体得以新生，对中国文化产生了持久深远、存在而不可见的影响，此或可为佛教中国化的另一种解读。

关键词：禅佛　水月　意象　朱熹　理一分殊　理学　《朱子语类》

《朱子语类》中几例取譬禅月之喻以诠释理一分殊思想的语录，引起了冯友兰[1]、钱穆[2]、杨荣国[3]、魏道儒[4]、陈来[5]等慧目学者的注意。遗憾的是，对其禅佛月象与朱熹理事关系的论述，上述大家持论虽高，或限于篇幅其说未尽[6]。综观目前现有研究成果，多从佛教哲学视角出发，或在义理章句上做比对阐释，或在论证细节上修补完善[7]，基本未出前人研究的范畴。本文将在综合前辈成说的基础上，参酌个人心得，以习而不察的禅月意象为切入点，探汲《华严经》、华严宗、禅宗对朱熹理一分殊思想的诗学影响，进而揭示其所蕴含的文化意义与思想启示。

一　《朱子语类》的禅佛月象

南宋理学家朱熹（1130—1200）在阐释"理一分殊"之"万物各具一理，

1　　冯友兰《中国哲学史》下册，上海：华东师范大学出版，2000 年，第 258 页。

2　　钱穆《中国思想史》，台北：台湾学生书局，1988 年，第 207 页。

3　　杨荣国《简明中国哲学史》，北京：人民出版社，1975 年，第 268 页。

4　　魏道儒《中国华严宗通史》，南京：凤凰出版社，2008 年，第 331 页。

5　　陈来《朱子哲学研究》，上海：华东师范大学出版社，2000 年，第 117 页。

6　　冯友兰、钱穆、杨荣国或数句或一语，魏道儒在比较理一分殊与儒释异同时略提及此，陈来亦仅千余字。下文详述。

7　　许潇《〈永嘉证道歌〉中禅化的华严思想探析》，《中南大学学报》社会科学版，2013 年第 1 期，第 61 页。

万理同出一源"时说："这盂也是这样水，那盂也是这样水，各各满足，不待求假于外。然打破放里，却也是个水。此所以可推而无不通也。所以谓格得多后自能贯通者，只为是一理。释氏云：'一月普现一切水，一切水月一月摄。'这是那释氏也窥见得这些道理。濂溪《通书》只是说这一事。"[1] 其中引用的"一月普现一切水。一切水月一月摄"，出自初唐永嘉玄觉禅师（665，一说675—713）的《证道歌》："……一性圆通一切性，一法遍含一切法。一月普现一切水，一切水月一月摄；诸佛法身入我性，我性还同如来合。一地具足一切地，非色非心非行业……"[2] 永嘉《证道歌》借水月意象阐扬佛性圆通一切、遍含一切的禅理，后来亦成为表达华严理事圆融思想的名言。朱熹此处借用永嘉水月，透露出多重消息：一、盛于不同盂中的水，其本身却没有不同，因其所禀承的"理"是同一个，并因此而具足自性，不假外求；二、"一月"是体，"一切月"是用；贯通"一月"是理一分殊的目的和结果，了解"一切月"是理一分殊的方法和前提；"一月"与"一切月"并非是本末上的定义，故不必轩轾哪一个；三、格万物之分理，而后自然能穷至极之一理，因万物原本一理；四、认同释氏之说（虽言辞于释氏略有不屑），且承认了周敦颐的思想也与释氏密切相通。

《朱子语类》还以"月散江湖"说明"理一分殊""是万为一，一实万分"之理。"问：'理性命'章注云：'自其本而之末，则一理之实，而万物分之以为体，故万物各有一太极。'如此，则是太极有分裂乎？"曰："本只是一太极，而万物各有禀受，又自各全具一太极尔。如月在天，只一而已；及散在江湖，则随处而见，不可谓月已分也。"[3] "月散江湖"乃释氏常用之喻，比体用之关系，这在初唐时就已经比较普遍了，如道场慧琳《辨正论》卷一曰："灵山有摄末归本之训。在用如水分千月；为体若镜鉴万形。"[4] 荷泽神会（684—758）

1　黎靖德编，王星贤点校：《朱子语类》卷十八，北京：中华书局，1986年，第399页。

2　道原编，顾宏义译注：《景德传灯录译注》卷三十，上海书店出版社，2010年，第2426页。

3　黎靖德编，王星贤点校：《朱子语类》卷九十四，北京：中华书局，1986年，第2409页。

4　《大正藏》第52册，2110号，第492页（CBETA，T52，no.2110，p.492b12—13）。

《显宗记》曰："知见分明，不一不异。故能动寂常妙，理事皆如如。即处处能通达，即理事无碍。……六根不染，……六识不生，……心如境谢，境灭心空。心境双亡，体用不异。真如性净，慧鉴无穷。如水分千月，能见闻觉知。"[1]又如清凉澄观（738—821）《华严经疏》卷十三曰："犹并安千器，数步而千月不同。一道澄江万里，而一月孤映。"[2]慧琳、神会皆以"水"喻清净佛性，即"体"，以"千月"代指所见、所闻、所觉、所知之万物，"分千月"即能见、能闻、能觉、能知，即"用"，谓真如之性清净，智慧照鉴没有穷尽，就像一水能分映千轮明月，顿悟无生即知体用不异。澄观以"一月""千月"比一多无碍。朱熹此处虽将"水分千月"做了肢解性的发挥，却恰到好处地为己所用，以之比喻宇宙只有一个至理"太极"（"一月"），万物禀受这一终极之理则各具其理（"千月"），而终极之理并没有因此而稍减（月未分）。意谓从"分理"（每一个具体事物的本质、规律）的角度看，万物本质各有不同；从"性理"（"太极"在每一个具体事物上的体现）上看，万事万物所包含的太极与宇宙本体的太极完全相同。这里强调的是"一"与"万"同，理不可分，事虽万殊，理却无异。

此外，《语类》还以"月印万川"比喻太极在一切物中，却"不是割成片去，只如月印万川相似"。[3]"月印万川"乃华严熟语，《华严疏钞》有"皎性空之满月，顿落万川""如长空明月，列宿围绕。万器百川，星月炳现。月如主佛，列宿如伴。一一水中远近皆现"[4]等句，谓佛性圆满光明，普照万物。禅僧后亦常用此语表豁然澄明之悟境。朱熹此喻仍是强调理不可分，分殊之"分"是指"禀受"，而不是分割，故一月虽映于万川，自身却并不损减，而万川之月亦与空中之月没有丝毫差别。

简言之，朱熹禅月三喻旨在阐释理一分殊之统体太极（理一）与分体太极

1　道原编，顾宏义译注：《景德传灯录译注》卷三十，上海书店出版社，2010年，第2413页。

2　《大正藏》第35册，1735号，第598页（CBETA，T35，no.1735，p.598c2—4）。

3　黎靖德编，王星贤点校：《朱子语类》卷九十四，北京：中华书局，1986年，第2409页。

4　《大正藏》第36册，1736号，第4页、第6页（CBETA，T36，no.1736，p.4c2，6a23）。

（分殊）的关系，主要强调"一""殊"（多、万、一切）的同一性（抑或运用于认识本体与作用、本质与现象的关系方面）。可见禅佛月象与理一分殊之影响关系。为进一步探析两者交涉的深层意蕴，还需追溯中国月意象的嬗变与禅化，以及理一分殊的华严、禅宗影响说等问题。

二　中国月象的嬗变与禅化

"月"是中国文化最具代表性的意象之一，它的清明澄澈、阴晴圆缺、变易无穷、循环不已的生命品格，深刻地影响了中国的文学、艺术、思想、哲学和宗教。作为一种秩序的代表，明月不仅装饰了中国人的窗子，更造就了中国独特的历史传统与文化意识。

中国月意象起于远古。相比崇拜太阳的西方文化，中国原始先民更喜欢月亮，他们认为月亮有灵，上面还有嫦娥、玉兔、吴刚、桂树——现代人固已知道月亮上面没有宫殿，更没有这些灵性的生命，但月亮的想象与诗意已固化为一个文化符号铭刻在历史的纪念碑上。嫦娥奔月的神话使远古的月亮成为女性与母亲的象征，而倘若嫦娥就是女娲[1]的话，则月亮又肩负着女性王国失落的象征意义以及从母系社会过渡到父系社会的原始意象[2]。

虽然，原始意象通常是图腾崇拜的表达，不具有现代意义上的审美象征。而魏晋之前，月亮多被看作自然物象，近乎实指，也缺少美学意义上的象征。中国人审美地看待月亮，始自魏晋。魏晋诗人"怜风月，狎池苑"[3]的风范，得益于庄玄道风的大畅与佛禅思想的流布。道家（教）上承远古神话的月亮，下启唐宋象征的月亮，影响于无形，其非传统、反世俗、亲自然的价值取向，使月亮脱去先秦传统的本始之意而具有了清幽静美、超拔脱俗的审美特质。禅佛

1　何新《中国远古神话与历史》，哈尔滨：黑龙江教育出版社，1988年，第75页。

2　傅道彬《中国文学的文化批评》，哈尔滨：黑龙江人民出版社，2000年，第171—195页。

3　刘勰《文心雕龙》，上海古籍出版社，2008年，第11页。

教的超越精神更开拓了月意象的丰富蕴藏，使之指向永恒与无限的存在，一朝风月涵摄了万古长空，昔在、今在、永在。

固有"象教"之称的佛教本来善于以象说教。月是印度佛教最具代表性的意象之一，佛典中以月喻禅者俯仰皆是、引不胜引。然而，在中国佛教形成之前，佛典中月亮的象征意义较为单纯，多以之喻佛性清净无翳、普在恒常、周遍法界，没有秘密之藏等；同时，对月意象的解读也带着浓厚的宗教说教意味。自隋唐中国佛教（尤其华严、禅宗等）形成以来，随着佛教的隆盛、禅机的烂熟，禅理内容的不断丰富与延展，指月示法、因月悟道大行其道，正是"明月分形处处新"——当印度佛教遇到中国的月亮，对月蕴的阐扬发挥方才极致玄妙，趋向诗意和思辨。

一言以蔽之，中国文化里充沛丰盈的月意象起于远古，成于魏晋，历经唐宋禅化嬗变而最终形成了兼具诗性与理性的文化象征。

三　华严水月的理事圆融

在佛教诸多月象中，影影相摄，重叠交映的水月意象最富深意，也最为诗家、禅家所看重。佛教水月意象概言之有四类：一、喻世间法虚幻不实，如镜花水月"佛性犹如水中月，可见不可取"[1]；二、喻佛性真空"诸师等于白月昼手执方珠，承月中水。此水为复从珠中出？空中自有？为从月来？"[2]大珠水月之说以月映水中而水中无月、摩尼宝珠照映水月却自体清净、月不从珠中出而空中自有，喻性空本然，随众生心；三、喻佛性清净，无所染着："竹影扫阶尘不动，月穿潭底水无痕"[3]"譬如净日月，皎镜在虚空。影现于众水，不为水所杂"[4]；四、

1　静筠二禅师编撰，孙昌武等点校：《祖堂集》卷四，北京：中华书局，2007年，第208页。

2　《楞严经》卷三，载《佛教十三经》，北京：中华书局，2010年，第146页。

3　普济编，苏渊雷点校：《五灯会元》卷十六，北京：中华书局，1984年，第1079页。

4　《华严经》卷五十九，《大正藏》第10册，279号，第316页（CBETA, T10, no.279, p.316b24—25）。

喻"一多相摄"的辩证关系及"理事圆融"的无碍境界，此以华严为显例。

有着"众经之王"美誉的《华严经》，不仅体系恢弘，亦诗意盎然，其水月交映的妙喻反映了一多相摄的辩证思想，也提出了华严理事圆融的重要命题。经曰："譬如净满月，普现一切水。影像虽无量，本月未曾二。"[1] 以本月与水月喻真如本性与森罗万象的影现圆融互摄，是一非二；佛性之于万物如本月之于水月，月映无穷水中，影像虽无穷尽，却与本月没有不同。华严水月之喻对以《华严经》为宗经的华严宗产生了深刻影响，极大地启发了华严宗人"理事无碍""事事无碍""十玄无碍""六相圆融"等学说，创造出一个广大和谐的圆融观念和帝网[2]交辉的圆融境界。

华严宗圆融观的提出始自初祖杜顺（557—640），其法界缘起、法界三观（"真空观""理事无碍观""周遍含容观"），详尽阐释了理融于事、事融于理、理事无碍、双融双即之理（这个"理"与"事"是二而一，二而不二、不二而二，是以无碍）。三祖法藏（643—712）更创立"新十玄"，从各个角度强调圆融，谓理界总摄事界，事界反映理界，故事中理、理中事："能遍之理，性无分限，所遍之事，分位差别，一一事中，理皆全遍，非是分遍。何以故？以彼真理不可分故，是故一一纤尘，皆摄无边真理，无不圆足。"[3] 谓：理在事先，事事含理；理体是一，在万事万物中没有分别差异；事物虽各有不同，却含一切理，故理事无碍。四祖澄观在此基础上发展出"四法界"说[4]，圆融遂成华严密旨。"四法界"之事事无碍法界是华严至境，也是禅的至境，谓万事万物都是同一理体的随缘显现，因而可以相互呈现，即事事相入相即、圆融无碍。五祖宗密（780—841）对"四法界"的简化概括使华严圆融之理更具象征性和普遍性，

---

1 《华严经》卷二十三，《大正藏》第10册，279号，第122页（CBETA，T10，no.279，p.122c20—21）。
2 华严的圆融胜境，以帝释天宫殿的珠网上珠珠辉映、影影相摄，呈现出帝网交光、博大圆融的绚丽景象，彰显重重无尽、相即相在的圆融妙境。
3 法藏《华严发菩提心章》，《大正藏》第45册，1878号，第653页（CBETA，T45，no.1878，p.653a1—3）。
4 即"事法界""理法界""理事无碍法界""事事无碍法界"。

更易为社会民众所接受。

在此需要强调的是，四祖澄观在阐扬圆融无碍观时对水月之喻的特别运用。澄观在《华严疏钞》卷一中，用大段文字以"月落百川"阐释其"四法界"："皎性空之满月，顿落百川者，第二对明能应之身。此之两句，唯'性'字是法，余皆是喻。以性该之，皆含法喻。谓若秋空朗月皎净无瑕，万器百川不分而遍。'性空'即所依法体，'满月'即实报智圆，'百川'即喻物机，'影落'便为变化。故佛之智月全依性空，惑尽德圆无心顿应。故出现品云：譬如净月在虚空，能蔽众星示盈缺，一切水中皆现影，诸有观瞻悉对前；如来身月亦复然，能蔽余乘示修短，普现天人净心水，一切皆谓对其前。智幢菩萨偈云：譬如净满月，普现一切水；影像虽无量，月未曾二；如来无碍智，成就等正觉；普现一切刹，佛体亦无二。此则水亦喻刹……偈云：譬如净月轮，皎镜在虚空；影现于众水，不为水所杂；菩提净法轮，当知亦如是；现世间心水，不为世所杂。则亦以月喻所说法。"[1] 主旨谓：佛性（空中明月）圆明普施，世间一切事物与现象（水中月相）都是它的随缘显现，而佛性并未因遍分万物而被分裂或减小，如月映无穷水中，影像虽无穷尽，却与本月没有不同。类似之喻在《华严疏钞》中极多："性空之满月，顿落万川""如长空明月，列宿围绕，万器百川，星月炳现。月如主佛，列宿如伴——水中远近皆现""法之身为化身，谓如水分千月故"[2]……

华严水月所蕴含的辩证思想与圆融观念使之成为有别于它宗的殊相特质，也成为朱熹"理一分殊"思想一个重要的思辨方法和理论来源。盖朱熹"理一分殊"虽继承了程颐"理一分殊""基本的道德原则表现为不同的具体规范"[3]这一点，但较程颐提出的"理一而分殊"[4]有一个重要的不同：二程"理一分殊"

1　《大正藏》第 36 册，1736 号，第 4 页（CBETA，T36，no.1736，p.4c2—19）。

2　《大正藏》第 36 册，1736 号，第 4、第 6 页（CBETA，T36，no.1736，p.4c2，6a23，6b21）。

3　陈来《朱子哲学研究》，上海：华东师范大学出版社，2000 年，第 112 页。

4　《二程集》，北京：中华书局，1981 年，第 609 页。

重点落在万物归于一理[1]，而朱熹"理一分殊"的建构，既强调"理一"，又重视"分殊"，强调的是两者（宇宙本体之理与万物分殊之性）的关系，并将二程"理一分殊"这一命题的意义从具体的伦理学意义拓展到本体论、本原论、认识论、方法论等全方位的思想领域，"包含了若干更普遍的哲学意义"[2]。这一"更普遍的哲学意义"便有华严一多相摄、理事圆融的启发影响。然理学既然不可能直接接受佛教的思想、教义和主张，则其对释氏的吸收和接纳只能限于哲学层面及说理方式上，而这两方面（来自印度的因明学与以象说教）恰是佛教最擅长且最异于中国传统哲学之处。故两晋以降，中国士大夫倾心佛教皆缘于此[3]。禅佛水月之喻为朱熹理学所用，亦是微小一例：水月意象以诗学的象征，完成了华严帝网的理学渗透。此或是冯友兰在分析朱熹禅月之喻时所指出的，其"与华严宗所谓因陀罗网境界……之说相似"[4]之意。

四　水月交辉的一元禅境

华严水月意象及其所承载的华严宗一多之辨、理事之说，为中国佛教各宗派提供了丰赡的启示，其中尤以禅宗为最。而禅师们在汲取华严精华的同时，对其进行了诗化处理，借助诗歌这一艺术形式，不仅把华严全理即事、全事即理的理事无碍观、事事无碍观发挥到极致，而且较华严的超越更进一步，主张超越之念本身，从相即相入的华严世界进入到脱落自在、大用现前的一元禅境。

首先，简要梳理一下禅宗一多、理事观的发展历程。有学者认为，禅宗三

1　二程承认他们提出的"天下只有一个理""有理而后有象"（《二程集》，北京：中华书局，1981 年，第 1027 页）的思想是受华严的影响，因其指出《华严经》要旨不过"万理归于一理也"（《二程集》，北京：中华书局，1981 年，第 609 页）。

2　陈来《朱子哲学研究》，上海：华东师范大学出版社，2000 年，第 113 页

3　正如汤用彤先生所谓："溯自两晋佛教隆盛以后，士大夫与佛教之关系约有三事：一为玄理之契合，一为文字之因缘，一为死生之恐惧。"（汤用彤《隋唐佛教史稿》，武汉：武汉大学出版社，2008 年，第 182 页）。

4　冯友兰《中国哲学史》下册，上海：华东师范大学出版，2000 年，第 258 页。

祖僧粲[1]（？—606）的《信心铭》已"烙上华严理事无碍的印痕"[3]。鉴于僧粲其人的真实性，此说暂且存疑。但可以肯定的是，自四祖道信（580—651）以来的东山法门，"在'借教悟宗'的经教部分，就已包括了《般若》《维摩》《法华》《思益》《华严》等经"。[4] 深受华严熏染的永嘉玄觉在其《证道歌》中，两提"圆顿教"；其《永嘉集》中立"事理不二"门（题目即来自华严宗），谓："穷理在事，了事即理。故……明事理不二，即事而真，用祛倒见也。"[5] 净觉（683—750？）的《楞伽师资记》也深得华严精髓："秘密缘起，帝网法界。一即一切，参而不同。所以然者，相无自实，起必依真；真理既融，相亦无碍。"[6] 石头希迁（700—790）吸收了华严"十玄门"等思想作《参同契》，认为理事应该汇通："灵源明皎洁，枝派暗流注，执事元是迷，契理亦非悟。门门一切境，回互不回互。回而更相涉，不尔依位住。"[7] 谓自性真如（"灵源"）流注在万事万物（"枝派"）之中，而每一物、每一事虽是殊相、个体，却反映了真如的实相、整体；渗透在

1　有关禅宗三祖僧粲在历史上是否确有其人，历代记载、传说和故事已有无数，所说不一，总体上看传说多而事实少。中国当代佛学家对此的解释也略有不同。吕澂认为确有僧粲其人，但载于《景德传灯录》里的《信心铭》不足为信（参见：吕澂《中国佛学源流略讲》，北京：中华书局，1979 年，第 205—206 页）。杜继文、魏道儒认为僧粲及其《信心铭》皆不可信（参见：杜继文、魏道儒《中国禅宗通史》，南京：江苏古籍出版社，1993 年，第 52 页）。陈金华对此做了进一步的考证，指出作为禅宗三祖的僧璨可能是虚构人物，《信心铭》也不太可能是其亲作："将僧璨描绘为三祖（慧可的弟子，道信的老师）的后期禅宗故事都可视为缺乏历史根据的传说。"（ "...we do have sufficient evidence against the assumption that Sengcan the Meditator was one of Daoxin's two mentors at Wangong. Accordingly, all the later Chan stories which depicted Sengcan as the third patriarch *a disciple of Huike and a master of Daoxin* must be viewed as legends without any historical basis." ）参见：Jinhua Chen 陈金华 "Fact and Fiction：The Creation of the 'Third Chan Patriarch' and His Legends"（事实与虚构：禅宗"三祖"及其传说的创生），*Nanjing Zhan Wang*（南京展望），第 290—291 页。

2　"万法一如""极小同大，忘绝境界。极大同小，不见边表。……一即一切，一切即一。"（道原编，顾宏义译注，《景德传灯录译注》卷三十，上海书店出版社，2010 年，第 2397 页）。

3　吴言生《禅宗思想渊源》，北京：中华书局，2007 年，第 264 页。

4　吕澂《中国佛学源流略讲》，北京：中华书局，1979 年，第 223 页。

5　普济编，苏渊雷点校：《五灯会元》卷二，北京：中华书局，1984 年，第 92 页。

6　《楞伽师资记·僧璨》，蓝吉富主编《禅宗全书·史传部一》，台北：文殊出版社，1988 年，第 11 页。

7　静筠二禅师编撰，孙昌武等点校：《祖堂集》卷四，北京：中华书局，2007 年，第 200 页。

千差万别的事物中的理体与被法性渗透的千差万别的事物本是一体，故偏于任何一面都是迷妄；事理融合的境界应该贯通于各个门类中，事物之间互相依存、相依相涉，又界限分明、各住本位。《参同契》将理事对举，其主旨虽"在会通南北宗，但也提出了佛学的理论问题——理事的关系。他对于理的理解比较深刻，把它分成物理与性理。并认为从物理上看，事各住一方，而从性理上看，则是统一的。他还用回互不回互来解释理与事的关系。这些，对以后特别对宋明理学家是有影响的。宋明理学家也谈到事理问题，还进一步讲到理一分殊的问题，……这些在此小品中都涉及到了"。[1] 吕澂所论确属灼见。唐代禅师皆深受华严影响[2]，他们把华严思想以凝练简洁、朗朗上口的诗歌表达出来，"把义学僧人皓首穷经创造出的学说体系，简化为偈颂中的几句诗文"[3]。中唐惟劲禅师（生卒年未详）[4]《觉地颂》处处透露出华严消息，曰："智身由从法身起，行身还约智身生。智行二身融无二，还归一体本来平。万有齐含真海印，一心普现总圆明。……珠镜顿印无来往，浮云聚散勿常程。出没任真同水月，应缘如响化群情。"[5] 慧琳禅师的《一多歌》更表达了对理事无碍、事事无碍的超越，甚至超越超越之念本身："一即多，多即一。毗卢顶上明如日。也无一，也无多，现成公案没湑化，拈起旧来毡拍板，明时共唱太平歌。"[6] 道吾和尚（769—835）以华严一多关系入诗做《一钵歌》："多中一，一中多。莫笑野人歌一钵，曾将一钵度娑婆。青天寥寥月初上，此时影空含万象。"[7] 谓一在多中多在一中，一在

1　吕澂《中国佛学源流略讲》，北京：中华书局，1979 年，第 240 页。

2　魏道儒指出："从弘忍再传弟子开始，禅宗受华严宗理论的影响日益加深。……自希迁系开始，禅宗把华严宗的学说作为构造禅法体系的理论基础，作为指导参禅实践的原则，作为辨别迷悟是非的标准。这成为晚唐五代禅宗各家禅法理论的共同特征。"（魏道儒《中国华严宗通史》，南京：凤凰出版社，2008 年，第 184—185 页）。

3　魏道儒《中国华严宗通史》，南京：凤凰出版社，2008 年，第 188 页。

4　惟劲睹华严镜灯而悟帝网法界，"乃著《五字颂》五章，览之者悟理事相融"（道原编，顾宏义译注：《景德传灯录译注》卷十九，上海书店出版社，2010 年，第 1460 页）。

5　道原编，顾宏义译注，《景德传灯录译注》卷二十九，上海书店出版社，2010 年，第 2365 页。

6　普济编，苏渊雷点校：《五灯会元》卷十八，北京：中华书局，1984 年，第 1214 页。

7　道原编，顾宏义译注，《景德传灯录译注》卷三十，上海书店出版社，2010 年，第 2444 页。

多中而不失其为一，多在一中而不失其为多。

从《证道歌》《参同契》《觉地颂》，到《一钵歌》《一多歌》，可以见出禅宗对华严水月所蕴含的一多关系、圆融意境的把握与华严缜密的思辨不同，它是以形象思维反映逻辑概念，以诗的形式表达哲学思考与禅悟境界。后世禅门虽有五宗七家[1]之分，各有大同小异之主张，然以诗参禅、以诗示法却是基本一致的宗风：

　　"水无蘸月之意，月无分照之心。水月两忘，方可称断。"[2]（谓当水月相摄又两忘之际，则万理自现、一理不彰，一切声是佛声，一切色是佛色。）

　　僧问："三家同到请，未审赴谁家？"师（道隐禅师）曰："月印千江水，门门尽有僧。"[3]（谓佛法三乘之说皆为方便说法，唯当不做分别，才是向上一路。正如月分千水，三乘都是修行地。"门门"用华严"十玄门"典。）

　　问："从上诸圣向甚么处去？"师（清剖禅师）曰："月照千江静，孤灯海底明。"[4]（谓此心明觉，全体通明，如千江明月、海底孤灯，其明无不到。）

　　"以一统万，一月普现一切水。会万归一，一切水月一月摄。"[5]（这是对永嘉水月的进一步诠释，与朱熹一实万分、万物一理说一般无二。）

　　"岩前独静坐，圆月当天耀。万象影现中，一轮本无照。"[6]（一月周遍含容而万象自现，喻豁然澄明的禅悟境界。）

　　……

1　五代时期禅宗分裂为五个支派：沩仰宗、临济宗、云门宗、曹洞宗、法眼宗；宋初临济宗又分出两小派：黄龙宗和杨岐宗，但黄龙后来无何发展，唯杨岐独盛。（参见吕澂《中国佛学源流略讲》，北京：中华书局，1979年，第256页）。

2　普济编，苏渊雷点校：《五灯会元》卷十四，北京：中华书局，1984年，第890页。

3　同上书，第861页。

4　同上书，第878页。

5　普济编，苏渊雷点校：《五灯会元》卷二十，北京：中华书局，1984年，第1373页。

6　寒山诗（陈贻焮主编《增订注释全唐诗》卷八〇一，北京：文化艺术出版社，2001年，第5册，第378页）。

可见，禅师们眼中的水月已经不仅是超离现实的遁逃薮，其与宇宙人生本来是一非二，既没有一多之别，亦没有超越与被超越之分。正如青原惟信那个著名的山水之见[1]，经过否定之否定，"我"与山水皆以本来面目相对，自由交流无碍，人与自然不再疏离，更与自我不再分裂，这才是禅的真如妙境。禅的真理是追求绝对却不被绝对淹没，明觉自性却不被自性吞噬；不舍弃形而上的超越而活在人间，不放弃成佛的誓愿而踏实地做人；变有限为无限的唯一办法就是毫无保留地拥抱有限，与有限合而为一，却并不为此失彼……这是禅的至境，也是诗的至境。

然而，凡事极则必反。从超越差别世界，到进入相即相入的华严世界，再到进入脱落自在、大用现前的一元境界，禅宗超越到极至必然转身回向、垂手入廛，回归到穿衣吃饭、担水劈柴的人间日用。禅宗主张解脱不在学理中求，而是要落实到此生的行动中，承担人的责任，完成人的使命。于是，"禅宗的世俗化使之成为一种非宗教的宗教在中国发生影响，它把人们引向在现实生活中实现超越现实的目的，由出世转向了入世。"[2]两宋禅家沿着这条"去宗教化"的道路越走越远，反复强调禅在"日用做工处"[3]，"不离日用""时时提撕"[4]，乃至提出："儒即释，释即儒；僧即俗，俗即僧；凡即圣，圣即凡；我即尔，尔即我；天即地，地即天，波即水，水即波。酥酪醍醐搅成一味，瓶盘钗钏镕成一金……"[5]大慧宗杲（1089—1163）这种泯却一切差别对立的一元禅论，已经远远超出慧能的一元禅法，他要彻底消除禅佛与世间的一切界限，将佛教与世俗

1　"老僧三十年前未参禅时，见山是山，见水是水。及至后来，亲见知识，有个入处，见山不是山，见水不是水。而今得个休歇处，依前见山只是山，见水只是水。"（《五灯会元》卷十七，北京：中华书局，1984 年，第 1135 页）。

2　汤一介《佛教与中国文化》，北京：中国宗教出版社，1999 年，第 214 页。

3　宗杲，吕有祥、吴隆升校注：《大慧书》卷一，郑州：中州古籍出版社，2008 年，第 24 页。

4　同上书，第 39 页。

5　同上书，第 101 页。

完全等同起来。正是去佛乃得真禅髓。这一极端的一元论使禅宗远离了佛教，也使禅学与理学走到了一起，而颇具经院哲学思辨气质的华严水月因此也具有了人间烟火的气息，其引起宋代理学的回响，当不是偶然的——既见月亡指是禅家本意，则因月悟道如何不可以从一多相摄、理事圆融到理一分殊？

五 理一分殊的禅学因子

无论从"理一分殊"之"理"的思想内涵及其内在的辩证关系，还是从理学之先进以至朱熹问道禅师、得其启示之行迹看，这一哲学命题都带有浓郁的禅学色彩。尽管程颢说"天理二字，却是自家体贴出来"；然而，正如人类历史上任何思想学说都不是无中生有，理学之"理"继往而开来，集中国历史上多家精华学说于一身，尤不例外。

自宋明理学的源头李翱（772—841）的"以佛理论心"，至理学开山者北宋周敦颐（1017—1073），以及张载（1020—1077）、二程（程颢［1032—1085］，程颐［1033—1107］）诸子，皆与佛学关系密切，深受禅学的熏染浸渍。通检朱熹一生，其青年时曾学佛，"出入于释老者十余年"[1]，熟读佛经，且不限于一宗一派，自曰："某旧时亦要无所不学，禅、道、文章、楚辞、诗、兵法，事事要学。"[2]朱熹精研的佛典见于记载的有：《四十二章经》《大般若经》《金刚经》《华严经》《维摩经》《法华经》《圆觉经》《坛经》《传灯录》《华严合论》《楞严经》《肇论》等。考朱熹语录，其讲学常常取譬释氏之言及禅宗公案，无论是说"佛家好处"，还是指责"释氏之失"，或以释氏为靶的进行驳论或比照，每每能在肯綮处见禅之殊味，此皆可征朱熹不唯通晓禅理，且识禅甚深。而

---

1 《朱子大全》卷三十八，《四部备要》本，第34页。

2 黎靖德编，《朱子语类》卷一百四，北京：中华书局，1986年，第2620页。

从朱熹自幼的家庭濡染[1]、师承渊源[2]与读书交游[3]看，其受华严、禅宗影响尤深，自言："某年十五六时，亦尝留心于禅，……也理会得个昭昭灵灵底禅。"[4]味朱熹"理却无情意，无计度，无造作……若理，则只是个净洁空阔的世界，无形迹，他却不会造作"[5]之语，甚有"无念，无相，无住"之禅意，无怪钱穆谓朱熹之"理""像释氏所言涅槃佛性"[6]。

　　朱熹"理一分殊"之"理"即"天道""天理"，是产生天地万物的本原、本体，一切万物都是它的外化；"太极"是最高的"理"的总称，宇宙只有一个太极，是谓"理一"。朱熹说："事事物物，皆有个极，是道理极至。……总天地万物之理，便是太极。太极本无此名，只是个表德。"[7]"合天地万物而言，只是一个理。"[8]"理"字作为真实存在、永恒不变的宇宙及万物的规律、秩序解，固于先秦哲学中已有体现，如："易简而天下之理得矣"（《系辞》），"天地之理，万物之情"（《庄子·秋水》），"可以知，物之理也"（《荀子》）等。然宋明理学不仅特别拈出一个"理"字代表其学，并非将"理"作为一个孤立的概念提出，而是将其放在一个哲学思想体系中加以辩证发挥，将"理"与"事""分"统筹思辨，此乃其与中国传统儒道之学之不相同处。先秦儒家既强调"谨言慎行""巧言令色鲜矣仁""君子讷于言而敏于行"，则知其主张少言，反对辩言、

1　朱熹父亲朱松耽好佛典，曾与净悟、大智禅师交往甚密；朱熹的母亲、外祖父、舅舅等人也多虔诚信佛。

2　少年朱熹遵父遗训，师从刘白水、胡籍溪、刘屏山三先生，而三先生皆杂于禅："初师屏山、籍溪。籍溪学于文定，又好佛老。"（屏山）读儒书，以为与佛合。"（黎靖德编《朱子语类》卷一百四，北京：中华书局，1986 年，第 2619 页）。

3　《答江尚书》云："熹于释氏之说，盖尝师其人，尊其道，求之亦切至矣。""其人"指大慧宗杲与道谦二禅师。朱熹早年曾与宗杲及其弟子道谦往来密切，或说宗杲禅法是朱熹汲取华严思想的中介，史载宗杲因读《华严经》"证无生法忍"句而顿悟（祖咏《大慧普觉禅师年谱》，载《嘉兴藏》，第 1 册，第 797 页）。

4　黎靖德编，《朱子语类》卷一百四，北京：中华书局，1986 年，第 2620 页。

5　黎靖德编，《朱子语类》卷一，北京：中华书局，1986 年，第 3 页。

6　钱穆《中国思想史》，台北：台湾学生书局，1988 年，第 209 页。

7　黎靖德编，王星贤点校：《朱子语类》卷九十四，北京：中华书局，1986 年，第 2375 页。

8　黎靖德编，王星贤点校：《朱子语类》卷一，北京：中华书局，1986 年，第 2 页。

巧言；道家更以道不可道、得意忘言而著称，可见，中国本土文化不喜言谈，更少说理、辩证之传统。这一情况自印度佛教东渐后，发生了改变——魏晋玄辩清谈之风多承佛教之力。佛家善辩，言"理"甚多，且释氏从不孤立地说理，其"理"总是被放在关系中，或与"事"并举，或在时空之中，尤以《华严经》为著。以《华严经》立宗的华严宗，将一理贯通万事万物等思想一再阐明发挥，"四法界""十玄门"等学说更将万物一理、理事无碍发明尽致。深受华严影响的禅宗（禅宗之"不立文字"的主张后来实变为"不离文字"，中国佛教各宗属禅宗典籍多不胜数），将华严之"理"予以诗化表达，使高处不胜寒的宗教义理普及流布于社会各层、生活处处。考朱熹之"理一分殊"，远绍先秦儒道，近承隋唐禅佛，既得自深受华严、禅宗影响之周、程诸子，集理学之大成，更将性理说、理气说、格物穷理说[1]等与禅佛融会贯通，借禅佛之"理"说太极易理。

六　华严、禅宗影响说的无可无不可

那么，能否从朱熹所引禅佛月喻判断其"理一分殊"究竟受何宗影响呢？对此，学界大抵有三种看法：一、华严宗说。钱穆的《中国思想史》提到朱熹"极受华严影响"[2]，杨荣国认为"理一分殊""即是佛教华严宗所谓'一多相摄'的观点"[3]，魏道儒指出"朱熹继承了华严宗的理事关系说，并且继承了理不可分的思想（不可谓月已分也）"[4]；二、禅宗说。以陈来为代表，下文详述；三、综合说。冯友兰指出朱熹引月散江湖与月印万川"与华严宗所谓因陀罗网境界，

1　宗杲谓："理则顿悟，乘悟并销；事则渐除，因次第尽。"（宗杲，吕有祥、吴隆升校注，《大慧书》卷一，郑州：中州古籍出版社，2008年，第27页）此直是朱熹格物穷理论的滥觞。

2　钱穆《中国思想史》，台北：台湾学生书局，1988年，第207页。

3　杨荣国《简明中国哲学史》，人民出版社，1975年，第268页。

4　魏道儒《中国华严宗通史》，南京：凤凰出版社，2008年，第331页。

及天台宗（事物是如来藏全体，其中有一切法性）之说相似。朱子想亦受其说之影响。"[1]冯友兰同时指出，朱熹所谓每一具体事物具有一切事物之理，与华严每一具体事物含有一切具体事物（事事无碍观），及与天台每一具体事物含有一切事物之潜能不同。

上述诸说只有陈来做了较详尽的论证，其余则只有观点，没有阐释，所以，这里简要分析一下陈来的看法。陈来在对朱熹"理一分殊"中的一多关系与华严一多相摄思想进行比较后，倾向于"朱熹所说的一个与万个的关系与禅宗'月印万川'相近，而与华严宗'一多相摄'的思想是有差别的"[2]；但从总体上看，陈来认为理一分殊思想在内容上更多来源于儒家传统的性善观念，并不特别认同禅佛对其的影响："朱熹其实只是借用佛教月印万川处处圆的比喻以加强性善论的论证而已"[3]。

陈来对禅佛影响"理一分殊"这个问题上的判断，关键在两者"一""多"概念的界定和关系的梳理上。对此，陈来首先对理一分殊的一多关系从"质"与"量"两个层面进行说明，指出"理一"与"分殊"在质（内容）上没有差别，差别仅仅在量（一与万）上；其次对理一分殊的"一"与华严宗一多相摄的"一"予以概念上的厘清：即朱熹的"一"是指普遍的一理，是宇宙一般规律；而华严的"一"是指个别，是具体事物[4]，故华严的一多关系就不仅在质上而且在量上也是没有差别的，此即一法遍含一切法之义[5]。可见，陈来认为华严的"一"与朱熹的"一"，所指是截然相反的。其次，两者的"多"与"殊"也不尽相同。

1　冯友兰《中国哲学史》下册，上海：华东师范大学出版社，2000 年，第 258 页。

2　陈来《朱子哲学研究》，上海：华东师范大学出版社，2000 年，第 117 页。

3　同上书，第 118 页。

4　对于华严的"一"究竟指具体事物还是普遍规律，学界也有不同理解。如魏道儒即认为"一即一切，一切即一"的"一"谓同一本体，即真如法性，"一切"谓现象界的一切事物（参见：魏道儒《中国华严宗通史》，南京：凤凰出版社，2008 年，第 331 页）；刘贵杰也认为这里的"一"表示"理"，"一切"象征"事"（参见刘贵杰《禅宗哲学》，台北：台湾商务印书馆，2013 年，第 117 页）若此，则华严与禅宗的"一"与朱熹的"一"皆指"理一"，只是"理"的具体所指不同。

5　陈来《朱子哲学研究》，上海：华东师范大学出版社，2000 年，第 117 页。

华严的"多"指一切具体事物，这些事物可以是无差异的多，也可以是有差异的多，也就是不需分别的万事万物。对于朱熹的"殊"，陈来指出，"无论从本体还是从本原的角度，朱熹用理一分殊论述作为宇宙本原与本体的一理与万物性理的关系时，这个殊都不是指万物之理的差别而言。"[1] 就是说，"殊"只有无差异的多之义。朱熹借用月印万川之喻"主要是从内容上强调一与万同，并不是说每一湖中的月亮不但与天上及其他江湖的月亮相同，而且包含了所有的月亮。"[2] "'一物各具一太极'，这里的太极指性理而不是分理。……总起来看宇宙万物的本体只是一个太极，同时每一事物之中也都包含着一个与那'为一太极而一'的太极完全相同的太极作为自己本性。在这种关系中，'理一分殊'实即指'理一分多'，多之间并无差别。"[3] 这又与华严有异。华严的"多"既可涵盖一切同与不同，故其一多相摄的理论认为，理体涵摄事相，事相当下即是理体，每个具体事物都具有一切事物："一多相由成立，如一全是多，方名为一；又多全是一，方名为多。多外无别一，明知是多中一；一外无别多，明知是一中多"[4]；"一多无碍，主伴相摄，一即一切，一切即一"[5]；"一摄一切，一入一切；一切摄一，一切入一"。[6]

陈来的分析在方法与切入点上极具启发性。不过，似乎仍有可商榷处。我们首先讨论华严的"一"与朱熹的"一"是否一定不同。固然，《华严经》的"一多"如陈先生所说，是指具体事物，如："能遍之事是有分限，所遍之理要无分限。此有分限之事于无分限之理，全同非分同。何以故？以事无体，还如理故。是故一尘不坏而遍法界也。如一尘一切法亦然。"[7] 经文里的"一尘"是具体事物，而"一切"才是朱熹的"一"。中国佛教各宗经录里的"一"也多指

1　陈来《朱子哲学研究》，上海：华东师范大学出版社，2000年，第119页。

2　同上书，第117页。

3　同上书，第116页。

4　《华严经义海百门》，载《大正藏》第45册，1875号，第630页（CBETA，T45，no.1875，p.630c21—25）。

5　同上书，（CBETA，T45，no.1875，p.630a16—17）。

6　同上书，（CBETA，T45，no.1875，p.630a17）。

7　法藏《华严发菩提心章》，载《大正藏》第45册，1878号，第653页（CBETA，T45，no.1878，p.653a5—7）。

具体事物，如《大慧书》曰："一了一切了，一悟一切悟，一证一切证"[1]等。然，中国传统思想中"一"指数之始，为绝对极至之意（如"道生一"），故中国佛教形成后，对"一"的使用时有不同之义。华严初祖杜顺提出的"一真法界"就是指宇宙本体，是真实不虚、如常不变的真如，也就是永恒存在的"理"，世间出世间的一切事物都是其随缘的产物。这与朱熹的"理一"意义完全相同。再以华严三祖法藏为例。法藏《华严发菩提心章》曰："事既揽理成，遂令事相皆尽，唯一真理平等显现。"[2]此处称"唯一真理"，则是以"理"为"一"，这个"一"即代表全体。又，法藏尝以"一"代表"总相"，即整体，"多"代表"别相"，即部分[3]；还以椽（板、瓦）和舍来说明"别相"和"总相"（部分和整体）的同一关系："椽即是舍也……若不即舍不是椽，若不即椽不是舍。"[4]朱熹也曾以屋舍为例说明各分殊之理间存在着整体和部分、一般和个别等关系："如一所屋，只是一个道理，有厅，有堂。如草木，只是一个道理，有桃，有李。如这众人，只是一个道理，有张三，有李四；李四不可为张三，张三不可为李四。"[5]从两段文字具有极大的相似性看，朱熹显然受到了法藏的影响，朱熹的"一"与法藏的"一"义同，其理一分殊亦与华严的理事无碍一致（所不同的是，朱熹认为"李四不可为张三，张三不可为李四"，这就不是华严宗的事事无碍了。冯友兰[6]、魏道儒[7]都指出了这个问题）。

另外，需要特别注意的是，《朱子语类》中所引的"一"并非佛经中抽象的一多相对的"一"，而是禅典中富含诗意的"一月"。"一月"虽是一个具体

1　宗杲，吕有祥、吴隆升校注：《大慧书》卷三，郑州：中州古籍出版社，2008年，第63页。

2　《大正藏》第45册，1878号，第653页（CBETA，T45，no.1878，p.653b23）。

3　《金师子章》，《大正藏》第45册，1880号，第666页（CBETA，T45，no.1880，p.666b7—9）。

4　《华严一乘教义分齐章》，《大正藏》第45册，1866号，第508页（CBETA，T45，no.1866，p.508a14—29）。

5　黎靖德编，王星贤点校：《朱子语类》卷六，北京：中华书局，1986年，第102页。

6　冯友兰《中国哲学史》下册，上海：华东师范大学出版社，2000年，第258页。

7　魏道儒指出："朱子学接受不了'事事无碍'的全部内容。"（魏道儒《中国华严宗通史》第五章"华严哲学的终结与禅化过程"，南京：凤凰出版社，2008年，第333页）。

的事物，但却与"一尘"有本质的不同，尤其当它与"水"并用，成为一个"水月"整体意象时，"一月"就不是那一个具体的事物，而是一切水中之月的统摄，成为一切水中之月的依据、秩序、规律。也就是说，此时的"一月"代表着本体太极，是那个终极之理。可见，印度原始佛典里"一"的概念经由中国禅家诗意的发挥，意义发生了根本的改变。身为诗人哲学家的朱熹，正是借禅月这一诗性的象征把握了中国禅学的特质——诗是哲学，因为它表达了普遍的真理（禅学、理学无不要把握这个真理）；诗又不是哲学，因为它最忌直说（禅家"不立文字"又"不离文字"的千古公案也正为忌讳直说）——中国禅学自唐宋以后自觉不自觉地走进诗学与理学，此为一玄机。

再来讨论华严的"多"与朱熹的"殊"。陈来认为两者的区别在于，"殊"只有无差别的"多"之义。然而，陈来此说似乎与"理一分殊"之"理"有冲突。朱熹认为，在一个终极至理下，万事万物才有"物理"，"物理"又分为"性理"和"分理"；性理与终极之理完全相同，此谓"一"，但那个属于事事物物自己本性的"分理"则各个不同，此谓"殊"。也就是说，从本体或本原的角度看，"殊"指万物之理的同一；而从伦理学的角度看，物物各具分理，即"人人有一太极，物物有一太极"[1]，则"殊"指"分理"的差异。以故，"殊"亦应含有有差别的多之义。当然，无论有差别还是无差别，"殊"都统一在终极一理，即宇宙的普遍规律、万物存在的依据上："万个是一个，一个是万个。盖统体是一太极，然又一物各具一太极。"[2]在这个终极意义上，"一"与"殊"是一与同的关系，而不是一与异的关系（陈来对"殊"的解释应是指这个层面的）。

如果上述说法成立，则陈来所说朱熹"与华严宗'一多相摄'的思想是有差别的"，则可商榷。但是，我们仍然倾向"理一分殊"与禅宗相近之说，原因有四：一、上述《语类》所举之水月禅喻虽皆现于禅宗、华严典籍，但禅典

1　黎靖德编，王星贤点校：《朱子语类》卷九十四，北京：中华书局，1986 年，第 2371 页。
2　同上书，第 2409 页。

成文早于华严[1]，且此喻于唐后禅宗语录、灯录中极为普遍，以致水月已成禅宗专有意象[2]，今日提及水月之象，人们仍然首先联想到禅宗。二、较中国佛教其他宗门，禅宗回归人生日用的主张及其趋向于简易的实践作风最接近宋明理学，而华严宗徒竭力阐扬的圆融无碍等观却"不自觉地停止在静观的阶段，实际的意味很为淡薄，说得厉害一些，仅仅构成一精致的图式而已"。[3] 三、中国佛教自唐末法难[4]后，禅宗一宗独大，华严虽曾深刻地影响过禅宗，但此时已被禅宗融而化之[5]；至两宋五家七宗，社会上有影响的几乎都是禅僧，与宋初周、程诸子、朱熹等直接接触的亦多是禅宗法师。四、盛极的禅宗在发挥殆尽之时，积极向社会各阶层浸渍、渗透，两宋诗学[6]和理学因之应运而生——理学正是在这样一个历史时刻，顺应了这一文化趋合之大势，登上了历史舞台。虽然，若进一步讲，唐宋之际（尤其宋代）佛教本就宗派相涉、界限模糊，华严禅化与禅学华严化几乎同时发生，且既然"儒即释，释即儒"，则释氏门内又何劳强做分别？！朱熹理学固沉淀着华严的圆融思想，也蕴含着禅宗的超越意识，然华严与禅宗的界限如水中着盐——饮水识得盐味却不见盐的踪迹——故华严、禅宗影响等说实属见仁见智之说。

　　需要说明的是，我们无意标新立异，更不能与陈来先生分庭抗礼，且或

1　《华严经》里虽亦有水月说，但正如吕澂指出的，理学是"通过禅学特别是所谓华严禅而间接受到的影响，并非是直接研究而得之华严的"（参见：吕澂《中国佛学源流略讲》，北京：中华书局，1979年，第249页）。水月之喻经过禅师们诗意地发挥后，才将其从宗教说理中抽离出来，具有了普遍的哲学意味，才更易于理学之用。

2　唐人已将水月之典代指禅宗，如中唐诗人杨巨源《赠从弟茂卿》诗曰："叩寂由来在渊思，搜奇本自通禅智。王维证时符水月，杜甫狂处遗天地。"（陈贻焮主编《增订注释全唐诗》卷三二二，北京：文化艺术出版社，2001年，第二册，第1294页）。

3　吕澂《中国佛学源流略讲》，北京：中华书局，1979年，第367页。

4　唐末武宗会昌年间（841—846）的毁佛事件。

5　有关华严禅化，参见魏道儒《中国华严宗通史》第五章"华严哲学的终结与禅化过程"（南京：凤凰出版社，2008年，第166—192页）。又，华严义学在宋代虽也相当活跃，但总体上看，禅净两宗最为流行。参见吕澂《中国佛学源流略讲》，北京：中华书局，1979年，第384—393页。

6　宋代禅文学尤其禅诗、偈颂繁兴，渐而禅学自身也呈现诗化面貌，与其自觉寻求出路和生机关系密切。

因一斑窥豹难免有失偏颇。但我们相信陈先生博学慎思、明辨笃行，定会为后学大胆假设、小心求证的治学态度感到欣慰。陈先生乃朱子学研究大家，他的《朱子哲学研究》观点中肯、分析精微、思想完整、体系庞大，为本文的写作提供了最可信赖的依据与理论支持。借此一并向陈先生致谢！

七 小 结

综上，禅佛水月以其诗学象征，承载着华严圆融辩证的禅理，融入朱熹"理一分殊"的思辨哲学中，完成了水月之喻从诗学意象到宗教意象到哲学意象的渐次流转——华严宗将《华严经》中富于哲理的精华拈出并加以发挥，禅宗又将华严精髓进一步超越并诗化，朱子在此基础上，将其用于儒学阐释（理学最具趣味与启示处，恰在于禅佛的补益，其对后世以及现代中国最大的意义和价值也在于此），弥补了旧儒学思辨哲学与形象思维的先天不足，铸造出一个影响元明清七百年的兼收并蓄的哲学体系。至此，中国文化三教合一的局面真正形成；同时，禅学在"盛极而衰"之际，借理学之体得以新生，对中国文化产生了持久深远、存在而不可见的影响，此或可为佛教中国化的另一种解读。

通途以为"朱子道、陆子禅"，渲染两位理学与心学大师分别对道家与禅门的倚重。此说有一定的道理。但也不可极而言之，畛域过明。正如上文所显示的，朱子之学，受用于道家者固然浓重；其出入于释学者，亦不可谓不多。由此引发的一个问题，更值得深入思考：朱熹一生深谙佛道，却终于弃佛老而归儒，其现代启示是什么？这个问题怕是不仅在哲学之内，更要在哲学之外——在更广阔的时空视域、更多元的社会背景、更深刻的人性剖析与更复杂的文化心理中——寻找答案。朱熹与禅佛"不思量，自难忘"的因缘纠缠以及儒释间间或一寸的微妙关系，既非本题应有之义，容另文再述。

永嘉玄觉与明末佛教

张文良[1]

内容提要：永嘉玄觉及其《永嘉集》在明末佛教中受到重视，永嘉玄觉被视为佛教修行的楷模，而《永嘉集》中的内容屡屡被僧人们所拈提、评唱。本文通过考察明末高僧对《永嘉集》中的"恰恰用心时，恰恰无心用。无心恰恰用，常用恰恰无"和"惺惺寂寂是，无记寂寂非。寂寂惺惺是，乱想惺惺非"等内容的引用，对永嘉玄觉对明末佛教的影响做了分析，同时通过考察明末佛教思想家对《永嘉集》的创造性阐释，分析了禅宗思想嬗变的轨迹。

关键词：永嘉玄觉　明末佛教　《永嘉集》　明末四高僧

众所周知，永嘉玄觉（665—713）既是智者大师的四传弟子，又在六祖慧能座下得法，兼弘天台与禅宗，其天台、禅宗融合之说，盛行一时。圆寂之后，得到"无相大师"的谥号。在其去世不久，庆州刺史魏靖（658—726）就

1　张文良，中国人民大学佛教与宗教学理论研究所教授。

编辑刊行了《永嘉集》。唐五代时期的僧人永明延寿（904—975）在其《宗镜录》中多次引用《永嘉集》之说。宋代的石壁寺僧人行靖（生卒年不详）曾作《永嘉集注》二卷，阐释永嘉玄觉的思想。宋代著名文学家杨亿（974—1020），服膺永嘉之说，作《无相大师行状》，以彰其德。南宋思想家叶适（1150—1223）赞《永嘉集》云："深而易达，浅不可测。"给永嘉玄觉的思想以极高的评价。

延至明代，永嘉玄觉在佛教界的影响力似乎有超过前代之势。究其原因，一是永嘉玄觉的禅教一致的思想与明代佛教的禅教一致思潮相契合；二是永嘉玄觉的止观、观心等思想，与明末重视真修实证的思潮相一致。明代末期，佛教界乱象丛生，当时佛教界的有识之士例如被誉为明末四大高僧的云栖袾宏（1535—1615）、紫柏真可（1543—1603）、憨山德清（1546—1623）、蕅益智旭（1599—1655）等皆倡导真修实证，以期振衰起弊。永嘉玄觉的思想之所以引起当时佛教界的普遍关注，其原因就在于它被视为对治佛教诸种弊端的良方。以下，通过考察明末四大高僧对永嘉玄觉的引用和再阐释，对永嘉玄觉对明末佛教的影响略作分析。

一　修行指南书——对《永嘉集》的再评价

在明代，关于永嘉玄觉，一件影响深远的事件就是无尽传灯（1554—1628）著《永嘉禅宗集注》。如上所述，早在永嘉玄觉过世不久，就有魏靖所编《永嘉集》的流行。而传灯《注》的特色首先就在于他对魏靖本《永嘉集》进行了重新编排和注解。魏靖本全书分为十篇：慕道志仪、戒骄奢意、净修三业、奢摩他颂、毗婆舍那颂、优毕叉颂、三乘渐次、理事不二、劝友人书、发愿文。而传灯本全书虽然仍然分为十篇，但次序变为：皈敬三宝第一、经宏誓愿第二、亲近师友第三、衣食诫警第四、净修三业第五、三乘渐次第六、事理不二第七、简示偏圆第八、正修止观第九、观心十门第十。由这种次序的变更可以明显看出，传灯突出了"止观""观心"等体现天台宗思想的内容。这种做法，无疑与传灯天台宗僧人的身份有很大关系。

值得注意的是，明末四大高僧对《永嘉集》莫不高度重视。蕅益智旭在《阅藏知津》中，专门提到传灯的《永嘉禅宗集注》"幽溪有《注》二册，可作四卷，尚未入藏，甚妙"[1]，对传灯的《注》给予了很高评价。

有禅师问紫柏真可修行之道，真可劝其持诵《永嘉集》，并云此书"言略义要，此永嘉大师已验之方。依之行持，必然出苦"[2]。可见，真可把此书视为修行的指南书。

憨山德清在指导弟子修学的门径时，亦云：

> 从上佛祖，教人之法，门路虽多，不出戒定慧三学。所谓因戒生定，因定发慧。其节目之详，经不过《楞严》。至若祖语，无如《永嘉集》一书。[3]

在这里，德清将《永嘉集》和《楞严经》视为入道的要门，特别是将《永嘉集》视为禅宗的最重要典籍。一般说来，六祖慧能的《坛经》被视为禅宗的根本典籍，那为什么德清却将《永嘉集》视为最重要的典籍呢？或者说，德清又是如何看待《永嘉集》和《坛经》之间的关系的呢？

> 其修行之方，诸经俱有，只是不要作玄妙话会。若作话会，多一重障耳。
>
> 六祖《坛经》，最为心地法门之指南。但中下根人，不能凑泊，以无工夫故耳。
>
> 《永嘉集》一书，实是《坛经》注脚。若见解依六祖，用工夫如永嘉，何患不一超直入。[4]

1　《阅藏知津》卷四十二，载《嘉兴藏》第 32 册，第 168 页下。
2　《紫柏尊者全集》卷七，载《续藏经》第 73 册，第 201 页下。
3　《憨山老人梦游全集》卷五，载《大正藏》第 22 册，第 792 页上。
4　《憨山老人梦游集》卷十五，载《续藏经》第 73 册，第 569 页下。

即在德清看来，若论禅宗修行的指南书，本来当推六祖慧能的《坛经》，但《坛经》是针对上等根器者所说的法门，中下根器的人由于修行功夫不到家，所以难以理解其深奥的道理。那么，对于中下根器的人来说，最好的指南书就是永嘉玄觉的《永嘉集》。《永嘉集》就像《坛经》的注释书，如果能够具有六祖那样的见地，同时能够如永嘉玄觉那样用功夫，就能够获得禅宗所说的顿悟。

在明代，三教融合已经成为思想界的主流，儒释道的代表几乎都倡导三教同源说。这一思想的源头，最早可追溯到后汉牟融（生卒年不详）的《理惑论》，其后则有宋代契嵩（1007—1072）的《辅教篇》、张商英（1043—1121）的《护法论》，元代刘谧（生卒年不详，约与李屏山［1185—1231］为同一时代的佛教居士）的《三教平心论》。这些著作都站在佛教的立场，倡导三教融合的思想，实际上是吸收儒家和道家的思想来反驳社会上的排佛论。到明代，朱元璋曾著《三教论》《释道论》，站在政治的立场倡导三教融合。儒家中的阳明学派的李卓吾（1527—1602）、焦弱侯（1540—1620）等吸收了佛教的思想，道家的袁了凡（1533—1606）等亦提倡三教同源说。在佛教界，四大名僧都有关于三教同源、三教一致的相关论述。在这种三教同源说的背景下，《永嘉集》也被视为儒、佛共尊的著作。如真可云：

> 《永嘉集》，天下奇书，文简旨丰。熟此，则《大学》《中庸》骨髓，无劳敲打，自然得矣。世人以为教迹不同，妄生分别。见小而不大，识近而不远，执粗不诣精，所以心法微耳。[1]

又教导弟子云：

1　《紫柏尊者全集》卷五，载《续藏经》第73册，第186页上。

汝自今而后，当先熟《永嘉集》，勿读注。次则读《肇论》，再次则读《圆
觉》。已上既熟，当熟四书白文，及老子《道德经》。则六经三藏，若博若
约。工夫成熟，自知好恶矣。[1]

即在真可看来，《永嘉集》与儒家的根本经典如《大学》《中庸》等虽然分
别属于佛教和儒教的著作，但其中体现的根本原理是一致的。甚至《永嘉集》
作为天下奇书，其思想比之儒家经典更为深刻，所以真可才劝导弟子，首先要
读《永嘉集》，之后再读《肇论》和《圆觉经》。当这些佛教典籍读通之后，再
去读儒家的《大学》《中庸》等经典以及老子的《道德经》等。按照释、儒、
道的次序学习，才能够对于儒释道各家的精神实质做到融会贯通。在真可心目
中，儒释道三教融通的基础仍然是佛教，而在佛教浩若烟海的典籍之中，《永
嘉集》又是最重要的指南书。真可把《永嘉集》放在整个中国传统文化的大背
景下考察，将其定位于儒释道三教的入门书。这种思想定位，在真可之前的思
想家中尚未见到。

在明代，佛教另一个思想潮流是禅教一致。禅教一致的说法在唐末的宗
密和五代时期的永明延寿那里就已经有系统论述。到明代，这一主张被再次强
调，首先是因为禅宗的衰相。当时虽然参禅者不令其人，但早已经没有唐宋禅
门宗师大破大立、杀活自在的气象。以弄唇舌为机锋，以持黠慧为妙悟。棒喝
机锋乱用，公案话头泛滥，禅宗几乎走向穷途末路。为挽颓风，匡正时弊，
明末的高僧大多重视经教，强调参禅必须以经论所说为依据，否则难以得到真
正的开悟。如云栖祩宏"参禅者藉口教外别传，不知离教而参是邪因也，离教
而悟是邪解也"[2]，强调离开经教而参禅容易走向邪路。蕅益智旭目睹明末禅宗

1　《紫柏尊者全集》卷七，载《续藏经》第73册，第185页下。
2　《云栖法汇》卷十二，载《嘉兴藏》第33册，第32页上。

的衰败，"每每中夜痛哭流涕"。他曾有志于弘传律学，其后又遍习诸宗，于参禅之余，广读经论，尤其于天台教观用力最勤。从自己的参悟经验中，智旭体会到离教而参禅，不可能悟道，故而强调禅教并重。"宗者，无言之教；教者，有言之宗。至言也！三藏十二部，默契之，皆宗也，既无言矣，安得谓之教！千七百公案，举杨之，皆教也，既有言矣，安得谓之宗！"[1]智旭强调宗和教是一体两面的事情。禅宗标榜"教外别传，不立文字"，于是许多人错解祖师的用意，认为参禅不需要研读经论。但从禅宗历史上祖师们开悟的经历看，他们并没有舍弃经论：

> 今有人于此，谓文字语言，不足以见道，惟参禅究话头，足以见道。如文字语言，不足以见道，则永嘉读《维摩经》而悟，六祖听《金刚经》而悟，普庵肃看枣柏《华严论》而悟，天台智者读《法华经》得旋陀罗尼三昧。如此样子，难以广举。[2]

禅悟和经论的关系，换一个角度看，就是禅悟和语言文字的关系。紫柏真可结合永嘉玄觉的《证道歌》，对语言和顿悟的关系做了如下阐释：

> 皖山、永嘉，并得教外别传之妙，贵在坐断语言文字，直悟自心。而《信心铭》《证道歌》，则千红万紫，如方春之花。果语言文字耶？非语言文字耶？有旁不禁者试道看！虽然花果碍春乎？花如碍春，春则不花可也。知碍而春必花之，则春之痴矣！春而不痴，花果碍春哉？如此则语言文字与教外别传，相去几许[3]。

---

1 《灵峰蕅益大师宗论》卷四，载《嘉兴藏》第 36 册，第 329 页下。

2 《紫柏尊者全集》卷三，载《续藏经》第 73 册，第 173 页中。

3 《紫柏尊者全集》卷十六，载《续藏经》第 73 册，第 284 页上。

　　在这里，紫柏真可以禅宗三祖僧璨的《信心铭》和永嘉玄觉的《证道歌》为例，说明禅宗的"不立文字"与"不离文字"之间的关系。僧璨和玄觉，从他们个人的开悟体验看，自然是摆脱一切文字葛藤，最终体验到自心的本地风光。但这并不妨碍他们用《信心铭》和《证道歌》这样优美的文字来表达这种证悟的境界。证悟的境界与语言文字之间的关系，正如春天与花果之间的关系。花果本身不是春天，但花果正是春天之为春天的最好表征。同样，语言文字本身也不是证悟本身，但觉悟者的文字也能够传达出证悟的境界。正如我们在《信心铭》和《证道歌》中所看到的。

二　修行要诀（一）：对"用心""无心"的多维阐释

　　在明末佛教中，永嘉玄觉被引用和发挥最多的，是其《奢摩他颂》的开头语，即"恰恰用心时，恰恰无心用。无心恰恰用，常用恰恰无"[1]。这段话与《楞严经》的"见见之时，见非是见，见犹离见，见不能及"[2]有异曲同工之妙，都是讲的修行开悟之后的境界。"恰恰用心时，恰恰无心用"，是指开悟以后的起心动念，所用之"心"已经不再是烦恼之心而是智慧之心。当其运用智慧之心于生活中时，他是没有障碍、没有牵挂、没有执着的。在这个意义上说，这里是"无心用"，即没有"烦恼心"的作用。但"无心"仅仅是指没有"烦恼心"的作用，而不是指没有正常的心智功能。实际上，修行者在开悟以后，并不是变成白痴，或大脑停止运转，恰恰相反，只有开悟者才能恰到好处地发挥心智的功能。这就是后半句"无心恰恰用，常用恰恰无"的内涵。

　　真可在读《永嘉集》示众中，拈出这段话云：

1　语出《景德传灯录》卷四所载法融禅师与懒融禅师之间的对话："问曰，恰恰用心时，若为安隐好？师曰，恰恰用心时，恰恰无心用。曲谭名相劳，直说无繁重。无心恰恰用，常用恰恰无。今说无心处，不与有心殊。"《大正藏》第51册，第227页下。

2　《楞严经》卷二，载《大正藏》第19册，第113页上。

"恰恰用心时，恰恰无心用。无心恰恰用，常用恰恰无。"此四句乃是大师悟心之后，消融习气实效也……习气任运而消，真体无心而契。任运而消，习忘而本无功；无心而契，体证而本无得。无功则无修，无得则无寄。无修无寄，口挂东壁。且道说甚么法！细听年年三月里，鹧鸪啼处百花香。此皆大师亲曾践履过来的光景。故其吐辞浑璞，不辞圭角。模写自受用境界，何其切哉！ [1]

真可显然也是从境界论的意义上来理解永嘉玄觉这段话的。按照佛教的说法，修行者修行到菩萨十地的第八地之后，就不再有粗大烦恼，如凡夫众生日常生活中所体会到的贪嗔痴等烦恼就消除殆尽，但仍然有微细烦恼需要克服。这些微细烦恼就是过去的生活甚至是过去的生活中不善的行为所留下的"习气"。真可认为，永嘉玄觉的"用心""无心"之句，所讲的是修行者开悟之后继续克服"习气"的过程。在这一过程中，虽然"用心"，但实际上又是无"心"可用。因为此时修行者已经没有粗大烦恼，所用之"心"不是烦恼心，而是"真心""道心"。真可还认为这是修行者的"自受用境界"，具体地说，就是永嘉禅师自己对自我修行经验的一种描述，所以才能够朴实无华，句句落到实处。

憨山德清在评价《永嘉集》时，也特意提到"用心""无心"之句：

至于其中入定用心之诀。如云"恰恰用心时，恰恰无心用。无心恰恰用，常用恰恰无"。又云"忘缘之后寂寂，灵知之性历历。无记昏昧昭昭，契本真空的的"。此用心之神符也。如四勿三省者，正乃戒耳，此中具悉。其实修心工夫条目，不出止、观、等持三门而已。此《集》中，奢摩他，

<hr>

1　《紫柏尊者全集》卷十六，载《续藏经》第73册，第282页中。

止也；毗婆舍那，观也；优毕叉，止观双运，定慧等持也。[1]

在这里，憨山德清将"用心""无心"之句与"灵知之性"结合起来阐释。"无心"相当于心排除一切外缘之后的"寂寂"状态，而"有心"则相当于人的清明心体更加清晰地（历历）观照万物的实相。佛教所说的"观照"不是我们一般所理解的、主体对客体的认识，恰恰相反，它是在否定主客体对立基础上成立的一种修行活动。一般意义上的主体对客体的认识，在佛教看来属于妄念，是需要克服和否定的东西。只有克服和否定这些妄念（"无心"）之后，人的真实心体所本来具有的智慧才能显发出来（"用心"）。

憨山还进一步结合天台宗的教义来说明其修行论意义。在德清看来，天台宗的修行不出"止""观""等持"三门，而《永嘉集》中的"奢摩他""毗婆舍那""优毕叉"分别与此三门相对应。永嘉玄觉本来是天台宗僧人，他的禅宗思想原本就与天台宗的思想密切结合在一起。这种思想倾向是《永嘉集》禅思想的主色调。憨山德清从天台宗立场出发阐释"用心""无心"之句，有其合理之处。

值得注意的是，憨山德清还集合儒家的修养论来解读"用心""无心"之句。儒家的修养体系中，孔子的"四勿"和曾子的"三省"是重要内容。孔子的"四勿"即"非礼勿视，非礼勿听，非礼勿言，非礼勿动"[2]。孔子的理想是建立合乎礼制、道德高尚的社会。那么如何实现这样的理想社会呢？孔子给出的答案人们在日常生活中严格自律，做到不合乎伦理道德（礼）的就不看、不听、不说、不做。曾子的"三省"即"吾日三省吾身：为人谋而不忠乎？与朋友交而不信乎？传不习乎？"[3]曾子强调的是一种自我反省的精神，通过不断的自我反省，养成"君子"的品格。应该说孔子的"四勿"和曾子的"三

1　《憨山老人梦游集》卷十二，载《续藏经》第73册，第541页上。
2　语出《论语·子罕第九》，杨伯峻译注《论语译注》，中华书局，2009年，第86页。
3　语出《论语·学而第一》，杨伯峻译注《论语译注》，中华书局，2009年，第3页。

省"强调内心修养的重要、强调自律品格的养成，都是一种修心功夫。这一点确实与佛教的戒律在理念上有相通之处。所以德清才把"四勿""三省"视为佛教"三学"中的戒学。并且认为"用心""无心"之句也完全包含了这种戒的精神。

将佛教的"五戒"教义与儒教的"五常"相比拟，在中国佛教史上出现得很早。如《法苑珠林》卷第八十八云："本于仁者则不杀，奉于义者则不盗，执于礼者则不淫，守于信者则不妄，师于智者则不饮酒。"但这种比附实际上是不确切的。如佛教的不饮酒戒虽然含有儒家"礼"与"智"的精神，但是儒家的"礼"与"智"的内涵绝不等于佛教的不饮酒戒，况且，儒家并不戒酒。从这个意义上说，德清认为"用心""无心"之句包含了儒家"四勿""三省"内涵的说法，值得商榷。如果从两者都是一种修心功夫而言，这种说法有其合理之处，但由于两者的出发点和追求的目标都大相径庭，所以将两者机械比附是难以说得通的。

云栖袾宏对《永嘉集》中的这段话则有另外的阐释：

> 问：《永嘉集》引"恰恰用心时，恰恰无心用"，解者谓学人用心之际，又要无心。师言此处未说工夫，且显心体。义犹未明，望为详论。
>
> 答：……"恰恰"，俗言恰好也。不差前后，不隔丝毫，恰恰正好之谓也。恰好正用心时，恰好无心可用。盖正当念虑起处，你试反观，谁为念虑？谁是念虑者？犹云当处出生，随处灭尽。不是用心已毕，少时却乃无心。实时用心，实时无心。不差前后，不隔丝毫，即有而无，乃见心之妙处[1]。

在云栖袾宏看来，虽然一般都认为《永嘉集》中的"用心""无心"之句

---

[1] 《云栖法汇》卷二十一，载《嘉兴藏》第33册，第156页上。

是就修行功夫而言的，但实际上永嘉玄觉是就"心体"而立论。袾宏着眼于"恰恰"二字，认为"恰恰"是指人们起心动念的一刹那。就在这一刹那，人们观照此"心"既不是"有"也不是"无"，也不是先"有"后"无"，而是当下既"有"又"无"。这种超越通常意义"有""无"之上的"心体"就是禅宗所说的"明心见性"之"心"、之"性"。应该说，永嘉玄觉的"用心""无心"之句虽然主要是就修行功夫而言的，但在天台佛教中，"体用一如"，作为"用"的修行工夫，离不开作为"体"的清明"心体"。在这个意义上，云栖袾宏强调这里的"心"是就"心体"而言，可以说是对永嘉玄觉"用心""无心"之句的创造性阐释。

三 修行要诀（二）：关于"惺惺"与"寂寂"的多维解释

永嘉玄觉在《奢摩他颂》的"用心""无心"句之后又云："惺惺寂寂是，无记寂寂非。寂寂惺惺是，乱想惺惺非。""惺惺"，指心体观照万境，了了分明，相当于天台止观修行中的"观"；而"寂寂"，指心体虽然观照万境而又一念不生，相当于止观修行中的"止"。"一念不生"而又"了了分明"，看起来自相矛盾，实际上正是修行者获得觉悟之后一种理想的境界。达到这种境界之后，修行者超越了建立在主客体对立基础上的认识活动，获得了对万物实相的直观性把握，这就是所谓"灵知"。它实际上就是定慧双融、止观双运的境界。心体的观照功能（惺惺）和清净本性（寂寂）是相辅相成的关系，也就是说，观照功能的发挥离不开清净本性，如果离开清净本性，这种观照就变成一种"乱想"。同样，清净本性不是一种死寂的状态，必须与观照功能相结合，如果没有观照功能，这种本性就变成一种"无记"。从定与慧的关系看，慧中没有定是狂慧，定中没有慧是死定。只有定慧双修，才能真正达到定和慧的境界。

"惺惺"和"寂寂"的概念出现得很早，在禅宗牛头派创始人牛头法融

（593—657）的《心铭》中有"惺惺了知，见网转弥。寂寂无见，暗室不移。
惺惺无妄，寂寂寥亮"[1]的说法。在这里，法融已经指出"惺惺"不是我们通
常所理解的主体对客体的认知（"了知"），如果把它理解为我们日常的认知活
动，那就会离真理越来越远（"见网转弥"）。同样，"寂寂"也不是观照功能
的完全丧失，如果把它理解为完全死寂的状态，那就像在暗室之中，寸步不
移。真正的"惺惺"是没有虚妄认识活动的、对真理的观照，而真正的"寂寂"
则是保持心体清净本性的同时，不妨碍观照功能的发挥。对比玄觉和法融对
"惺惺"和"寂寂"两概念的阐释可以看出，永嘉玄觉的立场受到牛头法融
的直接影响。

明代无尽传灯在《永嘉禅宗集注》中，关于"惺惺"和"寂寂"之间的关
系云：

> 惺寂二法，本是一体，随用不同，不分而分也，何妨辨乎主宾。如其
> 妄缘既寂之时，则以寂为主，惺为宾，此为主中之宾。要宾来归主，用来
> 归体。则寂寂之主有力，不堕于寂寂无记之非。此则是也，不然又成非矣。
> 如其灵知历历之时，以惺为主，寂为用。此亦主中之宾，要宾来归主，
> 用来归体。则惺惺之主有力，不堕于惺惺乱想之非。此则是也，不然又
> 成非矣。[2]

这是从体用的角度对"惺惺"和"寂寂"之间关系所作的说明。即"寂寂"
之心体是"体"，而心体的观照功能是"用"。体和用原本是一体的、不可分的，
但由于其表现方式不同，所以又把它们分为"惺惺"和"寂寂"。在通常的认
知活动停止之时，就是心体呈现的状态，此时是"寂寂"为主，但同时有"惺

---

1 《景德传灯录》卷三十，载《大正藏》第 51 册，第 457 页下。
2 《永嘉禅宗集注》卷二，载《续藏经》第 63 册，第 307 页下。

惺"为宾。而在对真理进行观照之时，就是"惺惺"为主，但同时"寂寂"为
宾。离开"惺惺"的"寂寂"就变成"无记"，而离开"寂寂"的"惺惺"则
变成"乱想"。应该说，无尽传灯从体用的角度对这两个概念的阐释是符合永
嘉玄觉原意的。

在明末佛教界，将"惺惺"和"寂寂"同等看待的见解占主流。如紫柏真
可云：

> 夫众人之与圣人，初非两人也。圣人，人也；众人，亦人也。然圣人则
> 无往而非率性，众人则无往而非率情。率性，则惺寂双流；率情，则昏散齐
> 骋。惺寂双流，则根尘空，而不废能所之用；昏散齐骋，则根尘障，而昧一
> 真之体。故我永嘉大师，于无门之中，开此十门。门虽次第，理实一条。[1]

真可认为众人和圣人之间的差别是"率情"还是"率性"。"率情"，则意
味众生的心或昏沉或散乱；"率性"，则意味着圣人"惺惺"而又"寂寂"。真
可认为，《永嘉集》的十门内容，概括言之，都是讲"惺寂双流"。与真可持
同样立场的，还有袾宏。他认为"惺寂工夫，两不可废"。如果偏于寂寂，是
不知"无心恰恰用"之理也；偏于惺惺，是不知"常用恰恰无"之理也。"惺
惺""寂寂"，与"用心""无心"相对应，都是表达体用一如，体用不可偏废
的道理。

但憨山德清对于"惺惺"和"寂寂"之间的关系有自己独特的见解：

> "止""观"之贵均等，尚矣！圣人复起，不能易矣！或有稍缓急于其
> 间者曰，经言因定发慧，则"止"为要。以是相沿成习，修行之人，多主
> 寂静。唯永嘉既为惺惺寂寂、寂寂惺惺之说，以明均等。而后文曰，惺惺

---

1 《紫柏尊者全集》卷一，载《续藏经》第73册，第153页中。

为正，寂寂为助，则迥然独得之见。从古至今，无道及者。自后宗门教人看话头，以期彻悟。而妙喜呵默照为邪禅，正此意也。是故佛称大觉，众生称不觉。觉者，惺也。永嘉之旨，微乎！[1]

憨山德清首先从"止""观"均等的立场出发，肯定永嘉玄觉"惺惺""寂寂"均等之说。但在现实生活中，许多修行者根据经典中所说的"因定生慧"，而在修行生活中把"止"看得更为重要，追求寂静。但永嘉玄觉还曾讲到"惺惺为正，寂寂为助"，由此可以看出，永嘉玄觉似乎把"惺惺"看得重于"寂寂"。憨山德清认为，在禅宗中，看话头的公案禅之所以流行、大慧宗杲之所以批判默照禅为邪禅，都是源自对禅宗"主寂静"风气的批判。德清还特别提到，"佛"就意味着"觉"，而"觉"就意味着"惺惺"。在德清看来，永嘉玄觉特别重视"惺惺"，完全符合佛教的传统。但佛教所说的"觉悟"是相对于众生的"烦恼"而言的，而"惺惺"是现对于"寂寂"而言的。前者是境界论的范畴，而后者是修行论的范畴，两者似乎不能机械地比附。尽管如此，憨山德清从《永嘉集》中读出"惺惺"重于"寂寂"的思想倾向仍然显示其思想的洞察力。德清之所以肯定"惺惺"，应该他不满于明末佛教界追求避世、追求默照的风气有关。

四　见道忘山——永嘉玄觉与明末的修行生活

自古名山僧占多，深山藏古寺，山高寺更幽。在佛教传统中，寺院建在深山是为了让僧侣避开世间的喧嚣，拥有一个清净的修行场所。天台宗修行止观的"六方便"之一就是确保修行止观要有清净的场所，按照一般的理解，山间自然比闹市更适合修行，所以许多修行者去喧求静，向往山居生活。永嘉玄

1　《云栖法会》卷十二，载《嘉兴藏》第33册，第36页上、中。

觉作为天台宗的正宗传人，对于这一点自然深有体会。尽管如此，永嘉玄觉在"答朗禅师书"之"居山"有这样的说明：

> 是以先须识道，后乃居山。若未识道而先居山者，但见其山，必忘其道；若未居山而先识道者，但见其道，必忘其山。忘山，则道性怡神；忘道，则山形眩目。是以见道忘山者，人间亦寂也；见山忘道者，山中乃喧也[1]。

在这里，永嘉大师对"居山"和"见道"之间的关系做了阐释。"居山"只是身在山中，"见道"才能在精神上达到适性和自在。如果没有精神上的放下和解脱，仅仅是为了逃避世间的喧嚣而居山，实际上并不能让人真正静下心来，反倒可能在心中生出更多的杂念。这就是永嘉玄觉所说的"见山忘道者，山中乃喧也"的意趣。反过来说，如果能够在精神上万缘放下，不滞不碍，那么虽然身处闹市，也能够做到"心远地自偏"的境界。这就是所谓"见道忘山者，人间亦寂也"的境界。

从明末四大高僧的著作中反映出的明末佛教状况看，当时的僧人和士大夫阶层向往山居生活的不在少数。而这些高僧在开示中，大都以永嘉玄觉的"见道居山"之语为话头，对"见道"与"居山"之间的关系做出自己的阐释。如云栖袾宏在《云栖法汇》"山居"篇中云：

> 或曰，永嘉谓未得道而先居山，但见其山，必忘其道，是不许居山也。此各有说。予赞居山，为汩没于尘俗者诚也。而永嘉所言自是正理。出家儿大事未明，千里万里，寻师访道，亲近知识，朝参暮请，岂得蒙昧无知，

1　《永嘉集》卷一，载《大正藏》第 48 册，第 394 页中。

作守山鬼乎？故知行脚在前，居山在后可也。则亦不悖乎永嘉之言也。[1]

云栖袾宏在评价永嘉玄觉的"居山"观时，没有一概而论，而是把居家者和出家者区别开来，分别做出说明。在他看来，"混俗和光，闹中得静，有道之士则然，非初心所宜也"，即只有那些修行达到一定境界的人，才能够和光同尘，闹中取静。反过来说，对那些刚刚从事修行的人来说，静谧的环境对修行来说仍然十分重要。以"大隐隐于朝，小隐隐于山"为借口，而不去避世修行，只能使人堕落于红尘之中而不得解脱。这是袾宏之所以赞成居山的理由所在。在这个意义上说，袾宏实际上并不赞成永嘉玄觉所说的"先得道而后居山"的说法。但这只是针对初修道者而言的。对那些出家修行者来说，应该云游行脚，参访善知识，不能贪图安逸，做"守山鬼"。在这个意义上，袾宏又赞成永嘉玄觉所说的"先修行而后居山"的说法。

憨山德清在《梦游集》中也赞成永嘉"先见道而后居山"的立场，反对单纯为避开世间喧闹而居山，"古人住山，不是养懒图快活，单为自生死大事，所以走向万重寒岩，做没伎俩活计。若在此因循度日，虚丧光阴，岂不更可悲哉？"[2]。德清把"居山"视为修行的重要助缘：

永嘉见道忘山之语，切须看破。老人初住五台龙门时，万丈寒岩之下，冰雪堆里如埋死人。彻骨严寒，五内俱透，唯有微微一息。视从冰中出入，至此返观。觅自心一念起处，了不可得。此境正是助道之缘。又大风时作，万窍怒号，日夜不休。及雪消涧流，响若奔雷，又如千军万马奔腾之状。如此杂乱境界，初最难当。因思古人有言，听水声三十年，不转意根，可许入道。老人遂即发愤于独木桥上坐立，终日听水声。始则聒聒难消，久

1　《云栖法会》卷十四，载《嘉兴藏》第33册，第60页中。
2　《憨山老人梦游集》，载《嘉兴藏》第22册，第751页下、752页上。

则果尔忽然寂灭。自此一切境界，皆寂灭矣。所谓万境本闲，惟人自闹。此又是道人住山第一着工夫也。禅人记取。毋忽。[1]

德清在这里，根据自己的修行经验对永嘉玄觉的"见道忘山"之语的意义做了阐释。在永嘉的修行理念中，"见道"重于"居山"，或者说"居山"只是修行的形式，"见道"才是修行的内涵。所以主张先要"见道"，之后才能"居山"。但德清认为这两者没有先后可分，"见道"并不是"居山"的前提条件，相反，"居山"某种意义上正是"见道"的助缘。之所以说"居山"是助缘，是指山中严酷的自然条件可以让人排除一切杂念，专注于内心的观照。一般人理解的深山，似乎是幽深静谧、鸟语花香之地，但德清认为，作为修行之地的深山并不是人们所想象的悠闲清净之所在，恰恰相反，它更多的是狂风呼号、林涛阵阵的喧嚣之地。德清还从自身听水声而悟道的经历，告诫弟子不可为了求静避喧而"居山"，而应该在自然的喧闹声中觉悟"万法唯心"的道理，从而进入甚深禅定境界。德清认为这是修行者"住山"最重要的功夫。

五　小　结

综上所述，永嘉玄觉及其《永嘉集》在明末佛教中受到重视不是偶然的。这种现象的出现，既与永嘉玄觉本身的思想特征，诸如天台与禅的融合、重视真修实证等有直接关系，也与明末佛教的现实需求有密切关系。面对佛教界特别是禅宗界的种种乱象，永嘉玄觉的禅教一致思想被视为对治各种禅病的良药。明末佛教思想家对永嘉玄觉和《永嘉集》的解读，如对"用心""无心"句、"惺惺""寂寂"句、"见道""居山"句的解读，大体上是符合原意的。但由

1　《憨山老人梦游集》卷五，载《续藏经》第 73 册，第 492 页中、下。

于时代的变化和佛教思想的发展，明末佛教思想家又对永嘉玄觉的思想做了新的阐释。如将"用心""无心"句视为关于众生清明"心体"的阐释、认为"惺惺"重于"寂寂""见道"与"居山"同等重要等，都是在尊重永嘉玄觉思想基础上所做的新发挥。由此，我们也可以从一个独特的视角看到禅宗思想嬗变的轨迹。

永嘉玄觉和左溪玄朗交游考

俞学明[1]

内容提要：在禅教关系史上，永嘉玄觉是个重要的人物。《永嘉集》、玄觉与天台玄朗的交游，是理解玄觉天台背景的重要资料。本文在梳理史传中的玄觉资料的基础上，着重考察了玄觉与玄朗的交游经历，展示了玄觉在史传中逐渐丰富的天台背景，考释了玄觉和玄朗同学天台和《招山居书》往来的时间，进一步简要勾勒了玄觉回书中展现的禅法思想和特点，以资为进一步揭示中国宗派观念的发展线索、禅教关系的发展脉络提供基础。

关键词：玄觉　玄朗　永嘉集　天台

玄觉（665—713），温州永嘉人，字道明，俗姓戴，自幼出家。《宋高僧传》《景德传灯录》《五灯会元》《释门正统》《佛祖统纪》等有其传。其家颇有佛缘，一门归信，《宋高僧传·玄觉传》说其兄宣法师为当时名僧，两位侄

1　俞学明，中国政法大学哲学系教授。

子皆出家，《五灯会元》卷二"永嘉玄觉法师"，同卷"温州净居尼玄机"条注，世传玄机为永嘉之俗家妹妹，曾经一起游方，景云中得度，曾参访雪峰，有"寸丝不挂"之机锋传世。《祖堂集》"一宿觉和尚"则说其曾与母亲、姐姐合住开元寺，其姐有大丈夫气，鼓励玄觉参访六祖。

　　玄觉初住温州龙兴寺（《祖堂集》卷八"玄觉传"则说是开元寺），后因"疑树忽焉自坏，都捐我相，不污客尘，睹其寺旁别有胜境，遂于岩下自构禅庵"[1]，背山面海，精进修习。有东阳玄策（《祖堂集》作"神策"），为六祖慧能弟子，劝玄觉同诣六祖慧能。玄觉经六祖印可，历"一宿觉"后回本州弘法，影响深远。弟子有惠操、惠特、等慈、玄寂、新罗宣师、吴兴兴师[2]等。先天二年（713）十月十七日入寂，年四十九岁（《祖堂集》作三十九岁）。后敕谥无相，塔号"净光"，宋朝淳化中太宗皇帝诏本州重修龛塔。生前有传法著述流布，《祖堂集》说其弘法的"所有歌行偈颂皆是其姊集"，与之早年有交集后任庆州刺史的魏静（或作"靖"）所作的"序"中，则称其把"凡所宣纪总有十篇，集为一卷"，称《永嘉集》。另有玄觉名下《证道歌》一首流行，影响甚广。

　　历来对永嘉玄觉的关注，多注重于其为六祖慧能之弟子。玄觉往参六祖的因缘，现存最早的资料见南唐静、筠二禅僧编的《祖堂集》，后《无相大师行状》《景德传灯录》《五灯会元》《六祖坛经·机缘品》中皆有载录。玄觉往参慧能（《祖堂集》称其时年三十一）得其心印而留"一宿觉"的故事，成为理解玄觉的标配。玄觉在禅宗中的地位，也因之得到大家的认可。唐括州刺史李邕书写的《神道碑》（佚）把玄觉与南岳怀让、清源行思并列，以为六祖门下显者三人。五代《祖堂集》列慧能弟子八人，北宋《景德传灯录》述十九人，玄觉均身列其中，可以说，玄觉作为六祖弟子，禅修境界得六祖认可而列六祖门下重要弟子系列，可谓是大家耳熟能详的共识。

1　[宋]赞宁撰，范祥雍点校：《宋高僧传·唐温州龙兴寺玄觉传》，北京：中华书局，1987年，第184页。

2　同上书，第185页。

但是，我们不可否认，玄觉与天台宗的关系是非常紧密的，而且为文献所明确记录。尤其是目前存世的《永嘉集》，虽标示"禅宗"之名，其文字却与天台思想更为密切，此为众家所公认。明传灯《永嘉禅宗集注卷上》甚至说玄觉"遂曰印可于曹溪，实悟入于天宫"。[1] 中国僧人本来就有游学风气，唐代宗派之间门禁不严，门户之见不深，这是我们考量玄觉的重要背景，也是定位玄觉在中国佛教史上地位的重要基础。玄觉和天台宗八祖左溪玄朗（673—754）的交游是玄觉和天台宗关系中最为重要的一个片段，也是理解二者关系的关键资料之所在。

一　玄觉传记中的天台背景演绎

玄觉少年出家。目前虽有传记资料存世，但对比来看，流行的资料对玄觉天台背景的相关叙述有很大不同，反映了层累式叠加的史料发展特点。我们梳理史书中与玄觉天台背景相关的描述如下：

1）《永嘉集》第九篇"劝友人书"，由"婺州浦阳县佐溪山朗禅师召大师山居书"和"大师答朗禅师书"两封往来书信构成，为判断玄觉和玄朗交游的直接而可靠的证据，书信中仅署名"友玄觉"。

2）唐庆州刺史魏静述汇集玄觉弘法文的序中，称永嘉玄觉"少挺生知，学不加思。幼则游心三藏，长则通志大乘。三业精勤，偏弘禅观。境智俱寂，定慧双融"。[2] 魏静在《序》中明确"静往因薄宦，亲承接足，恨未尽于方寸，俄赴京畿。自尔已来，幽冥遐隔，永慨玄眸"[3]，可知早年曾与玄觉有直接的交往，后来自己赴长安一带任职，从此未得再聚。魏静描述玄觉的修学特点——

1　[明]天台山幽溪沙门传灯重编并注：《永嘉禅宗集注卷上》，载《续藏经》第 63 册，河北省佛教协会刊行，2006 年，第 282 页下。

2　《大正藏》第 48 册，石家庄：河北省佛教协会刊行，2005 年，第 387 页中。

3　同上书，第 387 页下。

以大乘为务、精勤修学、偏重禅观、提倡"境智俱寂、定慧双融",应该是非常可靠的。此则资料并未明说传承"天台",或也是因为当时并无门户相斥、壁垒森严的宗派关系,且唐代素有游学传统,玄觉传弘并未以"天台"为标识。

3)唐代诗僧皎然(清昼,730—799)在《湖州佛川寺故大师塔铭(并序)》中称佛川慧明为"方岩策公"弟子,并指出其传承为"能公传方岩策公,乃永嘉觉、荷泽会之同学也"[1]。此则资料,则为第一次明确玄策、玄觉和荷泽神会的"同学"关系,可谓玄觉从学慧能的明确记录。但此后敦煌本《坛经》与宗密《禅门师资承袭图》中都没有提到玄觉和慧能的师承关系。

4)成书于五代南唐保大十年(952),由泉州招庆寺静、筠两位禅师编撰的禅宗史书《祖堂集》卷三"一宿觉和尚"篇,记录了玄觉在温州住寺时孝顺母亲、照顾俗家姐姐的事迹,详细记载了他受当时年已六十余的禅师玄策鼓励往参六祖的经历,辞别六祖慧能,离开曹溪时感叹道:"自从一见曹溪后,了知生死不相干。"[2] 文中说其往参曹溪时,"年当三十一"[3];并说从曹溪返回后声名更盛,从者颇众,"从此有歌行偈颂,皆是其姊集也"[4]。而其迁化时世寿,则记录为"春秋三十九"[5]。此则材料中,依然未提及和天台的因缘,却非常具体地描述了玄觉往参慧能、彼此对话的场景。

5)宋代赞宁(919—1002)应宋太宗之请,于宋太宗太平兴国七年(982)至端拱元年(988)撰成的《宋高僧传》卷八收《唐温州龙兴寺玄觉传》于"习禅篇"中,文中说:"初觉与左溪朗公为道契,朗贻书招觉山栖。"[6] 此则材料首次点明了收录于《永嘉集》中玄朗和玄觉书信往来的交游,可谓以史家之笔首

---

1 《全唐文》卷九一七,上海古籍出版社,1990年,第4237页下。

2 [南唐]静、筠禅僧编,张华点校:《祖堂集》卷三"一宿觉和尚",郑州:中州古籍出版社,2001年,第132页。

3 同上2。

4 [南唐]静、筠禅僧编,张华点校:《祖堂集》卷三"一宿觉和尚",郑州:中州古籍出版社,2001年,第133页。

5 同上4。

6 [宋]赞宁撰,范祥雍点校,《宋高僧传》上,北京:中华书局,1987年,第185页。

次直接记录了玄觉和天台僧人之间的交往。文中简单叙述了玄觉往参曹溪得心法、留宿一晚而得"一宿觉"名号的故事。

6）宋真宗年间（998—1022）释道原所作《景德传灯录》中有"永嘉玄觉禅师"篇，内说玄觉"丱岁出家，遍探三藏，精天台止观圆妙法门，于四威仪中常冥禅观。后因左溪朗禅师激励，与东阳策禅师同诣曹溪"。此则材料有两点值得关注：其一，把魏静文中描述的玄觉"偏弘禅观"，具体化为玄觉"精天台止观圆妙法门，于四威仪中常冥禅观"，使得稍显模糊的"禅观"变成了具体而精准的天台止观圆妙法门，并突出了行住坐卧"四威仪"中常冥禅观的精进修行；其二，提出玄觉往参曹溪是受到了左溪玄朗的激励。两者都可谓是史家对于玄觉天台背景的丰富。有意思的是，《景德传灯录》是禅宗灯史。

7）传为北宋翰林学士杨亿（974—1020 年）所著的《无相大师行状》中说玄觉"精天台止观圆妙法门"，与《景德传灯录》中所说一致。杨亿曾在《景德传灯录》完成后，应道原所请为之作序，日本学者石井修道后来发现此序题名为《〈佛祖同参集〉序》，收于杨亿所著《武夷新集》中，则杨亿对玄觉行状的描述，至少参考了与道原所见同样的材料，或者参考了《景德传灯录》的记录。

8）惠洪(1071—1128)《新编林间后录》"永嘉和尚像赞并序"中说玄觉"初阅《维摩经》发明心要，欲定宗旨，遂造曹溪，印可于祖师，一宿而去，世咸以'一宿觉'名之"。[1]此则材料也有两点值得关注：其一，说明玄觉是因"阅《维摩经》发明心要"，彰显了《维摩经》对于玄觉的影响；其二，把往参曹溪得慧能印可的目的，描述为"欲定宗旨"，与其他史料中玄策对玄觉的劝告联结，也说明了玄觉参曹溪之前的修学背景和境地。

9）南宋宗鉴编，刊行于绍定六年（1233）的《释门正统》卷八《禅宗相涉载记》中记载玄觉"精究台道，常习禅寂"，"与东阳策遍游讲肆，因览《涅槃》

1　[宋]惠洪:《新编林间后录》，载《续藏经》，河北省佛教协会刊行，2006 年，第 1625 页上。

洞明妙旨，复往曹溪印其所证，少留一宿，号一宿觉"。并引行靖、神智等语，说明理解《永嘉集》多为天台圆顿法，但不举天台名的问题，明确说明天台后学对于玄觉和《永嘉集》天台背景的认可。[1]

10）南宋志磐编著，刊行于咸淳七年（1271）的《佛祖统纪》"八祖左溪尊者玄朗传"中，说玄朗"与永嘉真觉为同门友，尝贻书招觉山居，觉复书千余言，有'喧不在静尘，寂不在山'之语"，夹注中指出"今《永嘉集》有'答友人书'，近世有左溪住山清穆刊二书于山中，而序之曰：左溪，永嘉同道也。左溪之言非不知也，彼将有激之耳；永嘉之言非实也，比能知也，反是而议者惑也"。[2]并列永嘉真觉禅师于天宫旁出世家[3]，其传有玄觉"出家遍探三藏，精天台止观圆妙法门，四威仪中常冥禅观，因左溪朗公谢厉，遂与东阳策禅师同诣曹溪"[4]之说。

《佛祖统纪》对于玄觉的天台学习背景有进一步的丰富。其一，明确了玄朗与玄觉是同门友，因而后文把玄觉列于"天宫旁出世家"，明确了玄觉的天台师承是天宫慧威。其二，夹注中对于玄朗"招山居书"和玄觉回书之间的"居山"和"不居山"之辩进行了解说，以为左溪玄朗是抱有激励的目的，才采用了"招山居书"中的表达，而永嘉玄觉则是一种比拟象征的表述方式。显然，当时应该有两种议论，一为玄朗境地不够，二为玄觉对玄朗有批评，而志磐对此二说进行了批评，对玄朗的境地和玄觉的观点进行了说明。志磐对玄朗的书信也做了"必将有激之耳"的判定，与《景德传灯录》中玄觉受玄朗激励相呼应，但志磐并未直接把此书信之"激"与玄觉往参曹溪联系起来，因而并不判定"招山居书"的两封书信的发生与往参曹溪有关。

1　详见［南宋］宗鉴：《释门正统》卷八，载《续藏经》第75册，河北省佛教协会刊行，2006年版，第357页下。

2　《大正藏》第49册，河北省佛教协会刊行，2005年，第188页中。

3　同上书，第201页上。

4　同上书，第202页中。

11）十三世纪宋僧普济编的《五灯会元·永嘉玄觉禅师》说：玄觉"卅岁出家，遍探三藏，精天台止观圆妙法门，于四威仪中，常冥禅观。后因左溪朗禅师激励，与东阳策禅师同诣曹溪……著《证道歌》一首，及禅宗悟修圆旨，自浅之深。庆州刺史魏靖缉而序之，成十篇，目为《永嘉集》，并行于世"。[1] 并附《永嘉集》十篇的基本内容。

《五灯会元》将之前有关玄觉的天台背景的各种描述汇于一炉，形成了现行史料中最为全面、完整的资料，虽然并不辨析真伪。史料演绎背后蕴涵着宗派佛教研究范式的深刻意义，将另文阐发，此不赘述。我们这里仅概括出现有史料关于玄觉和玄朗交游的最为丰富的信息：

玄觉和玄朗同学于天宫慧威门下，修学天台圆顿止观，二人莫逆于心，深为道契。二人相别后，玄朗归隐左溪，玄觉弘法永嘉。玄朗见左溪清净，有益修学，作"招山居书"邀玄觉游访，玄觉答书相谢，并表达了自己对"识道"和"山居"关系的看法。玄觉因玄朗之激励，与策禅师往参慧能，得其心印，获"一宿觉"之名号，返归永嘉弘法。玄觉入灭后，曾经互相酬答，时为庆州刺史的魏静集玄觉弘法遗文为一集，名《永嘉集》，录玄朗"招山居书"与玄觉答书为第九篇《劝友人书》。

二 《劝友人书》的成书时间和交游考证

《劝友人书》是玄觉天台因缘中资料最为翔实的初期资料，也是玄觉和玄朗交游最直接的史料依据。

左溪玄朗，字慧明，婺州乌伤县人，俗姓傅，为傅大士之六代孙。他九岁出家，武后如意元年（692，中宗嗣圣九年）敕度配清泰寺，其后学律、游学，乃至博学通研，儒释道兼修。玄朗是个有独立见地的高僧，他"虽通诸见，独

---

1 ［宋］普济编，苏渊雷点校：《五灯会元》卷二，北京：中华书局，1984年，第91—94页。

以止观以为入道之程，作安心之域；虽众圣继想，而以观音悲智为事行良津。游心十乘，谛冥三观，四悉利物，六即体遍。虽致心物表，身厌人寰，情捐旧庐，志栖林壑，唯十八种十二头陀，隐左溪岩，因以为号，独坐一室，三十余秋。"[1] 可见，玄朗明确服膺天台，教观并重，止观双修，达真实而行方便，又独乐左溪。开元十六年（728），应婺州刺史王正容之请，暂居城下，随即又辞之以疾，回到左溪，诲人不倦，精勤讲学，以至于"天台之教鼎盛，何莫由斯也"[2]。门下龙象会集，名僧辈出，其教义弘传至海东。天宝十三年（754）示寂，世寿八十二，吴越王谥号"明觉尊者"。

玄朗的天台传承在中唐时已经非常明确清晰。后被推为天台九祖的湛然（711—782），其弟子普门子在《摩诃止观辅行传弘决序》中，把天台宗传法世系叙述为：智者—灌顶—法华威—天宫威—左溪玄朗—毗昙湛然，并归纳传法宗旨"以中观为师宗""以上乘为归趣"[3]。稍后梁肃广德二年或其后几年所作《台州隋故智者大师修禅道场碑铭并序》中也把天台传承叙为智者—章安灌顶—缙云威（即法华威）—东阳威（即天宫威、小威）—左溪朗—湛然。[4] 湛然圆寂后，梁肃在所撰《湛然碑铭》中再次重申了湛然对玄朗之继承。贞元二年（786），梁肃撰成的《止观统例议》中，重申智者—灌顶—缙云威—东阳小威—左溪朗公—荆溪然公的传承。日僧最澄（767—822）《台州录》有《天台山第五祖左溪和尚传》1卷、梁肃撰《天台山第六祖荆溪和尚碑》1卷，《越州录》

1　［宋］赞宁撰，范祥雍点校：《宋高僧传》下《唐东阳清泰寺玄朗传》，北京：中华书局，1987年，第662页。

2　同上书，第663页。

3　［唐］普门子：《止观辅行传弘决序》，载《大正藏》第46册，河北省佛教协会刊行，2005年，第141页上、中。

4　"当是时，得大师（指智者）之门者千数，得深心者三十有二人。纂其言施行于后世者，曰章安大师，讳灌顶。灌顶传缙云威禅师，禅师传东阳，东阳与缙云同号，时谓小威。小威传左溪朗禅师。自缙云至左溪，以玄珠相付，向晦宴息而已。左溪门人之上首，今湛然大师，道高识远，超悟辨达，凡师所施之教形于章句者，必引而伸之。"（《台州隋故智者大师修禅道场碑铭并序》，载《金石粹编》卷一〇六）。

有天台沙门灵巘作《祭第六祖荆溪和上文》1 卷，则明确以玄朗为天台山第五祖，荆溪湛然为天台山第六祖。五代时吴越王钱俶应天台宗羲寂（919—987）所请追谥诸祖，"天台正传止荆溪禅师为九世祖"[1]，乃始于龙树，终于湛然，玄朗则为天台八世祖。

从玄朗和玄觉的书信对话来看，之前二人并非仅仅是神交，而是有实际的交游经历，后来各别一方，分头弘法。玄觉回复玄朗的"大师答朗禅师书"中说："自别以来，经今数载，遥心眷想，时复成劳。"可见，此信发生时，彼此之间已经有数年未见。虽然玄觉回复书信时仅仅自称"友"，但若以玄朗的经历观之，二人同在后被奉为天台七祖的天宫慧威门下习学天台止观，是很有可能的。《景德传灯录》中说玄觉"精天台止观圆妙法门"，此后诸书如《佛祖统纪》《五灯会元》《无相大师行状》等延用；《佛祖统纪》"八祖左溪尊者玄朗传"中则明说玄朗"与永嘉真觉为同门友"，并列玄觉为"天宫旁出世家"，是合乎逻辑的。

"婺州浦阳县佐溪山朗禅师召大师山居书"中，明确说"自到灵溪，泰然心意"[2]，可知此为玄朗到左溪后所写。按照《宋高僧传·玄朗传》中所说，玄朗"隐左溪岩，因以为号，独坐一室，三十余秋……至开元十六年，刺史王上客（一说容）屈朗出山暂居城下"，开元十六年为公元 728 年，前推三十余年，则为公元 698 年左右，玄朗时年 25 岁左右。玄朗出家后曾四处游学，20 岁左右就光州岸律师受具足戒，之后学律仪经论，尤其对《涅槃经》颇有心得；后又赴会稽妙喜寺，与印宗禅师商讨秘要；诣东阳天宫寺慧威法师学习天台，通达《法华》《净名》《大论》《止观》《禅门》等，凡一宗之教迹研核至精；后依恭禅师重修观法。除了佛教的经论修学外，他还博达儒书、兼闲道宗，无所不览。公元 698 年左右开始归隐左溪，在逻辑上是合理的。

1　宗晓《四明尊者教行录》卷七，载《大正藏》第 46 册，河北省佛教协会刊行，2005 年，第 930 页下。

2　［唐］玄朗：《婺州浦阳县佐溪山朗禅师招大师山居书》，《禅宗永嘉集》"劝友人书第九"，载《大正藏》第 48 册，河北省佛教协会刊行，2005 年，第 394 页上。

玄朗在"招山居书"中，细致地描述了"自到灵溪，泰然心意"的具体表现："高低峰顶，振锡常游。石室岩龛，拂乎宴坐。青松碧沼，明月自生。风扫白云，纵目千里。名花香果，峰鸟衔将。猿啸长吟，远近皆听。锄头当枕，细草为毡。"并且感叹："世上峥嵘，竞争人我，心地未达，方乃如斯。"因此，建议玄觉"傥有寸阴，愿垂相访"[1]。文字中流露出一种乍离尘俗的欢喜和感到新奇而雀跃的情绪，可以推测，玄朗写此信时，应该是到左溪不久，约在公元700年前后，也符合他和玄觉同学天台、分别数年的经历。

再依《祖堂集》的说法，玄觉世寿三十九，先天二年（713）秋入灭，往参曹溪慧能时玄觉年三十一，则赴曹溪时间为公元705年左右。因而，或许可以揣测，玄觉与玄朗的书信往来，应该在玄觉赴曹溪参慧能而得"一宿觉"美誉之前[2]。此结论，与陈荣富先生在《玄觉〈劝友人书〉的成书时间及其禅观》中推测的不同，一个主要原因，是对于玄觉三十一岁究竟是何年的不同判定。所谓三十一岁往参慧能说，见《祖堂集》中的描述；而《祖堂集》中说的玄觉世寿三十九，与其他传记颇有不同。本文以为，在没有确切资料确认世寿时间的情况下，入灭和往参都采用同一史料即《祖堂集》的说法，或许更具有周延性。

如上，或可判断：玄觉和玄朗于天宫慧威门下同学天台，二人数年不见，玄朗于初到左溪不久，即遣书邀与自己为道契的玄觉访游左溪，此事应发生在玄觉参访曹溪之前，时间大约在公元700年前后。那么，玄觉和玄朗之间是否产生了有关"山居"的一个观念冲突呢？玄觉又是如何认识"山居"问题的？

1　［唐］玄朗：《婺州浦阳县佐溪山朗禅师招大师山居书》，《禅宗永嘉集》"劝友人书第九"，载《大正藏》第48册，河北省佛教协会刊行，2005年，第394页上。

2　明传灯在《永嘉禅宗集注序》中说"天宫则真觉大师之所承嗣者也。师从止观悟入，《净名》旁通，南印曹溪，师资道合，则此集者，乃大师还瓯江时之所撰所述，以明授受之际，心宗之旨"。则认为《永嘉集》是永嘉参游曹溪之后所著。

三 《答朗禅师书》中的玄觉禅法

从书信看，玄朗对玄觉的相招，只是邀请访游，并非长居，至少并没有明确表达邀请长居之意。再从玄朗传记中所描述的游历来看，玄朗归隐左溪，三十余年独坐一室，直到刺史王上客邀请玄朗出山暂居城下，似乎在此之前玄朗以修学为主，并未敷演开讲。因而，《宋高僧传·玄觉传》中说玄觉回书玄朗时有批评玄朗"滞见于山，拘情于讲"[1]之意，似乎有所不妥。如果仔细揣摩回书的具体文句，则可以看到，玄觉对于玄朗虽无批评之意，但也确实表述了自己的看法和提醒，也符合有些资料如惠洪《林间录后集》"永嘉和尚像赞并序"中说玄觉因看《维摩诘经》发明心地的说法。事实上，无论从玄觉回书还是后来《永嘉集》中的大量表达，都表现出复杂、丰富、圆融无碍的特点，而不是专精于某一经典或思想。如果就天台与禅宗的思想特色来看，玄觉在《永嘉集》中表达的整体思想，更接近于天台，正如《佛祖统纪》中所说："《永嘉集》中全用止观遮照之旨。"[2]日本学者忽滑谷快天对《永嘉集》的判断为："《永嘉集》与天台之禅波罗蜜次第法门相同，徒繁于义门名相。"此说虽然有以禅宗为标准判断他宗之嫌，且把玄觉"一宿觉"视作是截断众流，而不是续接性的印可，"一见慧能而心机一转，抛却从前之智解也"[3]，但对于《永嘉集》更近天台特色的描述则是符合《永嘉集》的特点的。

《大师答朗禅师书》在回复玄朗的召唤时，主要论述了"识道"和"居山"的关系，并进一步表达了他对境界和修行的基本看法。

玄觉对玄朗所描述的清静自在的山林生活表示了认可，但是在他看来，"居

山"不是修道之根本，相反的，"识道"才是居山的前提，因而应该"先须识道后乃居山"[1]。

玄觉认为，山居有其好处，比如可以抵挡"无习而易亲"的喧扰，但山居修道，也会有"有修而难会"的弱项，尤其是如果还没有"识道"，没有能做到正解正行，那"山居"就不便作为第一选择，"正道寂寥，虽有修而难会；邪徒喧扰，乃无习而易亲。若非解契玄宗，行符真趣者，则未可幽居抱拙，自谓一生欤"。如果不能识道，最好先"博问先知，伏膺诚恳"，以致"不顾形骸，专精至道"，这才能算"澄神方寸"。玄觉认为，"采妙探玄，实非容易"，所以，只能退而求其次，即诚惶诚恐、如临如履、小心谨慎地进行修持，直到"夕惕朝询，不滥丝发"，才可以"潜形山谷，寂累绝群"。玄觉指出，如果"心径未通，瞩物成壅，而欲避喧求静者，尽世未有其方"，何况山居并非没有喧杂，虽然远离人群，但自然界到处都是色声香味，很容易就会"见惑尚纤，触途成滞"。因此，玄觉指出，必须先"识道"再"居山"。否则，尚未"识道"先"居山"，就会导致只见其山，却忘其道；如果先识道，就能见其道，而忘其山。他提出："见道忘山者，人间亦寂也；见山忘道者，山中乃喧也。"[2]

玄觉的逻辑如下：

1. "物类纭纭，其性自一，灵源寂寂，不照而知实相。天真灵智非造，人迷谓之失，人悟谓之得，得失在于人，何关动静者乎？"

2. "道性冲虚，万物本非其累；真慈平等，声色何非道乎！"

3. "妙道无形，万象不乖，其致真如寂灭，众响靡异其源，迷之则见倒惑生，悟之则违顺无地。"

4. "慕寂于喧，市廛无非宴坐；征违纳顺，怨债由来善友。"

5. "若能了境非有，触目无非道场。"

1　［唐］玄觉：《大师答朗禅师书》，《禅宗永嘉集》"劝友人书第九"，载《大正藏》第48册，河北省佛教协会刊行，2005年，第394页中。

2　同上书，第394页上、中。

6. "若能妙识玄宗，虚心冥契，动静常短，语默恒规，寂尔有归，恬然无间。如是则乃可逍遥山谷，放旷郊廓，游逸形仪，寂怕心腑，恬澹息于内，萧散扬于外，其身兮若拘，其心兮若泰。"[1]

玄觉以圆融法界为出发点，认为世界上的万事万物纷繁复杂，但其本性都是自在平等的。从本性上说，万物本身"冲虚""非有"，并不给人造成负累牵挂。我们的灵源寂寂，在本性上也是"不照而知实相"，那么，为什么会有见倒惑生、轮回流转的存在呢？其因不在于万物、灵源，而在于自己的迷悟。如果我们陷于迷妄，则必然会"见倒惑生"，即使隐居山林，也会忘道山喧，障蔽修行。如果能体察无我、"识道""智圆"，那么人间亦寂，"违顺无地"，触目无非道场，"慕寂于喧，市廛无非宴坐；征违纳顺，怨债由来善友"，随处任运，悲智通收。

因而，如果体察到"妙道无形，万象不乖"，"法法虚融，心心寂灭，本自非有"，那么自然无喧扰之可喧、无寂静之可寂，如此"妙识玄宗，虚心冥契，动静常短，语默恒规，寂尔有归，恬然无间"，居山才有逍遥山谷之可能。[2]

玄觉并非反对"居山"，而是强调修行的根本在于是否"识道"，不在于所居何处。"识道"则无处不道场，不"识道"则空山亦喧所。从修学的角度说，如果不"识道"，居住山林并不能解决身心自相矛盾的困境，"博问先知"或许倒是专精至道的入手处。玄觉从诸法实相的平等自在、冲虚圆融出发，强调实相的"不照而知"的本性，进而把修学的主体落实于人自身，强调从"迷悟"入手"知了本无"，进而"以含灵而辨悲，即想念而明智"，方得喧寂同观、怨亲普救。玄觉把《维摩》之不二、《法华》之实相、《涅槃》之佛性熔为一炉，既突出直会宗元的"识道"的根本地位，又强调"喧寂同观"的圆智的价值，重视从"博问先知，伏膺诚恳"—"澄神方寸"—"忘山识道"—"妙识玄宗，

1　以上引文均见［唐］玄觉《大师答朗禅师书》,《禅宗永嘉集》"劝友人书第九"，载《大正藏》第48册，河北省佛教协会刊行，2005年，第394页中、下。

2　同上书，第394页下。

虚心冥契"，方得喧寂同观、触目道场的次第修习境地，既可成就逍遥山林的如意自在，又可完成怨亲普救的大悲度生。玄觉的思想中，贯彻了天台圆融普收的思想特色，但又含摄了诸家思想，也凸显了以"会宗"为要、直指本心的禅法特点。由此，玄觉往参慧能当下迅疾印可的"一宿觉"也就有了深刻的依据。

玄觉在信的最后提到："因信略此，余更何申，若非志朋，安敢轻触，宴寂之暇，时暂思量。"[1]虽无批评玄朗之故意，但也不乏提醒之语。

后世以玄觉为禅教融合的先驱，明代传灯重编《禅宗永嘉集》，在"序"中说："夫性以不二为宗，心以无差为旨，此禅教之所公共者也。"[2]"师从止观悟入，《净名》旁通，南印曹溪，师资道合。则此集者，乃大师还瓯江时之所撰所述，以明授受之际，心宗的旨。"[3]王雷泉先生在《〈永嘉集〉提要》中说《永嘉集》"为台禅融合的早期作品，以天台止观双遮之旨解释禅宗之禅，提示禅观之用意及渐次修行之历程"。无论后世宗派思想如何呈现特色，其作为佛教的共性都是一致的。从根本上说，他们都是强调"法唯一味"，都指向释迦牟尼在菩提树下觉悟这一事件，都强调教化方式只是应机方便，最终旨归佛教的根本觉悟。天台与禅宗虽然有"宗"和"教"之分，但根本上也是针对不同对象开展的不同教法。玄朗作为天台八祖、玄觉被视作禅教融合的先驱，也正是表明不同处境、不同对象的应机教化，不管对象是自己，还是大众，也都为后世留下了丰富的修学资粮。

1　［唐］玄觉:《大师答朗禅师书》,《禅宗永嘉集》"劝友人书第九",载《大正藏》第 48 册,河北省佛教协会刊行, 2005 年, 第 394 页下。

2　［明］传灯:《永嘉禅宗集注序》,载《续藏经》,河北省佛教协会刊行, 2006 年, 第 1242 页上。

3　同上 2。

《证道歌》作者归属考：以永嘉玄觉的几种传记为中心

王　颂[1]

内容提要：本文针对《证道歌》伪撰说，从玄觉的几种传记资料入手予以了细致分析。本文认为：尽管自《祖堂集》开始的禅宗文献对玄觉的南宗色彩进行了大量渲染，并不可信，但玄觉参访慧能一事的真实性有诸多材料可以佐证。唐代魏静《永嘉集序》与宋代赞宁《高僧传》中所刻画的玄觉的形象并不矛盾，《宋高僧传》有可能引用了唐李邕碑等较早的史料，可信度较高。因此，尽管上述资料都没有明确提及《证道歌》一书，且《证道歌》无论在思想与文风上都与《永嘉集》有较大差异，但并没有任何切实的证据可以证明其并非玄觉的作品。

关键词：永嘉玄觉　《证道歌》《祖堂集》《宋高僧传》

玄觉大师《证道歌》在宋代即已经脍炙人口，在禅宗思想史上具有重要影响。然而，自近代以来，在疑古思潮的影响下，很多人怀疑《证道歌》乃

1　王颂，北京大学哲学宗教学系教授。

伪作，甚至认为作为《永嘉集》作者的永嘉玄觉与作为慧能弟子的"一宿觉"的玄觉是两个人物，或者认为后者是虚构的人物。这关系到对玄觉思想和历史定位的整体认识，不可不辨。在此，主要结合玄觉的几种传记资料来予以考察。

南宋志磐在《佛祖统纪》中最早怀疑《证道歌》并非玄觉的作品，他说：

> 《左溪本纪》称与真觉为同门友[1]，《真觉传》中称左溪激厉遂谒曹溪[2]，而又言精于天台止观之道，是知同学于天宫无可疑者。况《永嘉集》中全用止观遮照之旨，至此当益信。是宜系之天宫用见师授之意，但世传《证道歌》，辞旨乖戾，昔人谓非真作，岂不然乎？[3]

志磐根据玄觉与左溪玄朗交往的经历以及《永嘉集》的内容，认定玄觉秉承的是天台止观法门，而《证道歌》则"辞旨乖戾"，应该是伪作。近代以来，则有胡适对《证道歌》作者的质疑最为有名。他在巴黎所藏敦煌文献中发现了一件题作《禅门密诀》的卷子（P.2140），署名"招觉大师"，就武断地认为，"我现在还不曾考出'招觉大师'是谁，但我们因此可知此文并不是玄觉所作，原题也不叫作'证道歌'，本来叫作'禅门密要诀'"，甚至说"我们竟可以进一步说，所谓'永嘉禅师玄觉'者，直是一位乌有先生，本来没有这个人。那位绰号'一宿觉'的和尚，叫作'招觉'，生在'二十八祖'之说已成定论的时代，大概在晚唐五代之时。他与六祖绝无关系，他生在六祖死后近二百年"。"读禅宗书的人，应该知道禅门旧史家最喜欢捏造门徒，越添越多，六祖门下添一个

1　指《佛祖统纪》卷七"八祖左溪玄朗尊者传"中的相关说法。该文称："与永嘉真觉为同门友，尝贻书招觉山居，觉复书千余言。" CBETA，T49，no.2035，p.188b5—7。

2　指《景德传灯录》卷五中的相关说法，不可信。该文称："后因左溪朗禅师激励，与东阳策禅师同诣曹溪。" CBETA，T51，no.2076，p.241a29—b1。

3　《佛祖统纪》，CBETA，T49，no.2035，p.202c4—10。

玄觉，便是一例。"[1] 这样草率的论断当然是错谬百出。殊不知《禅门密要诀》是卷子的总称，非指单篇文字，类似的例子在敦煌文献中随处可见，'招觉'不过是笔误，而玄觉禅师的传记见于多种早于这件敦煌卷子（980）的资料，同时代人即有记述，不可能是捏造的人物。至于断言玄觉与六祖慧能绝无关系，就更没有提出任何有力证据。

为了搞清这个问题，我们有必要对玄觉的相关传记资料加以细致考察。然而据笔者目力所及，先行研究或摘章逐句，仅仅从某一种或数种资料中提炼出几个要点，而有的解读有断章取义之嫌；有的研究则将几种不同性质的资料不加拣择地混在一起，笼统地勾画出一个玄觉行迹的概貌。为此，笔者认为，有必要先对有关玄觉生平的集中资料做一番细致分析。

毋庸置疑，有关玄觉生平的最可靠资料，是与他同时代，且为他皈依弟子的唐庆州刺史魏静（一作"靖"）为《禅宗永嘉集》所作的序言。该文按照常见体例，以文学性的骈体文开始，没有提供什么实质性的，而其后文字称：

> 大师俗姓戴氏，永嘉人也。少挺生知，学不加思。幼则游心三藏，长则通志大乘。三业精勤，偏弘禅观；境智俱寂，定慧双融。遂使尘静昏衢，波澄玄海。心珠道种，莹七净以交辉；戒月悲花，耿三空而列耀。加复霜松洁操，水月虚襟，布衣蔬食，忘身为法，愍伤含识，物物斯安，观念相续，心心靡间。始终抗节，金石方坚，浅深心要，贯花惭洁。神彻言表，理契寰中，曲己推人，顺凡同圣。则不起灭定而秉护四仪，名重当时，道扇方外。三吴硕学，辐辏禅阶；八表高人，风趋理窟。静往因薄宦，亲承接足。恨未尽于方寸，俄赴京畿。自尔已来，幽冥遽隔。永慨玄晖，积翳忽丧金錍；欲海洪涛，遄沈智楫。遗文尚在，龛室寂寥，呜呼哀哉，痛缠心腑。所

1　胡适《海外读书杂记（四）所谓"永嘉证道歌"》，载《胡适文存》（三），黄山书社，1996年，第270—271页。

嗟一方眼灭，七众何依，德音无闻，远增凄感。大师在生，凡所宣纪，总
有十篇，集为一卷。庶同归郢悟者，得意忘言耳。今略纪斯文，多有谬误，
用俟明哲，非者正之。[1]

我们看这篇序文，首先映入眼帘的是对玄觉禅修的强调。如说"三业精勤，
偏弘禅观；境智俱寂，定慧双融"，"则不起灭定而秉护四仪"，又说"三吴硕学，
辐辏禅阶"。尽管天台宗因侧重禅修，其代表人物如慧思、智𫖮也被称为禅师，
玄觉好友玄朗也被称为"朗禅师"，我们并不能由此判断玄觉与南北禅宗有关，
但我们仍然要重视这一特点。有学者质疑《禅宗永嘉集》的"禅宗"二字是后
人添加的，这一论断并没有充分的理由。尽管我们不能确认魏静编纂该书时是
否就题作现在的名字，但也没有充分理由予以怀疑。有的学者认为，《永嘉集》
的思想内容与禅宗无关。[2]这一观点是不能成立的。如序言所示，《永嘉集》的
编纂，很有可能并非经过魏静之手。这是因为尽管魏静乃玄觉的在家弟子，即
"亲承接足"，与玄觉的关系很亲近，但玄觉圆寂时他并不在其身边，文中说
的很清楚："恨未尽于方寸，俄赴京畿。自尔已来，幽冥遐隔"；从上下文来推
断，编文集的事情是玄觉的门人或其他人所为，而魏静只是应邀作序而已。从
魏静的身份和地位来看，这种推理较为合理。而文集的编纂，从"大师在生，
凡所宣纪，总有十篇，集为一卷"等语来看，无疑是玄觉一生作品的选集或全
集，包括了不同时代的作品。因此，其内容客观反映了玄觉不同阶段的思想。
从这一角度而言，即便有的篇章，如具有鲜明天台特色的《奢摩他颂第四》和
《毗婆舍那颂第五》所反映的思想内容与南宗禅有所不同，但很难论证说全集
所有内容都与禅宗格格不入。质疑《永嘉集》内容与禅宗无关的学者无疑犯了

1　《禅宗永嘉集》，CBETA，T48，no.2013，p.387，b26—c15。
2　相关研究，参见：杜继文、魏道儒《中国禅宗通史》，江苏人民出版社 2007 年版。风间敏夫《永
　　嘉集の思想について》，载《印度学佛教学研究》第 36 卷第 1 号。仙石景章《永嘉集にみられる天台
　　教学の影响》，载《印度学佛教学研究》第 28 卷第 1 号。

以偏概全的错误。而且，即便如此，我们仍不能否定玄觉前后思想发生转变的可能性。这一点我们在下面会围绕着玄觉与慧能的关系着重讨论。

第二，"遂使尘静昏衢，波澄玄海"与玄觉本人回复玄朗的书信可以相互印证。玄觉在信中表述了自己抗志玄妙、不避尘俗的思想。[1] 他说：

> 然而正道寂寥，虽有修而难会；邪徒喧扰，乃无习而易亲。若非解契玄宗，行符真趣者，则未可幽居抱拙，自谓一生斢。……是以先须识道后乃居山。若未识道而先居山者，但见其山，必忘其道；若未居山而先识道者，但见其道，必忘其山。忘山则道性怡神，忘道则山形眩目。是以见道忘山者，人间亦寂也；见山忘道者，山中乃喧也。[2]

可见玄觉本人身体力行了他的主张，因此在世人心目中留下了深刻的印象。第三，从"霜松洁操，水月虚襟，布衣蔬食，忘身为法，愍伤含识，物物斯安"等描写来看，玄觉生活简朴，自律甚严，颇具高僧风范。第四，从"名重当时，道扇方外。三吴硕学，辐辏禅阶；八表高人，风趋理窟"等描写来看，玄觉生前在三吴一代就卓有声誉。又据晚出的《宋高僧传》卷八"唐温州龙兴寺玄觉传"，唐代著名书法家李邕（678—747）担任括州刺史时曾为玄觉立碑[3]，惜今不存。赞宁本人是否见过此碑以及《宋高僧传》的相应内容是否参考了李邕"神道碑"的相应内容，不得而知。但赞宁有关立碑的记述应该属实。由此可知，玄觉在生前以及殁后不久就已经声名卓著，在此情况下，在其后不久就大幅度篡改其行迹似乎不大可能。当然，这也只是猜测而已，我们需要做进一

1　参见：陈荣富《玄觉〈劝友人书〉的成书时间及其禅观》，载《浙江大学学报》（人文社科版）第31卷第3期，2001年。

2　《禅宗永嘉集》，CBETA，T48，no.2013，p.394a16—394b2—6。

3　《宋高僧传》卷八："后李北海邕为守括州，遂列觉行录为碑，号'神道'焉。"CBETA，T50，no.2061，p.758b14—15。

步分析。

禅宗方面有关玄觉的现存最早记录应为载于《祖堂集》卷三的"玄觉传"，该传也成为了《景德传灯录》、宗宝本《坛经》等禅籍的相应内容的蓝本。其文曰：

> 一宿觉和尚嗣六祖，在温州。师讳玄觉，字道明，俗姓戴氏，温州永嘉县人也。内外博通，食不耕锄，衣不蚕口，平生功业，非人所测。曾在温州开元寺，孝顺亲母，兼有姊，侍奉二人。合寺合廊，人谤其僧。有一日，亲母下世，着麻，未抛姊，又更被人谤，其僧不能观得。有一日，廊下见一禅师，号曰神策，年近六十有余，弟姊两人隔帘见其老宿，姊却向弟曰："屈老宿归房里吃茶，还得也无？"弟便出来屈其老宿。老宿不欲得入，见其僧苦切，老宿许之。老宿去房里，女出来相看曰："小弟容易，乞老宿莫怪。"便对老宿坐，又教弟坐。三人说话次，老宿见其僧气色异于常人，又女人亦有丈夫之气。老宿劝其僧曰："孝顺之事，自是一路，虽明佛理，未得师印。过去诸佛，圣圣相传，佛佛印可。释迦如来，燃灯授记，若不然者，即堕自然矣。南方有大圣，号曰慧能禅师，可往礼足为师。"僧对曰："昨者母亲下世，只有姊，独自无人看侍，争抛得？"姊却向弟说："弟莫疑我，某甲独自身，取次寄住得，但自去。"弟僧从此装里，却去寺主处具说前事。寺主曰："师兄若这个善心，某甲身自不能去得，某相共造善因。师兄但去，莫愁其姊。某甲孝顺，但唤来他房里。"其僧一一依他寺主处分，唤姊去寺主房里安排了，便发去。其弟僧年当三十一，迤逦往到始兴县曹溪山，恰遇大师上堂，持锡而上，绕禅床三匝而立。六祖问："夫沙门者，具三千威仪，八万细行，行行无亏，名曰沙门。大德从何方而来，生大我慢？"对曰："生死事大，无常迅速。"六祖曰："何不体取无生，达本无速乎？"对曰："体本无生，达即无速。"祖曰："子甚得无生之意。"对曰："无生岂有意耶？"祖曰："无意谁能分别？"对曰："分别亦非意。"祖

曰："如是如是。"于时大众千有余人，皆大愕然。师却去东廊下挂锡，具威仪，便上礼谢，默然击目而出，便去僧堂参众，却上来辞。祖曰："大德从何方来？返太速乎？"对曰："本自非动，岂有速也？"祖曰："谁知非动？"对曰："仁者自生分别。"祖师一跳下来，抚背曰："善哉，善哉！有手执干戈，小留一宿。"来朝辞祖师，禅师领众送其僧。其僧行十步来，振锡三下曰："自从一见曹溪后，了知生死不相干。"其僧归来，名号先播于众人耳，直道不可思议人也。收过者无数，供养者不一。从此所有歌行偈颂皆是其姊集也。师先天二年十月十七日迁化，春秋三十九，敕谥无相大师净光之塔。[1]

（第 170 页）

《祖堂集》提供了几条独特的信息。其一，玄觉字道明。其二，玄觉于先天二年（713）十月十七日迁化，春秋三十九。这一说法与《宋高僧传》有所不同。其三，玄觉原本默默无闻，住于温州开元寺[2]，经慧能的门徒神策指引后，方赴曹溪向慧能求法。而且是在求法以后方才名声大噪，度化无数。对此神策，印顺法师曾予以考证："婺州[3]玄策，或作智策，神策，大策（策，或写作荣），与玄觉为友。《湖州佛川寺故大师塔铭并序》[4]称之为'方岩策公'。玄策晚年，'却归金华（即婺州），大开法席'。玄策的弟子佛川慧明（697—780），就在湖州（浙西），被称誉为'南宗传教菩萨'。"[5]从佛川慧明和玄觉的生卒年来看，《祖堂集》有关玄觉初识神策，神策既已"六十有余"的说法似乎不太可信。倒是《宋高僧传》玄觉与神策为法友，一起游方询道的说法更为合理。其

1　《祖堂集》卷三，CBETA，B25，no.144，p.368，a1—p.369，b1。

2　《宋高僧传》称玄觉住于龙兴寺，二者是否为同一寺院，待考。又据立于清顺治十七年（1660）的《重修头陀密印禅寺碑记》，玄觉曾栖止于此。据此推测，玄觉在温州一带曾辗转多所寺院。

3　婺州：金华的古称，隋代置婺州，治所在金华。

4　释清昼撰文，文见《全唐文》卷九百九十七、《吴兴艺文补》等处。《塔铭》文曰："（曹溪）能公传方岩策公，乃永嘉觉、菏泽会之同学也。方岩即佛川大师也。"

5　印顺《中国禅宗史》，CBETA，Y40，no.38，p.232a6—9。

四，玄觉至孝，因为在寺内侍奉照顾老母和姐姐，遭到他人攻击。而其姐姐在玄觉求法的事件上发挥了重要作用。其五，文中出现了玄觉与慧能见面的所有细节，这一点与《坛经》大致雷同。综合第四和第五点，玄觉被塑造成了一个原本就已经开悟，只是因为孝顺家人而隐迹潜行于世间的高人，奔赴曹溪并非为了求法，而是下山出世，以此扬名天下。可以看出，这一形象的塑造与慧能颇有神似之处。尽管我们因此无法确信所有细节都是信史，但也无法彻底予以否定。笔者倾向于认为相关描述有刻意的传奇色彩，特别是有关玄觉的姐姐玄机的相关叙述，经过后人的不断加工，带有明显的类型化描述，难以为信，因此不主张将相关内容纳入玄觉的生平事迹。但笔者也反对将相关内容彻底理解为传奇故事，彻底否定玄觉曾经向慧能问道，或者玄觉确实曾经参学南宗禅的任何可能性。从文字叙述的角度来看，《祖堂集》的记述风格与魏静序确实大不相同，玄觉的形象也似乎有判若两人的感觉，但这与叙述者的叙述意图、叙述风格有关，并不能由此断言此玄觉非彼玄觉。以上我们对《祖堂集》保存的玄觉传记进行了一番考察，得出一些初步结论：《祖堂集》尽管有一些独特的资料，但其准确度和可信度颇为可疑。

第三种重要的资料是宋代赞宁（919—1001）《宋高僧传》之"唐温州龙兴寺玄觉传"，其文曰：

> 释玄觉，字明道，俗姓戴氏。汉末祖侃公第五燕公九代孙，讳烈，渡江乃为永嘉人也。总角出家，龆年剃发。心源本净，智印全文；测不可思，解甚深义。我与无我，恒常固知；空与不空，具足皆见。既离四病，亦服三衣。德水沐其身，所以清净；良药治其眼，所以光明。兄宣法师者，亦名僧也，并犹子二人，并预缁伍。觉本住龙兴寺。一门归信，连影精勤，定根确乎不移。疑树忽焉自坏，都捐我相，不污客尘。睹其寺旁别有胜境，遂于岩下自构禅庵。沧海荡其胸，青山拱其背。蓬莱仙客，岁月往还，华盖烟云，晨昏交集。粤若功德成就，佛宝郁兴，神钟震来，妙屋化出。觉居

其间也，丝不以衣，耕不以食。岂伊庄子大布为裳，自有阿难甘露作饭。觉以独学孤陋，三人有师，与东阳策禅师肩随游方询道，谒韶阳能禅师而得旨焉。或曰：觉振锡绕庵答对，语在别录。至若神秀门庭，遐征问法，然终得心于曹溪耳。既决所疑，能留一宿，号曰一宿觉，犹半遍清也。以先天二年十月十七日，于龙兴别院端坐入定，怡然不动，僧侣悲号。以其年十一月十三日，殡于西山之阳，春秋四十九。初觉未亡前，禁足于西岩，望所住寺喟然叹曰："人物骈阗，花舆蓊蔚，何用之为？"其门人吴兴兴师、新罗国宣师[1]，数人同闻，皆莫测之。寻而述之曰："昔有一禅师，将诸弟子游赏之次，远望一山，忽而唱曰：'人物多矣。'"弟子亦不测。后匪久，此师舍寿，殡所望地也，西山去寺，里有余程，送殡繁拥，人物沸腾，其感动也若此。又未终前，有舒雁千余，飞于寺西。侍人曰："此将何来？"空中有声云："为师墓所故，从海出也。"弟子惠操、惠特、等慈、玄寂，皆传师之法，为时所推。后李北海邕为守括州，遂列觉行录为碑号神道焉。觉唱道着明，修证悟入。庆州刺史魏靖都缉缀之，号《永嘉集》是也。初觉与左溪朗公为道契，朗贻书招觉山栖，觉由是念朗之滞见于山，拘情于讲，回书激劝。其辞婉靡，其理明白，俾其山世一如、喧静互用，趣入之意，暗诠于是。达者鉴之。终敕谥号无相，塔曰净光焉。[2]

1　张子开《玄机，弘布永嘉玄觉禅法的第一功臣》（载《宗教学研究》1996 年第 2 期）根据《祖堂集》的相关资料，认定玄机是《证道歌》的编纂者。此说缺少充分证据。）又徐文明《〈永嘉证道歌〉与二十八祖说的缘起》（载《中国禅学》第一集，中华书局 2002 年版）注意到了玄觉有新罗国弟子这一记述。他据此认为，韩国出版的《高丽佛籍集佚》（韩国东国大学校出版部 1985 年版）中收有永嘉玄觉之妹净居尼玄机所著《永嘉证道歌注》一书，该书有可能是通过玄觉的新罗弟子传入朝鲜半岛的。他还由此认为《五灯会元》等著作对玄机的描写属实。但笔者以为，该《注》对禅门史事的解说荒诞诡异（徐文明文中已经指出了这一点，但他并不因此怀疑该作品系玄机所作），应该是后人伪作。又按：唐李华《故左溪大师碑》（《全唐文》卷三百二十）中载有玄朗新罗弟子多人，可见当时海东僧人在浙东一带求学的很多，两地交往密切，《注》传入朝鲜半岛也不一定非假玄觉弟子之手。
2　《宋高僧传》卷八，CBETA，T50，no.2061，p.758a9—b21。

　　此传记内容非常丰富。有以下几个要点：第一，提及了玄觉的先祖事迹。尽管我们无法确认赞宁在作传时参考了李邕的碑记，但从叙述玄觉先祖的语气来看，颇有这种可能。据赞宁自序，他编撰《宋高僧传》时"或案谍铭，或征志记，或问辖轩之使者，或询耆旧之先民"[1]，在史料搜集方面不遗余力。又志磐引述慧洪觉范（1071—1128）的话批评赞宁说："宁僧统虽博学，然其识暗，聚众碣为传，非一体。"[2]这也从侧面印证了赞宁在作传时经常大段引用碑文等原始资料。这一过去史家认为的缺点，现在却成为了优点，因为他较完整地保留了一些现今已经散佚的原始资料。[3]第二，传记对玄觉一家"一门归信""并预缁伍"进行了大量描述，并且称其兄宣法师也是当时的名僧。从这些不同寻常的细节来看，赞宁的记述一定是有所本的。这进一步让我们相信他依据了唐代李邕或者其他较早的资料。

　　第三，传记明确说玄觉与神策一起游方询道，除了参访慧能，还曾经向神秀一派问道，但最终"得心于慧能"。如前所述，这里对神策的记述与《祖堂集》颇为不同，参访神秀更是新资料。从南北宗当时的发展情况来看，南宗尚未占据优势地位，相较于《祖堂集》，这样的记述较为合理。《祖堂集》将慧能尊为"南方大圣"的说法显然有后人修饰的色彩。另一点与《祖堂集》的不同之处在于，《宋高僧传》并没有保留玄觉见慧能的一系列传奇故事，而是用"或曰：觉振锡绕庵答对，语在别录"，一语带过。大概赞宁也认为这样的描写难以令人置信。我们由此也不能排除赞宁杂糅了多种资料的可能性。如果是这样，玄觉拜访慧能的记述最早始于何时，是否在玄觉生前或逝后不久，就难以判断了。但目前对这一点尚无法确认。

1　《宋高僧传》卷一，CBETA，T50，no.2061，p.709c22—24。

2　《佛祖统纪》卷四十三，CBETA，T49，no.2035，p.400a24—25。

3　贾晋华《古典禅研究：中唐至五代禅宗发展新探》（上海人民出版社，2013年，第4页）已经发现了赞宁的这一特点。她列举了数个例子说明，"一般来说，如果赞宁在传文结尾提及某人为传主撰写塔铭或墓志，那么他已经参考引用了此碑文"。

第四，《宋高僧传》还提供了生年、春秋、弟子等非常详细的重要信息，其中一些内容，如春秋与《祖堂集》有所不同。但从赞宁叙事的详尽程度来看，他一定是有所依据，学者一般也大都采用他的记述。

第五，文中还提到了赐谥号和建塔等事迹。从上下文来看，这也发生在唐代。这让我们对玄觉的地位有了更多一些了解。

综上所述，我们认为《宋高僧传》的叙述有所依据，较为客观，尽管其撰述时间较晚，但史料价值较高。尽管这篇传记中依然没有提到《证道歌》——这恐怕也是让后人感到困惑的重要原因，但如果我们相信赞宁的记述属实，从其中对玄觉与禅宗关系的大量描写来看，玄觉其后追随南宗是可信的。那么既然如此，我们就确实不能排除玄觉的思想发生了变化，他本人或者后人根据他的口述编辑创作了《证道歌》的可能性。

现存的另外几种传记资料，如《景德传灯录》、附在《永嘉集》之后的杨亿述《无相大师形状》等，基本上依据上述三种资料的相关内容改写而成，故不再赘述。以上我们详细分析了玄觉几种传记的相应内容，以下再结合否定《证道歌》为玄觉作品的学者们（以下简称"否定派"）的观点出发，逐一进行分析。

第一，否定派认为：自南宋志磐开始，就认为玄觉应该属于天台宗人，充满南宗色彩的《证道歌》不可能是他的作品。而我们认为，志磐称《证道歌》"辞旨乖戾"，完全是出于宗派偏见[1]，不足为训，且单纯从思想内容的差异来否定作品的归属，也没有充分的合理性。如果玄觉确实在后来追随了慧能，出现这种

1　徐文明《〈永嘉证道歌〉与二十八祖说的缘起》对此已经做出了合理解释，他说："为什么台家后人对《证道歌》如此不满呢？义神智一语道破天机，言道所谓'讨疏寻经论'者，寻觅讨取，自生分别，经论何过，又称疏其慈恩之疏乎？慈恩之疏，有教无证，散漫难统，故有此过，若台家之疏，观行一体，教证相辅，并无此病。原来台家所不满的是'吾早年来积学问，也曾讨疏寻经论。分别名相不知休，入海算沙徒自困'之句，玄觉早年厕身宗宗，故后世将玄觉的自我反省视为对己宗的批评，感到无法容忍，但他们又不愿对曾列天台门墙并与左溪尊者为友的前辈公开批评，只好以《证道歌》'辞旨乖戾'，并非真作为借口进行反击，从而对之彻底否定。"

差异又何足为奇呢？如日本学者忽滑谷快天就认为《证道歌》乃玄觉参访慧能
之后所做，故而与《永嘉集》不同。他说："盖玄觉一见慧能而心机一转，抛却
从前之智解也。"[1] 何况正如前文已经讨论过的，《永嘉集》是文集，集中文章并
非同时创作，我们不能断言《永嘉集》的思想与《证道歌》完全相悖。与此相
关，有人从语言风格的不同来加以论证。但这一点也不能成立。如笔者本人曾
经研究过的宋代本嵩就有《通玄记》和《法界观三十门颂》两种文字风格完全
不同的作品，前者是华严义学著作而后者是典型的禅门偈颂诗歌，风格与《证
道歌》相似。因此，同一作者创作出完全不同风格的作品的可能性是存在的。

　　第二，否定派认为：记录玄觉向慧能问道等内容的《祖堂集》形成于玄觉
圆寂后两百多年，而现存敦煌本《坛经》与宗密《禅源诸诠集都序》《禅门师
资承袭图》等较早资料中都没有提到玄觉。笔者认为，《祖堂集》的相关内容
确实有不尽可信的成分，但我们还要考虑其他一些时间因素。例如早在日僧圆
仁于唐开成四年（839）所撰《日本国承和五年入唐求法目录》中，就有"《最
上乘佛性歌》沙门真觉述"的记录，可见在此之前《证道歌》即已经被认定为
玄觉的作品，《祖堂集》非始作俑者。现存有数个敦煌《证道歌》卷子，广州
六榕寺存有宋代石刻资料[2]，五代末期永明延寿在他的著作《万善同归集》中引
用《永嘉集》和《宗镜录》引《证道歌》时都称"真觉大师"，这些事实都说明，
唐宋以来，众人普遍认为《证道歌》是玄觉的作品。试想，如果说玄觉真的与
南宗毫无瓜葛，南宗怎么可能会认可玄觉位居慧能大弟子之列的说法呢？玄觉
生前既已经声名卓著，其所在的温州地区与同时期南宗的活跃区域相隔甚远，
如果二者毫无联系，这种子虚乌有的故事又怎么可能让世人相信呢？

　　第三，否定派提出的最有力证据，应属《证道歌》中出现的六祖传法说
以及西天二十八祖说。如胡适认为，这些说法较为晚出，在神会时代才得以确

1　〔日〕忽滑谷快天著，朱谦之译《中国禅宗思想史》，上海古籍出版社，1994 年，第 158 页。

2　参见：侯成成《唐宋时期释玄觉〈证道歌〉的版本与传播——以敦煌文献、碑刻资料为中心》，
载《中国典籍与文化》2018 年第 1 期（总第 104 期）。

立。[1]而我们目前能够看到的最早出现该说的文献资料，是更晚的很可能出自洪州系的《宝林传》(801)。然而，事情也并非如此简单。一方面我们不能排除相应内容系后人掺入的可能性，一方面也不能排除玄觉时代有类似说法的可能性。[2]还有学者认为文中出现了南北宗斗争的内容[3]，姑且不论是否存在后人掺入的可能性，单就这些内容是否反映了南北宗斗争而言，就有商榷的余地。

综上所述，有几点结论如下：

第一，我们在运用传记资料的时候，首先要注意该资料的写作意图和写作背景、该资料的史料来源，区分混杂于其中的信史和传说，以便相对较为客观地提取其中的有用材料。根据这一原则，我们认为《宋高僧传》尽管出现较晚，但其中保存有诸多有关玄觉的可信资料。对《证道歌》予以怀疑的胡适曾表示："今日所存的禅宗材料，至少有百分之八九十是北宋和尚道原、赞宁、契嵩以后的材料，往往经过了种种妄改和伪造的手续，故不可深信"[4]，但我们通过对赞宁《宋高僧传》相关内容的分析，不认同他这一看法。

第二，我们认为玄觉与神策向慧能问道一事是可信的。尽管自《祖堂集》以后对玄觉的描写充满了南宗色彩，但在玄觉的时代，宗派意识尚未有如此强烈，转诣多师非常正常。如果非要按传承世系来加以划分的话，玄觉应该属于

1　胡适《神会和尚语录的第三个敦煌写本：南阳和尚问答杂征义（刘澄集）》："中国佛教史上最成功的革命者，印度禅的毁灭者，中国禅的建立者，袈裟传法的伪史的制造者，西天二十八祖伪史的最早制造者，六祖坛经的最早原料的作者，用假造历史来做革命武器而有最大成功者，——这是我们的神会。" CBETA，B25，no.143，pp.210a11—211a4。

2　杜继文、魏道儒《中国禅宗通史》（江苏人民出版社，2007年，第186—187页）就认为这些内容有可能是后人增删修饰的结果。但徐文明《〈永嘉证道歌〉与二十八祖说的缘起》反对此观点，认为玄觉时代完全可能有类似说法，并非后人篡改。徐文对二十八祖说早期资料所论甚详，兹不赘述。又徐文针对李华《故左溪大师碑》中提到的"二十九祖"的说法，逐个排除了天台宗、牛头宗、北宗法如系、保唐系、南宗神会传此说的可能性，进而认为该说是慧能直接付嘱玄觉，经由玄觉、玄朗而得以传之李华，二十八之数源头在此，从而也间接认定慧能和玄觉时代南宗已经有西天二十八祖之说。笔者对此推断持保留意见。

3　参见：聂清《〈证道歌〉作者考》，载《宗教学研究》1999年，第1期。

4　胡适《〈神会和尚遗集〉序》，载《胡适文存》（四），黄山书社，1996年，第206页。

天台一系。

　　第三，既然玄觉确实曾经问道于慧能，且在南北宗之中更加倾心于慧能一系，那么其先后言行发生转变就是合理的。这也为创作《证道歌》奠定了基础。尽管我们未能发现有力证据证明《证道歌》是玄觉的作品，但我们也无法证伪。而且我们也无法找到其他有可能创作《证道歌》这一脍炙人口作品的候选人。在此情况下，我们就没有充分的理由去怀疑古人所普遍认可的说法。从《证道歌》在玄觉示寂百年后就被归属于他等事实来看，我们更倾向于认为《证道歌》就是玄觉的作品。

永嘉禅共修手册

达　照[1]

内容提要：根据《永嘉禅宗集》中的皈依发愿等章节，和永嘉大师早年学习天台止观学说而打下的功底来安排禅修的前行，即天台止观的二十五方便，然后正式进入实修的正修状态，再加上最后的续持相当于后行，即皈依、发愿、前行、正修、续持等五个方面的顺序来进行。正修部分又分为世间禅法的实修和出世间禅法的实修，这部分需要亲传亲授方能掌握准确的方法，所以不在手册中详细说明。

关键词：永嘉禅　止观　等持　共修

一　共修手册的必要性

永嘉禅是永嘉大师禅学思想和禅修实践的总称。永嘉大师是中国佛教史上会通禅教第一人（王雷泉教授语）。他的修学弘法过程正好经历了教理的学

1　达照，温州妙果寺方丈。

习和禅法的熏修，并都有巨大成就，且皆能著作传世；更重要的是，他的禅法思想对当今现代人修学佛法依然具有非常重要的指导意义。单就禅修实践这一个方面来讲，他也是很具有完整体系的，例如《证道歌》的体系、《永嘉禅宗集》的体系，还有他自身修学过程中的经历和成就也就是最好的一个修学体系了。但具体怎么指导实修？这就需要我们在他的著作和修证经历中找到相关的信息，抓住其中最关键的要点，并加以贯缀和提示，使修学永嘉禅法的学人能够在短时间内完成共修或者自己实修的操作。

近几年来的佛教界对于禅修活动的举办非常多，社会大众对禅修活动的需求量也是非常大的，各种形态和各种禅法名称也越来越多。但在一次两次或者再多加几次的禅修活动之后，往往很难得到后续的跟进，跟踪服务的意识严重缺乏，致使有些人浅尝辄止，有些人裹足不前，有些人甚至东奔西跑到处寻找心灵的净土。殊不知佛法禅修就像吃饭穿衣、待人接物一样，寻常而又不可或缺。所以在考虑如何能把义理性的永嘉大师的著作，转换成信仰性和实践性的禅修手册，才是当前弘扬永嘉禅法最要紧的一件大事情。

同时，我们经过十多年的弘宣活动，也有不少年轻人、知识分子加入到永嘉禅的修学班当中来，从早期成立的一个班到现在的几十个班，还有数百人已经报名但仍然在等待入班通知的，还有一些虽然没有正式报名，但都已经打过招呼表示想要参加永嘉禅修学班的，如此等等不一而足。为了禅修班学员们在学习讲座的教理之余的实修，为了让还未入门的人一目了然永嘉禅的可操作性，也为了大家在一起时的共修效果，更为了有秩序、有组织、有实践的提升大众心灵境界，初步形成了《永嘉禅共修手册》以供参考。

二 共修手册的布局与内容

《永嘉禅共修手册》上部

共修手册《止观禅修仪轨》

一、皈依

1. 唱《三宝歌》（大众一起合掌恭唱）

人天长夜，宇宙黯黯，谁启以光明？三界火宅，众苦煎迫，谁济以安宁？大悲大智大雄力，南无佛陀耶！昭朗万有，衽席群生，功德莫能名。今乃知，唯此是，真正皈依处，尽形寿，献身命，信受勤奉行。

二谛总持，三学增上，恢恢法界身。净德既圆，染患斯寂，荡荡涅槃城。众缘性空唯识现，南无达摩耶！理无不彰，蔽无不解，焕乎其大明。今乃知，唯此是，真正皈依处，尽形寿，献身命，信受勤奉行。

依净律仪，成妙和合，灵山遗芳型。修行证果，弘法利世，焰续佛灯明。三乘圣贤何济济，南无僧伽耶！统理大众，一切无碍，住持正法城。今乃知，唯此是，真正皈依处，尽形寿，献身命，信受勤奉行。

2. 念《三皈依》（至心恳切皈依三宝）

皈依十方尽虚空界一切诸佛，
皈依十方尽虚空界一切尊法，
皈依十方尽虚空界一切贤圣僧。
稽首圆满遍知觉，寂静平等本真源，
相好严特非有无，慧明普照微尘刹。
稽首湛然真妙觉，甚深十二修多罗，
非文非字非言诠，一音随类皆明了。
稽首清净诸圣贤，十方和合应真僧，
执持净戒无有违，振锡携瓶利含识。

3. 解说忆念《皈依三宝》的意义（大众合掌谛听）

> 冥冥长夜中，三宝为灯烛。
>
> 滔滔苦海内，三宝为舟航。
>
> 炎炎火宅里，三宝为甘露。

二、发愿

1. 广愿《行愿品》（大众合掌高声共同念诵）

> 所有十方世界中，三世一切人师子，我以清净身语意，一切遍礼尽无余。
>
> 普贤行愿威神力，普现一切如来前，一身复现刹尘身，一一遍礼刹尘佛。
>
> 于一尘中尘数佛，各处菩萨众会中，无尽法界尘亦然，深信诸佛皆充满。
>
> 各以一切音声海，普出无尽妙言辞，尽于未来一切劫，赞佛甚深功德海。
>
> 以诸最胜妙华鬘，伎乐涂香及伞盖，如是最胜庄严具，我以供养诸如来。
>
> 最胜衣服最胜香，末香烧香与灯烛，一一皆如妙高聚，我悉供养诸如来。
>
> 我以广大胜解心，深信一切三世佛，悉以普贤行愿力，普遍供养诸如来。
>
> 我昔所造诸恶业，皆由无始贪嗔痴，从身语意之所生，一切我今皆忏悔。
>
> 十方一切诸众生，二乘有学及无学，一切如来与菩萨，所有功德皆随喜。
>
> 十方所有世间灯，最初成就菩提者，我今一切皆劝请，转于无上妙法轮。
>
> 诸佛若欲示涅槃，我悉至诚而劝请，唯愿久住刹尘劫，利乐一切诸众生。
>
> 所有礼赞供养福，请佛住世转法轮，随喜忏悔诸善根，回向众生及佛道。
>
> 乃至虚空世界尽，众生及业烦恼尽，如是四法广无边，愿今回向亦如是。

2. 别愿《永嘉集》（随文入观）

> 我今稽首归三宝，普为众生发道心。群生沉沦苦海中，愿因诸佛法僧力。

慈悲方便拔诸苦，不舍弘愿济含识。化力自在度无穷，恒沙众生成正觉。

说此偈已，我复稽首皈依，十方三世一切诸佛法僧前，承三宝力，至心发愿，修无上菩提。契从今生，至成正觉，中间决定，勤求不退。

众生无边誓愿度，烦恼无尽誓愿断，法门无量誓愿学，佛道无上誓愿成。

3. 忏悔《事理忏》（随念清净）

往昔所造诸恶业，皆由无始贪嗔痴。从身语意之所生，今对佛前求忏悔。
罪从心起将心忏，心若灭时罪亦亡。心亡罪灭两俱空，是则名为真忏悔。

三、前行

1. 具五缘
审思观察：

一者持戒清净，二者衣食具足，三者闲居静处，四者息诸缘务，五者得善知识。

2. 呵五欲
审思观察：

一者呵斥色欲，二者呵斥声欲，三者呵斥香欲，四者呵斥味欲，五者呵斥触欲。

3. 弃五盖
审思观察：

一者弃贪欲盖，二者弃嗔恚盖，三者弃掉悔盖，四者弃昏沉盖，五者弃怀疑盖。

4. 调五事
审思观察：

一者调身不松不紧，二者调息不涩不滑，三者调心不沉不浮，四者调食不饥不饱，五者调睡不恣不节。

5. 行五法
审思观察：

一者欲求佛道，二者精进不懈，三者念念希求，四者巧慧思量，五者一心止观。

四、正修

1. 大众合掌至诚恳切恭诵《证道歌》全文，能具备大乘禅观能力者，即可安住"绝学无为"，各随时间久近自定。

2. 世间禅：入、住、出

世间禅乃是为初机学人所设立的入门禅法，依据永嘉大师早年所学天台宗的止观法门为契入点，通过系缘止、制心止、体真止三种方式进行。行人可根据各自的习好而选择相应方法。在前行仪轨都完成之后，就可以正式进入禅修阶段了。

系缘止：系缘一处，心无旁骛，如鸡抱卵，久久坚守。

制心止：但凝其心，息诸乱想，制心一处，无事不办。

体真止：以正智慧，体一切法，阴入界如，皆悉空寂。

言语道断，心行处灭，泯然清净，无我无人。

选定方法之后，须知依前方便善加调试身心与法相应，以入、住、出为世间禅法的实践练习处。若不按照此法调试，则身心涣散，无所依止。若能如法应用调试者，定能泯然入定，诚不我欺也！

入定：从未修开始准备要修，直到进入禅定境界之前，此段光景为"入"的阶段。需经反复练习，方可熟能生巧，直至每次准备入定，皆可熟悉套路，了无疑滞。一提正念，即刻回归禅修，系缘止、制心止或体真止，随意取用，相应为佳，顺心为要。

住定：契入禅修状态，按照所修之法，获得相应的禅修境界，无论是系缘止、制心止，还是体真止，都有其独特不共的所缘境，依于此境安住，即是进入了禅修正住的阶段。此时根据个人的经验和时间状况来确定，能够尽量多时间的安住，就是禅定工夫得到培养和增长的关键。

出定：如果自己的专注力有限，或者有其他事情需要去做，那就只能从禅定的安住修状态里出来，也就是通常所谓的出定。此时，需要将宁静空灵的禅修体验从定中带出来，虽然不再专注于禅修，但禅修时但心情却可以延续到生活当中来，务必努力达到动静一如，定散不二，入定出定都能如法如律，身口意业依然纯净善良、清净祥和。

出定后的身心非常放松，双手搓热，从头至脚按摩一遍，以免在定中用功的时候，气息堵在气脉当中造成禅病，按摩方法需依照教材所说随师而学。

说明：

系缘止的修法非常多，诸如净土宗的持名念佛、大乘佛法的诵经、持咒、数息、止观，以及四念处的修法都是系缘止。

行者可以根据个人因缘和信心，选择一个喜欢的法门，从容易浅显的地方开始下手修。每次就选一个方法，死心塌地，心无旁骛地练习下去。不可以多法并修，反而乱了自己的心。等到自己所修之方法完全能够掌握了，熟悉了入住出三个阶段的用功方法了，也可以一直就修这一个法门，直到修出世间禅法为止。但也可以继续尝试编修其他方法，体验一下法法道同的道理，因为用心熟练了之后，无论修什么法，都能够安心专注，深入禅定。从而更加不执着具体有相的技巧，明白了无相的内心才是真正的根本。

对照身心培养专注力，训练自己入定、住定、出定，久而久之，禅修就会成为生命中不可或缺的必需品，依此提高生命的品质，日日安心，日日净化，日日努力，日日欢喜。

3. 出世禅：止、观、等持

五、续持

1. 观心十门（先熟记内容，再运心禅观）

2. 对境起修（随于任何一境皆摄入禅修）

六、回向

我修戒定慧，南无佛法僧。普愿诸众生，悉皆成佛道。

我等诸含识，坚固求菩提。顶礼佛法僧，愿早成正觉。

三 结 论

以上是《永嘉禅共修手册》上部，大约在两千二百字左右，主要是比较大众化的佛法实修内容，通过共修希望能够达到让佛法智慧之水灌注于学人的心中，从而对他们的生活起到净化人心、消除烦恼的作用。另外还有一篇《永嘉禅实修手册》下部（另刊），大约有三万字左右，完全根据永嘉大师的著作语言来编辑，加以白话文的标注解释，更能使学人一册在手，梗概于心。希望能够对好乐永嘉禅的佛弟子提供一份按图索骥的地图，在《永嘉禅》上中下三级修学的思想体系中，勾勒出实修部分的线条，令人顺着线条能够由点及线、由线及面、由面及体，最后总体掌握永嘉禅。总体掌握了永嘉禅，也就掌握了佛法的教理和禅修，并实用于学人的自身生活，也是佛法现代化、中国化、大众化的一个尝试。还有诸多不完善和不全面的地方，或者错误之处，还请诸位专家学者批评指正！

永嘉玄觉禅师的《证道歌》

——矛盾的展现与醒觉

杨一心[1]

内容提要：对于佛教来说，矛盾的存在构成了施教的一个重要辅助工具。在一些特定的情境下，矛盾甚至是佛法传播的必要手段。在佛教的所有宗派中，禅宗对矛盾的应用尤为深刻且系统。施教为何要诉诸矛盾呢？矛盾是佛教的根基一说是否只是一种假想？对永嘉玄觉禅师《证道歌》的研究为我们带来了答案的关键。

对于佛教来说，矛盾对施教是有辅助意义的，更深入地说，在某些特定情境下，矛盾甚至会成为佛法传播的唯一途径。在佛教的所有宗派中，禅宗对矛盾的运用有着独特的强度和体系。然而，如何才能使施教在矛盾中发挥正面价值？又如何将矛盾置于佛法施教的根基中？对永嘉玄觉禅师《证道歌》的研究为我们带来了答案的关键。

关键词：矛盾　传播　道路　施教　禅　证道歌　永嘉玄觉　觉悟　顿教门　顿悟　顿悟派　渐悟　渐教门　道　法界　《如来藏》　空性　意识

1　作者：杨一心（Alexis Lavis），中国人民大学哲学院副教授。译者：朱舒然，上海财经大学外国语学院讲师。

　　佛教是开放包容的。它否认自性的存在，并且反对任何意义上的天选之
人。尽管如此，我们却可以在众多高僧的传记中发现他们分属两种明显对立的
类型。第一种高僧的特质是纯净、原始、甚至有些简单粗暴，他们的觉悟是
与佛法简单的一触即发。第二种高僧恰好相反，他们博学、勤勉，尽可能地
严肃，在与佛法的意外相遇之时体会到了知识的无力，甚至感受到一种赤裸，
甚至羞辱。如果说六祖慧能属于第一种高僧，那么永嘉玄觉禅师应属于第二
种。这两种对立类型正如印度佛教中的伟大坦陀罗帝洛巴（Tilopa）和那洛巴
（Naropa），以及藏传佛教中的玛尔巴（Marpa）与米勒日巴（Milarepa）。

　　然而，从类型学的角度来看，实际的生活不可能完全对应某一种特定的
类型。这种矛盾却恰好显示出了佛法之于世间万物的印记。作为一个开悟的
"文盲"，六祖慧能是在贫困中获得了顿悟，即通过三转法轮的核心——《如
来藏》（Tathāgatagarbha）。在从弘忍大师手中接了衣钵之后，慧能悄悄地离
开了黄梅山，南游至法性寺。在这里，有一次两僧因"风动亦或幡动"争论不
休，此时"六祖"才真正出现。也是在这里佛教诞生了一种新的宗旨："无住"
（梵文为 aniketa）。"无住"在《般若经》（Prajnāpāramitāsūtra）与《维摩诘经》
（Vimalakīrti Sūtra）中均有记载，并且后者还记录了慧能与永嘉的会晤。永嘉
则正好与慧能相反。在《证道歌》中，永嘉强调了知识与无知之间的对立。作
为一个学者，永嘉发现自己是无知的（ignorant），认为必须放弃知识以求其他
途径的学习。对于他来说，智慧波罗蜜（Prajnāpāramitā）的教学是他生命中的
核心存在；从某种程度上说，也构成了生命里的断点；以更隐秘的角度来看，
瑜伽行派（Cittamātra）的八识也对他有相似的影响。

　　由此不难看出，事物的交汇处更容易彰显出矛盾与对立，矛盾的存在当然
也不仅限于这两位高僧之间。矛盾的存在不仅仅体现在逸事中，它同时也构成
了佛法的一个重要维度，尤其体现在佛法的施教与传播之中。对于佛教来说，
矛盾与悖论的存在可被视为施教的一种重要辅助工具。在一些特定的情境下，
矛盾甚至是佛法传播的必要手段。然而究竟为何呢？到底是什么样的施教要诉

诸矛盾？矛盾的重要性是否只是一种假想？下面，我们一方面要澄清矛盾在佛教施教中的意义，另一方面也将讨论说明其存在的可能性。

一 佛法的矛盾性及其在施教中的角色

佛教（特别是印度佛教）的著名人物中，有许多逻辑学家和理论家，例如龙树（Nāgārjuna）、月称（Candrakīrti）、世亲菩萨（Vasubandhu）、无着（Asaṅga）、陈那（Dignāga）、法称（Dharmakīrti）等，这些逻辑大师都十分注重自身逻辑的连贯性。然而，我们在每一部作品中都发现了他们对悖理的明显偏好，尤其是对于对矛盾和荒谬的推理（使用反证法的论述）。他们的作品似乎基于矛盾、依赖矛盾，借此传授个人的创见，以消解读者心中过往的成见和理念。在这里，时间、因果、身份、关系都不在讨论范围之内，推理与知识也都被巧妙地封锁在逻辑的僵局中。大乘佛教先驱的典籍中还存在着另一种形式的解构，即对佛教自身的解构，更确切地说是对小乘佛教、以及对为达到涅槃所受之苦的解构。

这种施教要构成一种良性循环，既要基于严格的道德伦理规范，更要基于对人类现状的精确理解。该路径有其顺序的连贯性：修道者通过摒弃有害的状态来达到一种良好的状态、放弃获得真知的幻想、停止为了实现福祉而忍受痛苦。佛教医师的寓言很好地揭示了这一顺序：认识到痛苦的存在，甄别原因，决定一个康复目标，确定治疗。这似乎是一个连贯的过程。

然而，现在有一部分佛教徒认为，世间根本就不存在"苦"的状态，涅槃是无法实现的，幻觉也不是智慧的对立面。总的来说，他们否认诸多佛教教义，通过矛盾揭示了"道路"或"实现"这些概念的矛盾本质。他们也属于大乘佛教，通过对于大乘佛教典籍充满悖论的文本进行反证法分析来佐证《心经》（Heart Sutra）这一重要著作。《心经》近乎确凿地强调矛盾的存在，例如观音（Avalokiteśvara）曾如是说："无无明，亦无无明尽，乃至无老死，亦无老死尽。无苦集灭道，无智亦无得，以无所得故。"值得一提的是，《华严经》（Gaṇḍavyūha-sūtra）中也有一段关于善财童子入毗卢遮那庄严藏大楼阁的著名情节：在那里，整个宇宙在转瞬之间向他呈现开来。在一个无限延伸的、万物相互贯通的无垠宇宙中，最微小的事物也能够反映出整体的面貌，也就是说，一切不过是回声与反射的游戏。然而，对于"入法界"（Entry into the Dharmadhātu）这一被 Thomas Cleary 翻译为"现实之域"（the Realm of Reality）的概念来说，理解年轻的善财童子的迷惑才是理解它的前提。但 Thomas Cleary 所指的现实，其基本特征也是矛盾的：虽然艰深晦涩、难以捉摸，但也并非不可了解或不可感知的。

可以看出，大乘佛教的一个重要特点就是通过悖论和矛盾来施教。大乘佛教的文物形象也说明了这一点：传统的菩萨形象中他身着华服、饰有珍贵的珠宝和袈裟，与衣衫褴褛、乞讨食物的僧侣形象大相径庭。文殊菩萨（Manjuśrī）是高贵的证悟者之一。他相貌年轻，却代表着最古老的智慧；他风度翩翩、胸怀极大的慈悲，同时又挥舞着一把炽热燃烧的剑。观音（Avalokiteśvara）则代表了敏锐的识别力与最伟大的情感（即"悲"，karuṇā），而观音这个名字本意为"从上面看的人"，也就是保持一定距离的人，也正是他传授了《智慧波罗蜜》的核心"空性"（śūnyatā）。空性在人的抽离中体现得淋漓尽致。作为大乘佛教的代表人物，他把空性与悲如此完美地结合在了一起，以至于鲜有人注意到其中矛盾的一面。

然而，我们依然可以提出这样的疑问：为什么佛教（尤其是大乘佛教）承认矛盾在施教中占据关键地位，其作用诸多且具有决定性？这个事实显然没有被哲学家和研究者们忽略，哪怕他们并不是佛教的专家。例如，格雷戈里·贝特森（Gregory Bateson）在精神分裂症研究的背景下，研究了矛盾在人类心理结构中的作用。他指出矛盾不仅仅是一个病理问题，他将此矛盾命名为双重束缚（double-bind），并引用了禅宗中的一个例子。一位禅师将一根木棍放在弟子头上并对他说："如果你说这根木棍是存在的，那么我就会打你；如果你说它不存在，那么我也会打你；如果你什么都不说，我还是会打你。"面对这样一种不可能性，弟子获得了顿悟。而贝特森的结论是，佛教中确实存在一种特质，矛盾具有束缚性的同时也具有创造性。这种矛盾为佛教，尤其是禅宗佛教带来了思想之光！

由此不免联想到僧人香严的故事。香严博学多识，在百丈怀海禅师的门下修学却无法开悟。沩山和香严都是百丈的弟子，沩山开悟最早，百丈圆寂后，香严就依止了师兄沩山。有一天，沩山对香严说："在先师处，算你最聪明，先师问一你答十，问十答百，很是了不起，但没开悟。现在我来问你，但你不许引经据典，要用你自己心里的话来回——父母未生你时是什么模样？"香严一时语塞，回到自己的房间徒劳地读经、思考良久却没能想出答案。他找到沩山，希望他能给出答案，然而沩山却拒绝了。于是香严一怒之下将平时所看的经书全烧了，来到慧能的墓前搭着茅棚过日子。有一天他在田里锄草，把一瓦块抛出击到旁边的竹子上，击竹有声，他猛地一下开悟，朝沩山方向感慨流涕：感谢和尚当时没为我点破，不然怎会有今天的悟呢？

禅宗中有许多类似的著名对话，禅师通过矛盾甚至荒谬来使弟子开悟见性。然而除了禅宗中的这些场景以外，还有没有其他的文本更加深刻地阐释了佛教与矛盾之间的重要联系呢？至少有一个是肯定的，那就是《证道歌》。

二 《证道歌》：无介之路的歌

从诸多方面来看，《证道歌》都是一部重要的作品。它是唐代文学的杰出代表，体现了盛唐的辉煌，也是禅宗佛教乃至于整个佛教的重要典籍。在书中，永嘉通过对佛教多个主题和众多典籍典故的总结讨论，揭示了大乘佛教的核心教义。我们会惊讶地发现，在阅读或聆听《证道歌》时，仅仅作为一个喜爱徜徉在佛教思想里的人，即使并非属于永嘉学派，也不得不承认这是一部充满佛法印迹、关于必须接纳与获得顿悟的重要作品。犹记得第一次听到《证道歌》的情景，那时我正在巴黎的一个修禅中心，一边听着《证道歌》的日文诵读，一边看着英文译本。虽然那是个非常粗糙的译本，我还是清晰地记得当时的共鸣。今天有机会在距离永嘉故里不远的地方讨论《证道歌》，对我来说是个莫大的惊喜。

我认为《证道歌》中最重要的部分，甚至可以被视为中国佛教之瑰宝的，正是禅宗中的"顿教门"（The School of Immediate Access）。从哲学的角度来看，它为佛法提供了最有创见的阐释，与伟大的印藏佛学中的大手印（Mahā mudrā）可相齐名。

对于顿教门来说，开悟并不是一个需要实现的目标，而是一个不断展现的维度，这种思想源自禅宗。禅宗思想的主旨，包括其赋予冥想的意义，可以总结为：首先是开悟，然后才是道路。人们普遍以为佛法是引导心灵通往觉悟的路径。而对于顿教门、对于创始人菩提达摩（Bodhidharma）来说，只有从一个人与开悟联结起来的那一刻起，道路才能显现出来。因此，一个人要开悟见性之后才能行走在这条路上。这个悖论正好与善财童子入毗卢遮那庄严藏大楼阁的情节不谋而合。在他完整地感知了法界（Dharmadhātu）的概况之后，他的开悟之路才刚刚开始。佛法不再是对未来开悟的逐渐追求，而是无限延展的对开悟的直接体验。

开悟的直接体验，即"无介之悟"，这也正是顿悟教的基石。但首先我们很有必要重新厘定一下"顿"这个字的意义。对西方人来说，尤其应该好好探寻一下如何翻译才能如实的表达这个字的意义。我们知道，"顿"具有一种"瞬间"的当下意义，因此应该包含一种"没有延迟"、"忽然之间"的含义。这里我们要感谢著名的法国汉学家、厦门大学教授保罗·戴密微（Paul Demieville）提供了一个对顿悟的绝妙的英文翻译："sudden illumination"。如果说"enlightenment"不够合适的话，那么"awakening"可能会更精确一点。对于保罗·戴密微教授所用的"sudden"一词及其衍生词汇，虽然与"顿"并非完全相同，但也颇有意义上的神似。诚然，"sudden"一词没有直接指向"即时性"的含义，但是它对于"意料之外"这层含义的表达确是恰到好处。从词源学的角度来看，sudden 的构词法意义是"从地下传来的东西"，因此是不能预先察觉的，或是隐秘且突然的、无法预期的。可见，"sudden"强调发生的事情是事先没有预测或计划的事情，于是本质上避免了意志、希望和恐惧的支配。永嘉对此是这么解释的："是以禅门了却心"，也就是说禅门是意识的消解。接着他又说道："莫不由斯心意识"，换言之，"顿悟需无心无意无识"！

对意识和期望的消解，是把开悟从对未来的追求中解放出来，并将其恢复到其原本的领域，即无生（non-born）。这是一种非制造、未建造、未开发的状态。"suddenly"一词恰如其分地表达了这层含义，但却未能涵盖顿悟的所有意义。如果用一个更精确的概念来描述顿悟的对立面，那就是"渐悟"（Progressive Awakening），渐教门正是永嘉所反对的。此外，为了达到"顿"的感觉，有必要增加一种"突然性"，以及"当即性""即时性""无媒介性"。这样的视角下，开悟应该是在没有目的或期望的前提下突然间完成的，并不是一个需要努力实现的目标。这样一来，也就不存在开悟步骤和途径了——证悟变得不可获得、甚至不可实现。换言之，人既不能接近证悟，也不会远离证悟。开悟不再是终点，且没有人能够"变成"开悟见性之人。为什么这么说呢？一方面，一个人要理解任何事情，总是要将自己带入到具体的衡量标准中，这就相当于身份与自我意识的实现。但佛教的核心，正是教人认识到身份或"本质"是不存在的。此谓空性（sūnyatā），即"空缺"（vacancy）。它该如何实现呢？应以什么样的方式实现？通过哪条路径，都有哪些阶段呢？

为什么永嘉一再谈论"道"，描述"道"，并将"道人"（Men of the dao）与开悟结合起来？正如《证道歌》的开篇所讲："绝学无为闲道人，不除妄想不求真。"对此我们可以理解为："在知识的顶峰，道人心如止水——他既不捕风捉影，也不追寻真相。"细心的读者读到这里，或许会对这种错综复杂的矛盾与悖论感到迷惑。读者理解的第一个困难显然是开悟中"突然"和"即时"的部分与道的联系。当证悟无法企及且无法实现时，还如何讨论"道"或者"途径”呢？永嘉在《证道歌》中提及“道”的情景可谓不计其数。《证道歌》开篇中“绝学”二字意味着无须再学习，也可以进一步解释为“绝学”超越了一切知识，这些知识包含了构建以及媒介的意思，所以绝学是对“无生”的直接体验。那么，这样的“知识之巅峰”（绝学）怎么会与获取知识的途径有关系呢？并且“道人”要求“无为”，如何既做到无为又有所行动呢？“道行之而成”，何道不需行呢？道之意义就在于实现（actualize），在于付诸行动。最后，道人“不除妄想不求真”，道人不会试图去除或追寻妄想，也不寻求真相。然而，哪条通往觉悟的路不是破除幻相通向真相、摆脱错误走向智慧之路呢？

可见《证道歌》开篇第一句话就定下了整书的基调，并展示了文字可以体现的矛盾的维度。下面我们会进一步说明，以证明矛盾依赖于某种程度上的解释。永嘉的描述正是要揭示出一个不存在悖论的维度——法界（Dharmadhātu）。

首先我们要确认，中国的“道”到底应该对应于梵语中的 mārga 还是在西方通常含义中的 path。其实两个都不完全吻合。在印度和古代佛教的文本中，mārga 一词的含义就是“道路”的普通意义，也就是从起点到终点的一段路，其中有若干阶段，距离亦可或长或短。在西方，path 或者 way，除了与印度 mārga 相同的意思以外，也可以从笛卡尔的“方法”（method）这个角度来理解。通过对于 method 一词的构词法分析，我们可以看到它是由古希腊语 hodos（道路、路径）加上前缀“meta-”（意为“之上”“之后”“超越”）而组成的。这样来理解的话，method 就不仅仅指最优路径，更是指一种特定的处理方式，一条把万物提升至理性分析的哲学化道路。正如哲学家让·博弗雷德（Jean Beaufret）所说，这是一个“逐步合理化”的过程。该方法的核心是合理确定路径、背景设定、分级以及结果——也就是我们今天所说的“程序”。如果该方法无法避开错误，那么它会首先尝试继续进行；即使该方法能够纠正错误，也只能纠正小范围的错误。所以它真的可以误导我们，并且是以一种线性的方式。

在所有情况下都遵循相同的程序——这就是为什么这种方法已经退化。时至今日我们称之为"能力"。对此，保罗·瓦莱里（Paul Valery）恰如其分地描述道："一个有能力的人是犯错也不逾矩的人。"简而言之，在西方的观念中，把"道路"（path）理解成"方法"（method），这与"道"的维度产生了双重的冲突；一方面是因为方法完全是深思熟虑后的决定，因而不是顿时、突然的，另一方面，因为方法并非即时的、直接的，而是建立在对于经验和存在的理性分析之上的。"道"是这样的吗？显然不是。在"道"的概念中，确实隐藏着对于"道路"的最初的思考与经验，也正因如此，想要忠实地翻译"道"、却不缩小其意义范围几乎难以实现。"道"是文字文明（words-civilization）的一部分。正如佛法（dharma）之于印度或逻各斯（logos）之于希腊一样，"道"体现了中国思想的印记。如今，在永嘉的《证道歌》中发现了这个字，可谓意义非凡。因为它与"顿悟"的维度完美吻合。实际上，"道"远非任何一种方法，更不是某种简单的"路径"，"通道"或"路线"；"道"不仅仅是单独的一条溪流，而是一片大海。我们不能把它当作某种仪器或工具来使用，因为通过"道"我们只能得到"道"。我们不把它当作某种实体或者信息，因为它是最原始的存在方式。与西方思想不同，它本质上是动态的，因此更具哲学性。

但比起概念，人类更倾向于使用图像。正如诗人圣－琼·佩斯（Saint-John Perse）所说的那样："世界的伊始不存在语言，只存在图像。图像诉说着整个世界。"这里我们将会用海洋与河流的图像来进一步解释。印度佛教善于运用有关海洋的比喻来解释佛法，但究竟应该如何理解这种类比呢？首先需要澄清的是，这里讨论的海洋是远海部分。因为近海处仍可以看到海岸，航海者也可以通过陆地的位置来导航；而在远海部分，触目可见尽是海水，没有港口的海域展现出一种无限空间感。在这里，目标与道路合而为一，这也正是"道"的含义，尤其是在老子和庄子意义上的"道"。由此我们可以更好地理解为什么"顿悟"和"道"在《证道歌》中是完美吻合的，基于对"道"的含义的重新思考。它不再是对预想中的开悟的追求，而是要求我们诉诸证悟的直接体验。

三 "顿入无生知见力"：进入无生之境

但是，如果《证道歌》的内容本质上都是连贯一致的，那么为什么永嘉常常采用矛盾和悖论来阐述呢？"开悟"与"道"之间的矛盾是最明显且最重要的，并作为核心解释了一切其他的矛盾。也就是说矛盾并非仅此一对，在"道路"和"即时性"之间的矛盾中还蕴含着无法接近、不可实现，无法获得的开悟的矛盾。《证道歌》指出，证悟本来就存在于众生之中，但正道并非无所不包，例如小乘佛教和一些"外道心"之人就不包含在其中。另外一个理解的困难是，如果得道途中的困难与障碍是真实的，那么如何在强调道路险阻的前提下，确认"空"的真实呢？也就是说，如果"妄想"与"真"都是道人不屑一顾的，那么修禅者要面对的"恶"无外乎来自两种方式：第一种是来自"小人"的诽谤和侮辱，第二种是来自于这个由于佛法衰落、物欲横流而进入到黑暗时代的世界。最后还有另一个至关重要的悖论，即顿悟一方面需要个人的投入，但同时永嘉又曾表示顿悟是与个人无关的，与情感无关，是一件本质上非个人的行为。因此，让我们先尝试解决这些悖论，再进一步寻求其使用的意义。

第一个矛盾是关于证悟存在于众生之中，但正道并非无所不包的论述。我们可以在德国哲学家海德格尔（Martin Heidegger）的思想中找到理解该悖论的思路。虽然海德格尔的作品卷帙浩繁，但我们可以借助其"开放性"（openness）或"本质揭示"（Erschlossenheit）的思想来解决我们的疑问。通过"本质揭示"，海德格尔不再从自我意识的内在性的角度来思考人类的存在（这种视角下世界只不过是一种表现形式），转而认为人类本质上是开放的，是一种未经掩饰的、完整的、充分的存在。这就不完全是关于人类的心理或意志了，更加关乎人的存在本身、人的自由。"真实地"（authentically）存在因而也就变成了一个人的基本责任。这里产生了两种可能性：对开放性持开放态度或对开放性持封闭态度。区分开放性（openness）和持开放态度（opening）这两个概念是十分重要的。它使人意识到人可以有关闭自己开放性的可能。开放态度与封闭态度是此消彼长的关系；而开放性却只是体现在程度上的不同。带着这些思考来解释《证道歌》，我们可以看出"顿悟"与"开放性"本质上是相似的，正如《如来藏》（Tathāgatagarbha）所讲的那样，"顿悟"是众生原有的维度。这就为人类开辟了两种可能：对证悟持开放态度（使心入道），或对证悟持封闭态度（外道心）。

这也同时说明了第二个矛盾，也就是障碍的存在与"空"的真实是并存的。障碍来源于对证悟所持的封闭态度，而发现与体验"空"则是对证悟的开放态度。我们可以在"空"的概念中看到了这个无限开放的另一面，这也是佛法之海（dharma-sāgara）的特点。因此，万万不可误读了空性（śūnyatā）的意义。正如龙树（Nāgārjuna）在《回诤论》（Vigrahavyāvartanī）一书所讲，空不是完整或存在的反义词，也不指向穷困、缺乏、缺失等意义。śūnyatā 的汉语翻译"空"指向了一种空间上的自由，意义更加准确明晰。另外需要区分一下的是，得道途中的障碍有两种：一种是将人困在陆地，一步都不能迈向佛法之海；而另一种则是即便身处海中却仍需眼望陆地寻找参照物，无法全身心融入佛法之海。

第三个矛盾在于，如何在一个充满幻象、错误与不公的世界中，理解"道"是超脱了除妄与求真的境界。这里最关键的还是理解的方式或体验的水平。我想借此引入"真如（tathāta）这个佛教的概念。介于 Tathāgata 就是佛祖之一，足以看出这一概念的重要性。它通常被翻译为"真如"（suchness），但也可以翻译为"这里存在"（There is），即表达"存在"的最原始简单的方式。这个"存在"中只有作为存在的存在，没有作为他物的存在。因而并不涉及意义与理解、真理或谬误的问题。顿悟就是进入这种存在的直接入口，当一个人完全进入到这种存在的状态之后，顿悟本身就已经不重要了。意义本质上就是模棱两可的。正误的区别发生在意识的层面，而意识可能是普通的或高尚的，亦可受到蒙骗。而这一切在真如（tathāta）的世界中都不复存在！

最后，该如何理解《证道歌》中的"圆顿教没人情"呢？如何理解得道之路上个人的投入？又如何解释永嘉曾以亲身经历证明圆顿教与主体性无关，顿悟是非个人的行为呢？我们应该从这句话本身寻找答案。"圆顿教没人情"，这句话强调核心在于开悟与未开悟之间是没有任何介质的，也就是说我们应该完完整整地把自身投入进去。入道应该是一个纯粹的行为，纯粹到不应带有任何个人感受。而"没人情"的反面"有人情"显然带有关于身份、个人意识的感受，因而无法达到完整地投入自身。感受与判断一样，结构基本上是二元的。感受其实就是一种基于一个"真实的我"的感情判断，而佛教摒弃的正是对"真实的我"的执着。只有抛开这种"我执"，才能跃升至佛法之海中。永嘉的自身经历就是一个很好的例证，他在某个阶段虔诚地向往佛法，刻苦钻研学习佛经，却因此忽略了"道"本身，佛法的大门自然也远离了他。证悟不是可以被驾驭的，它不是一个研究对象，也不是我们幻想、欣赏或评价的对象。它是一种"非我"的高峰体验，以及向经验中的"非我"维度的无保留开放。

四　结　语

在上文所说的最后一点中，矛盾与悖论在《证道歌》以及大乘佛教典籍中的作用体现最为明显。矛盾意在使人意识到理解的局限性，而非意在将佛教描述成怀疑论。它的目的绝对不是要批判人类希望对万物理解和认知的意图。在这个问题上，佛教比怀疑论更微妙谨慎，又更激进、富有创见，因为人类确实可以理解万物！亚里士多德在《论灵魂》（第三册）的开篇提出："在某种程度上心灵就是一切（Mind is in some way the whole of all that is）。"当然，这并不是说一个人想变成什么就能变成什么。而是在强调每当我想到某种东西，它就使我变得存在于当下。这让我想起了证悟、"道"、佛经（sūtrā）、论注（śāstrā）、伟大的禅师，以及过去、现在、甚至将来……如果三藏（the Three Baskets）可以成为我最深刻、最有洞见的思考对象，如此，佛道便仅仅是一个理解对象而非真实的路。这就好像一个人研究游泳，编撰了世界各地各个时期有关游泳技巧的理论书籍，却从来没有下过水！矛盾与悖论正是意在打破修禅者试图了解一切的想法，它使人无法逃避地面对悟道的唯一可能，即放弃理解，真正走向那个空白未知的空间。

非但空摧外道心

这就是矛盾在佛教中的意义

永嘉大师思想侧面与"佛教中国化"理论审视

邓伟仁 [1]

内容提要：根据芮沃寿（Arthor Wright [2]）的《中国历史中的佛教》汉朝佛教传播史可分为：1. 预备期（从东汉到六朝），2. 本土化（南北朝），3. 独立成长（隋唐），4. 挪用期（五代到 1900 年）。永嘉大师所处的年代属于第三期——独立成长期，意味着佛教传播至此，脱离印度佛教传统而以"佛教中国化"的性质独立成长。然而从永嘉大师的《禅宗永嘉集》来看，其对佛法思想，特别是修行次第——发愿（慕道志仪）、持戒（戒骄奢意、净修三业）、修定（奢 śamatha）、修慧（毗婆舍那 vipaśanā）、定慧等持（优毕叉 upekṣa）来看，不仅完全扣住传统的佛教修行次第，其用语更特别地保留"梵音"。因此，审视芮沃寿对佛教在中国的传播史以及"佛教中国化"此概念之本质为何，则为研究汉朝佛教之重要课题。本文从此角度入手，主要是探讨汉朝佛教学界对"佛教中国化"此一概念的论述，并对几个重要的理论加以评析与审视。

关键词：永嘉大师 《禅宗永嘉集》 佛教中国化 文化论 本质主义 印度中心论 诠释学

---

1 邓伟仁，台湾法鼓文理学院佛教学系主任。

2 Arthor Wright，*Buddhism in Chinese History*. Standford，CA：Standford University Press，1959.

一　前　言

　　佛教（及其思想）起源并发展于印度文化社会，大约在公元1世纪透过印度或中亚僧人的来华传教与经典的翻译而传入中国；[1] 之后再透过上层社会知识分子的吸收、诠释与阐述，逐渐为中国社会其他阶层接受、实践与发展，最后不但成为中国文化不可切割的一部分，更在思想与物质文明上，丰富了中国文化的多样性。人类历史上跨文化交流的例子很多，而佛教的传播史更堪称为其中最重要的例子之一；佛教自印度起源后分别传入了斯里兰卡、中国（包括西藏）、韩国、日本等地，若将输出佛教的印度以及接受佛教的地区进行比较，印度与中国的文化的同等高度与强度、语言差异度、佛教经典翻译的规模以及佛教对中国文化、社会、经济的影响程度与深度各方面看，佛教在中国逐渐形成"中国佛教"的整个过程，可以说是人类跨文化交流史上最具规模与意义的一页。[2]

　　佛教为印度历史文化思想的产物，与中国文化接触之后，[3] 产生了对中国及东亚其他地区文化影响深远的"中国佛教"。而"中国佛教"自然成为近代汉学家与佛教学家热衷的研究课题。从表面上来看，这些研究的着重点与论述可分为两类：[4]

1　本文所用的"中国佛教"（与"汉传佛教"同义）这个语词中的"中国"并非国家概念，而是地域概念，指中国历史上汉化的地域，因此也包括北朝和蒙古元朝统治的地域，但不包括以藏文化为主的地域。

2　关于印度与中国的最初交流以及佛教初传入中国的种种困难的最新研究，见 Tansen Sen，"Introduction" in his *Buddhism，Diplomacy，and trade：The Realignment of Sino-Indian Relations，600-1400*.

3　虽然 Robert Sharf 不同意"文化碰撞"（encounter）这样的说法（Sharf：2001），他认为这两个文化并没有真正的接触，中国佛教一开始就是中国的产物。虽然从某种角度，我同意 Sharf 的说法，但是如果我们容许文化接触不一定要预设文化的全面性接触或对话，我想佛教和中国文化有某种程度的接触与碰撞是无法否认的。后面我们会针对 Sharf 的观点来讨论。

4　〔荷〕许理和（Erik Zürcher）在他的《佛教征服中国》一书中，序言第一句话便提到这个吊诡的问题：中国佛教应该由什么学者来写？懂佛教的汉学家，还是懂中国的佛教学者。接着他认为在他的时代（1960）前后，汉学家基本上忽略佛教，而佛教学者基本上只关注佛教本身。

（一）从中国文化社会为主体的角度出发

此些研究主要着重于佛教思想对中国文化社会的影响，所提出的问题包括：佛教对中国文化社会影响之大小？中国文化中哪些元素是佛教的？中国文化中哪些思想受佛教影响而发展出来？这个面向的研究不胜枚举，其中把佛教影响放至最大之论述，应属胡适先生于 1936 年在哈佛大学发表的《中国的印度化》（The Indianization of China : A Case Study in Cultural Borrowing）一文。胡适先生认为，历史上的中国文化"不幸地"深受佛教影响，使得中国人丧失了固有的入世进取之人生观。

（二）从佛教为主体的角度出发

这些研究主要探讨佛教进入中国后，通过中国传统思想语言的媒介之后的理解，能够有多少程度保有印度佛教原来的思想与面貌？换句话说佛教有多少程度、在哪些方面被中国化了？此研究取向是早期汉传佛教研究的主流，包括方东美（1899—1977）、陈荣捷（Wing-Tsit Chan，1958）、陈观胜（Kenneth Chen，1973）、James Whitehead（1976）、Peter Gregory（1991）等，皆认为中国佛教乃是一个佛教被"中国化"的故事。[1]

接下来的中国佛教研究很大程度上是对于"佛教中国化"论述的省思，不但反驳"佛教中国化"——例如，杜保瑞《方东美对中国大乘佛学亦宗教亦哲学的基本立场》（2011）——更重要的在于跳出佛教有无"中国化"理论框架的思维模式；如 *Robert Sharf, Coming to Term with Chinese Buddhism*（2001）

---

[1] 更多的学者虽然没有直接使用"佛教中国化"这一语词，但间接的论述中国佛教受中国文化思想的影响而在思想、价值观、宗教实践、宗教物质文明上有别于印度佛教。例如受到中国文化入世观及儒家性善说所影响的中国佛教佛性说等等。参考冯友兰《中国哲学史》（1934，Derk Bodde，1983 英译本），Herbert Creel，*Chinese Thought from Confucius to Mao Tse-tung*（1953），William Theodore de Bary，"Buddhism and the Chinese Tradition"，Proceedings of the Twenty-Sixth International Congress of Orientalists，New Delhi，January 4-10，（1964）（Poona：Bhandarkar Oriental Research Institute，1970）。但这样的论述已有许多学者的质疑，后文将有讨论。

论述说其实中国佛教从一开始就是中国的产物。从他的角度，中国佛教不是印度佛教的"庶出"，而是中国文化的"嫡出"。如果是这样就无所谓的印度佛教的中国化问题。此外也有学者试图提出不同于"中国化"的理论框架来解读中国佛教，呈现出佛教与中国文化互动的辩证关系，例如 Teiser 的 *The Ghost Festival in Medieval China*（1988）；李志夫的《佛教中国化过程之研究》（1995）；于君方的 *Kuan-yin：The Chinese Transfromation of Avalokitesvara*（2001）；以及 Gimello 在其 *Random Reflections on the 'Sinicization' of Buddhism*（1978）一文中提出以科学史研究的"范式转移"（paradigm shift）作为更有建设性讨论中国佛教的理论框架；McRae 的 *State Formation，Indigenization，and Buddhism in East Asian History：The Theoretical Foundation*（2006）则提出国家的形成作为讨论中国佛教的新课题。

本研究并不在于判断哪一个故事才是中国佛教真正的故事，也不是尝试找出真正的故事，理由是：这里大家所说的故事都有不完整性的真实与事实的各自解读。虽然理论上严谨周延的思想史或文献学方法可以比较正确定位中国佛教的性质——在什么意涵上或层面上是中国化或者是印度佛教的"镜像"，[1] 但是仍然避免不了解读的问题，而解读背后的预设（assumption）以及话语（discourse）[2] 很大的程度上决定了故事的观点。本文主要在于讨论目前学界对于"佛教中国化"此论述的回应与评论，检验这些论述是否能成功的跳脱其本身所质疑的"佛教中国化"思维模式，以及评估上述新的理论框架进程对于呈现具中国佛教主体性的研究的可能性。[3]

1　这个问题的具体案例研究，可以参考汉堡大学佛学研究系列最新出版的 *A Distant Mirror：Articulating Indic Ideas in Sixth and Seventh Century Chinese Buddhism*（林镇国与 Michael Radich 合编：2014）。"镜像"一词借用上述研究书名中的 "distant mirror"，意指中国佛教由于传承印度佛教的思想，透过严谨的思想史或文献学的研究，可以如同"镜像"反射出印度佛教思想。

2　借用福柯（Michel Foucault）的 "discourse" 的概念。参考 Foucault *L'Archéologie du savoir*（Archeology of Knowledge）。

3　科嘉豪（Kieschnick，John）在他的《关于佛教汉化的省思》（2010）一文，对佛教中国化的议题的研究有不错的讨论。本文是在他的讨论基础上，希望呈现更系统及完整的理论探讨。

个人认为，在探讨永嘉大师思想是否为"中国化"的佛教或者是印度佛教思想的传承之前，应该探讨这个问题或议题本身是否是不适切的问题，或是假议题，也因为本文并未直接探讨永嘉大师思想，因此在文章题目用了"永嘉大师思想侧面"的说法。

从汉朝佛教学术史来看，近五十年来汉传佛教研究领域中的一个重要的议题。直到十年前许多汉学及佛教学者以"佛教中国化"为理所当然的事实，并以"中国化"为汉传佛教特色为预设来进行与汉传佛教相关之研究。近十年来西方汉传佛教学者对此预设提出不少批判，但是我认为这些批判同样有理论上的盲点。因此本文跳脱诸如"汉传佛教的'中国'与'佛教'这两类文化的配置结构""中国佛教有无中国化"等这类"本质主义"的问题，直接重新审视这些批判，并试图了解这些理论批评背后的知识话语（discourse）。最后参考Gadamer 的诠释学理论，希望对"佛教中国化"此一议题的研究进程提供一些理论上的洞见。

二 "文化中心论"的解读与批判

对"汉传佛教的跨文化交流"来说，"文化"可能是解释宗教现象最理所当然的自变量，因此此处先从"文化论"（culturalism）开始讨论。[1]以"佛教中国化"来说，中国的传统文化最常被用来解释佛教在中国的传播与发展所发生的变化轨迹。在中国佛教研究中最常被提到的中国文化自变量包括"对世间的肯定"（world-affirming）、"入世思想"（this-worldly）相对于印度佛教的"对世间的出离"（world-denying）、"出世"（other-worldly），"融合思想"（harmonious syncretism）相对于"辨别差异"（differentiation），"实际"相对于"抽象理论"，

---

[1] 通常我们的讨论会从命题的"定义"开始。例如，本文的命题"中国佛教化"或"佛教中国化"所涉及的定义包括何谓"中国文化""印度佛教""佛教化"或"中国化"。但由于"文化论"是本文以及本次研讨的聚焦所在，我特意将定义问题放在后文讨论。

儒家传宗接代的"孝道文化"相对于"出家""性善说"等。（见下表）

中国佛教	印度佛教
"对世间的肯定"（world-affirming）或"入世思想"（this-worldly）	"对世间的出离"（world-denying）或"出世"（other-worldly）
"融合思想"（harmonious syncretism）	"辨别差异"（differentiation）
"实际"	"抽象理论"
儒家传宗接代的"孝道文化"	"出家""性善说"

对于强调"文化论"的学者，这些所谓的中国文化虽然不见得会创造出原来在印度佛教中没有的思想，但是至少会让原来在印度并非主流的概念，在中国变成特别受重视的思想。例如，方东美认为中国佛教的思想在早期是受到道家的影响，而到了天台、华严、禅宗则是扎根于中国儒家"备天地、兼万物"的入世、圆融思想，中国佛教的佛性论（众生皆有佛性）明显的是受儒家性善说（人人皆可为尧舜）所影响。中国佛教经过中国传统文化的融合吸收与印度本土佛教原有的空宗、有宗在精神上完全不同。[1] 同样的 Francis Cook 的专书：*Hua-yen Buddhism：The Jewel in the Net of Indra*（1977），也认为在中国的华严思想里"印度的否定主义被中国文化对于自然世界与事物的真实存有论的论调所取代"。[2] Gregory 论述中国佛教的判教思想作为一个必要诠释策略，[3] 主要也是回应佛教面对中国社会种种的挑战，其中除了政治、经济、伦理道德之外，主要的挑战来自中国文化与印度佛教间的鸿沟——"印度佛教所重视且用来合理化其作为一个殊胜的宗教团体的价值观，恰好不合于与中国文化中俗圣不分的入世思想"。[4] 关于天台的三谛思想，Creel 和 de Bary 也认为是中国文化的正

1　杜保瑞《方东美对中国大乘佛学亦宗教亦哲学的基本立场》，第 15 页。

2　Francis Cook，*Hua-yen Buddhism：The Jewel in the Net of Indra*，1977 年，第 13 页。

3　Gregory，Tsung-mi Buddhism：Princeton University Press，1991 年，第 93—114 页。

4　同上书，第 106 页。

向思维取代从印度中观的否定辩证法（dialectic negation）。[1]

对于以上用文化论来诠释佛教中国化的研究，许多后来的学者提出不同的质疑。这些质疑大略可以分为以下几种类型：

（一）对于中印文化内容及历史的偏颇认知

以上佛教中国化的文化论述必须建立在中国与印度文化的差异上才能成立。例如论述中国佛教所展现的入世、性善、孝道倾向如果能成立，必须是以印度佛教的倾向是出世、无我（无本有佛性）、出家（僧人与家庭疏远）为前提。但是学者提出这个前提很可能是由"经典等同于宗教"这个预设所误导。Gregory Schopen 对印度佛教做考古的研究发现，印度佛典文献所记载僧人修行、出离、出世等等的倾向是一种理想，因此把经典文献记载视为宗教本身的实际情况是一种错误。[2] 例如 Schopen 考察印度佛教僧人的孝道，发现印度僧人经常回向功德给父母，如果需要也会照顾父母的生活所需，僧人与家庭往往仍有密切的联系，并非像经典所呈现出的出世印象，因此中国佛教的重视孝道不见得是受中国文化所影响。[3] 同样的，中国佛教特别重视的"众生皆有佛性"未必是受到孟子"性善说"影响的结果，因为在 2 世纪和宋代之间，没有明显的证据显示儒家思想有特别重视孟子的性善说，反而是宋儒发扬孟子的性善思想有可能是受佛性思想所影响。[4]

以上的质疑主要是建立在历史的真实性，然而历史的真实性完全仰赖证据发现及解读。考古证据的论证虽然具有历史说服力，但是完全有可能被新的证据所推翻，而所有的证据都有"解读"的问题。例如，Schopen 研究 5—6 世纪前印度佛教布施功德主铭文，发现几乎没有大乘佛教的印迹，因此他结论出大

1　参见 Creel，1953 年，第 188—189 页；de Bary，1970 年，第 109 页。

2　参见 Schopen，1997 年。

3　参见 "Filial Piety and the Monk in the Practice of Indian Buddhism：A Question of 'Sinicization' Viewed from the Other Side"，in Schopen 1997，chapter III.

4　参见 Lusthaus，1998 年。

乘佛教在 5—6 世纪前并不流行。但是 Ruegg 质疑这样的解读，他认为这个结论要能够成立，必须预设"大乘佛教的追随者有布施以及刻记铭文行为"的前提，[1] 但是我们无法预设此前提，因此 Schopen 的推论不一定能成立。

印度僧人在公元 1 世纪来到中国，有的也许是跟着印度或中亚的居士来华从商居住，有的来华传播佛法。透过佛经的翻译，[2] 中国文人解读经中的意义，向其他中国人诠释自己理解的佛教或强调自己理解的佛教在中国的正当性、开始有中国人出家（应该是透过来华僧人的传戒，但是我们不清楚最早的传戒详情）、华人僧团的建立、学习修行（可能有禅修或修行其他佛教仪式）、[3] 中国佛教宗派的建立。诸如以上所述是历史，而"中国佛教化"或"佛教中国化"是故事。[4] 故事是历史诠释后的叙事，必然涉及诠释。[5] 如果是这样的话，那无论是"中国佛教化"或"佛教中国化"都不是一个历史命题，而是诠释命题，因此这个议题的讨论无法借由历史文献研究达成任何结论。[6] Gimello 也同样指出历史文献学的局限——"事实"往往受解读者既有的预设左右。[7] 他指出 Leibenthal 与 Robinson 对于"僧肇到底有没有理解印度佛教的'中观'"这个问题，有完全不同的见解。Leibenthal 从僧肇的道家语言判断僧肇理解的中观是道家的思想，而 Robinson 从僧肇的义理分析与结构来看，总结僧肇在知识

1　Ruegg，2004 年，第 16 页。

2　我们要比较谨慎的理解"翻译"一词，并谨慎考虑古代所谓的"翻译"的真实过程。古代佛典的翻译形式在不同历史时空有很大的差异，更和现代我们理解的翻译有很大的不同。古代的翻译不一定是直接把源头语翻成标的语，其中可能经过多重的程序，如印度僧人诵出梵文经典（有时加上解释）、略懂梵文的在华中亚人翻成汉语或用汉语解说、中国文人修饰成符合汉语的文句等等。

3　关于初期中国佛教的修行方式与禅修的角色的最新研究，参考 Eric Greene，2012 年。

4　这两个故事不是近代学者才开始说的。这个议题也是历史上中国僧人一直关心的议题。关于古代中国僧人对于佛教中国化的关注问题，参见 Teng，第 4—12 页。

5　近代历史学家甚至认为我们所知的历史本身就是故事叙事。参考 Edward Hallett Carr, *What is History*？1961 年。

6　这里特别要澄清一点，虽然""佛教中国化"不是一个历史命题，但是不代表"中国化"完全无法作为解释佛教在中国产生变化的原因，这也是我并不同意 Sharf 的观点，认为"中国化"对汉传佛教研究并无有效的解释力。以下本文会有针对这一点的讨论。

7　Gimello，1978 年，第 56 页。

论、本体论及语言哲学上完全符合中观思想。[1] 因此很明显的，两位学者的结论是"诠释学"的问题。

（二）文化非唯一判断中国佛教性质的标准

质疑文化论的学者认为中国佛教的中国化与否，文化不是唯一判断的标准。例如科嘉豪（Kieschnick）的《佛教对中国物质文化的影响》一书中，指出有些似乎是汉化的佛教物质文明，如清代朝珠的使用，未必与中国传统有关，因为在清以前的汉民族朝代，并无朝珠的使用。另外科嘉豪也提到阿部贤此关于佛教供养选择穿着的方式也与文化无关，更重要的因素是社会地位、社会网络以及政治地位等实际问题。[2] 于君方的观音研究异曲同工地呈现出社会因素，如性别、社会地位、地域性、经济等等，往往比文化思想对于中国佛教信仰发展轨迹更有影响力。[3]

小结：第一个对于文化中心论的历史批判，且不论其牵涉的诠释学问题，本身并没有跳出文化中心论的理论框架。虽然穷究历史文献方法来找出更具说服力或真确的文化内容与历史，其批评本质仍是以文化为中心。第二种批判则明显地比较有效地避免文化中心论的误区，找出更多具体影响中国佛教形成的自变量。因此能更有力地解释在中国佛教形成的具体原因及特色。然而，我认为文化中心论最核心的问题在于忽略人的主观能动性（human agency）以及其他各种"历史偶然性"（historical contingency）[4]。如果忽略这个考虑，文化中心论无法解释同样文化下的个体对于中国佛教的理解与诠释的差异。文化论另外带来的问题是文化本质主义的问题。接下来的小节将讨论学者对于本质主义的批评。

1　Gimello，1978 年，第 57—67 页。

2　详见科嘉豪，2010 年，第 265—267 页。

3　Chun-fang Yu，2004 年，第 447 页。

4　例如，某些特定的经论正好传到中国而没传到其他地区，进而因此影响中国佛教思想。这样的变因，我称为"历史偶然性"，这个改变中国佛学思想的机制里并没有真正所谓文化的因素。

三 本质主义的解读与批判

上节探讨的是"文化论"作为解释在中国所形成的佛教所衍生的诸多问题。这一节是指出"文化"的认识论问题——文化"本质主义"（essentialism）的谬误及其批判。在导论中，我们提到方东美认为中国佛教受中国文化的改造，在精神上已经不同于原来的印度佛教。对此杜保瑞有很鲜明的批评。杜保瑞虽然同意中国佛教有中国式的特征，但反对"有中国式特征的中国大乘佛学就不是原来印度佛学的传承，或是已彻底中国化了，而非印度佛学的原貌了"。杜保瑞甚至认为"中国佛教也已经不是原始佛教的小乘佛学"，这样的说法也不能成立。他反对的理由是："小乘佛教的基本命题也是可以衍生出大乘佛学的基本命题，固然大乘经论多有批评原始经典的立场，但批评是一回事，理论的衍生仍是依据原始佛教的基本命题则仍是不易的事实。"

我们同意杜保瑞对于方东美的部分评论，但是杜保瑞的论点却也陷入了另一个问题。我们认同杜保瑞批评方东美所主张的"大乘佛学超越儒道"的价值判断，不是反对中国大乘佛教没有超越儒道，而是正如杜保瑞所论述的，反对"类宗教性"的价值判断。但是杜保瑞对于方东美的"中国佛教非印度佛教"的批判却有文化"本质主义"的问题。

如上一节所分析，我们认为方东美的论点的问题在于过于简单地用"文化中心论"来判读中国佛教的特质。这种偏颇的方法论忽略诠释学的问题，以及对于印度佛教思想的刻板认知。而杜保瑞反对的理由似乎是犯了一种对于文化认知的本质主义的谬误（Essentialist fallacy）。他认为佛教的基本命题（如果我没有解读错误，应该也就是指佛教哲学的本质）不会随着历史时空，文化脉络而改变，或失去在原来的思想体系的位置。杜保瑞忽视了佛法多样性的特质，即使我们同意杜所认为的"中国各大乘宗派所有之诸义是大乘佛教中已有之说，而非来到中国之后才创作发展的"，我们不能忽略同样的教义在不同的历史社会脉络下可能有的不同理解、意义与价值。[1]虽然同样的看到中国佛教中印度佛教的元素，李志夫的《佛教中国化过程之研究》提出有趣的理论。其中树的移植论呈现印度佛教的多样性与全面性，中国文化作为催化剂（助缘）而非不变的文化实体，而中国佛教是移植后新长出的果实。虽然由印度佛学的树干和其他印度佛教元素的枝叶结出的果实，但是其生命力是适合中国的土壤环境生长的，而后也能反馈于养育它的土壤。另外河水与河床理论也很能说明中国佛教的特质。中国佛教作为河水在中国文化特有的河床流淌，自然溅起不同于恒河的水花，滋养不同于恒河所能滋养的生态。

有别于李志夫对佛教中国化此一现实的认知，多数在汉传佛教传统里的学者自然地从辩护中国佛教价值的角度出发，如同杜保瑞，往往过度的强调中国佛教与印度佛教的一致性。这样的做法反而忽视了中国佛教自身的主体性，而落入下一节要讨论的"印度中心论"的误区。

四　印度中心论的解读与批判

多数早期论述佛教中国化的学者，有意无意间都会指出中国佛教的失真——中国佛教不同于原来的印度佛教。这个态度的背后可以说是隐含"印度中心论"的话语（discourse），这话语的形成与近代佛学研究史有关。[2]佛学的近代学术研究开始于十八、十九世纪欧洲对东方的宗教的热衷。带着新教经典主义与科学实证主义的态度，当时的西方学者如 Max Müller 认为要认识宗教就要认识宗教原始的经典，要理解经典必须有扎实的经典语言能力及文献学的方

1　关于讨论在大乘佛教认知中的"本质主义"的谬误（essentialist fallacy）可参考 Paul William，2009 年，第 2—3 页。

2　知识形成的历史以及如何解释知识的形成是近代知识社会学讨论的范畴。知识社会学作为方法论可以说是始于福柯"知识考古学"或"知识系谱学"的概念。以福柯的"知识考古学"或"知识系谱学"作为讨论汉传佛教思想史的发展的研究可以参考龚隽的《禅史钩沉：以问题为中心的思想史论述的》。

法。因此要认识佛教自然从巴利文或梵文下手，至于汉译与藏译佛典最多仅能作为理解佛法辅助的配角。从这个视角来看中国佛教，最容易被关注的议题自然就是中国佛教有多少程度保留印度佛教的痕迹，多少程度能帮助我们理解印度原始的佛法。在这样的印度中心论的话语下，中国佛教的价值完全建立在其与印度佛教的吻合度之上，而失去中国佛教自身的主体性。这个缺陷同样发生在强调中国佛教的合法性的论述里。这种论述中国佛教与印度佛教的一致性的预设，却仍以印度佛教为中心。

Robert Sharf 可以说是批评此印度中心论的代表。他的大作：*Coming to Terms with Chinese Buddhism：A Reading of the Treasure Store Treatise* 可以说是对于以上"文化中心论""本质主义"以及"印度中心论"的全盘批判。Sharf 的主要观点有三：

一、旧有的"佛教中国化"范式——"中国佛教"是"印度佛教"与"中国文化"碰撞的结果——犯了本质化"印度佛教"与"中国文化"的谬误。

二、此"文化碰撞"（cultural encounter）范式并非历史实情，换句话说，并没有"印度佛教"传到中国，与中国文化实质接触对话，而产生质变。中国佛教一开始就在中国出生，因为孕育中国佛教的佛教经典一开始的翻译和经典的选择就是中国式的了。[1]

三、旧的佛教中国化范式有意无意地做出文化价值判断。用印度佛教作为正统来批判中国化、不忠于印度佛教的中国佛教。

虽然 Sharf 对文化论、本质主义、印度中心论的批判值得赞赏，但完全忽视印度佛教的中国佛教研究是极其不完整的。没有参照点比较，也无法突显中国佛教的特色。此外，我们也没机会去认识或解读古代中国僧人对追求"正统"印度佛教所做的努力。我认为中国佛教的价值在于其本身的主体性，而

1　Sharf，2002 年，第 2 页。"the Chinese 'encounter' or 'dialogue with Buddhism took place almost exclusively among the Chinese themselves，on the Chinese soil，in the Chinese Language."

其主体性体现在本土脉络化与接轨印度佛教的动态平衡。因此中国佛教的故事不仅是佛教中国化的故事，也是一个不断意识到偏离印度佛教而做修正接轨的故事。[1]

文章最后，简单的讨论关于"中国化"的定义问题。讨论佛教中国化自然要讨论何谓"中国化"。在此我借用 Michael Radich 在林镇国的国科会计划《六七世纪的汉语文化圈的印度佛教思潮》[2] 中所提的概念作为讨论的起点。Radich 把"中国化"的意涵分为两种：强义与弱义。强义的中国化指的是佛教思想明确的受到中国文化思想概念影响而改变，这种意义下的佛教中国化可以作为诊断中国佛教中中国文化的痕迹。而弱义的中国化则泛指佛教在中国所发生的变化，不涉及明确的中国文化影响。换句话说，强义的佛教中国化仅会藉由明确的接触及与中国文化互动而发生，而弱义的中国化所产生的变化，则也可能在非中国文化影响的地区发生。从这个定义看起来，弱义的中国化发生的原因可能是社会性的——如社会动荡、经济因素、人口结构，政治性的——如皇室的压制或支持，个人的主观能动性——例如高僧的个人魅力、修行、佛学的理解等，最后当然还有"历史偶然性"。上述于君方的《观音在中国的转化》可以说是一种弱义的佛教中国化。然而，我认为强义、弱义中国化的区分未必可以清楚的区分，因为文化产生的意识形态和社会、政治现况不是全然无关的。

1　关于古代僧人尝试接轨印度佛教的努力，可参考 Wei-jen Teng 的博士论文："Recontextualization, Exegesis, and Logic：Kuiji's（632–682）Methodological Restructuring of Chinese Buddhism"。另外可参考 *A Distant Mirror：Articulating Indic Ideas in Sixth and Seventh Century Chinese Buddhism*（林镇国与 Michael Radich 合编，2014 年）一书中对于六七世纪的中国佛教中的印度佛教思想的分析。

2　"Review of contributions to the study of the problem of 'Sinification' in the research of members of the present workshop" unpublished notes（2011）.

五 结 语

佛教中国化或者反之中国佛教化的有无，毋庸置疑也不是问题。问题在于如何理解以及诠释佛教中国化或中国佛教化。而上述的理论探讨希望能让我们避免在理解或诠释时进入误区。当然佛教中国化不必是讨论中国佛教必然的理论框架。我们当然可以如 Gimello 所建议的范式转移赋予中国佛教新的讨论视角，[1] 例如 McRae 建议的讨论佛教与国家形成的关系。但是如果我们仍认为佛教中国化是个有意义讨论中国佛教的理论框架，也许我们可用 Gadamer 的"视域融合"（horizontal fusion）[2] 来理解佛教中国化或者任何文化交流或认识。"视域融合"作为认识他文化的必然的手段和结果，我认为可以避免陷入天真的客观主义——认为他文化可以被客观的认识，以及后现代主义人类学的文化不可转译论（cultural untranslatability）或认为他文化与自文化有着不可跨越的鸿沟，每次的认知都只能有自文化的一个"中国化"的佛教或者是印度佛教思想的传承之前。从此结语来看，永嘉大师的思想不能简单地视为"中国化"的佛教或者是印度佛教思想的传承，而是印度佛教思想的中国实践——印度佛教思想与中国文化社会视域融合后所展现的宗教意义与实践。

1　Gimello，第 67 页。

2　参考 Gadamer，*Truth and Method*. 2nd rev.edition，2004。

参考文献:

[1] Derk Bodde. *History of Chinese Philosophy*[M]. Princeton: Princeton University Press, 1983.

[2] E.H. Carr. *What is History*? [M]. London: Penguin Books, 1961.

[3] Kenneth Chen. *The Chinese Transformation of Buddhism.Princeton*[M].N.J.: Princeton University Press, 1973.

[4] Chen Wing-Tsit.*Transformation of Buddhism in China*[M]. 7（3/4）.Philosophy East and West, 1964:107-116.

[5] Francis Cook. *Hua-yen Buddhism*[M]//The Jewel in the Net of Indra.University Park: Pennsylvania State University Press, 1977.

[6] Herbert Creel. *Chinese Thought from Confucius to Mao Tse-tung*[M].Chicago: University of Chicago Press, 1953.

[7] De Bary, William Theodore.Buddhism and the Chinese Tradition[J]//*Proceedings of the Twenty-Sixth International Congress of Orientalists*, *New Delhi*, *January 4-10*. Poona: Bhandarkar Oriental Research Institute, 1970.

[8] Michel Foucault. *L'Archéologie du savoir*[M].Paris: Gallimard, 1969: 275.（NRF; Bibliothèque des Sciences humaines）.

[9] Gadamer, Hans Georg. *Truth and Method* [M].2nd, rev./ ed.Translated by Joel Weinsheimer, and Donald G.Marshall.New York:Crossroad, 2004.

[10] Robert Gimello. *Random Reflections on the 'Sinicization' of Buddhism*[M]. Society for the Study of Chinese Religions Bulletin, 1978:52-89.

[11] Eric Greene. *Meditation*, *Repentance*, *and Visionary Experience in Early Medieval Chinese Buddhism*[M]. Unpublished Ph.D. dissertation. Berkeley:University of California, 2012.

[12] Peter N.Gregory. *Tsung-Mi and the Signification of Buddhism*[M]. Princeton, N.J.:Princeton University Press, 1991.

[13] E.D.Hirsch. *The Aims of Interpretation*[M]. Phoenix ed.Chicago:University of Chicago Press. International Association of Buddhist Studies, 1978. 27（1）:3-61.

[14] Lin Chen-Kuo & Radich Michael（eds.）. *A Distant Mirror:Articulating Indic Ideas in Sixth and Seventh Century Chinese Buddhism*[M]. Hamburg: Hamburg University Press, 2014.

[15] Helmut Lukas.Sanskrit in Southeast Asia: The Harmonizing Factor of Cultures [J]. *Proceedings of Papers of International Sanskrit Conference*, *May 21-23*, 2001. Sanskrit Studies Centre and Department of Oriental Languages.Thai: Silpakorn University, 2003.

[16] Dan Lusthaus.Buddhist philosophy, Chinese Sinicizing Buddhist Concepts is Buddha-nature

good or evil. In E. Craig（Ed.），*Routledge Encyclopedia of Philosophy*. London: Routledge.Retrieved October 20，2013. http://www.rep.routledge.com/article/G002SECT14.

[17] John McRae.State Formation，Indigenization，and Buddhism in East Asian History：The Theoretical Foundation[J].*Studies in Indian Philosophy and Buddhism*，13（2006）.Department of Indian Philosophy and Buddhist Studies Graduate School of Humanities and Sociology the University of Tokyo.Tokyo，2006:45-72.

[18] James Robson. *The Religious Landscape of the Southern Sacred Peak*（*Nanyue* 南岳）*in Medieval China*[D].Cambridge：Harvard University Asia Center，2009.

[19] James Robson. *Sin，Sinification，Sinology：On the Notion of Sin in Buddhism and Chinese Religions*[M]// Sins and Sinners :Perspectives from Asian Religions.Edited by Phyllis Granoff and [20] Koichi Shinohara. Leiden，E.J.Brill，2012: 73-92.

[20] D.S. Ruegg. Aspects of the study of the（earlier）Indian Mahayana[J].83：73-91.Journal of the American Oriental Society，2004.

[21] Gregory Schopen. *Bones，Stones，and Buddhist Monks：Collected Papers on the Archaeology，Epigraphy，and Texts of Monastic Buddhism in India*[M].Honolulu：University of Hawai'i Press，1997.

[22] G.Schopen. *Figments and Fragments of MahAyAna Buddhism in India:More Collected Papers*[M]. Honolulu：University of Hawaii Press，2005.

[23] Tansen Sen. *Buddhism，Diplomacy and Trade：The Realignment of Sino-Indian Relations，600-1400.Asian Interactions and Comparisons*[M].Honolulu：University of Hawai'i Press，2003.

[24] Robert H. Sharf. *Coming to Terms with Chinese Buddhism：A Reading of the Treasure Store Treatise. Studies in East Asian Buddhism*[M]. Honolulu:University of Hawai'i Press，2002.

[25] Stephen P. Teiser. *Ghost Festival in Medieval China*[M]. Princeton ：Princeton University Press，1988.

[26] Teng Weijen. *Recontextualization，Exegesis and Logic：Kuiji's（632-682）Methodological Restructuring of Chinese Buddhism.Unpublished Ph.D. dissertation*[D].Cambridge:Harvard University，2011.

[27] James. Whitehead. *The Sinicization of Buddhism:A Study of the Vimalakirtinirdeśa Sūtra and Its Interpretation in China from the Third Through the Sixth Century. Unpublished dissertation*[D]. Cambridge:M.A. Harvard University，1976.

[28] Paul Williams. *Mahayana Buddhism：The Doctrinal Foundations*[M]. London:Routledge，2009.

[29] Yü Chün-Fang. *Kuan-yin：the Chinese transformation of Avalokite vara*[M].New York：Columbia University Press.2004.

[30] E. Zürcher. *The Buddhist Conquest of China：The Spread and Adaptation of Buddhism in Early Medieval China*[M].Reprint，with additions and corrections. ed. Sinica Leidensia，V. 11. Leiden：Brill.，1972.

[31] Erik Zürcher.Late Han Vernacular Elements in the Earliest Buddhist Translations[J]. *Journal of the Chinese Language Teachers Association.* 12（3）：177-203.

[32] 方东美.中国大乘佛学（上、下册）[M].台北市：黎明文化事业有限公司，2005.

[33] 方东美.华严宗哲学（上、下册）[M].台北市：黎明文化事业有限公司，1981.

[34] 李志夫.佛教中国化过程之研究[J].中华佛学学报.1995，8：75—95.

[35] 杜保瑞.方东美对中国大乘佛学亦宗教亦哲学的基本立场[J].师大学报·语言与文学类.台湾师范大学出版，2011，56（2）:1—31.

[36] 林铮.韦伯论佛教在中国：一项明显误解还是一个未被发掘的问题？[J].社会分析，2011：149—171.

[37] 科嘉豪（Kieschnick，John）.关于佛教汉化的省思[J]// 林富士主编：中国史新论：宗教史分册.2010，259—273.台北市：联经出版公司，2010.

[38] 龚隽.禅史钩沉：以问题为中心的思想史论述的[M].北京：生活、读书、新知的三联书店，2006.

永嘉《证道歌》在美国的传播：两个个案的分析

吴有能[1]

内容提要：十九世纪，随着加州淘金热及修建铁路的需要，大量华工到了美国。日子久了，美东与美西等大城市，如旧金山及纽约等都有唐人街，唐人街自然汇聚许多旅居美国的华人，因而华人的信仰，如道教及佛教，也在当地发展起来。然而在异国介绍佛教，多局限在唐人街附近的华侨社会。而真正开发美国当地信众，则有待六七十年代的努力，其中影响极大的华僧就是宣化上人（1918—1995），以及其后的圣严法师（1931—2009）。

本文的研究对象是宣化上人及圣严法师这两位华僧对永嘉《证道歌》的推广；重点不在两位法师的诠释自身，而是从美国现代佛教史的脉络，通过《证道歌》在美国的推介，反省汉传佛教在美国宏传的意义，并从文化外推的理论，解释这一文化交流现象。

关键词：永嘉 《证道歌》 美国佛教 宣化上人 圣严法师

---

1 吴有能，香港浸会大学宗教及哲学系副教授。

一 导 言

大约 17 年前，美国时代周刊 David Van Biema 专文讲述美国佛教，这篇文章已提到北传、南传与藏传的各支佛教，但在介绍东亚大乘佛教之时，作者还是局限于日本佛教，而无只言片语提到美国的汉传佛教。对于在美国生根发展的"美传佛教"这回事，哥伦比亚大学杜尔门教授还是十分保留的。30 年代日本人就曾说中国人要花上三百年才能吸收印度佛教，而佛教在美国发展，就好比将莲花放在石头之上，当然还要过很长时间才有可能生根发芽。

然而，最近汉传佛教确实在美国建立起来了。先是在 19 世纪，随着淘金热及修铁路，很多华工移居美国，所以在旧金山、洛杉矶及纽约等旧城，都有唐人街。唐人街汇聚当地的华人，而华人的信仰，如道教及佛教，也因而渐次在当地发展起来。初期，在美国介绍汉传佛教，多局限在唐人街附近的华侨社会。而真正开发美国当地的信众，则是六七十年代的努力，其中影响极大的华僧就是宣化上人（1918—1995），以及其后的圣严法师（1931—2009），至于佛光山及慈济功德会等人间佛教宗派，其在美国的系统性发展，其实都比较晚了。

本文的研究对象是宣化上人及圣严法师这两位华僧在美国推介《证道歌》之事宜。相传《证道歌》的作者是唐代高僧永嘉玄觉（665—712），传说他是六祖慧能（638—713）弟子，他把自己的开悟心得以七言诗方式记录于《证道歌》之中。作品虽以诗歌为体，但内容却包括了重要佛门义理，故除了多被历代禅宗祖师传颂，在民间亦流传甚广。永嘉《证道歌》全长一千八百余字，比五言长篇叙事诗《孔雀东南飞》还要多出一百多字，它以乐府诗体将佛理深入浅出地阐述，有其独特的思想体系。

当代推介《证道歌》的不少。为免重复，本文研究重点不放在两位法师的诠释自身，反而希望能详人所略，从美国现代佛教史的脉络，通过证道歌在美国的推介，反省汉传佛教在美国初传的历史情况，并解释这一现象在佛教史上的意义。

二 宣化上人与圣严法师

（一）宣化上人及其对《证道歌》的推介

（1）宣化上人

宣化上人，俗名白玉书，又名玉禧，吉林省双城县（现今黑龙江省五常市）人。十二岁时因意外发现邻居的婴尸，感悟生死，后皈依佛门，学习四书五经，医学天文等书。[1] 1948 年，在广州南华寺拜虚云法师（1840—1959）门下，深究佛法，法号宣化。[2] 后移居香港，从 1949 年到 1961 年，宣化上人在香港居住，并到泰国、缅甸等地弘扬佛法。

但宣化上人觉得应该到美国弘法，于是 1959 年上人派弟子去美国成立了"中美佛教总会"，后改为"法界佛教总会"。宣化上人于 1962 年定居美国，渐次成立四大道场，包括在洛杉矶的金轮寺，在旧金山的金山禅寺，在西雅图

---

1 According to the biography of Hsuan Hua, "at fifteen, he took refuge under the Venerable Master Chang Zhi.That same year he began to attend school and mastered the Four Books, the Five Classics, the texts of various Chinese schools of thought, and the fields of medicine, divination, astrology, and physiognomy." See：http：//www.advite.com/sf/life/life2.html Online" 17 November 2018.

2 See "The Life of Venerable Master Hsuan Hua," at：http：//www.advite.com/sf/life/lifeindex.html, Online：17 November 2018. See also Hsuan Hua, "A Recollection of My Causes and Conditions with Venerable Hsu Yun." According to Hsuan Hua, Hsu Yun appointed him as the Superintendent of the Vinaya Academy. See：http://www.advite.com/sf/life/life4-2.html and http://www.advite.com/sf/life/life4-3.html.

的菩提达摩中心以及在万佛城的如来寺。更在美国旧金山创立万佛圣城。[1] 他是将佛教传入美国的中国先驱僧人之一，对于佛教在美国，特别是西岸的发展，贡献很大[2]；而他在台湾佛教界也拥有许多信众。

（2）讲解及翻译

在旧金山安顿不久，宣化上人就开讲《证道歌》。在中文版的讲记，记载上人自己交代的因缘："我在旧金山，一九六五年那时候大约把这个《心经》讲完了之后，就讲的这个《证道歌》。因为这个《证道歌》，既很浅显又很深奥。怎么说它浅显呢？它说出的话，没有多少令人不懂的地方，都很容易明白，可是它那个道理呢，非常奥妙，把佛法的大义，甚至于都给表露出来了。在那时候，就是一九六五年的时候，十二月七号那天开始讲这个《证道歌》。"[3]

上人宣讲特别说："宣化清净身语意，皈命顶礼佛法僧，乃至十方三世佛，

1　According to the biography of Hsuan Hua，"In 1962，Master Hua accepted his disciples invitation to come to America. In 1966 he set up an in-residence Buddhist study and practice center in San Francisco. In 1970 the center moved to larger quarters and became one of Northern California's foremost Buddhist centers，Gold Mountain Monastery. Later the Association founded a number of other centers：The International Institute for the Translation of Buddhist Texts（1973），The Sagely City of Ten Thousand Buddhas in Talmage（1976），Gold Wheel Sagely Monastery in Los Angeles（1976），Gold Buddha Sagely Monastery in Vancouver（1984），Gold Summit Sagely Monastery in Seattle（1984），Avatamsaka Sagely Monastery in Calgary（1986），and Proper Dharma Buddhist Academy in Taiwan（1989）. The Sagely City of Ten Thousand Buddhas also houses Dharma Realm Buddhist University，Developing Virtue Secondary School，and Instilling Goodness Elementary School." Available at：http：//www.advite.com/sf/drba/drbaindex.html Online：17 November 2018.

2　为培养弘法的人才，于 1974 年，其组织更买下旧金山北边约 110 英里达摩镇（Talmage）内一处废弃的疗养院，将其改造为万佛城，城中设立育良小学、培德中学、法界佛教大学、寺院、素斋餐馆等，并将北美佛教总会改名为法界佛教总会，其基地落地于此。在弘法方面，上人教导弟子天天参禅打坐，念佛，拜忏，研究经典，严持戒律，日中一食，衣不离体，和合共住，互相砥砺，在西方建立行持正法之僧团，以图匡扶正教，令正法久住。又开放万佛圣城为国际性宗教中心，并于 1994 年年成立法界宗教研究院，提倡融合南北传佛教，团结世界宗教，大家互相学习，沟通合作。

3　宣化上人讲：《永嘉大师证道歌浅释》，See：http：//www.drbachinese.org/online_reading/sf_others/Enlightened_song/explanation.htm。

过去现在未来中，诸尊菩萨摩诃萨。西方东土历代祖，古往今来贤圣灯，惟愿三宝垂加护，启我正觉转法轮，见闻精进证不退，倒驾慈航救同伦，一切众生皆灭度，还我本来法性身，觐见威音古慈亲。"[1] 可见上人对《证道歌》的重视。

当年上人只能用华语讲述佛典，上人自己英语能力不高，但是却吸引了一些美国弟子；在华人翻译，以及美国人润色之后，上人的汉传佛学也就在当地逐渐发挥影响力。

译经方面，他的门人在 1973 年成立国际译经学院，致力于将佛经翻译成世界各国文字。这些佛教教育机构培养出多位精通数国语言的僧尼，他们在宣化上人带领下所翻译的经典已出版众多，当中有百余本译为英文，中英文双语佛书也陆续在出版中；另有西班牙文、越南文、法文、德文、日文等译本。并发愿将《大藏经》译成各国文字，使佛法传遍寰宇。近 40 年历史的《金刚菩提海杂志》，先是纯英文版，后逐渐演变为中英对照月刊，至今已发行 460 多期，至于中文佛教书籍，更是不下百部。

上人的成功，也得力于他的胸襟恢弘：他敦亲睦邻，对其他宗教都非常友善，不但跟基督教有对话，而且也为不同宗教，提供活动场地。上人的美国弟子恒实法师在访问中提到上人说："佛法是很真实的，不分任何宗派。"上人把佛法带到西方，加上早期西方弟子的努力，佛法在西方已经奠定很好的基础。"佛法在西方的种子已经种下了，即使现在是过渡期间，但是这些种子，以后全部都会发芽，会像雨后春笋一样冒出来。"[2] 即使到今天，他们在柏克莱的寺庙，仍然开放给不同宗教做他们的宗教活动。

1　宣化上人讲：《永嘉大师证道歌浅释》，See：http://www.drbachinese.org/online_reading/sf_others/Enlightened_song/explanation.htm。

2　恒实《佛法到西方：恒实法师说因缘》，参考：https://www.youtube.com/watch？v=56YjS78CyU8。

（二）圣严法师及其对《证道歌》的推介

（1）圣严法师

圣严法师（1931—2009），曹洞宗，法名慧空圣严。临济宗法名，知刚惟柔，俗名张保康，学名张志德。圣严法师生于江苏南通，是当代著名佛学弘法师兼教育家，为禅门曹洞宗的五十一代传人，临济宗的五十七代传人。东初禅师圆寂后，他承继为农禅寺住持，并创立法鼓山。

圣严法师于少年出家为沙弥，戒名常进；1949 年，他因战乱还俗，加入国民党军队，随军抵达台湾，以张采薇为名。退伍后，还是俗家弟子的圣严于1960 年皈依于东初法师门下，剃度出家，法名圣严，法号慧空，承继临济宗与曹洞宗法脉。此外，又接受灵源法师禅悟印可，承继临济宗法脉，法名知刚，法号惟柔。后来，他前往日本留学并自立正大学取得博士学位，是中国第一位赴日攻读博士并顺利取得博士学位的比丘。[1]

其后，东初法师命圣严法师去北美弘法，而法师有感于美国弟子们的求法热诚，所以于 1979 年在美国纽约创立"禅中心"，后来扩大迁址更名为"东初禅寺"。此后，圣严法师便固定往返美国与中国台湾两地弘法，经常在亚洲、美洲、欧洲等地著名学府及佛教社团宣扬佛法，不遗余力。法师所推动的理念是，提升人的质量，建设人间净土，以教育完成关怀任务，以关怀达到教育目的。他以中、日、英三种语言在亚、美、欧各洲出版的著作近

1　小沙弥时期的圣严法师，已深深体会到："佛法是这么好，可是误解它的人是那么多，而真正了解和接受的人是那么少。"其中的根本原因，在于弘扬佛法的人才太少，因此前往高雄美浓山区闭关六年，之后更远赴日本东京立正大学深造，于 1975 年获得了文学博士学位。随后，圣严法师应邀赴美弘法，先后担任美国佛教会董事、副会长，纽约大觉寺住持及译经院院长。东初老人于 1978 年圆寂后，圣严法师返台承继法务，隔年应聘为中国文化学院佛学研究所所长及哲学研究所教授，此外也在东吴大学及辅仁大学任教，至此展开了推动佛教高等教育的理想。

百种。

（2）《证道歌》的推介

圣严法师自 1976 年起在美洲弘法，他先到加拿大多伦多，后来才去纽约定居下来。当时，他在美国以及英国亲自带超过五十次密集的禅修，也讲了上百次的开示。

圣严法师著作达数百万言，他的著作之中发行量最多的是《正信的佛教》，已超过三百万册，而译本最多的是《信心铭》，已有十种，这些著述均受广大读者的欢迎。至于《证道歌》的推介，则并非圣严最重要的工作。

依照 Christopher Marano 在 1989 年所记载，圣严法师开始讲《证道歌》，是在纽约举办的七日禅修时的开示。当年的开示，除了是包含文献疏解外，更包含专门为参加修禅人士所提供的修禅资料，以及具体的实修意见。[1]

三 《证道歌》西行的意义

（一）汉传佛教在异乡的扎根工作

美国人对东亚佛教有所认识，是从日本佛教开始的。因为早期用英文弘法的，譬如西谷教授、铃木大拙教授等，他们都是日本人。而《证道歌》的英文翻译及介绍，正为当年华人英译汉传佛教经典工作之一。汉传佛教的翻译早已开始，到了 20 世纪六七十年代，普及的汉传经典如《坛经》《金刚经》《起信论》及《法华经》等都有英文全译；此外尚有不同经典的选译，譬如

---

1 Christopher Marano，"The lectures are commentaries on Buddhist texts，but more importantly，they contain a wealth of relevant information and practical advice for practitioners on the retreat"，See Master Sheng-yen.（1999），*The Sword of Wisdom*，*in The Complete Works of Master Sheng-yen*，Part 9，volume 4，（Taipei：Dharma Drum Corp.），p.4.

华严的《金狮子章》等，汉学家陈荣捷（Chan Wing-tse）就曾翻译，并收录于其在 1963 年出版的 *A Source Book of Chinese Philosophy*；至于《证道歌》的英文翻译及推介，正反映六七十年代华人在美国弘传汉传佛法的重要环节。

（二）佛学与佛教：汉传的平衡路子

美国人开始认识佛教，无疑是从日本佛教开始，当时基督教面临科学的严峻挑战，不少知识分子，认为在科学昌明的世代，难以调和对神的信仰；而有神论的基督教，自然首当其冲，备受攻击。

面对科学及世俗文明挑战，佛教在 19 世纪末及 20 世纪初在美国弘法之时，大多采取回避策略，于是一方面淡化其宗教色彩，去除神秘主义的色彩；另一方面，则强调佛教是无神论，并将佛法包装为类似心理学或哲学等学术。[1] 在当时宗教与科学的对立性分裂之风潮下，佛教是以佛学的姿态出现，于是佛教更愿意表现出其理性与现代的一面；特别是将禅修视为"精神治疗""安抚情绪"的技术，到今天仍然是美国佛教的主流取向之一。

然而，到了 20 世纪 60 年代，美国科学实证主义风潮，已经不能主宰社会人心；反之，人们并不盲从科学而以宗教为迷信，而当时美国青年，对非基督教，特别是东方宗教，兴趣方兴未艾。所以宣化上人虽不特别强调神通，但却

1　1893 年芝加哥举办 The Parliament of Religions. 回顾当年的情况，Richard Seager 指出 "Representatives such as Anagarika Dharmapala，a Theravada Buddhist and protégé of Olcott，and Shaku Soyen，a Rinai Zen monk and priest，were important leaders of modern Asian Buddhism. They presented the dharma as a fully up-to-date，living tradition at a time when most westerners still thought of Buddhism as a mysterious form of mysticism，exotic and hoary with antiquity. These Asian leaders also asserted that Buddhism，with its nontheistic and essentially psychological orientation，could better address the growing schism between science and religion than Christianity，a point that continues to be emphasized by many Buddhists today." Seager，Richard Hughes（1999），*Buddhism in America*. N.Y.: Columbia University Press，p.37.

常流露出一些让人费解，甚至疑为神通的事情，[1]这也就吸引当时部分美国青年。譬如宣化上人首先吸收了 David Berstein，即后来的恒由法师。1967 年恒实进大学，室友就是 David Berstein，后来恒实大学毕业了，到伯克利大学读研究所，专攻佛学，恒由就引导恒实认识宣化上人，这就是后来恒实的皈依，剃度的因缘。

宣化上人在解释《证道歌》，直接从文解义，披露文本的禅修内核；当然更不回避宗教修证的内容，绝未强调佛教不是宗教。但宣化上人的诠释，也时刻透现佛教教理，实为兼容理解与实修并进的进路。

圣严法师在美国之时，也努力度众。他一边学习英语，一边谋生，还坚持说法度众，吸引一批美国青年学生，加入学佛；这些青年当中，后来部分追随圣严出家。圣严法师教导禅修，但同时也讲明义理；既实践宗教的禅修，同时也开示佛教高深的智慧，这就让汉传"解行并进"的传统传到美国。而汉传佛教这一解行并进的平衡进路，无须像早期佛教般，刻意避免凸显佛教的宗教面；反之，圣严法师能平实的展现佛教的世界观，而这也成为美国佛教的重要参考。

（三）汉传佛教的修行与体证

汉传佛教在 20 世纪末复兴前，美国人学佛，多从日本禅师的指导；相对来说，汉传佛教丰富的修行经验，从未被系统介绍到美国社会。这方面宣化上人

1　恒实法师回忆宣化上人，就提到不少神秘事迹。譬如他提到自己发心三步一拜，从洛杉矶走到万佛城，途中有公路警察，要他们换上不同颜色的衣服，并建议他穿上昨天跟恒实一起的那位僧人的衣服，因为那僧人穿的是黄色与红色的衣服，非常显眼。这样别的驾驶比较容易看到他们在路上跪拜，就不会撞上他们了。当时，恒实法师只有两人上路，而且他们也没有这样的衣服；后来，他回到庙，查问当天上人去哪里，庙众回说，宣化上人一直在庙中见客，但突然说有事，就回到自己的房间，好几小时都不出来。恒实说，他知道师傅的肉身在庙宇，但却能分身到千里外，一直照顾他们。参考：《佛法到西方：恒实法师说因缘》，Available at：https://www.youtube.com/watch？v=56YjS78CyU8

非常重视。[1]而《证道歌》反映着华人习禅的修行与体证经验，因此介绍给美国社会，供大众参考。故而，汉传佛教的传统禅法，通过《证道歌》在美国的推介，而打开汉传佛教在美国发展的契机。

特别的是圣严将《证道歌》巧妙的安排在七日禅修中，禅修的具体实践与永嘉大师关于禅修的实际叙述放在一起，正好深化修禅者的领悟。

同时，圣严的做法，让常被诟病为境界说得高、修行无次第的中国禅法，得到比较系统的说明及介绍。

而在次第方面，圣严法师看重的是永嘉的吸收天台的止观功夫，圣严法师说："因为他是以天台宗的止观法门为基础修行方法的人，又得慧能的印可而为禅宗的真传。故从其著作的性质看，永嘉《证道歌》是禅宗的心法，《奢摩他颂》《毗婆舍那颂》《优毕叉颂》等所说的止、观、止观均等，乃是天台宗的架构，性格颇见不同……我们推想，永嘉《证道歌》是在他见了慧能之后写的，其他有关止观的颂文，是他未见慧能之前写的，先渐而后顿，理由极为明显。"同时，永嘉大师由早期天台的渐修，到后来接纳慧能的顿悟，正好展示顿修渐悟的法门。圣严将《证道歌》融入禅修，就让禅修的次第更彰显，也让更多佛教义理在很自然的方式下，传达给当地的禅修众，无怪能吸引不少弟子跟随。依据弟子所述，圣严法师的开示，不只宣说佛法，更打进修禅者的心底，如同特别为个别而设，直接回答修禅者的问题，同修者都感到十分管用。[2]

1　　上人认为："译经是一项千秋万世不朽的圣业，以我们凡夫来荷担圣人的工作，这是义务兼有意义的，既可利人，又立功德。以前翻译经典都是国王、皇帝，用国家的力量来翻译，我们现在就是民间的力量，我们要做出一点成绩来。我相信将来国家元首也都会从事这个工作，不过我们现在把基础先打下来，在民间先做一股力量。"

2　　Christopher Marano explains that "The text serves as a jumping-off point for Master Sheng-yen, who interprets Buddhadharma and tailor fits it to guide each participant in the proper use of his or her meditation method, and to help each participant overcome obstacles on the path of practice." See Master Sheng-yen（1999），"*The Sword of Wisdom*", in *The Complete Works of Master Sheng-yen*, Part 9, volume 4,（Taipei：Dharma Drum Corp.）.Quotation in P.4.

（四）汉传佛教的破邪显正

当时美国青年喜欢禅修，但却不得其门而入，有些服食毒品，追求迷离的感觉，脱离现实的幻境。也有些误把性爱的短暂欢愉，错误的视为解放，于是又兴起性瑜伽（sex yoga）。这方面，最近还有专书分享其个人成功经验。[1] 但无论服食毒品与滥用性交，都是汉传佛教所反对的。

《证道歌》正好提供汉传佛教正法实修的指南，对于正在发展的美国佛教，适时提供了破邪显正，激浊扬清的参考。

（五）全球化下的汉传佛教

Buster Smith 教授在美国做过民族志调研，[2] 显示某些条件下，佛教比较容易发展；譬如在华人聚居地、大学附近，以及当地宗教归属比较薄弱的地方，确实有利于佛教发展。Smith 的观察不无道理。圣严与宣化上人，他们移居美国后，定居在旧金山及纽约。旧金山是大量亚裔，特别是华人聚居的大城市，至于纽约更有庞大华人人口，两城都有非常古老而且庞大的中国城（唐人街），他们在这些城市弘法，得到当地华人的支援。然而更重要的是他们俩都有赖于大学城的背景：哥伦比亚是美国名校，圣严吸引到当地大学生；加州大学也是发展迅速，为宣化提供吸收弟子的机会。凡此，都合乎 Smith 的观察。

由于两位法师吸引到文化资本雄厚的大学生及研究生，于是让他们就不再困守中国城，借着这些美国大学生及研究生们的帮助，让汉传佛教得到更多用英语介绍及翻译的机会。若从汉传佛教全球化的背景看，两位法师的《证道歌》

1　Ruth Phypers（2017），*Dragon King's Daughter：Adventures of a Sex and Love Addict. London：Single View Book. Ms. Phypers tells her readers that her book*，"narrates a true story of how a spiritually focused process of recovery transformed suffering into happiness.Framed within the context of a Buddhist philosophy，it goes without saying therefore，that not only does the book articulate a 'spiritual awakening' it references 'sexual experience' too"．

2　Buster Smith，"Buddhism in America：An Analysis of Social Receptivity，" in *Contemporary Buddhism*，Volume 7，Issue 2，2006.

英译及推介，正好具体的呈现这一全球化趋势。

　　另外，Richard H.Seager 的知名作品，叙述佛教在美国的发展，他的专书可说是这方面研究的有代表性的新作。他主要的论点在区分随东亚移民来美的佛教形态、亚裔第二代的佛教以及美国本地人民皈依的佛教。不过，他的立论主要在区别"移民佛教"（Immigrant Buddhism）及美国本地人民的改宗佛教（Converted Buddhism），笔者简称为"移民佛教"及"改宗佛教"。Seager 教授主张移民佛教保有浓厚的东亚佛教的宇宙世界观，接受轮回业力等宗教性概念。而改宗佛教则放弃或转化这些概念，他们放弃轮回观，将菩萨视为比喻或象征，传统教义或哲学被看成创意的基础，修行目标就在自己内心里的安顿或追求世界的改变。[1] 我认为两位法师都遇上追求生命意义，寻求解放的青年；这些青年帮助他们英译，其中也有随而出家的。更重要的是两位法师的弟子虽然属于所谓"移民佛教"的传承，但他们本身却是改宗佛教的美国人。不过，这些美国法师并非如 Seager 教授所认为的放弃中国佛教的基本世界观。反之，譬如恒实法师就谨守上人的教导，而在谨守师门之教的严谨上，他比诸中国弟子毫不逊色！

　　同时，在人间佛教的影响下，上人与圣严法师也呈现佛教现代化的一面；他们都展现中国佛教既能安顿人心，也能致力入世转化世界。宣化上人讲《证道歌》，就先立下普度众生的大愿；至于圣严法师，后来更公开宣示"提升人的质量，建设人间净土"的理念。这都跟他在美国《证道歌》的开示，若合符节。

1　Seager writes，"The Buddhism of most immigrants tends to remain informed by the rich cosmological worldviews of Buddhist Asia. Rebirth and karma are often treated as existential fact，bodhisattvas as dynamic personalized forces or cosmic entities.Liberation and awakening are essentially religious aspirations and rituals often retain an unambiguous sense of being efficacious.For many converts，however，the dharma is becoming integrated with a more secular outlook on life.Many have implicitly or explicitly abandoned the idea of rebirth. Cosmic bodhisattvas tend to be regarded as metaphors，rituals as personal and collective means of expression. Traditional doctrine and philosophy often take a back seat to inspiration and creativity.The transcendental goal of practice is itself often psychologized or reoriented to social transformation." See Seager，Richard Hughes（1999），*Buddhism in America*. N.Y.：Columbia University Press，p.234.

所以依据对两位法师的观察，我们认为 Smith 所讲移民佛教的特色，其实并不能有效照顾到这两位法师及其弟子。因为他的改宗佛教的美国弟子，也接受汉传佛教的世界观，譬如轮回等；而上人及圣严又发挥人间佛教的现代化取向，也能展现其入世法门，并用非常合理的说明方式，宣讲汉传佛法的义理。就此而言，两法师虽传的是所谓移民佛教，但却并未被攻击为封建迷信；反而，他们的英译，以及圣严将证道歌融入禅修，以便适应当地美国人的口味，这或部分反映汉传佛教全球化的适应（appropriation）。

四　从文化外推分析《证道歌》的东传

多伦多大学沈清松讲座教授用"外推"观念，来谈跨文化哲学。我认为《证道歌》在美国的推介，可以从这外推的三步伐加以分析。

第一步，"语言的外推"。"就是把自己的哲学与文化传统中的论述或语言翻译成其他哲学与文化传统的论述或语言"[1]，这体现在《证道歌》为代表的汉传佛典的语译及英译两项工作上。[2] 这种语言层次的外推，两位法师及其护法居士都做了。

第二步，"实践的外推"。这是在语文层次之外，放到实践之中的一步。沈教授认为这是"把一种文化脉络中的哲学理念或文化价值或表达方式，从其原先的文化脉络或实践组织中抽出，移入到另一文化或组织脉络中，看看它在新

1　沈清松（2014）:《从利玛窦到海德格》，台北：台湾商务印书馆，第 5 页。

2　关于英译的工作，上文已经介绍过。但其实还涉及从古文到白话文的翻译。譬如宣化上人的就是这样："上人曾在一九六五年第一次在美讲解这歌词的时候，用文言写成了注释本，题为《永嘉大师证道歌诠释》。为了普及化，使未学习古文的年轻人都明了个中道理；所以我们就将一九八五年上人讲这歌词时的录音带另行印就这白话单行本。" 参考：https://book.bfnn.org/books/0514.htm。

的脉络中是否仍然是可理解或可行"。[1] 显然，放在另一处境，自然需要回应当地的议题，譬如有关同志上街，或同性婚姻合法化等。其实，上人特别提到艾滋病及同志婚姻合法化，自然是因为鼓励将《证道歌》具体的实践到美国社会。

圣严法师讲《证道歌》，自然也涉及某些宗教考察，最明显就是将《证道歌》编排在七日禅修的活动中。于是《证道歌》不再停留在抽象的讲解，而是将《证道歌》编排入实践的禅修中。

第三步，"本体的外推"。沈教授认为"借此我们从一个微世界、文化世界或宗教世界出发，经由对于实在本身的直接接触或经由终极实在的开显的迂回，进入到另一个微世界、文化世界、宗教世界"[2]。就这一点而言，虽然两位法师都曾接受邀请到电视上进行跨宗教的交流，然而在《证道歌》没有看到这一点，只是在两位法师其他著作及实践中，仍可以看到针对超越界的对话。[3]

五 结 语

本文认为，《证道歌》远传美国，具体而微地体现汉传佛教的全球化。而其英文翻译，不但让汉传佛教享有更丰富的翻译汉传佛教的英文字库，更因英译的便利，让汉传佛教更容易跨出华裔移民的社群，而渐次打入美国主流社会。

《证道歌》的推介，让美国人得到更多接触汉传佛教的机会；最重要的是《证道歌》呈现汉传佛教的修禅经验，这就让汉传佛教修行经验得以介绍到美国。前此，美国人修佛，还是主要通过日本人的介绍，美国社会比较缺乏领略中国高僧修禅的途径；《证道歌》的推介及英译，打破这个接近垄断的局面。

特别是圣严法师，将《证道歌》直接放入禅修之中，让禅修中理解与修持

1　沈清松（2014）:《从利玛窦到海德格》，台北:台湾商务印书馆，第6页。
2　同上。
3　参圣严法师（2001）:《圣严法师与宗教对话》台北:台北法鼓文化。

两途并进，很有特色。20世纪60年代美国不少年轻人，虽然对亚洲认识不多，却流行学点东方宗教。不过，他们却多数不明白真正的佛教修行，反而使用毒品，诱发所谓禅悟体验；同时，更不讲究持戒，以致学佛竟混于男女之事。《证道歌》的推广，正好提供美国学佛者，接触汉传佛法，以为对比参考。宣化上人最终在美国奉献一生，建立万佛城以及佛学院，迄今还是非常重要的美国佛法基地；其亲传弟子，如恒实、恒由等都是土生土长的美国白人，显见其法脉在美国扎根了。圣严法师到台湾建立法鼓山，但终生未曾放弃向世界弘法的理想；其结合《证道歌》的修禅，讲究从散乱到归一，从归一到无我的修法，秩序井然，现在也在美国开枝散叶。就此而言，《证道歌》在美国的推介及英译，对于汉传佛教的世界化，以及美国本地佛教的创立，都有其不容轻忽的贡献。

参考文献：

[1] Biema, David Van. *Buddhism in America*[J].in *Times*, June 24, 2001. Available at: BUDDHISM IN AMERICA - TIME.

[2] Heng Yin. *Records of the Life of the Venerable Master Hsuan Hua*[M].San Francisco: Committee for the Publication of the Biography of the Venerable Master Hsuan Hua, 1973.

[3] Hsuan Hua. "A Recollection of My Causes and Conditions with Venerable Hsu Yun." Hsuan Hua. *The Life of Venerable Master Hsuan Hua*[EB/OL].Available at http://www.advite.com/sf/life/lifeindex. html.

[4] Ruth Phypers. *Dragon King's Daughter: Adventures of a Sex and Love Addict*[M]. 2nd Edition, London: Singleview Book, 2017.

[5] Rand Richards. *Historic San Francisco*[M].2nd ed. Canada: Heritage House Publishers, 2007, P198.

[6] Seager, Richard Hughes. *Buddhism in America* [M].N.Y. : Columbia University Press, 1999.

[7] Sheng-yen. *The Sword of Wisdom* [M].in *The Complete Works of Master Sheng-yen*:Part 9, Volume 4. Taipei: Dharma Drum Corp., 1999.

[8] Smith, Buster. *Buddhism in America: An Analysis of Social Receptivity*[M].Volume 7, Issue 2. *Contemporary Buddhism*, 2006.

[9] Yung Chai. *Song of Enlightenment* [OL].With commentary by Hsuan Hua. Buddhist Text Translation Society. Available at http://www.cttbusa.org/enlightenment/enlightenment.asp.

[10] 妙华法师.《永嘉证道歌》[OL].https://www.youtube.com/watch? v=nURDRNgn2Lg.

[11] 沈清松.《从利玛窦到海德格》[M]. 台北：台湾商务印书馆，2014.

[12] 法鼓山圣严法师网站 [OL].https://www.ddm.org.tw/page_view.aspx? siteid=&ver=&usid=&mnuid=1125&modid=50&mode=pc.

[13] 佛法到西方：恒实法师说因缘（二）[OL].Available at https://www.youtube.com/watch? v=56YjS78CyU8.

[14] 圣严法师.《圣严法师与宗教对话》[M]. 台北：台北法鼓文化，2001.

[15] 慧律法师.《永嘉证道歌》[OL].https://www.youtube.com/watch? v=xGKfX8B8OhY.

[16] 郑志明.永嘉玄觉禅师证道歌义理初探 [OL].Available at http://buddhism.lib.ntu.edu.tw/FULLTEXT/JR-MAG/mag10943.htmhy.

试读洞山（节选）

张文江[1]

内容提要：本文试读《五灯会元》第十三卷洞山良介的原文，介绍这位曹洞宗开派祖师一生行迹，景仰其特立独行的人格，领略其光风霁月的胸襟，欣赏其精妙的机锋思辨，并思考其对现代人的生活是否具有启发意义。引言梳理禅宗"一花五叶"的源流，指出其曹洞宗的位置。正文分析洞山良介的求学经历，阐述他的问答特色。

关键词：禅宗　曹洞宗　洞山良介　五位君臣　偏正回互

禅宗"一花五叶"传说，我找到的比较早的提法出现在敦煌本《坛经》中。根据郭朋的观点，敦煌本《坛经》的成立年代（780—800），离六祖慧能（638—713）的去世，相差六十到八十年（《坛经校释》，中华书局，1983年，第12页）。敦煌本《坛经》有"先代五祖《传衣付法颂》"，第一篇作者是达摩：

1　张文江，同济大学哲学系教授。

吾本来唐国，传教救迷情。一花开五叶，结果自然成。

历代相传的文献中，这段文字有改动。成书于五代的《祖堂集》卷二，"吾本来唐国"改成"吾本来此土"。成书于北宋的《景德传灯录》卷三，又改动两个字，"此土"改成"兹土"，"传教"改成"传法"（成书于南宋的《联灯会要》卷二同）。此后，成书于南宋的《五灯会元》卷一菩提达摩章次，不再改动，还是"吾本来兹土，传法救迷情"。现在一般谈论"一花五叶"，引用的都是这一段：

吾本来兹土，传法救迷情。一花开五叶，结果自然成。

这些文字改动，初看相当忠实。第一个变化，"唐国"和"此土"几乎完全对等，细辨有轻微差异。"吾本来唐国"，达摩来华时间在南北朝（当梁与北魏），用"唐国"有所不妥。同时，口气是外国人，不怎么水乳交融。而"吾本来此土"，不仅弥补了漏洞，而且异域色彩变淡，有一家人的感觉。第二个变化，"此土"和"兹土"是同义词，"此土"比较朴素、口语化，"兹土"有书面语色彩。第三个变化，《祖堂集》还没有改的"传教"，《景德传灯录》改成"传法"。其实"传教"就是"传法"，然而，"传教"好像是传播思想，"传法"则成了传授技艺。最早版本的文字，不一定是最好的，敦煌本《坛经》可能近真，改动后意思更为精密。最后定稿为"吾本来兹土，传法救迷情"，而"一花传五叶，结果自然成"，任何版本都没有改动过。[1]

一花五叶是怎么开出来的？一花由达摩到慧能（665—713），也就是由印

---

[1] 现存的《坛经》版本，主要有四种：一、敦煌法海本（中唐）；二、惠昕本（晚唐，一说宋初）；三、契嵩本（北宋）；四、宗宝本（元）。此颂的差异如下：法海本为五祖五偈，其余三种均为达摩一偈。法海本"吾本（原作大，敦博本同，见杨曾文校写《敦煌新本六祖坛经》，第68页，宗教文化出版社，2001年）来唐国，传教救迷情"，惠昕本作"东土""说法"，契嵩本、宗宝本作"兹土""传法"。又，宗宝本"花"作"华"（郭朋《坛经对勘》，齐鲁书社，1981年，第151—153页）。

度佛教演变为中国佛教。五叶有两说，一说指从慧可到慧能，一说指慧能弟子的演变，前说有可能性，通常采取后说。《坛经》记载慧能有十弟子，其中法海、神会尤可注意。法海集成《坛经》（契嵩本、宗宝本记其得法因缘）。神会大力弘扬南宗（参见《神会和尚禅话录》，杨曾文校注，中华书局，2004 年）。在十弟子之外，有永嘉玄觉（665—713）和南阳慧忠（？—775），两人一野一朝，一南一北，最为特立独行，昂首天外。

神会即荷泽神会（686—760），和《坛经》系统有密切关联。他扩大了南宗的影响，也被批评为"知解宗徒"（《五灯会元》卷二荷泽神会章次）。此派著名的传人是圭峰宗密（780—841），事迹见《五灯会元》卷二。最早批评《坛经》系统的人是南阳慧忠，说那些人聚却三五百众，目视云汉，云是南方宗旨，把《坛经》改换得面目全非（《景德传灯录》卷二十八《诸方广语》）。而永嘉玄觉的《证道歌》更是矫然不群，允为修行楷模。

六祖门下得法脉者，还有形成灯录系统的南岳怀让（677—744）和青原行思（？—740）。南岳以下开出五叶中的两叶，青原以下开出其余的三叶。

南岳怀让的弟子是马祖道一（709—788），青原行思的弟子是石头希迁（700—790），禅法之盛，始于二师。刘轲云："江西主大寂，湖南主石头，往来憧憧，不见二大士为无知矣。"（《五灯会元》卷三马祖道一章次）马祖的弟子是百丈怀海（720—814），有"一日不作，一日不食"的名言流传（《五灯会元》卷三百丈怀海章次）。百丈的弟子是沩山灵祐（771—853），沩山和他的弟子仰山慧寂（814—890），开出第一张叶子，沩仰宗。这是六祖下来的第五代。百丈还有弟子黄檗希运（？—850），有《黄檗传心法要》传世。黄檗的弟子是临济义玄（？—867），开出第二张叶子，临济宗。这是六祖下来的第六代。黄檗是沩山师兄弟，临济比沩山低一辈，和仰山是同辈。

石头希迁的大弟子是药山惟俨（？—834），他和百丈是同辈。药山的弟子是云岩昙晟（780—841），云岩跟沩山、黄檗平辈。他的弟子是洞山良价（807—869），洞山的弟子是曹山本寂（840—901），两人形成曹洞宗，这是第三张叶子，也是六祖下来的第六代。石头还有一个弟子，跟药山同辈，是天皇道悟（748—807，一说有两道悟，另一人嗣法马祖）。天皇的弟子是龙潭崇信（？—？），龙潭的弟子是德山玄鉴（782—865）。德山和仰山、临济、洞山同辈，但没有开派。他有两个弟子，一个是岩头全豁（828—887），一个是雪峰义存（822—907）。岩头的修持极高，然而没有开派，开派来自他的师弟雪峰以下。

雪峰的弟子是云门文偃（864—949），他开了第四张叶子，云门宗。这是六祖下来的第八代。雪峰另外还有弟子玄沙师备，玄沙传罗汉桂琛，罗汉桂琛传清凉文益（885—958），他开出最后一张叶子，法眼宗。这是六祖下来的第十代，唐五代一花五叶的全盛时期结束。宋代禅宗大风行，编撰出很多书，不过创造性就此减弱了。其时也有新东西冒出来，那就是陈抟的先天易，二程的理学，张伯端的新道教。禅宗在北宋还开了两张小叶子，临济宗的黄龙、杨岐，形成五家七宗。到了南宋进一步衰落，只剩下两家，一个是临济，一个是曹洞，以后往日本发展，近代又传往欧美。

禅宗的全盛时期在唐五代，正面临着大乱世。安史之乱以后，唐王朝走下坡路，然而禅宗却走上坡路，一直走到五代。公元907年唐亡，公元960年宋赵匡胤称帝，国家重新统一。其时五叶的最后一叶，法眼宗的清凉文益已去世，一花五叶结束。

以上的脉络大致清晰。本文试读此谱系中的洞山良价，初步了解这位大德的思想。选择的文本是《五灯会元》，此处节选其一、二两部分。

一

瑞州洞山良价悟本禅师，会稽俞氏子。

洞山良价（807—869），云岩昙晟弟子。其法系为石头—药山—云岩—洞山，住持于瑞州洞山（今江西省宜春市宜丰县北）。在唐代此地名筠州，到了南宋末年，因避讳而改称瑞州。

原文出于《五灯会元》卷十三。洞山的事迹，亦见《祖堂集》卷六、《景德传灯录》卷十五、《宋高僧传》卷十二。传世文献有《筠州洞山悟本禅师语录》一卷，日本慧印校订（见《大正藏》1986A）。又有《瑞州洞山良价禅师语录》一卷，明圆信、郭凝之编（见《大正藏》1986B）。

> 幼岁从师念《般若心经》，至"无眼耳鼻舌身意"处，忽以手扪面，问师曰："某甲有眼耳鼻舌等，何故经言无？"其师骇然异之，曰："吾非汝师。"即指往五泄山礼默禅师披剃。年二十一，诣嵩山具戒。

幼岁从师念《心经》，受般若熏陶。意外提出疑问，为天性的颖悟。《心经》言"无眼耳鼻舌身意"，于行深般若波罗蜜多时，照见五蕴皆空。

寻访好的老师，启动上出之旅。五泄山，在浙江省诸暨市东北。默禅师，指五泄灵默，马祖道一弟子，事迹见《五灯会元》卷三。具戒即受具足戒，成为正式出家人。

又，在嵩山具戒，不知何处，应该不是少林寺。元明以后，少林所宗的正是曹洞宗："今天下举宗者往往推少林，而少林所宗者盖曹洞派也。"（赵宝俊《少林寺》引明代《幻休禅师碑》，上海人民出版社，1982年，第40页。）

> 游方首诣南泉，值马祖讳辰修斋。泉问众曰："来日设马祖斋，未审马祖还来否？"众皆无对。师出对曰："待有伴即来。"泉曰："此子虽后生，甚堪雕琢。"师曰："和尚莫压良为贱。"

行脚至南泉（今安徽贵池境内），参谒南泉普愿（748—835）。南泉是马祖弟子，事迹见《五灯会元》卷三。首诣南泉，应出于五泄的指引。南泉比洞山大六十岁，已是德高望重的老者。

讳辰即忌辰，先师去世的纪念日。修斋祭祀，引发对前辈的景仰，正是学习的契机。"来日设马祖斋，未审马祖还来否？"问马祖来与不来，考问祭祀的真意。"待有伴即来"，此地有证悟之人，才可能发生感通。

"此子虽后生，甚堪雕琢。"看到英气勃勃的后生，南泉甚为欣喜。修行道路很漫长，如果年轻时出发，有利于未来的登顶。

"和尚莫压良为贱。"洞山不受绑架。佛性本来具足，雕琢打磨，有可能教坏。参见《五灯会元》卷三五泄灵默章次。

僧问："何物大于天地？"师曰："无人识得伊。"曰："还可雕琢也无？"师曰："汝试下手看。"

次参沩山，问曰："顷闻南阳忠国师有无情说法话，某甲未究其微。"沩曰："阇黎莫记得么？"师曰："记得。"沩曰："汝试举一遍看。"

参访两代大德，可见洞山起步之高。马祖大弟子是百丈，二弟子是南泉。百丈的大弟子是沩山，沩山指沩山灵佑（771—853），其地在今湖南宁乡境内，他和弟子仰山开创了沩仰宗。沩山比南泉低一辈，大洞山三十岁，事迹见《五灯会元》卷四。两人讨论南阳慧忠国师的公案，南阳是六祖弟子，事迹见《五灯会元》卷二。

"无情说法话"，跟洞山幼岁的问题有关，跟他后来的开悟也有关。"未究其微"，没有真正理解。此公案时时刻刻放在心中，无数遍思考，却始终未能透出。"汝试举一遍看。"请你再说一遍，寻找其间的缝隙。

师遂举，"僧问：'如何是古佛心？'国师曰：'墙壁瓦砾是。'

先心后物，显；心物一体，密。古佛，犹禅宗之本尊。心，诀也。

以中国源流而言，可通《庄子·知北游》之每下愈况，道在屎溺。"墙壁瓦砾是。"墙壁瓦砾，即《知北游》"在瓦甓"（pì）。

僧曰：'墙壁瓦砾，岂不是无情？'国师曰：'是。'僧曰：'还解说法否？'国师曰：'常说炽然，说无间歇。'

"墙壁瓦砾，岂不是无情？"此相应"格物"之旨。"常说炽然，说无间歇。"亦可标点为："常说，炽然说，无间歇。"炽然，火盛貌，猛烈貌。参见《景德传灯录》卷二十八《诸方广语》引南阳慧忠："他炽然常说，无有间歇。"

又，苏轼宿东林和方丈常总论无情话，有省。黎明献偈曰："溪声便是广长舌，山色岂非清净身？夜来八万四千偈，他日如何举似人。"（《五灯会元》卷十七苏轼居士章次）

僧曰：'某甲为甚么不闻？'国师曰：'汝自不闻，不可妨他闻者也。'

"某甲为甚么不闻？"我为什么听不到？此僧局限于有情中。"汝自不闻，不可妨他闻者也。"你当然听不到，可是有人听得到啊。他闻者，乃跨越无情、有情界限，此人即上文之"有伴即来"。

僧曰：'未审甚么人得闻？'国师曰：'诸圣得闻。'僧曰：'和尚还闻否？'国师曰：'我不闻。'

"诸圣得闻。"僧不闻，自有证道者闻。"和尚还闻否？"你是证道者吗？"我不闻。"我不是证道者。有情界和无情界，各有轨则。自封诸圣之人，不可能是诸圣。此犹《庄子·天下篇》不肯自居道术，以"芒乎昧乎，未之尽者"，对未来可能性开放。

僧曰：'和尚既不闻，争知无情解说法？'国师曰：'赖我不闻，我若闻，即齐于诸圣，汝即不闻我说法也。'

"和尚既不闻，争知无情解说法？"既然你非诸圣，又怎么会知道呢？僧反诘有力。"赖我不闻，我若闻，即齐于诸圣，汝即不闻我说法也。"国师随顺此僧所持逻辑，出入无疾。正因为你听不见，所以才需要我来说法呀。思辨异常精彩，相应《庄子·秋水》濠梁之游。

> 僧曰：'恁么则众生无分去也。'国师曰：'我为众生说，不为诸圣说。'僧曰：'众生闻后如何？'国师曰：'即非众生。'

"恁么则众生无分去也。"僧继续坚持已见，依然处在隔阂之中。"我为众生说，不为诸圣说。"大乘菩萨行，自觉觉他，始终以凡夫自居，实际已承认跨界。"即非众生"，妙用《金刚经》原文。犹如问：我这样说，你闻了吗？

> 僧曰：'无情说法，据何典教？'国师曰：'灼然。言不该典，非君子之所谈。汝岂不见《华严经》云：'刹说、众生说、三世一切说。''

"无情说法，据何典教？"你的经典依据何在？"灼然。言不该典，非君子之所谈。"灼然，确实。禅宗称为教外别传，始终有教在。"依经解义，三世佛冤。离经一字，如同魔说"（《五灯会元》卷三百丈怀海章次）。

此引《华严经》为晋译（六十《华严》），语出卷三十三《普贤菩萨行品》："佛说菩萨说，刹说众生说，三世一切说，菩萨分别知。"参见唐译（八十《华严》）卷四十九《普贤行品》："佛说众生说，及以国土说，三世如是说，种种悉了知。"[1]

---

[1] 《六十华严》，又称旧译，东晋佛驮跋陀罗翻译，共六十卷，七处八会，三十四品。《八十华严》，又称新译，唐实叉难陀（652—710）译，共八十卷，七处九会，三十九品。此外又有《四十华严》，全称《大方广佛华严经入不思议解脱境界普贤行愿品》，略称《普贤行愿品》，四十卷。唐朝般若译。为新旧二译《华严经·入法界品》的别译，卷四十中新添"普贤十大愿"。

　　师举了，沩曰："我这里亦有，只是罕遇其人。"师曰："某甲未明，乞师指示。"沩竖起拂子曰："会么？"师曰："不会，请和尚说。"沩曰："父母所生口，终不为子说。"

　　"我这里亦有"，我也有此类劳什子，亦即也有此类证量。"只是罕遇其人"，只是找不到真正的法器。禅门觉他，于不懂之人不说，必待其自悟，此即"传灯"。"父母所生口，终不为子说。"禅门大口诀，师徒以印证授受，决非口耳之学。

　　师曰："还有与师同时慕道者否？"沩曰："此去澧陵攸县，石室相连，有云岩道人，若能拨草瞻风，必为子之所重。"

　　"还有与师同时慕道者否？"有没有师叔辈的人可以介绍？洞山有些茫然，同时也隐隐感觉到生命中的点拨者。澧陵攸县，在今湖南株洲市。石室相连，当指云岩寺初建之时（今湖南醴陵市贺家桥镇九峰山麓）。拨草瞻风，善于观察，看出缝隙或漏洞。

　　石头和马祖同辈，百丈和药山同辈，沩山和云岩同辈。云岩指云岩昙晟（781—841），事迹见《五灯会元》卷五。他参侍百丈禅师二十年，因缘不契。后造药山，于言下顿省。云岩的同时慕道者，在百丈处有沩山，在药山处有道吾宗智、船子德诚。

　　师曰："未审此人如何？"沩曰："他曾问老僧'学人欲奉师去时如何？'老僧对他道：'直须绝渗漏始得。'他道：'还得不违师旨也无？'老僧道：'第一不得道老僧在这里。'"

"未审此人如何？"他人推荐的老师，不得不有所审视。"他曾问老僧"云云，举出当年印证的要点，可以推知其程度。"学人欲奉师去时如何？"秉承老师传下的法，亦即自据一方，建立药山宗旨。"直须绝渗漏始得。"那你就必须有真正的证悟。洞山后来举三种渗漏，而漏尽即证道。"还得不违师旨也无？"再盯紧一句，正反两面，严丝合缝。"第一不得道老僧在这里。"不要向外界泄露行踪，潜修密证，如愚若鲁。

参见《金刚经》："因无所住而生其心。"《五灯会元》卷五船子德诚章次："藏身处没踪迹，没踪迹处莫藏身。"

> 师遂辞沩山，径造云岩，举前因缘了，便问："无情说法，甚么人得闻？"岩曰："无情得闻。"师曰："和尚闻否？"岩曰："我若闻，汝即不闻吾说法也。"师曰："某甲为甚么不闻？"岩竖起拂子曰："还闻么？"师曰："不闻。"岩曰："我说法汝尚不闻，岂况无情说法乎？"

"无情说法，甚么人得闻？"迅速移步换景，直接去云岩那里，再问原来的问题。"无情得闻。"南阳从有情界立说，沩山从闻者立说，此从无情界立说。云岩换个说法，与前两人一鼻孔出气。"和尚闻否？"这是洞山的心事。"我若闻，汝即不闻吾说法也。"有机和无机，各成系统，又潜在相通。其机在证道之人，包括说者和听者。

> 师曰："无情说法，该何典教？"岩曰："岂不见《弥陀经》云，水鸟树林，悉皆念佛念法。"师于此有省。

引净土经典来启发人。以禅门而言，净土即是自性，运用之妙，存乎一心。洞山于此有省，触及症结，算是初步的领悟。

乃述偈曰："也大奇，也大奇，无情说法不思议。若将耳听终难会，眼处闻时方得知。"

超越以后，六根互相为用（参见《楞严经》卷四）。大奇者，沟通两界也。

师问云岩："某甲有余习未尽。"岩曰："汝曹作甚么来？"师曰："圣谛亦不为。"岩曰："还欢喜也未？"师曰："欢喜则不无，如粪扫堆头，拾得一颗明珠。"

禅门互相检验，彼此勘查所藏。"某甲有余习未尽。"洞山自知尚有不足。"汝曹作甚么来？"云岩指点其所自。参见《庄子·寓言》："有自也而可，有自也而不可；有自也而然，有自也而不然。""曹"字或误，《联灯会要》卷二十作"曾"。"圣谛亦不为。"凡圣等一，当年青原以此答六祖（参见《五灯会元》卷五青原行思章次）"还欢喜也未？"如果执著欢喜，依然可能为禅病。

"如粪扫堆头，拾得一颗明珠。"参见茶陵郁山主开悟偈："我有明珠一颗，久被尘劳关锁，今朝尘尽光生，照破山河万朵。"（《五灯会元》卷三，参见卷十九白云守端章次）

师问云岩："拟欲相见时如何？"曰："问取通事舍人。"师曰："见问次。"曰："向汝道甚么？

相见，跨越生死，彼此见性。通事舍人为官职，在唐代掌管皇帝与太子的朝见引纳、殿廷通奏。你想见到我，有人肯通报吗？或者说，你有通关文书吗（你的证量在哪里呢）？"见问次。"我就在你面前，已经到了，不需要什么通报。"向汝道甚么？"见到真面目，心照不宣，没有话可说。

师辞云岩，岩曰："甚么处去？"师曰："虽离和尚，未卜所止。"曰："莫湖南去？"师曰："无。"曰："莫归乡去？"师曰："无。"曰："早晚却回。"师曰："待和尚有住处即来。"曰："自此一别，难得相见。"师曰："难得不相见。"

辞师意为学成。"甚么处去？"你从何处来，又往何处去？"虽离和尚，未卜所止。"逍遥，飘荡，不确定。"莫湖南去？"是在周围一带弘法吗？"莫归乡去？"是反哺家乡父老吗？马祖在江西，石头在湖南，大弘禅法，流风余韵未歇。"早晚却回。"表达师门的关切，走一程还是回来吧。

"待和尚有住处即来。"犀利，你所住的石室，能算最后归宿吗？犹如问：你的根本大事解决了吗？"自此一别，难得相见。"嘱托大事，相忘江湖，已预知死期。"难得不相见。"主看主，你懂我，我懂你，透彻无常。

临行又问："百年后忽有人问，还邈得师真否，如何只对？"岩良久，曰："只这是。"师沉吟，岩曰："价阇黎承当个事，大须审细。"师犹涉疑，后因过水睹影，大悟前旨。

"邈得师真"，即前文"学人欲奉师去时如何"？以象来传递，求最后印证。良久曰："只这是。"当下的状态。洞山沉吟，终于显露出漏洞。"价阇黎承当个事，大须审细。"云岩的警告立刻到场，你还有阴气没消除，要好好反省。过水睹影，一晃之间，照见最后的疑惑。大悟前旨，贯通所有一切。

有偈曰："切忌从他觅，迢迢与我疏。我今独自往，处处得逢渠。渠今正是我，我今不是渠。应须恁么会，方得契如如。"

"切忌从他觅，迢迢与我疏。"向外寻觅，转求转远。"我今独自往，处处得逢渠。"上出以后，无处不是法身。"渠今正是我"，法身与我不二。"我今不

是渠。"色身与法身，亦同亦异。"应须恁么会，方得契如如。"如来者，无所从来，亦无所去，是名如来。(《金刚经》)

　　他日，因供养云岩真次，僧问："先师道只这是，莫便是否？"师曰："是。"曰："意旨如何？"师曰："当时几错会先师意。"曰："未审先师还知有也无？"师曰："若不知有，争解恁么道？若知有，争肯恁么道？"（长庆云："既知有，为甚么恁么道？"又云："养子方知父慈。"）

先师画像已挂在墙上，以供养或祭祀，激发后人上出。"先师道只这是，莫便是否？"尖锐的盘诘，又开始了。禅宗的证悟，必须经过每代人重新检验，包括对老师的检验。如精金美玉，则愈显光芒；若隐含裂缝，则终将崩裂。"是。"确定先师无误。"意旨如何？"到底怎么说？"当时几错会先师意。"也就是说，如今的自己，与先师完全相应。"未审先师还知有也无？"难道云岩也懂这个吗？参禅者皆有其自信。"若不知有，争解恁么道？"如果他不知道，怎么说得出来？"若知有，争肯恁么道？"如果他知道，怎么肯直接说出来？

"既知有，为甚么恁么道？"洞山既回复问题，又没有直接说出，早已道了也。"养子方知父慈。"自己当了老师，才知道老师的恩德。

　　师在渖潭，见初首座，有语曰："也大奇，也大奇。佛界道界不思议。"师遂问曰："佛界道界即不问，只如说佛界道界底是甚么人？"初良久无对。师曰："何不速道？"初曰："争即不得。"师曰："道也未曾道，说甚么争即不得？"初无对。师曰："佛之与道，俱是名言，何不引教？"初曰："教道甚么？"师曰："得意忘言。"初曰："犹将教意向心头作病在。"师曰："说佛界道界底病大小？"初又无对。次日忽迁化，时称师为问杀首座价。

"也大奇，也大奇"，证悟偈之开头语，或来自《华严经》的"奇哉！奇哉！"。[1] 佛界道界，犹果与道；问你是谁，基何在？初良久无对，看上去好像不错。"何不速道？"你的反应在哪里？"争即不得。"你好像过于着急了。"道也未曾道，说甚么争即不得？"你的论证跳跃，中间环节缺失。初无对，原来他不是真懂。

"佛之与道，俱是名言，何不引教？"偈子是你的总结，何不引用经文说明？"教道甚么？"教难道不正是名言吗？"得意忘言。"教即无教，道即不道，此借用庄子。参见《外物》："荃者所以在鱼，得鱼而忘荃；蹄者所以在兔，得兔而忘蹄；言者所以在意，得意而忘言。吾安得夫忘言之人而与之言哉！""犹将教意向心头作病在。"你还有东西没化除。"说佛界道界底病大小？"那你不也是一样吗？现在知道自己的错在哪里吧。

二

师自唐大中末于新丰山接诱学徒，厥后盛化豫章高安之洞山。

唐武宗会昌年间（841—846），有会昌法难，佛教遭受大挫折。此后为唐宣宗大中年间（847—859），佛教又得以发展。洞山来新丰山为大中十三年（859），其时五十二岁。以此为界，他的行迹分两个阶段。新丰山在今何处？不详。豫章，在今江西南昌高安县。

权开五位，善接三根。大阐一音，广弘万品。横抽宝剑，剪诸见之稠林。妙叶弘通，截万端之穿凿。

1　参见《华严经》卷五十一《如来出现品》："无一众生而不具有如来智慧，但以妄想颠倒执着而不证得；若离妄想，一切智、自然智、无碍智则得现前……尔时，如来以无障碍清净智眼，普观法界一切众生而作是言：奇哉！奇哉！此诸众生云何具有如来智慧，愚痴迷惑，不知不见？我当教以圣道，令其永离妄想执著，自于身中得见如来广大智慧与佛无异。"

五位指五位君臣，接引上中下三根。权者，方便也。一音，解脱之音。《维摩经·佛国品》："佛以一音演说法，众生随类各得解。"《法华经·妙音菩萨品》："解一切众生语言三昧。"万品，所有众生若干种心。诸见，犹四十二见，无明也。妙叶（xié），调整，适合。若未能证悟，万端皆为穿凿。

又得曹山深明的旨，妙唱嘉猷。道合君臣，偏正回互。由是洞上玄风，播于天下。故诸方宗匠，咸共推尊之曰"曹洞宗"。

又得到弟子曹山本寂（840—901）的协助，禅法广泛传播，曹洞宗由此成立。"道合君臣，偏正回互。"以君臣为纲要；偏正犹阴阳，回互犹阴阳互变。

称为"曹洞宗"，有两说：一、取曹溪六祖慧能及六世孙洞山之名；二、取师洞山、徒曹山之名，为协调音韵而颠倒次序。根据《五灯会元》，曹山之名也取自曹溪，当以前说为是。

师因云岩讳日营斋，僧问："和尚于云岩处得何指示？"师曰："虽在彼中，不蒙指示。"曰："既不蒙指示，又用设斋作甚么？"师曰："争敢违背他！"曰："和尚初见南泉，为甚么却与云岩设斋？"师曰："我不重先师道德佛法，只重他不为我说破。"曰："和尚为先师设斋，还肯先师也无？"师曰："半肯半不肯。"曰："为甚么不全肯？"师曰："若全肯，即孤负先师也。"

"虽在彼中，不蒙指示。"虽然在老师身边，却没有指示什么。没有说，因为不说说；没有教，因为不教教。"既不蒙指示，又用设斋作甚么？"既然没有教，那就不是本师。"争敢违背他！"在无言之间，已经全盘学会。

"和尚初见南泉，为甚么却与云岩设斋？"你见到的人，哪一位不是大师，为什么只继承云岩呢？"我不重先师道德佛法，只重他不为我说破。"南泉是初步点拨，启发觉性；云岩是究竟成就。恩同再生。参见前引沩山："父母所生口，终不为子说。"

"和尚为先师设斋，还肯先师也无？"你对先师是赞同还是反对呢？"半肯半不肯。"《易》有"时中"之义，全肯无创造，即是不善学。"为甚么不全肯？"时空移易，所显之机不同，应对当然不同。"若全肯，即孤负先师也。"参见《五灯会元》卷三百丈怀海章次："见与师齐，减师半德。见过于师，方堪传授。"

> 问："欲见和尚本来师，如何得见？"师曰："年牙相似，即无阻矣。"僧拟进语，师曰："不蹑前踪，别请一问。"僧无对。（云居代云："恁么则不见和尚本来师也。"僧问长庆："如何是年牙相似者？"庆云："古人恁么道，阇黎久向这里觅个甚么？"）

欲见本来师，亦即见本来面目。"年牙相似，即无阻矣。"年牙指年龄或生物钟，暗指修行的程度（参见柏拉图《第二封信》314a—c）。你修行到像我这样，应该就不会有问题。时节因缘一旦到达，自己就能明白。"不蹑前踪，别请一问。"请撇开固定套路，另外问一句话出来，也就是呈现本来面目。

"恁么则不见和尚本来师也。"从老师之门走，蹑前踪就是不蹑前踪，学老师就是不学老师。"如何是年牙相似者？"见前。"古人恁么道，阇黎久向这里觅个甚么？"前人不过说了一句话，你何必执着不放。

> 问："寒暑到来，如何回避？"师曰："何不向无寒暑处去？"曰："如何是无寒暑处。"师曰："寒时寒杀阇黎，热时热杀阇黎。"

仍在寒暑中，已出寒暑外。

上堂："还有不报四恩三有者么？"众无对。又曰："若不体此意，何超始终之患？直须心心不触物，步步无处所，常无间断，始得相应。直须努力，莫闲过日。"

四恩：父母恩，众生恩，国王恩，三宝恩（《大乘本生心地观经》卷二《报恩品》，大唐罽宾国三藏般若奉诏译）。三有即三界，以业力报得。体此意谓相应，始终指生死。"心心不触物，步步无处所"，在尘出尘，在三界出三界。"常无间断"，过去、现在、未来，于法不说断灭相。"始得相应"，解脱也。"直须努力，莫闲过日"，精进修行。

问僧："甚处来？"曰："游山来。"师曰："还到顶么？"曰："到。"师曰："顶上有人么？"曰："无人。"师曰："恁么则不到顶也。"曰："若不到顶，争知无人？"师曰："何不且住。"曰："某甲不辞住，西天有人不肯。"师曰："我从来疑着这汉。"

"甚处来？"开始查考。"还到顶么？"亮出试题。王安石《登飞来峰》："不畏浮云遮望眼，只缘身在最高层。"（参见《游褒禅山记》）"顶上有人么？"问所见景象，依然是试探。"无人。"此人极度自信。师曰："恁么则不到顶也。"贡高我慢，情执未化，或见天地而未见众生。

"何不且住。"暂且停留，试试脱出惯性。如果还能放下，或许就到顶了。"某甲不辞住，西天有人不肯。"勇于承当。"我从来疑着这汉。"似则似矣，是则未是。

师与泰首座冬节吃果子次，乃问："有一物上拄天，下拄地，黑似漆，常在动用中。动用中收不得，且道过在甚么处？"泰曰："过在动用中。"（同安显别云："不知。"）师唤侍者，掇退果卓。

"上拄天，下拄地，黑似漆"，《易》与天地准，道玄之又玄。参见傅大士："有物先天地，无形本寂寥。能为万象主，不逐四时凋。"（《五灯会元》卷二双林善慧章次）

"常在动用中。动用中收不得。"体不等于用，两者亦同亦异。参见《易·系辞上》"大衍之数五十，其用四十有九"。"过在动用中。"动用不正确，所以有过。师掇退果卓，此人识见凡俗，撤走供养。体用一致，没有正确不正确。参见《圆觉经》"清净慧菩萨"章论"如来随顺觉性"。

> 问雪峰："从甚处来？"曰："天台来。"师曰："见智者否？"曰："义存吃铁棒有分。"

不管怎么回答都是错的。雪峰自告奋勇，领取铁棒，故无过。

又，雪峰三兄弟：岩头，雪峰，钦山，各走其路，各有成就。岩头批评洞山（参见《五灯会元》卷七岩头全奯章次）；钦山传承洞山（参见《五灯会元》卷十三钦山文邃章次）；而雪峰出入洞山，九上洞山，三到投子。（参见《五灯会元》卷十二文公杨亿章次）

> 僧问："如何是西来意？"师曰："大似骇鸡犀。"问："蛇吞虾蟆，救则是，不救则是？"师曰："救则双目不睹，不救则形影不彰。"

骇鸡犀，《战国策·楚策一》："乃遣使车百乘，献骇鸡之犀、夜光之璧于秦王。"《后汉书·西域传·大秦》："土多金银奇宝，有夜光璧、明月珠、骇鸡犀、珊瑚、虎魄。"葛洪《抱朴子·登涉》："又通天犀角，有一赤理如线，有自本彻末，以角盛米，置鸡群中，鸡欲啄之，未至数寸，即惊却退，故南人或名通天犀为骇鸡犀。"

论者考证，骇鸡是一种印度宝石，梵语作 Karketana（猫眼石），主要产于斯里兰卡和南印度西海岸。骇鸡之犀，指的是一种镶嵌印度猫眼石或玻璃的青铜犀牛。（林梅村《丝绸之路考古十五讲》，北京大学出版社，2006 年，第 94 页）

参见《永嘉证道歌》："狮子吼，无畏说，百兽闻之皆胆裂；香象奔波失却威，天龙寂听生欣悦。""救则双目不睹，不救则形影不彰。"救违反智慧，不救违反慈悲。

> 有僧不安，要见师。师遂往，僧曰："和尚何不救取人家男女。"师曰："你是甚么人家男女？"曰："某甲是大阐提人家男女。"师良久。僧曰："四山相逼时如何？"师曰："老僧日前也向人家屋檐下过来。"曰："回互不回互？"师曰："不回互。"曰："教某甲向甚处去？"师曰："粟畲里去。"僧嘘一声，曰："珍重。"便坐脱。师以拄杖敲头三下，曰："汝只解与么去，不解与么来。"

不安，病得很重，应该是临终前的烦躁。"和尚何不救取人家男女。"为什么不救我，试探其慈悲，若中招则愚痴。"你是甚么人家男女？"反问你是谁？查考其来路，提示其觉醒。"某甲是大阐提人家男女。"预先封闭进路，把逻辑完全锁死。师良久，似考虑，似消解，不度度之。

"四山相逼时如何？"四山指地水火风，或生老病死，有真实的痛苦。"老僧日前也向人家屋檐下过来。"大家的色身都一样，我也从世间法中走过来（《筠州洞山悟本禅师语录》，有洞山的《辞北堂书》《后寄北堂书》）。"回互不回互？"回互指阴阳转化，来自石头《参同契》："门门一切境，回互不回互。"（《五灯会元》卷五石头希迁章次）"不回互。"断然否定，斩断葛藤。

"教某甲向甚处去？"你问我来路，我问你去处，那里不是六道？"粟畲里去。"大乘菩萨行，下学而上达。畲，火耕地，粗放耕种的田地。僧便坐脱。你说的不错，那么看我的功夫：嘘一声，调整气场，洒脱上路。以拄杖敲头三下，再次破除，再次警醒。"汝只解与么去，不解与么来。"最后点拨，知来处方知去处。你懂出世而不懂入世，还差那么一点。

因夜参，不点灯，有僧出问话。退后，师令侍者点灯，乃召适来问话僧出来。其僧近前，师曰："将取三两粉来，与这个上座。"其僧拂袖而退。自此省发，遂罄舍衣资设斋。得三年后，辞师。师曰："善为！"时雪峰侍立，问曰："只如这僧辞去，几时却来？"师曰："他只知一去，不解再来。"其僧归堂，就衣钵下坐化。峰上报师，师曰："虽然如此，犹较老僧三生在。"

其僧拂袖而退，自此省发，遂罄舍衣资设斋。此人一直在参究中，进退之间，无意中触发，已洞然明白。于是裸捐，供养大众。得三年后，辞师。悟后用三年化除余习，告别犹请求毕业。"善为"犹上文"珍重"，是很大的加持。

"他只知一去，不解再来。"此人已明白，洞山明白其明白，果然坐脱立亡。"虽然如此，犹较老僧三生在。"急于自身的解脱，度人功行未足。修行人一生，可复合多生乃至无穷生。

雪峰上问讯，师曰："入门来须有语，不得道早个入了也。"峰曰："某甲无口。"师曰："无口且从，还我眼来。"峰无语。（雪居别前语云："待某甲有口即道。"长庆别云："恁么则某甲谨退。"）

上问讯，走出队列。"入门来须有语，不得道早个入了也。"引入考校，不可含糊默认。"某甲无口。"道不得。"无口且从，还我眼来。"你的判断力在哪里？亦不可无语。"待某甲有口即道。"即使有语，最终还是无语。"恁么则某甲谨退。"我承认你过关，有眼即是无语。

雪峰般柴次，乃于师面前抛下一束。师曰："重多少？"峰曰："尽大地人提不起。"师曰："争得到这里？"峰无语。

"争得到这里？"从来路破除。

问僧："甚处来？"曰："三祖塔头来。"师曰："既从祖师处来，又要见老僧作甚么？"曰："祖师即别，学人与和尚不别。"师曰："老僧欲见阇黎本来师，还得否？"曰："亦须待和尚自出头来，始得。"师曰："老僧适来暂时不在。"

"三祖塔头来。"学师之师，以祭祀而感应。三祖僧璨（510—606）的塔头，在今安徽省潜山县。"既从祖师处来，又要见老僧作甚么？"你既然已领会祖师意旨，那就不用来见我了。见祖师就是见老僧，于《易》当应与比。"祖师即别，学人与和尚不别。"否定祖师和老僧之同，强调我和你之同。如果肯定你和我都不懂，那么就是我懂你不懂。

"老僧欲见阇黎本来师，还得否？"那你把证悟亮出来看看。"亦须待和尚自出头来，始得。"你必须自悟，才可能看见我。"老僧适来暂时不在。"对不起，失敬失敬，我刚才有些走神。在犹在场，精神凝聚。

官人问："有人修行否？"师曰："待公作男子即修行。"

批评你不是大丈夫。想修行撩衣便行，哪里要那么多先决条件，婆婆妈妈的。参见禅门名言："出家乃大丈夫事，非将相之所能为。"（《五灯会元》卷二径山道钦章次）

僧问："相逢不拈出，举意便知有时如何？"师乃合掌顶戴。

行家一伸手，便知有没有。永远不谈，从念头一动处，就可以看出。合掌顶戴，我们彼此共勉吧。

问僧："作甚么来？"曰："孝顺和尚来。"师曰："世间甚么物最孝顺？"僧无对。

修行成就，利益大众，最孝顺。

上堂："有一人在千人万人中，不背一人，不向一人，你道此人具何面目？"云居出曰："某甲参堂去。"

云居道膺，洞山弟子，事迹见《五灯会元》卷十三。无亲无疏，无背无向，自己去得出答案。

师有时曰："体得佛向上事，方有些子语话分。"僧问："如何是语话？"师曰："语话时阇黎不闻。"曰："和尚还闻否？"师曰："不语话时即闻。"

体得犹体证，身心合一。向上，犹《易》干元上出。闻与不闻，参见前引无情说法。

问："如何是正问正答？"师曰："不从口里道。"曰："若有人问，师还答否？"师曰："也未曾问。"问："如何是从门入者非宝？"师曰："便好休。"问："和尚出世几人肯？"师曰："并无一人肯。"曰："为甚么并无一人肯？"师曰："为他个个气宇如王。"

"不从口里道。"行胜于言，《论语·公冶长》子曰"听其言而观其行"。"也未曾问。"有问而答，或受其绑架。若从根上消解问题，可无需回答。"如何是从门入者非宝？"禅门有云："从门入者，不是家珍。"（《五灯会元》卷六黄山月轮章次，卷七岩头全豁章次）"便好休。"无为法，一劳永逸解决。"并无一人肯。"此之谓特立独行。"为他个个气宇如王。"自己走成就之路，不用多讨论别人。

师问讲《维摩经》僧曰："不可以智知，不可以识识，唤作甚么语？"曰："赞法身语。"师曰："唤作法身，早是赞也。"

语出《维摩经》卷下《见阿閦佛品》，原文讨论如何观佛。"唤作法身，早是赞也。"不必添一语，否则已成隔阂。参见《庄子·齐物论》："一与言为二，二与一为三。自此以往，巧历不能得，而况其凡乎？"

问："时时勤拂拭，为甚么不得他衣钵？未审甚么人合得？"师曰："不入门者。"曰："只如不入门者，还得也无？"师曰："虽然如此，不得不与他。"却又曰："直道本来无一物，犹未合得他衣钵，汝道甚么人合得？这里合下得一转语，且道下得甚么语？"时有一僧，下九十六转语，并不契，末后一转，始惬师意。师曰："阇黎何不早恁么道？"别有一僧密听，只不闻末后一转，遂请益其僧。僧不肯说，如是三年相从，终不为举。一日因疾，其僧曰："某三年请举前话，不蒙慈悲，善取不得，恶取去。"遂持刀白曰："若不为某举，即杀上座去也。"其僧悚然，曰："阇黎且待，我为你举。"乃曰："直饶将来亦无处着。"其僧礼谢。

讨论《坛经》神秀、慧能偈。"时时勤拂拭，为甚么不得他衣钵？未审甚么人合得？"意中有"本来无一物"在。"不入门者。"在两者之外，因为都已形成理路。"只如不入门者，还得也无？"执着入门不入门，问者频道狭窄。

"虽然如此，不得不与他。"得与不得，皆是名言，必须有实际证悟。"直道本来无一物，犹未合得他衣钵，汝道甚么人合得？这里合下得一转语，且道下得甚么语？"破除"本来无一物"，不以门内门外评判。下九十六转语，艰苦卓绝，寻寻觅觅。

别有一僧，未能另下转语。三年相从，终不为举。举即有理路，故不能相应。不语为慈悲，有助于消除障碍。直到最后生病，好奇心切转为生死心切，方另起其机。"直饶将来亦无处着。"《金刚经》"因无所住而生其心"。礼谢，对整体收功，由此得以安顿。

有庵主不安，凡见僧便曰："相救！相救！"多下语不契。师乃去访之。主亦曰："相救。"师曰："甚么相救？"主曰："莫是药山之孙，云岩嫡子么？"师曰："不敢。"主合掌曰："大家相送。"便迁化。僧问："亡僧迁化向甚么处去？"师曰："火后一茎茅。"

不安，临终前病重。"相救！相救！"以生死出招，求相应之人。"甚么相救？"没有跟着走，不愧定力深湛。"莫是药山之孙，云岩嫡子么？"是药山、云岩法脉的住持者吗？"不敢。"亦即敢也，承认了。"大家相送。"终于等到你了，于是安心迁化。"火后一茎茅。"形下化为形上，四大外之生机。

问："师寻常教学人行鸟道，未审如何是鸟道？"师曰："不逢一人。"曰："如何行？"师曰："直须足下无私去。"曰："只如行鸟道，莫便是本来面目否？"师曰："阇黎因甚颠倒？"曰："甚么处是学人颠倒？"师曰："若不颠倒，因甚么却认奴作郎？"曰："如何是本来面目？"师曰："不行鸟道。"

鸟道、玄路、展手，乃洞山禅法。鸟道，难行之道，无痕迹之道。"不逢一人。"走自己的道路，不共中之不共。"直须足下无私去。"私意净尽，天理流行。"只如行鸟道，莫便是本来面目否？"此问已起私意，未能死去偷心。"若不颠倒，因甚么却认奴作郎？"认清本来面目，就是行鸟道。踏实而行，走康庄大道，就是行鸟道。行鸟道只是接引方便，不可头上安头，故曰："不行鸟道。"

师谓众曰："知有佛向上人，方有语话分。"僧问："如何是佛向上人？"师曰："非佛。"（保福别云："佛非。"法眼别云："方便呼为佛。"）

"佛向上人"，教外之别传。"非佛。""佛非。""方便呼为佛。"三者一意。

师与密师伯过水，乃问："过水事作么生？"伯曰："不湿脚。"师曰："老老大大，作这个语话。"伯曰："你又作么生？"师曰："脚不湿。"

密师伯指神山僧密，云岩弟子，事迹见《五灯会元》卷五。称其为师伯，或用记述人口吻。"老老大大，作这个语话。"你修行已有不少年头，还是这样的见地，难道不害臊吗？"不湿脚。"外在，有心。"脚不湿。"内在，无心。

问僧："甚处去来？"曰："制鞋来。"师曰："自解依他？"曰："依他。"师曰："他还指教汝也无？"曰："允即不违。"

"制鞋"和"自解"，取其谐音。"依他。"宗与教相通，依他即自解。"他还指教汝也无？"他指教你什么呢？"允即不违。"不二不一，协和之象。

僧问茱萸："如何是沙门行？"黄曰："行则不无，有觉即乖。"别有僧举似师，师曰："他何不道未审是甚么行？"僧遂进此语，黄曰："佛行，佛行。"僧回举似师，师曰："幽州犹似可，最苦是新罗。"（东禅齐拈云："此

语还有疑讹也无？若有，且道甚么处不得？若无，他又道最苦是新罗。还
点检得出么？他道行则不无，有觉即乖。却令再问是甚么行？又道佛行，
那僧是会了问，不会了问？请断看。）僧却问："如何是沙门行？"师曰：
"头长三尺，颈长二寸。"师令侍者持此语问三圣然和尚，圣于侍者手上掐
一掐。侍者回，举似师。师肯之。

茱萸即鄂州茱萸，南泉普愿弟子，事迹见《五灯会元》卷四。"行则不无，
有觉即乖。"如果想合，正是区分的开始。"他何不道未审是甚么行？"审行即
是合。"佛行，佛行。"随喜，赞叹，顶门之眼。参见敦煌本《坛经》："即佛行
是佛。"

"幽州犹似可，最苦是新罗。"越说越远了，依然不同意。禅门语录中，此
句式数见，肯定还是否定？幽州在河北、辽宁一带，新罗在朝鲜半岛，路途遥
远，交通不便。"犹似可"，一作"犹自可"，《五灯会元》卷二十狼山慧温章次：
"幽州犹自可，最苦是新罗。"《碧岩录》二十一则："幽州犹自可，最苦是江南。"

"头长三尺，颈长二寸。"变形，多维空间图像，或谓无意味语。三圣然即
三圣慧然，临济义玄弟子，事迹见《五灯会元》卷十一。掐一掐，从身体之直
感透入。

师见幽上座来，遽起向禅床后立。幽曰："和尚为甚么回避学人？"师
曰："将谓阇黎不见老僧？"

以夸张方式回应，刺激其觉悟。此人大大咧咧，生活在宿习之中，对生命
的气息无感。

问："如何是玄中又玄？"师曰："如死人舌。"

玄中又玄，从"玄路"衍出。"如死人舌。"不说说，《庄子·达生》有"呆若木鸡"。

师洗钵次，见两乌争蛤蟆。有僧便问："这个因甚么到恁么地？"师曰："只为阇黎。"

极深的因果网络，观者的我相为本源。《坛经》有风幡之争，六祖曰："非风动，非幡动，仁者心动。"

问："如何是毗卢师法身主？"师曰："禾茎粟秆。"

法身主，在于平常事物。

问："三身之中，阿那身不堕众数？"师曰："吾常于此切。"（僧问曹山："先师道吾常于此切，意作么生？"山云："要头便斫去。"又问雪峰，峰以拄杖劈口打云："我亦曾到洞山来。"）

众数即众生，数谓数取趣，往返于六道。切，切己，参究，防护。"要头便斫去。"修行大于一切，要我说不可能。永嘉《证道歌》："粉身碎骨未足酬，一句了然超百亿。""我亦曾到洞山来。"我明白他的意思，听得懂。

会下有老宿去云岩回，师问："汝去云岩作甚么？"宿曰："不会。"师代曰："堆堆地。"

"不会。"此人可能已看破，把球踢回洞山。"堆堆地。"不详，或谓云岩之石室相连。

师行脚时，会一官人，曰："三祖《信心铭》，弟子拟注。"师曰："'才有是非，纷然失心'，作么生注？"（法眼代云："恁么则弟子不注也。"）

行脚为修行，注释为义门。学术研究，较量是非短长，"才有是非，纷然失心"，你不是南辕北辙吗？故洞山反诘。

师看稻次，见朗上座牵牛。师曰："这个牛须好看，恐伤人苗稼。"朗曰："若是好牛，应不伤人苗稼。"

语出《遗教经》，参见《五灯会元》卷四长庆大安章次。禅宗重视农业劳动，往往以牵牛喻修行。

僧问："如何是青山白云父？"师曰："不森森者是。"曰："如何是白云青山儿？"师曰："不辨东西者是。"曰："如何是白云终日倚？"师曰："去离不得。"曰："如何是青山总不知？"师曰："不顾视者是。"

"不森森者是。"超越万象森罗。圣。"不辨东西者是。"百姓日用而不知。凡。"去离不得。"参见张伯端《读雪窦禅师祖英集》："取不得兮舍不得。""不顾视者是。"壁立千仞，犹《老子》"天地不仁"。

问："清河彼岸是甚么草？"师曰："是不萌之草。"

此岸为萌之草，彼岸为不萌之草。宋集成等编《宏智禅师广录》，上堂举洞山"和尚病，还有不病者么"公案："师……良久云：'宿雾尚深无见顶，春风常在不萌枝。'"

永嘉玄觉与《维摩经》

〔日〕织田显祐[1]

内容提要：永嘉玄觉在拜访六祖慧能之前，依据《维摩经》而证得佛心宗，这代表着什么呢？玄觉在《禅宗永嘉集》的第一章，用"触事则因事生心"作为人们的认识活动（心）是基于生死和解脱。因此，关于"心"，引用了《华严经》十地品的"唯一心作"，作为生死和解脱的接点而提出"名字"的问题。此名字的思想是依据《维摩经》文殊菩萨问疾品与弟子品中所说的内容。总之，玄觉一边以《华严经》为基盘，而解脱的课题又是依据《维摩经》的思想。再者，作为结论的"奢摩他（止）、毗婆舍那（观）"，又显示为"优毕叉（舍）"，是作为"非寂非照，故杜口于毗耶"。但是又列举了《维摩经》入不二法门品中所说，有名的"维摩一默"。根据这些，是想表现出究极的解脱。

作为佛教徒的玄觉的态度与《维摩经》相通点有很多。

玄觉的思想和行动中心，明确地存在于《维摩经》的教说。此外，非常值得注意的问题，即玄觉的"理事不二"的思想。可以看出，对印度大乘佛教的《维摩经》，以及受容后的中国人学佛的理解的分歧，

1　作者：〔日〕织田显祐，日本大谷大学教授。译者：悟灯，北京大学博士后。

这不是适当与否的问题。可以认为理解中国佛教受容的特质是一个好的例子。

关键词：佛心宗　名字　奢摩他　毗婆舍那　慧能　玄朗

一　本论文的课题

六祖慧能的法嗣永嘉玄觉（675—713），在遇到慧能之前，就已经精通天台止观，并且学习了各种大乘经论。尤其是特别醒目的地方，就是他依据《维摩经》而悟出了佛心宗。关于此事，在《大正藏经》（以下简称"大正"）48 卷中收录的《六祖大师法宝坛经》（No.2008）的永嘉玄觉传中有如下记载：

> 少习经论，精天台止观法门。因看《维摩经》发明心地。偶师弟子玄策相访，与其剧谈，出言暗合诸祖。策云：仁者得法师谁？曰：我听方等经论，各有师承。后于《维摩经》悟佛心宗，未有证明者。

（大正 48—357c）

偶然地遇到慧能的弟子玄策，在相互议论之时，玄觉的言语与其师父慧能的语言有很多一致。当问到这是从何人受教而得时，玄觉表示是依据《维摩经》悟出的"佛心宗"，但是，还没有人给以印证。于是，为了得到印证，玄觉与玄策一起去参访慧能。一般认为，此处说出了玄觉求道中非常重要的一点，也就是，《维摩经》的"心地"与"佛心宗"是怎样的一体。《维摩经》并没有特意将"心地""心宗"等概念挑出来讲说。那么，玄觉是如何理解《维摩经》所说的"心""佛心"，以及佛教的最重要的问题的呢？本论文打算通过解释说明这一点，探明中国佛教者在理解《维摩经》时的特点。此外，关于永嘉玄觉的《禅宗永嘉集》（大正 48 卷收）和《永嘉证道歌》（同前）两部著作，虽然有观点怀疑后者的真实性，但是因篇幅允许，所以也打算在此论述一下。

二 《维摩经》的"佛心宗""心地"是什么？

玄觉的《禅宗永嘉集》经过深思熟虑后，以十门构成。第 1 章题为"慕道志仪"，叙述了决心对于修道出发点的重要性。这一章阐释了如下意思：回顾在三界所生的身体，应该是从生起厌离之心开始，由此而产生的一切"触事则因事生心。缘无则依无息念"。（大正 48—388a）也就是，在生死轮回中的各种各样的痛苦烦恼，是从接触对象而生起认识心开始的，也就是说断了这个缘，就解脱了。

围绕这个"心"的问题，在《禅宗永嘉集》中开了"奢摩他（止）、毗婆舍那（观）、优毕叉（舍）"三门（4—6），"戒骄奢意第 2"和"净修三业第 3"是为实践止观之前的课题，第 7 门以下是"利他行"。因此，奢摩他（止）、毗婆舍那（观）、优毕叉（舍）三门是《禅宗永嘉集》的中心课题。还有，第 3门的"净修三业"中也提到，由于三业是身口意，所以"心"的问题就是作为意业的净修。

> 深自思惟。善恶之源。皆从心起。邪念因缘。能生万恶。正观因缘。能生万善。

（大正 48—389a）

这里同前面叙述的一样，提到一切生死与修道的基盘是"心"。因此，以这样的问题为依据，举出如下教证：

三界无别法。惟是一心作。

（大正 389b）

　　这是《华严经》十地品所说的"三界虚妄但一心作"（大正 9—558b）的文。
也就是，玄觉认为一切善恶诸法的根本是心。因此，对我、我所的妄执，而对
各种存在实体化，依此而生起贪嗔痴的邪见即是邪念，"色心不二""菩提烦恼
本性非殊"成为正观。并且，认为邪念与正观的连接点是名字。总之，依据名
字而设立各种存在，执着于这些存在而产生了人间的迷惘和苦恼。那些被执着
的存在没有实体，是依名字而立的东西，其实证悟的"空"而被称为"平等"。
所谓"色心不二""菩提烦恼本性非殊"作为正观，即是平等。关于此处的平等，
玄觉有如下阐释：

　　故经云。乃至涅槃。亦但有名字。又云。文字性离。名字亦空。何以
　　故。法不自名。假名诠法。

（大正 389b）

　　"乃至涅槃。亦但有名字"一文，是《维摩经》文殊师利问疾品中，维摩
诘以自己的病为契机，与文殊师利问答时的场面，对所说的内容的简化：

　　云何平等。谓我等、涅槃等。所以者何。我及涅槃，此二皆空。以何
　　为空。但以名字故空。如此二法，无决定性，得是平等。

（大正 14—545a）

　　还有，"文字性离"一文，同样是引用《维摩经》弟子品中有关须菩提的
段落中的文字，在这一段中，维摩诘就围绕言语的实体化问题，说道：

至于智者，不著文字，故无所惧。何以故？文字性离，无有文字，是
则解脱。

（大正 14—540c）

同样，《禅宗永嘉集》的这一段落，对言语文字和诸法的关系是很接近，
最终解释为"名法无当。一切空寂。"。所谓"名法无当"的"当"，一般认
为其相当下文中的"相应"的概念，即"语言文字是与存在相应而成立的事
物"。总之，"空寂"意味着，无论是语言文字，还是作为认识对象的存在，
都是意味着无所得、不可得。并且，关于这一结论也是引用《维摩经》中的
文作为教证。

故经云。法无名字。言语断故。

（大正 48—389b）

该文在《维摩经》弟子品中有关大目犍连的段落中，关于说法之事，维摩
诘斥责大目犍连时的场面引用（大正 14—540a）。这样，玄觉以《维摩经》的
一文作为教证而立论的地方，如果详细检讨的话，或许也可以发现其他的点，
根据上面的引例大概可以理解要点之处。也就是，玄觉作为佛道修养的出发
点，以"心"立题，从《华严经》的三界唯心思想寻找直接依据，对于此心的
现实生死的问题，则以《维摩经》中所说的诸法和言语名字的关系为依据。并
且，言语文字与胜义谛的关系也是以《维摩经》中有段言语文字的教说为依
据的。

关于此点，是《禅宗永嘉集》的核心部分，即是以奢摩他（止）、毗婆舍
那（观）、优毕叉（舍）的三门进一步明确。一般而言，一旦说"止观"，就会
提到"奢摩他与毗婆舍那"二门，在二门之外再说"优毕叉（舍）"的理由是，
因为在进入"奢摩他与毗婆舍那"修道时，凡夫都是会执着其自身而远离本质。

关于这一点，在《禅宗永嘉集》开头叙述十门次第的几处有以下叙述：

> 偏修于定。定久则沈。偏学于慧。慧多心动。故次第六明优毕叉颂。
> 等于定慧。令不沈动。使定慧均等。舍于二边。
>
> （大正 48—388a）

也就是，次第修学戒定慧三学之际，如果专修奢摩他（止＝定）时沉淀于奢摩他中，专修毗婆舍那（观＝慧）而积累许多智慧的话，那结果就会心盛而动。所以，真正的实习止观是不停留在二者，这就是所说的优毕叉（舍）。第5门"毗婆舍那颂"中所说的内容来看，是依据《般若经》所说"色即是空""色无边故般若无边"或者"般若无知无所不知"等空观的基本思想。所以，并不是"毗婆舍那"之外另有其他真实。然而，因为人的执着心的缘故，往往很多时候会误解真实。正因为如此，为了说奢摩他、毗婆舍那二者是不二、是不可得，所以另外再说"优毕叉"。实际上，这样的思想是有原典出处的。例如，《大般涅槃经》第三十卷狮子吼菩萨品中，有如下记述：

> 若取色相，不能观色常、无常相，是名三昧。若能观色常、无常相，
> 是名慧相。三昧、慧等观一切法，是名舍相。
>
> （北本、大正 12—547a、南本与大正 12—792c）

《涅槃经》在这所说之后又说："菩萨亦尔，若三昧多者则修习慧，若慧多者则修习三昧。"（出典与前同），所以，玄觉的主张与这里的所说是相同。可以发现，在《禅宗永嘉集》中有一些源于《涅槃经》的说法。只是，智𫖮的《摩诃止观》第三卷上中，对《涅槃经》的所说是原文引用，说止观平等的地方有几处。如下所说：

又止即奢摩他。观即毗婆舍那。他那等故即优毕叉。通三德。

（大正 46—22c）

由于玄觉先通晓天台止观，所以一般认为依据的是《摩诃止观》的说法。无论如何，奢摩他说的是止息日常的散乱心，基于妄念而说从烦恼中解脱，毗婆舍那是依智慧获得无所得不可得的般若波罗蜜。但是，当执着于这些的时候，真正的奢摩他、毗婆舍那都不会得到。之前《涅槃经》中所说，对偏重奢摩他的声闻、偏重毗婆舍那的菩萨都进行劝诫。

依这样的背景，讲说了"优毕叉颂第六"。并且，这里的中心被认为是"观心十门"，此中心课题提出之前，引用了《维摩经》。在"优毕叉颂第六"的开头，为了显示必须说这一段的必然性，以及其必然性在前面叙述之事。在这之上，下文显示了对于定（奢摩他）和慧（毗婆舍那）的课题的无法正确理解的现象。总之，无法理解定（奢摩那）的本质是成了对散乱心的否定，追求寂静。因而无法理解散乱心与寂灭本来不二。慧（毗婆舍那）的不圆满指的是，否定愚痴而追求智慧，同样地无法理解慧与愚本来不二。因此，必须依慧理解散乱心与寂灭的不二，依定体得智慧与愚痴的不二。这样，就可以依据奢摩那和毗婆舍那相依相对的道理成了明白本来的意思，本来的寂灭不是依据某些人的否定肯定而成立的。它本来清净，与人的分别是没有关系。关于此点，玄觉给出了如下定义：毗婆舍那表示否定肯定不二，不否定二者，是"双与"；优毕叉由于是远离两者，所以定义为"双夺"。在这之上，针对"双夺"，有如下表述：

非寂非照。故杜口于毗耶。

（大正 48—391b）

这里所说的"寂"和"照"是智慧的作用，一边是本来寂灭，同时又说常照一切众生。既可以称其为"智慧的作用"，也可以说是"法身""如来"。《法华经》的表现是"智慧与方便",就菩萨而言,在经典中也有用"般若与方便""智慧与慈悲"的语言来表现。总之,可以说,这些都是意味着大乘佛教最根本的思想。并且,在上下文的联系中,"作用""方便""慈悲"意味着佛菩萨的济度众生的思想。也可以说是"本来寂灭又常照众生",表现为救济众生作为前提。也可以说"常照众生而寂灭"来表现关于如来的本质性。因此,胜义谛与"寂灭""常照"的世俗语言表达,可以说本来就没有关系。在这之上,即是意味着"杜口于毗耶"。此处的"毗耶"指的是,《维摩经》入不二法门品中所说的"维摩一默",因为维摩诘的会所是毗耶离的庵罗树园(大正14—537a)。

《维摩经》入不二法门品的要旨如下所述。维摩诘向集会的菩萨们发问"云何入不二法门"时,共有31位菩萨陈述了自己的所见,向文殊师利询问同样的问题时,文殊师利做了如下回答:

> 于一切法无言无说,无示无识,离诸问答,是为入不二法门。

(大正14—551c)

集会的菩萨叙述了各自所见之后,而文殊师利的立场在某种意义上可以说是超越了集会的菩萨们。依据言说而离言说是真正的不二。因此,向维摩诘问了同样的问题时,维摩诘的态度如下:

> 时维摩诘默然无言。

(大正14—551c)

文殊师利对于维摩诘的态度,欢喜道"乃至无有文字、语言,是真入不二法门"。

玄觉在与优毕叉颂的结论一致的地方,引用维摩诘的一默,与奢摩他→毗婆舍那→优毕叉的展开相类似。可以说与诸菩萨的见解→文殊师利的见解→维摩诘的态度这三个阶段的展开是相同。应当是指摘言语对立的矛盾（奢摩他）、讲说离言语之事（毗婆舍那）、超越说不说（优毕叉）。

在《维摩经》中有几个地方解释说明人的生死、烦恼构造。例如，在文殊师利问疾品中，借维摩诘的病，说明颠倒是人的根本病，以颠倒为开端，有颠倒→离我我所→离二法→二法即是名字的次第。（大正 14—545a）。以该事实为大悲的根据，除去众生的病是菩萨应当做的事，众生的病本是攀缘，攀缘→无所得→离二见。（大正 14—545a）还有，在众生品中说，除去众生的烦恼是菩萨的大悲的实践，有除烦恼→行正念→恶法不生、善法不灭→善恶依身→欲贪→虚妄分别→颠倒→无住的次第，最终的结论是"从无住本，立一切法"（大正 14—547c）。前述的"维摩的一默"是在这些讲说之后所说的。通过以上的考察，这"无住"即是心动或者是心的活动的意思。

《维摩经》本来是解释实践般若波罗蜜的大乘菩萨获得无生法忍，践行菩萨道的经典。也就是，是以菩萨如何救济凡夫众生为主题的经典。就此点而言，可以说不是解答凡夫众生具体以求道为主题的经典。因此，人们具体的在日常中心的问题，并不是该经典的中心课题，而是说明作为菩萨的救济对象——凡夫的构造的解明。

玄觉采纳了《维摩经》这一方面的要旨，针对"心"的课题，说明人的迷惑的构造和觉悟的过程。在"优毕叉门第六"的观心十门的开头，以"法而"为题，将迷与悟视为总体的问题，得出结论：

> 是以即心为道者。可谓寻流而得源矣。
>
> （大正 48—391b）

"寻流而得源"所讲述的意思，大概是追寻烦恼生起的次第，到达"心"的根源，悟到那心是不可得。从《禅宗永嘉集》的内容来看，玄觉根据《维摩经》悟出的"佛心宗""心地"，可以理解为就是前面所述之事。

三　佛教者玄觉与维摩诘

　　玄觉的著作中所接受的《维摩经》的思想大约如前所述。不过，除此之外，玄觉与《维摩经》的密切关系也还有几点。第一，关于玄觉与六祖慧能的见面。玄觉与六祖慧能的见面之事，除了《宋高僧传》之外，还有玄觉与慧能的问答也在流传。现在，根据《六祖大师法宝坛经》，试着考察一下。慧能刚刚见到玄觉时，先问了沙门威仪的问题，之后，又问了如下问题：

　　　　大德自何方而来，生大我慢。

　　　　　　　　　　　　　　　　　　　　　　　　（大正 48—357c）

　　对此，玄觉答道："生死事大，无常迅速。"慧能又问："何不体取无生，了无速乎？"玄觉答："体即无生，了本无速。"于是，慧能给予印证："如是，如是。"玄觉正威仪，礼拜，起身即要离去。到此为止，是两人见面的前半部分。最初慧能说："生大我慢。"玄觉是拿着锡杖站立着突然的质问，这是皮肉的问题吧。回答其理由是："生死无常。"一刻也不能犹豫。这成为问答的契机。结论是"生死本来无生"，所以"迅速与缓慢本来亦是没有"，是以无所得不可得空。因此如前所述，玄觉已经悟道，再接受慧能的印可而已。所以，对玄觉而言，没有停留的必要，立即起身离去。于是，慧能说："返太速乎？"玄觉答："本自非动，岂有速耶。"慧能反问："谁知非动？"玄觉答："仁者自生分别。"对此回答，慧能感慨："汝甚得无生之意。"玄觉再问："无生岂有意耶？"慧能反问："无意，谁当分别？"玄觉答："分别亦非意。"慧能同意其观点。见面的后半部分以"起身离去"为契机，以"无分别"的课题展开。

　　以上，以"何方来"为契机而展开的问答，以及以"起身离去"为契机的问答，与《维摩经》文殊师利问疾品中维摩与文殊师利最初见面的情况很相似。

维摩诘对于前来探病的文殊师利问候道："善来，文殊师利！不来相而来，不见相而见。"（大正 14—544b）如果将其解释为一般的问候的话，大概是"稀客"的意思，但是也可以理解为"无分别""无所得"的意思。对此，文殊师利回答：

> 如是居士。若来已，更不来。若去已，更不去。所以者何。来者无所从来，去者无所至。

（大正 14—544b）

从而展开无所得、不可得的问答。但是，想起了来探病的本意，说"且置是事"，转换话题。《维摩经》是以维摩诘与文殊师利的问答为中心展开的，在问疾品中维摩诘与文殊师利的对答具有二人最初见面的象征意义。一般认为，"来不来，去不去"为开端，展开问答，在揭示诸法实相这一点上，二者是共通的。

现在作为单纯的佛教者的玄觉与《维摩经》的密切关系的逸闻趣事，记载于《禅宗永嘉集》中，就是玄觉与天台五祖左溪玄朗的往来信件"劝友人书第九"。内容是：幽栖于左溪山，在大自然中修道的玄朗，劝说在巷间的玄觉同自己一样，到山中修道，遭到玄觉的严厉斥责，断然拒绝。

玄朗的书简被冠以"召大师山居书"的题目，大意是：这深山之中，灵气充分，在山中的石室中宴坐，与日月星宿、花鸟相围绕，悠然自得。在城市的慌忙之中，人来人往，离悟道很远吧。若有时间的话到我之处住住如何？玄觉的答复非常严厉，详细批判了玄朗的态度。其批判的中心意思是：

> 是以先须识道后乃居山。若未识道而先居山者。但见其山。必忘其道。若未居山而先识道者。但见其道。必忘其山。

（大正 48—394b）

也就是，应当先悟道，再入山。如果开悟之前入山，就会只见山而忘记修道。不居山中而开悟，最终会忘记山。所以，见道而忘山，即使身处在世间之中也是寂静；见山而忘道，即使身处山中也是喧嚣。如果体证得到一切法不可得无所得的话，无论身处何方，均是道场。

> 若能了境非有。触目无非道场。知了本无。

（大正 48—394b）

> 若知物我冥一。彼此无非道场。

（同上）

如此一切法不可得，基于真实，或者是所说的场所即是开悟的道场，这样的见解在《维摩经》菩萨品光严童子的段落中（大正 14—542c）有集中解说。因此，准备离开毗耶离城而遇到维摩诘的光严童子问："居士从何所来？"维摩诘答："吾从道场来。""道场者何所是"的问答开始，说一切功德和说真实即是道场。

但是，玄觉这样的观点并不能说是符合天台的传统。原因在于，智者自己进入天台山，在《摩诃止观》说二十五方便第三中提到了"闲居静处"，因此作为实践止观的场所以深山远谷为最佳环境（大正 46—42b）。由此可以推测，玄觉这样的态度并非来自天台的传统，可以推断是来自《维摩经》弟子品，舍利弗的段落中所说的维摩诘的教诲。《维摩经》弟子品的舍利弗的段落中，被世尊要求去探望维摩诘的舍利弗，叙述了拒绝的理由，即过去的因缘：

> 我昔曾于林中宴坐树下，时维摩诘来谓我言：唯，舍利弗！不必是坐，为宴坐也。

（大正 14—539c）

由于舍利弗是声闻人的缘故，应该是在山中寂静的地方坐禅吧。维摩诘去教导他："宴坐不说是坐"，要体证得到"一切法不可得"才是真正的宴坐。在那之中关于"心"，有如下解释：

> 心不住内亦不在外，是为宴坐。

（大正 14—539c）

这一说法在本论文的前后文中非常重要。一般认为，对左溪玄朗在山中隐居的批判的原点，像这样可以追溯到《维摩经》，起因是维摩诘的态度。此外，永嘉《证道歌》中有如下偈：

> 有二比丘犯淫杀。波离萤光增罪结。
> 维摩大士顿除疑。犹如赫日销霜雪。

（大正 48—396c）

这首偈也是出自《维摩经》弟子品的优波离的段落，描述的是维摩诘在教授罪性不可得的场景。在说这一罪性不可得的段落中，也说了心不可得的道理。

> 心亦不在内、不在外、不在中间，如其心然，罪垢亦然。

（大正 14—541b）

这一点可以补充本文第 2 章中的问题。

四　结　语

从以上的分析来看，玄觉与《维摩经》的密切关系昭然若揭。可以说，玄觉是这样一位佛教者：既是继承了天台法脉的同时，又以自己独自的观点去实践佛道。玄觉虽然继承了六祖慧能的法脉，但是，其思想的核心部分在遇到慧能之前，已经悟到了。这就是源自《维摩经》的"心地""佛心宗"，前面已经论证过了。除了这些问题之外，本论文中有其他几点要总结一下。第一，玄觉的时代性。玄觉的生卒时间是675—713年，与华严的法藏的生卒年代643—712年几乎重合。法藏的思想以"理与事"为基础概念，是理事无碍的法界缘起说。玄觉在《禅宗永嘉集》的"理事不二第八"中使用了与法藏同样的"理与事"的用语，提到了不二的内容，玄觉所说的"理"，如同最初被解释为"明悟"那样，指的是由一切语言所诠释之意。玄觉在该文中称其为"体"。并且，"事"指的是如同"迷名滞相"一样，来自语言分别的一般知识，即是指世俗谛。所以，人的"语言分别"成为契机，因而就产生了非语言的胜义谛与言语认识的世俗谛之间的关系问题。并且，玄觉在该文中一次也未使用"理与事"的用语，所以，与法藏的思想完全不同：法藏则使用抽象化的"理与事"的概念，论述了二者纵横无尽而无碍。

还有，在"发愿文第十"中，可以看到对于玄觉佛道所说的态度。但是，在第九门之前，根据"不二"所论证后，所说什么事都不执着的立场与积极地说愿望是相矛盾的。由于连续祈祷现实无病息灾、不生恶趣等，所以与之前所揭示的不执着世间善与不善不二的态度，是明显的矛盾。此外，大乘经典无论什么场合，都是以菩萨的姿态说"阿耨多罗三藐三菩提"，但是，玄觉的回向概念是"我所有功德，悉与众生共""普愿诸众生，悉皆成佛道"（大正395b），以自己为前提，祈愿自利利他。从这一点可以看出，《维摩经》是说印度大乘佛教重要问题，与接受《维摩经》的中国人学佛对其理解上的差异。本论文中虽然也有部分述及，但是《维摩经》是具体的说明了，到达无生法忍的大乘菩萨的具体的自利利他的活动。只拜读《禅宗永嘉集》，是无法想象按照印度大乘佛教思想，正确理解《维摩经》的本质。暂且不论其正确与否，这是可以说中国佛教与印度佛教的本质问题。据笔者所知，净土教的昙鸾也是存在同样的课题。所以，笔者打算尽可能地搜集类似于玄觉和昙鸾这样的事例，明确佛教在传播过程中的连续性和非连续性，以探明中国佛教的本质。

天台顿觉思想的源流与玄觉

〔日〕采睪晃[1]

内容提要：永嘉玄觉原本是作为天台宗的僧人，在慧威座下出家，但是又被归属于禅宗的系谱。看《证道歌》清楚地知道玄觉重视顿觉。基于此，重视顿觉的思想，最早可以追溯自南岳慧思。玄觉在天台出家，可以说是为了追求顿觉，但是，到了智顗虽然也有关于顿悟的说明，然而对于顿觉就淡泊了。如此的倾向应该是在智顗入灭后一直延续到慧威。玄觉离开天台归向禅宗的慧能的座下，当然也是由于天台本来就重视顿觉思想。

关键词：慧思　顿觉　顿悟　慧能　慧威

一　前　言

永嘉玄觉（665—713）是拥有非常有趣经历的人物。玄觉最初的时候师事天台宗第四祖慧威。但是，玄觉并没有出现在天台宗的系谱中，而是被列在了

1　作者：〔日〕采睪晃，日本大谷大学教授。译者：悟灯，北京大学博士后。

禅宗的系谱中。

南北朝统一，经过隋代的佛教治国政策，进入唐代的佛教逐渐兴盛起来。持有各种各样理想的佛教者在交流过程中，反而产生了"宗"的意识。其中，从天台宗向禅宗的迁移是公认的典型，当然其他例子也有。不过，关于玄觉是否"舍弃"天台宗之事，有必要慎重检讨一下。

二　一宿觉

玄觉被列入禅宗系谱的原因是依据他到六祖慧能（638—713）座下参学，得到了印证。当时的情景在《五灯会元》中有详细记载。几乎相同之文在《无相大师行状》[1]中也被记载。也可以说，《无相大师行状》中仅仅记载了当时的情形及《永嘉集》《证道歌》。因此，当时的情形印证了玄觉是一位非常重要的人物。现在，不胜其烦地引用该记载如下：

> 遍探三藏。精天台止观圆妙法门。于四威仪中。常冥禅观。后因左溪朗禅师激励。与东阳策禅师。同诣曹溪。初到振锡。绕祖三匝。卓然而立。
>
> 祖曰。夫沙门者。具三千威仪。八万细行。大德自何方而来。生大我慢。
>
> 师曰。生死事大。无常迅速。
>
> 祖曰。何不体取无生。了无速乎。
>
> 师曰。体即无生。了本无速。
>
> 祖曰。如是如是。
>
> 于时大众。无不愕然。师方具威仪参礼。须臾告辞。祖曰。返太速乎。
>
> 师曰。本自非动。岂有速邪。
>
> 祖曰。谁知非动。师曰。仁者自生分别。

1　《大正新修大藏经》中，附与《永嘉证道歌》的文末（大正48，397a）。

祖曰。汝甚得无生之意。

师曰。无生岂有意邪。

祖曰。无意谁当分别。

师曰。分别亦非意。

祖叹曰。善哉善哉。

少留一宿。时谓一宿觉矣。师翌日下山[1]。

　　玄觉已经精通天台止观的圆妙法门，在行住坐卧都是进入深三昧之中。玄觉参访曹溪慧能之时，振着锡杖绕慧能三周，然后站立不动。慧能指出出家人是具足三千威仪，责备其是不是很没有规矩。玄觉回答如下：尽管生死是大事，但是，我们并不知道无常（生死）何时会到来，是无法做到那么悠闲。如此，慧能与玄觉之间数次问答，慧能以"如是"赞誉玄觉的境界。玄觉整肃威仪，告辞准备离去，慧能挽留他说："那么着急回去吗？"对此，又有一番问答，慧能感叹到劝他"住一晚吧"，玄觉因此逗留了一晚。在很短的时间内得到慧能的印可，因此被称为"一宿觉"。

　　据说，从此之后，玄觉就被列入禅宗慧能的系谱，被认为从此就与天台宗决别了。在《五灯会元》中记载，玄觉下山后，著写了《证道歌》《永嘉集》。众所周知，《证道歌》被圆仁（794—864）、圆珍（814—891）带回日本，日本的曹洞宗等至今为止还在读诵。《证道歌》中有如下一节的记载：

游江海涉山川。寻师访道为参禅。

自从认得曹溪路。了知生死不相关[2]。

1　《五灯会元》卷二《玄觉传》（《新续藏》80，58a）。

2　玄觉：《证道歌》（《大正藏》48，396a）。

在这里，玄觉自身也告白说，到慧能处参禅是重大契机。可以说，与慧能的关系极其密切。但是，不能因此就认为，玄觉传承慧能的法嗣而脱离天台宗。关于玄觉拒绝天台宗的事例，有如下记载：

> 与永嘉真觉为同门友。尝贻书招觉山居。觉复书千余言。有喧不在尘。寂不在山之语[1]。

玄朗与玄觉是同门，曾经给玄觉书信，邀请玄觉到天台山居住。对此玄觉回复了超过一千多字的长信。其中有"市井不一定喧闹，山里不一定清净"的表达。玄觉拒绝了玄朗的邀请。玄朗邀请玄觉上天台山的目的，或许是希望稍微改变一下天台宗沉滞的气氛。如果由于《证道歌》变得非常有名的玄觉去天台山的话，将有助于天台宗的振兴是毋庸置疑的。但是，本论文所要确认的是，玄朗与玄觉的信任关系。玄朗邀请玄觉到天台山住，其目的非常明显的。玄觉针对玄朗的想法，给予了长篇回复。可以看出，二人之间的关系是非常密切。《宋高僧传》的记载与《佛祖统纪》有少许差异，玄觉并没有明确拒绝玄朗的邀请，反而，与玄朗就住山之事展开争论：

> 初觉与左溪朗公为道契。朗贻书招觉山栖。觉由是念朗之滞见于山。拘情于讲。回书激劝。其辞婉靡其理明白。俾其山世一如喧静互用。趣入之意。暗诠于是。达者题之[2]。

接到玄朗邀请的玄觉，大概是怀疑玄朗执着于天台山的道场、讲义，所以回信答复。玄觉认为，不拘泥于安静的山野，即使在喧嚣的市井巷间也应当

1　志磐：《佛祖统纪》卷七《玄朗传》(《大正藏》49，188b)。
2　《宋高僧传》卷八《玄觉传》(《大正藏》50，758b)。

能够修行。"趣入之意"的意思难以解释。结合玄觉没有回天台山，联系在一起看，认为他接受了慧能的法嗣的解释应当具有合理性。像这样对于玄觉的相应，是优越者的称赞。

从《宋高僧传》的记载来看，玄觉的心情被理解为对天台宗没有任何反感之意。仅从结果来看，玄觉拒绝了玄朗的邀请，因而将此事作为玄觉脱离天台的证据，仅仅是从结果得出的推论，不得不说是过于草率。

最初，玄觉去参访慧能是受到同门玄朗的劝说。

> 遍探三藏。精天台止观圆妙法门。于四威仪中。常冥禅观。后因左溪
> 朗禅师激励。与东阳策禅师。同诣曹溪[1]。

这里所说的"东阳策禅师"，可能是《五灯会元》中有传记[2]的玄策[3]。关于玄策与天台宗的关系，完全没有述及。由于玄觉是受玄朗的劝说而去曹溪的联系在一起，恐怕玄策可能也是玄朗介绍的。玄朗并非直接认识玄策，可能是通过由中间人而认识的可能性。玄朗与禅宗的人有交流，所以可以看出，至少他自身对禅宗应当没有排斥之意。玄觉自身也是如此，虽然有天台宗的背景，但是，对慧能的嗣法也没有感到反感之意吧。

对于这些推测，从天台宗传统所撰写的传记集《释门正统》中可以看出。在《释门正统》中，介绍了六祖慧能与玄觉的对话后，有如下评述：

> 时谓一宿觉据此问答。乃是勘辨之辞。问毕具仪设礼。亦是比丘相见
> 常仪。少留一宿。自是曲从主意。录者却谓一宿觉。抑又诬牧菴谓。逃逝

1　《五灯会元》卷二《玄觉传》(《新续藏》80，57c—58a)。

2　同上书 (《新续藏》80，60a—b)。

3　宇井伯寿：《第二禅宗史研究》，岩波书店，1943 年，第 262 页。

天台。螟蛉达摩。夷考当时征诘之语。亦未尝逃逝螟蛉也[1]。

问答结束后，整肃威仪、作礼，是僧人见面时的通常礼仪，留宿一晚是因为遵从慧能的劝请。不了解实情的人将此事误解为"一宿觉"，从而大加赞赏。"螟蛉"是青虫，食水稻的茎秆，所以是害虫的意思。此外，"似我蜂"将青虫储藏在巢穴之内作为自己的幼虫的食物，所以有"养子"的意思。这里是后者的意思，比喻成玄朗脱离天台宗，转而成为达摩（禅宗）的养子（改变籍贯）的意思。对于天台宗的批判性评价是一般地广泛流传吧。在《释门正统》的主张，试着检讨更加非难的语言，称为"逃逝""螟蛉"的语言是没有事实。

总之，玄觉于慧能的座下，在极其短的时间内开悟，称为"一宿觉"的说法，是因禅宗方面对通常礼仪的误解而流传的，极度重视这则故事的风潮，是由禅宗方面制造出来的而已。也就是，《释门正统》中，玄觉一直是天台宗的僧侣。此外，因为将玄觉的传记收入到了禅宗的系谱内，所以编著者宗鉴的态度缺乏一贯性。从这些记述可以看出，天台宗并没有排斥玄觉，玄觉也没有忌避天台宗的理由。

三　玄觉的追求

玄觉为了追求什么而向天台宗以外的老师求教呢？假如从玄觉对天台宗有一些不满的角度考虑的话，那么就必须确认一下玄觉参访六祖慧能时天台宗的状况。在天台宗的历史中，当时被称为"暗黑时代"。中国天台宗的实际开山祖师智者大师（538—597）之后，中国天台宗是由章安灌顶（561—632）继承

1　宗鉴：《释门正统》卷八"禅宗相涉载记　玄觉"（《新续藏》75，357c）。

其法统[1]。从灌顶圆寂后，到荆溪湛然（711—782）之前这一段时间，多称为天台的"暗黑时代"。进入唐代天台宗迅速衰退的原因，据说是与隋代王室的关系过与密切所导致，这一课题不在本文的论述范畴之内。无论如何，被称为中兴之祖的湛然是玄朗的弟子，所以，玄觉恰好处在那一时代的中间。

玄觉自己并没有力求与当权者建立关系。从这可以看出，即使天台宗当时处于政治的"暗黑时代"，也无法想象从那限制中脱离出来的目的。

圭峰宗密（780—841）是玄觉、湛然之后的人，对天台学风有如下叙述：

> 宗密未遇疏前。每览古今著述。在理或当。所恨不知和会禅宗。天台多约止观。美则美矣。且义势展转滋蔓。不直示众生自心行相。虽分明入处。犹历渐次[2]。

宗密检讨了各种著作，虽然感觉具有合理性，但是不采纳禅宗教说的地方是有问题的。此处的"禅宗"指的是吸收慧能教说的荷泽神会的南宗顿悟禅。宗密对天台学风把止观（禅定实践）置于重点的地位，给予了一定的评价，但是又纠缠于理论，（即使是最高的圆顿止观，以及最初阶段的）渐次止观。因此，宗密承接澄观的法嗣成为华严宗的第五祖的同时，认为自己还是与荷泽宗有关的人。与"暗黑时代"的实力衰微的天台宗相对，禅宗、华严宗等不断发展壮大。无论是禅宗，还是华严宗，均重视顿悟。注意到禅宗、华严宗的这一特点，组织修正天台教学的是荆溪湛然。经过荆溪湛然重新组织的教学，天台不是顿悟是渐次，与宗密是相称的。

1　根据《国清百录》，智者大师之后，国清寺的主持是智越（543—616），但是，从教学方面来看，"对智颛的著作整理成形留给后世"（第 142 页）。智颛的后继者是灌顶，这种的主张是合理的。实际上，后世的史学家们也是将灌顶作为智颛的后继者。

2　宗密：《圭峰定慧禅师遥禀清凉国师书》，《大方广圆觉修多罗了义经略疏注》（《大正藏》39，577a—b）。

参照宗密的观点，当时的天台宗中，存在偏于学解、忽视顿悟的现象。至少，天台宗以外的人是持这种看法的。这样的外界评价是否合理呢？确认一下天台宗方面的观点吧。作为天台宗中兴之祖的湛然，对天台宗的特性有如下陈述：

> 故知。一家教门。远禀佛经。复与大士宛如符契。况所用义旨。以法华为宗骨。以智论为指南。以大经为扶疏。以大品为观法。引诸经以增信。引诸论以助成。观心为经。诸法为纬。织成部帙。不与他同[1]。

天台宗以释尊所说经典及诸菩萨的著书为立足点，同时基于诸经论的组织，又以观心为经，以诸法为纬，编著而成书籍。此处的"不与他同"的"他"指的是，主要主张顿悟禅的禅宗以及继承该教说的清凉澄观的教学[2]。湛然主张天台宗的特点是：将观心（禅定实践）作为中心的同时，也没有放松教学。这一点与宗密所说的"多约止观。美则美矣。且义势展转滋蔓。不直示众生自心行相。虽分明入处犹历渐次"并不矛盾。

玄觉不满意天台的内部，可能与宗密有同样的看法。仅仅从慧能与玄觉的问答来看，看不出玄觉的思想在问答中有明显变化。玄觉在天台中早已证悟的境界，得到慧能的印可，大概言过其实了吧。如前所述，玄觉拒绝玄朗的邀请，其理由是认为玄朗是拘于情、拘于讲。难道不是这样的吗？

参访慧能前后，玄觉拜访了神秀（606—706）。《宋高僧传》卷八《玄觉传》中有如下记述：

> 至若神秀门庭退征问法。然终得心于曹溪耳。既决所疑。能留一宿。号曰一宿觉[3]。

1　湛然《止观义例》上卷（《大正藏》46，452c—453a）。
2　安藤俊雄《天台学——根本思想及展开》，平乐寺书店，1986年，第293—298页。
3　《宋高僧传》卷八《玄觉传》（《大正藏》50，758a）。

此处没有记载玄觉对神秀的哪一点不满。但是，我们根据先学们积累的研究成果可以知道，神秀与慧能之间有一定的差异。神秀是五祖弘忍的弟子，相当于慧能的师兄。虽说是师兄弟，可是二人有很大的不同。正如所指出的那样，神秀主张渐悟，慧能主张顿悟。二人虽同为弘忍的弟子，却最终分道扬镳，神秀成为北宗禅的初祖，慧能成为南宗禅的初祖。

玄觉虽然有所心得，却不能接受，所以会非常自然地考虑究竟是顿悟还是渐悟。同样，玄觉离开天台山的理由，也是因为当时的天台宗具有渐悟的特点。

四　天台宗的顿悟

玄觉给玄朗的书信显示：二人对天台似乎有一些同感。毋容置疑，玄朗标榜天台以"圆顿止观"为实践的支撑，因而天台本来就重视顿悟成佛。毋容置疑，将天台教学整理、体系化为教观双美的是智顗。但是，智顗的师父慧思对智顗代讲的情形有如下评价：

> 尔后常令代讲。闻者伏之。……思躬执如意。在坐观听。语学徒曰。此吾之义儿。恨其定力少耳[1]。

根据讲义所传达的关于教义的一面，不仅仅是文句，也可以说是义理之子，关于禅定的实践，即使是智顗也有不足之处。关于这一点上，天台宗的传统中，不是把智顗作为初祖，慧思的师父慧文才被视为初祖。关于慧文，没有可靠的传记，也没有著作流传下来。不过，关于慧思幸运的是，留存有慧思的传记和著作。关于慧思这位人物，唐代的道宣做了如下的评价：

1　道宣："续高僧传"卷十七《智顗传》（《大正藏》50，564b）。

自江东佛法。弘重义门。至于禅法。盖蔑如也。而思慨斯南服。定慧双开。昼谈理义。夜便思择。故所发言。无非致远。便验因定发慧[1]。此旨不虚。南北禅宗。罕不承绪[2]。

南朝佛教界虽然重视教义学，但是却有忽视禅定实践的风潮。慧思为改正这一风潮，实施"定慧双开"。被称为天台的"教观双美"的渊源，不是出自智顗，而是其师父慧思[3]。既然如此，无论是北方，还是南方，禅宗均受到慧思禅法的影响。

慧思的禅法特征是将《法华经》[4]置于实践的中心是最大的特点吧[5]。慧思在《法华经安乐行义》的开头有如下宣言：

法华经者。大乘顿觉。无师自悟疾成佛道。一切世间难信法门[6]。

本论文关注的是，慧思对《法华经》所表现的是"顿觉"。智顗实际上并没有使用"顿觉"这一词语。当然，智顗是提倡"圆顿止观"，对"顿悟"这一语词是多次使用。最为集中使用的该词的论著是《法华玄义》，该著作是哲

1　慧思：《诸法无诤三昧法门》卷上（《大正藏》46，627c）中列举了各种法门后，说："如是无量佛法功德。一切皆从禅生。"

2　道宣：《续高僧传》卷十七《慧思传》（《大正藏》50，563c—564a）。

3　"定慧双开"和"教观双美"相比较，前者以"定"为先，后者以"观"为后。由此可见，禅定实践的地位退后。而且，智顗显然并没有使用"教观双美"的概念，所以，有必要谨慎检讨。

4　竺道生的《法华经疏》中，没有将《法华经》视为三昧经典。将《法华经》作为三昧经典，应当是慧思的首创。这一观点产生了非常大的影响，例如：净影寺慧远也将《法华经》视为三昧经典。净影寺慧远《观无量寿经义疏》本卷（《大正藏》37，173a）华严法华无量义等三昧为宗。

5　以《法华经》为践行的慧思的思想是末法思想的根本。拙论《慧思的末法与〈法华经〉》，《佛教学研究》91期，2010年，第18—28页。

6　慧思：《法华经安乐行义》（《大正藏》46，697c）。

学层面上的重点，而论述实践体系的《摩诃止观》中仅仅使用了一次[1]。那也是仅作为如来的形容而使用过[2]。智顗著作中很多是章安灌顶的笔录，这可能也有影响。必须重新详细检讨"顿觉"和"顿悟"语词中的差异。无论如何，应当注意的是，智顗完全没有使用"顿觉"的语词。慧思将"顿觉"与《法华经》结合进行实践，以此为其思想的根本，相比较而言，对智顗的顿觉的关注比较少。因此，讲说"顿悟"的天台思想的渊源应当追溯到慧思。

那么，玄觉所追求的是禅定实践中的顿觉。这一点可以从《证道歌》所重视的"顿觉"得到证明。《证道歌》有如下偈言：

顿觉了如来禅。六度万行体中圆。[3]

此处是《证道歌》第四偈的位置是讲述了玄觉对禅定、甚至对佛教的基本态度。顺便说一下，"顿悟"这一词语，在描绘释尊的事绩时有使用[4]，与智顗使用时的意思可能会有一些不同之处。

依据禅定想证得"顿觉"的玄觉，虽然曾经追求天台思想，却因故不得不向天台之外的老师求证。此外，因玄觉所追求的"顿觉"是天台宗第二祖慧思提倡的，所以即使离开天台，拒绝入山，也继续表现出天台的风格。

1　智顗《摩诃止观》卷六上（《大正藏》46，73b）。璎珞明顿悟如来。法华一刹那便成正觉。

2　玄觉《证道歌》（48，396a）如后述所说，在玄觉的《证道歌》中，"顿悟"这一词语作为如来的形容使用，可能成为检讨内容详细的意思。

3　玄觉《证道歌》（48，395c）。

4　玄觉《证道歌》（48，396a）"我师得见燃灯佛。多劫曾为忍辱仙。几回生几回死。生死悠悠无定止。自从顿悟了无生。于诸荣辱何忧喜。"

永嘉玄觉的佛法修学体系研究

黄国清[1]

内容提要：永嘉玄觉著有《永嘉证道歌》与《禅宗永嘉集》，讲述其真理体悟与禅观次第，后书论说真理观及系统修学方法，对学佛行者尤能提供具体实践指导。明代传灯重编十科次第如下：皈依三宝、发弘誓愿、亲近师友、衣食诫警、净修三业、三乘渐次、事理不二、简示偏圆、正修止观、观心十门。佛教修学的前提是皈依三宝，次为大乘佛教的发菩提心，作为整体佛法实践的基石。生起慕道心志、亲近善知识、戒除骄奢心理、净修身口意三业，是禅观的前行准备。进入止观正修前，须先了知佛法真理内涵以作为观照境，此有三乘与一乘的真理层次差别。止观正式修习分为止、观、舍三个阶段，依定修慧，达于寂而常照、照而常寂的均衡状态，舍的意旨是消解执取，而为非寂非照的离言境界，三者合明智慧禅观体验。最后为"观心十门"，是观心次第的重新统整与具体指导，带出天台圆教与中道空义的次第修学进路，导入本源真心的契会。

关键词：永嘉玄觉　禅宗永嘉集　修学次第　事理不二　天台圆教　观心十门

1　黄国清，南华大学宗教所副教授兼所长。

一 前 言

永嘉玄觉禅师（665—712），俗姓戴，法号玄觉，又号真觉大师，谥号无相，唐代温州永嘉人。他自幼出家，慧根聪利，本居温州龙兴寺，博探经论；更在寺旁自筑禅庵，常修禅观，后拜谒禅宗六祖慧能获得印可。有关玄觉的传记，最早见于《六祖坛经》的记载：

> 永嘉玄觉禅师，温州戴氏子。少习经论，精天台止观法门，因看《维摩经》发明心地。偶师弟子玄策相访，与其剧谈，出言暗合诸祖。策云：仁者得法师谁？曰：我听方等经论，各有师承。后于《维摩经》悟佛心宗，未有证明者。……策云：我言轻，曹溪有六祖大师，四方云集，并是受法者。若去，则与偕行。觉遂同策来参，绕师三匝，振锡而立。……师曰：汝甚得无生之意。曰：无生岂有意耶？师曰：无意，谁当分别？曰：分别亦非意。师曰：善哉！少留一宿。时谓一宿觉。后著《证道歌》，盛行于世。[1]

宋代杨亿所写《无相大师行状》补充一些信息：

> 温州永嘉玄觉禅师者，永嘉人也，姓戴氏。丱岁出家，遍探三藏，精天台旨，观圆妙法门；于四威仪中，常冥禅观。后因左溪朗禅师激励，与东阳策禅师同诣曹溪。初到，振锡携瓶，绕祖三匝……祖叹曰：善哉！善哉！少留一宿。时谓一宿觉矣。策公乃留师，翌日下山回温江，学者辐辏，号真觉大师。著禅宗悟修圆旨，自浅之深，庆州刺史魏静，辑而成十篇，目

---

1 《大正藏》第 48 册，第 357 页中、下。

为《永嘉集》，及《证道歌》一首，并盛行于世云尔。[1]

可知玄觉通晓天台圆教止观，并于《维摩经》般若中观教理深有领悟，更于禅观获致深刻的体验。他勤修经教与禅观而悟到真理，在左溪玄朗[2]的鼓励之下，与玄策同行去参谒六祖慧能，进行机锋对话，深得印可，停留一晚后即回温州，众人汇聚前来听他说法。

关于玄觉的著述，文献所载只有《永嘉证道歌》（下简称《证道歌》）与《禅宗永嘉集》（下简称《永嘉集》）。前者为诗颂形式，玄觉揭示自己的深刻佛法悟境；后书由唐代庆州刺史魏静编辑玄觉生前开示记录而成，共分十门，论述佛教次第修学方法。[3]《证道歌》受到后世的高度重视，古今钻研与注释者多，如宋代法泉对《证道歌》有继颂一卷，刊于神宗熙宁十年（1077），收于《新续藏经》（下简称《新续藏》）第65册；宋代梵天彦琪撰，门人慧光编《证道歌注》一卷，宁宗嘉定十二年（1219）刊行，收于《新续藏》第63册；宋代妙空知讷撰，门人德最编《注证道歌》一卷，约刊行于高宗绍兴十六年（1146），收于《新续藏》第65册；元代竺原永盛撰，德弘编《证道歌注颂》一卷，顺帝至正三年（1343）刊行，收于《新续藏》第65册。今人注释者如宣化法师著《永嘉大师证道歌浅释》，1985年讲于美国加州；圣严法师著《智慧之剑：永嘉证道歌讲录》（台北：法鼓文化公司，2008年）；达照法师有《证道歌直讲》的

1　此篇行状收于《永嘉证道歌》之末，《大正藏》第48册，第397页上。

2　左溪玄朗（673—754），唐代天台宗僧人，后人尊为天台第八祖。《佛祖统纪》卷七记载："八祖左溪尊者玄朗，……字慧明，婺州东阳人，姓傅氏。……九岁（高宗永徽二年）肄业清泰寺，受经日过七纸，唐武后如意二年（时年五十）落发受戒。闻天台盛弘止观，即往求学，未几一家宗趣解悟无遗。常以十八种物行头陀行，依凭岩穴建立招提，面列翠峰，左萦碧涧，因自号曰左溪。……与永嘉真觉为同门友，尝贻书招常山居，觉复书千余言，有喧不在尘，寂不在山之语。……禀法十二人，的嗣曰荆溪、新罗传道者法融、理应、纯英。撰《法华科文》二卷，及修治《法华文句》。吴越王请谥'明觉尊者'。"（《大正藏》第49册，第188页上、中）

3　魏静所撰《禅宗永嘉集序》说："大师在生，凡所宣纪，总有十篇，集为一卷，庶同归郢悟者得意忘言耳。今略纪斯文，多有谬误，用俟明哲，非者正之。"收于《永嘉集》，《大正藏》第48册，第387页下。

讲解视频；[1] 其他如蒋九愚著《新译永嘉大师证道歌》（台北：三民书局，2005年）；弘学著《永嘉玄觉禅师〈证道歌〉讲析》（成都：巴蜀书社，2006年）等。学者亦就《证道歌》进行学术研究，发表多篇论文。[2] 这篇撰述结合佛法深义与精神领悟，是了解禅门修证体悟内容的难得资料。至于《永嘉集》，明代幽溪传灯重编并注释的《永嘉禅宗集注》二卷，完成于明代熹宗天启二年（1622），收于《新续藏》第63册；今人达照法师有《永嘉集讲座（初集）》，对文句给出修学方法的详细解说。[3] 因此书是在玄觉圆寂之后由魏静所编，传灯与达照两人都认为十门修学次第应做调整，使其更加合理，并据调整后的文本进行文义注解。

《永嘉集》是汉传佛教难得见到的修学次第论著，论说佛教的真理实义与具体实践进路，言简意赅，条理井然，对教理与修行给出精深诠解而不流于玄虚，是佛教学人的良好修学指引。若对这部著作施加翔实解释，使文义更为显明，对于现代学佛者而言，当能产生甚大的影响效应。本文尝试较深入探讨这部著作的修学次第，阐释其中的真理思想，及彰显此书在指导佛法实践方面的重要意义与价值。

二　修学次第指引

《永嘉集》的内容是玄觉的说法开示，但十门次第非由他本人所安排，是在他圆寂之后由庆州刺史魏静编辑而成，以帮助读者了解佛教法义的浅深修学

1　见"佛弟子网"，http：//www.fodizi.com/fofa/list/9268.htm（检索日期：2018年10月14日）。

2　如，郑志明《永嘉玄觉禅师证道歌义理初探》，载《中国佛教》，第28卷第6期（1984年6月），第6—12页；张子开《永嘉玄觉及其〈证道歌〉考辨》，载《宗教学研究》，1994年第1期，第53—57页；姜光斗《简论玄觉的〈永嘉证道歌〉》，《南通大学学报（哲学社会科学版）》，1995年第4期，第13—15页；华方田《永嘉玄觉与〈证道歌〉》，载《竞争力》，2009年第4期，第79页；巩富才《〈永嘉证道歌〉思想研究》，哈尔滨：黑龙江大学硕士论文，2009年；许潇《〈永嘉证道歌〉中禅化的华严思想探析》，载《中南大学学报（社会科学版）》，2013年第1期，第58—61页。

3　达照《永嘉集讲座（初集）》，北京：中国人民大学出版社，2013年。

次第。此十门的编排顺序如下：（一）慕道志仪，（二）戒骄奢意，（三）净修三业，（四）奢摩他颂，（五）毗婆舍那颂，（六）优毕叉颂，（七）三乘渐次，（八）事理不二，（九）劝友人书，（十）发愿文。魏静在《永嘉集》开卷之处即说明如此篇章安排的理由所在，自成一个体系。

首先，"慕道志仪"说明修行佛道须先立志，以贞定修学的方向，及了解奉事善知识的正确态度与做法，以期自己的佛法修学得以顺利推展。中国古代在学问事业的初始阶段甚为重视立志与尊师，将此项放置在实践首位是可理解的。第二，"戒骄奢意"，学习者如果怀有骄慢奢侈之心，将难以接受师长的教导，并在修行上怠惰；对于佛法修习更深层的意义，是如此的心理会构成内心扰动，有碍禅定的进入。第三，"净修三业"，前项劝诫骄奢心理是总体标出问题，此项是细部检点身、口、意行为表现，以免因犯过而生起懊悔扰动，障碍禅定。在做好这些正式修习的准备工作之后，开始导入禅定与智慧为本的核心实践。第四，"奢摩他颂"，奢摩他（śamatha）汉译为"止"，也就是定学，因佛教真理的体悟必须通过禅定与智慧的法门，所以在解说止观的前行实践之后，教导禅定的方法与注意事项。第五，"毗婆舍那颂"，毗婆舍那（vipaśyana）译为"观"，是智慧的观修，论说依定修慧的真理观想活动。第六，"优毕叉颂"，梵语"upekṣa"，汉译为"舍"，是心的安定平等状态，玄觉将其理解为智慧修习的平等心，主要表现在定慧均等，不偏一边，其中也包含"观心十门"的观法指导。以上三项是定慧的修学阶段，依此导向更深层、更圆满的智慧觉证。第七，"三乘渐次"，修学佛教真理智慧，体悟有浅深差别，由自我觉悟而扩充悲心，朝向自他二觉，所以要明了三乘佛法的渐次升进。第八，"事理不二"是遍知三乘真理层次之后，达于较圆熟的智慧领悟，了知真理与现象的相即不二。第九，"劝友人书"，在自己了悟事理不二的圆融智慧之后，应悲愍处在远处的学佛者仍无法找到正确实践道路，劝导友人不可好乐山林清境，要入世修学与度化。第十，"发愿文"，只劝化友人的胸怀不够广阔，应发起弘大誓

愿，度化一切有情。[1] 这个篇章次序出于魏静本人的观点，有其逻辑联结的合理
性，可是内文是由玄觉所讲述，他不是先立好次第纲目再依之解说，虽然大体
上能读出某种教学顺序，但部分科目内容实未按照如此的浅深次第来论说，如
事理不二的说明就可散见多处。其次，将劝谏友人与发大誓愿放在最后是否切
当，内容与标题是否相符，就见仁见智了。

到了明代，天台学人幽溪传灯（生卒年不详）从另一种佛教实践视角重新
观照《永嘉集》的修学次第，指出魏静的篇章安排当中存在许多混乱之处：

> 今以两书之式，正其编次不稳：一干竺真丹诸师造论，必以皈命三宝偈
> 而为其首，如《智论》、《观心论》是其例也，今反以皈命三宝偈居于第十，
> 一不可也。一此集所宗，皆本《止观》，《止观》五略以发大心为首，次则
> 继之以修大行、感大果、裂大网、归大处，今以发宏誓愿抑大心居于其末，
> 二不可也。一以《止观》十章勘之，则此集慕道志仪、事师仪则，皆《止观》
> 第六，二十五方便中具五缘中之事，戒骄奢当呵五欲、弃五盖中之事，净三
> 业当行五事之一事，今皆列于首，而不明修禅大意，三不可也。又以《止
> 观》十乘往勘，则第一宜观理境以融其心，然后发心以廓其怀，方可加功
> 以修止观，今则置事理不二于第八，四不可也。三乘渐次则在《止观》十大
> 章中，明偏圆、辨权实之事，今置之于第七，五不可也。况将《劝友人书》
> 不急之文冗于集中，以贻直友之玷，俾其美玉，终累纤瑕，六不可也。然
> 此书自唐至今，历千余年，业已刻入大藏，而为古今诸贤所尚，肆余樗杨，
> 区区何人，敢吹毛以求疵，示瑕夺璧？取怒于按剑而起者之所讳？第因注
> 次，笔为之留，实流通之一壅。今则退《劝友人书》而别置，裂发愿文为
> 二，一为皈命三宝，二为发宏誓愿，其余进退，各有攸存，不盈不虚，无欠
> 无余，类中天之满月，大海之摩尼，何必入春池而竟执瓦砾，入古井以挽

1　参见《大正藏》第48册，第387页下—第388页上。

蟾蜍！即以此质诸真觉大师，亦必于常寂光中而为之首肯也。[1]

首先，他依据印度龙树《大智度论》与天台智顗《观心论》，主张皈命三宝应该置于修学次第之首，以作为学佛的纯正依靠。[2] 其次，传灯根据《摩诃止观》的义理，将发弘誓愿排在第二，修大乘菩萨行要以发菩提誓愿为起点。接下来的修学次第为"亲近师友第三；衣食诫警第四；净修三业第五；三乘渐次第六；事理不二第七；简示偏圆第八；正修止观第九；观心十门第十"。[3] 主要强调在做好止观前行之后，必须先求理解佛教的最高真理妙境，辨明各层真理的浅深偏圆，了知所欲体悟的真理内涵，始能正式进入止观修习。最后的"观心十门"是从原本的"优毕叉颂"中独立出来，以十个纲目标示观照真理的次序，帮助止观行者掌握各阶段的观修重点。另外，传灯删去了《劝友人书》，认为此篇书信对于止观修学无关紧要，而且只是朋友之间观点不同与好意相规，将其说成自觉之后的觉他之行，与内文意旨并不相符，显得有点吹毛求疵。

今人达照法师认为魏静所编排的次序比较合于一个"信行"居士的心态，先生起羡慕修道之心，然后开始培养德行，接着集资净障，消除业障后直接修习止观与平等舍，之后才进入更深层的三乘渐次、理事不二的真理探求。然而，他把皈依三宝这个学佛的重要前提忘掉了。达照法师认为传灯所修正的次第是"法行"人的修学进路："修行首先要皈依三宝，然后要集资净障，就是积聚资粮把业障消除掉，再后来才是具体的修行入门方法，也就是三乘次第、理

1　《永嘉禅宗集注》上卷，《新续藏》第63册，第283页上、中。

2　《大智度论》卷首就是对三宝的皈敬颂，及说明造论之旨，见《大正藏》第25册，第57页下。《观心论》开头处说道："佛经无量，论亦甚多，是事共知，但弘法之人为利物故，多施加水之乳，致令听受之者失真道味，四众转就浇离，致使信心之者渐歇薄谈，将恐深广大法不久停留，众生眼灭，失正法利，是以闲生悲伤烦究难忍，不惟凡浅寡闻少见，欲助鹦鹉，奋其翅力，辄承三宝力，欲作斯论也。"《大正藏》第46册，第584页中。

3　《新续藏》第63册，第283页中。

事不二等等。"换言之,在培养德行的基础上,应当"进一步了解佛法的修行次第和内容,把理和事都弄明白以后再踏踏实实地去用功。"[1]如果修习止观时不先明了佛教的真理内容,会流于盲修瞎练。达照大体上认同传灯的修正次第,并稍加调整如下:(一)皈依三宝,(二)发弘誓愿,(三)亲近善友,(四)净修三业,(五)三乘渐次,(六)理事不二,(七)简示偏圆,(八)奢摩他颂,(九)毗婆舍那,(十)优毕叉颂,(十一)观心十门。他是将"衣食诫警"整合到"亲近善友",又将"正修止观"重新展开为奢摩他颂、毗婆舍那、优毕叉颂三项,这样的编目更为合理,止修、观修、平等舍分开来指导,现代学佛者较不致发生混淆。

魏静从一个佛教初修者的角度来观看佛法修学次第:先从慕道立志、尊师事师、德行修养做起;接着学习初阶的止观行法;然后才进入佛教真理的探求;最后正式发起自觉与觉他的大乘愿行。只是考察玄觉的论述内容,恐非纯以这样的初机行者为教化对象。传灯与达照的修正次第更针对已具备一定佛理基础者,注意到先学教理,再运用止观来进行观修。两种修学次第的进路可说都有其合理性,适应不同根机的学佛者。玄觉的论文对于现代学佛者而言,许多论说真理的部分并不易阅读,有待详细注解。传灯的注解内容简要精深,恐须稍深入佛学者始能理解;达照的阐释则深入浅出,补充许多有关实践的资料,又用现代中文表达,对当今学佛大众助益甚大。

三 禅观前行基础

修学大乘佛法的初阶行法是先皈依三宝、发弘誓愿,接续是慕道志仪(亲近师友)、戒骄奢意(衣食诫警)、净修三业。传灯《永嘉禅宗集注》将《永嘉集》第十项的"发愿文"的颂文与长行提到最前面,拆为"皈依三宝"与"发

1 　以上所引达照的论述参照:达照《永嘉集讲座(初集)》,第216—218页。

弘誓愿"二项。"皈依三宝"包括前六颂,"稽首圆满遍知觉,寂静平等本真源,相好严特非有无,慧明普照微尘刹"是皈敬佛宝;"稽首湛然真妙觉,甚深十二修多罗,非文非字非言诠,一音随类皆明了"敬法宝;"稽首清净诸贤圣,十方和合应真僧,执持禁戒无有违,振锡瓶利含识"一颂为归敬僧宝。[1]佛陀是圆满的觉悟者,智慧能了知一切,其报身非有非无而显现相好庄严,应化身以广大智慧普现一切世间。佛陀觉证最高真理,并说法化导有情,使他们也能了知真理。法宝是诸佛所觉证的真理,佛陀以十二分教(一切经典)为众生演说此真理,第一义谛是超越言说概念,佛陀却能运用种种语言说法,众生随其智慧根机而得相应的领解。僧宝能住持佛法,特别是贤圣僧都是见道位以上,清净持戒,游行各地说法利益有情。修学佛法若不以三宝为依归,则无由学到真正能够解决生命问题的究竟真理,因此皈依三宝是学佛的前提。

接下来的颂文与长行是"发弘誓愿",如颂文说:"卵生胎生及湿化,有色无色想非想,非有非无想杂类,六道轮回不暂停。我今稽首归三宝,普为众生发道心,群生沉沦苦海中,愿因诸佛法僧力,慈悲方便拔诸苦,不舍弘愿济含灵,化力自在度无穷,恒沙众生成正觉。"[2]长行又说:"我复稽首归依十方三世一切诸佛法僧前,承三宝力,志心发愿,修无上菩提。契从今生,至成正觉,中间决定勤求不退。"[3]在皈依三宝之后,祈望凭借三宝力量的加被,真正发起菩提誓愿,得到智慧、慈悲、方便以度化一切有情,自他二觉圆满而成佛。并且立誓从今生到成佛之间绝对精进修行佛道,永不退转。长行中的其他发愿内容包括暇满人生愿、三业清净愿、依报安隐愿、正报康强愿、闻法出家愿、善根回向愿(六道解脱愿、普皆成佛愿)等。[4]大乘菩萨道要求在久远时间于生死世

1　《新续藏》第 63 册,第 283 页下,第 284 页中。

2　《大正藏》第 48 册,第 394 页下。

3　同上。

4　同上书,第 394 页下,第 395 页下。另参见达照的归纳,达照《永嘉集讲座(初集)》,第 242—255 页。

间践履难行苦行，非常艰难，很容易生起退屈之心，所以需要发起无上菩提心作为支撑的重要力量。菩提心发起之后，还须不断加以深化和扩充，所以有初发菩提心与高深菩提心的层次差别，成佛即是菩提心的终极圆满。[1]传灯将发菩提心置放在初发菩提心阶段，确立成佛的决心，及祈愿能生生世世在菩萨道上顺利修行。

关于《劝友人书》，其实对比出玄觉与玄朗两人对于山林修行与入世度化的不同态度。玄觉似乎较偏重义理探索与人间游化，强调"识道为先"，若未领悟真理即入山清居，只见山林而忘失菩提，则山林亦是喧闹处；反之，如果未入山而先识道，不管身处人间或山林，都能以道的领悟来怡悦心神，即是寂静处。玄觉在菩提心的驱动之下，要求先在人间精勤修行以寻求真理领悟：

> 然而正道寂寥，虽有修而难会；邪徒喧扰，乃无习而易亲，若非解契玄宗，行符真趣者，则未可幽居抱拙，自谓一生欤！应当博问先知，伏膺诚恳，执掌屈膝，整意端容，晓夜忘疲，始终虔仰，折挫身口，蠲矜怠慢，不顾形骸，专精至道者，可谓澄神方寸欤！夫欲采妙探玄，实非容易，决择之次，如履轻冰，必须侧耳目而奉玄音，肃情尘而赏幽致，忘言宴旨，濯累凉微，夕阳朝询，不滥丝发，如是则乃可潜形山谷，寂累绝群哉。[2]

不管是在人群社会或是山林幽境，都可作为领悟真理的修行环境，玄觉选择人间磨炼，蕴含有他基于菩提心的抉择。这并不意味玄朗所选的山林禅修之

1　如《大智度论》卷五十三《无生品》说："复有五种菩提：一者，名'发心菩提'，于无量生死中发心为阿耨多罗三藐三菩提故，名为菩提。此因中说果。二者，名'伏心菩提'，折诸烦恼，降伏其心，行诸波罗蜜。三者，名'明（心）菩提'，观三世诸法本末总相、别相，分别筹量，得诸法实相，毕竟清净，所谓般若波罗蜜相。四者，名'出到菩提'，于般若波罗蜜中得方便力故，亦不着般若波罗蜜，灭一切烦恼，见一切十方诸佛，得无生法忍，出三界，到萨婆若。五者，名'无上菩提'，坐道场，断烦恼习，得阿耨多罗三藐三菩提。"《大正藏》第25册，第438页上。

2　《大正藏》第48册，第394页上。

路就缺乏菩提心，《大智度论》卷十七"释初品中禅波罗蜜"开头的问答即说菩萨独自在山林禅修是为了专心修习禅定以获得真实智慧，自己解决了生命问题，始拥有能力度化其他有情，亦是悲心的一种表现方式。[1]

 皈依三宝与发菩提心之后的初机行法是生发对佛道的欣慕之心，及亲近善知识学习佛教法义。首先，必须体认三界的无常虚妄，方能生起厌离心，愿意学习佛法以寻求出路。佛法非常精深，这时就要寻找善知识，得到他的教导，作为进入佛法的门径。中国文化注重尊师重道，访师学法应懂得奉事老师与叩问教理的正确态度与法式，对于师尊要早晚问安，侍奉老师须顺从师意，有事当为老师效劳，全心全意敬重老师，在善知识教导下数数抉择心要以做正确修行，将自己的法义理解呈给老师验证，进而判断修行能力是否成熟；接着了解自身的问题所在，运用适切的对治法门，对于教理详细观察以求确当，然后日夜精勤、专心一意投入修行，因重三宝与师尊的恩德甚至愿舍身为法。如果对佛法的信力不足，不能专志精勤，随波逐流，心会为俗境所转，落入有无得失，以致虚掷光阴。[2] 所以学佛须先立志，厌离世俗，亲近通晓佛法的明师，诚意奉事与殷勤求学，找到正确学佛道路，按部就班地提升精神体验，方不致荒废时间与精力。

 在老师的指导之下了知学佛的道理，接着须努力戒除骄傲与奢侈的心理，不因心存俗念而障碍修行进展。衣服仅为蔽体，饮食是为支持体力，但因衣服和食物的生产，除了动用农功劳力，过程中还伤害许多有情，实可哀痛，所以当知信施难消。出家修行切不可流连于红尘俗世，费心在衣装和饮食上，否则就违背弘扬佛法、利益众生、超越三界的学佛志愿，辜负国家、父母、老师与众生的恩德。如果德行未修，要起惭愧羞耻之心，想通出家修行的意义与目的，宁愿为法而死，不痴迷度日。[3] 世俗五欲会诱引、遮蔽人心，不断衍生烦

1　《大正藏》第 25 册，第 180 页中、下。

2　《大正藏》第 48 册，第 388 页上。

3　同上书，第 388 页中。

恼，妨碍出世真理的观照，因此修学止观的前行方便中有"诃五欲"，《摩诃止观》卷四说："此五欲者，得之无厌，恶心转炽，如火益薪，世世为害，剧于怨贼，累劫已来，常相劫夺，摧折色心，今方禅寂，复相恼乱，深知其过，贪染休息。"[1]耽着世俗五欲对修行危害甚大，先透过戒除骄奢心理来克制沉迷五欲的心，进一步则观想五欲的过患、无常、空性，达到深层的舍离。

初机行法很重要的实践是持守戒律，以助调伏浮动的心性。行者踏实地检点自身之身、口、意三业的行为表现，不让它们因烦恼的驱动而违犯戒行，致使他人遭受损害而留下不善业力，有碍未来的佛法修学。在身业方面，不杀生，进而积极护生；不偷盗，且要欢喜布施；邪淫更须注意，危害甚于毒蛇，毒蛇杀人仅及一世，情欲束缚长达百千万劫，应当观察不净，常修梵行。更进一步，观想五蕴无常虚幻、无我性空，不执取身心个体，珍视佛法，精进追求佛教至理。在口业方面，当思唯口业四过是生死根本，应以正直语消解绮语，以柔软语对治恶口，以和合语祛退两舌，以如实语破除妄语。四种正语行各具两个层面："正直语者有二：一、称法说，令诸闻者信解明了；二、称理说，令诸闻者除疑遣惑。柔软语者亦二：一者，安慰语，令诸闻者欢喜亲近；二者，宫商清雅，令诸闻者爱乐受习。和合语者亦二：一、事和合者，见斗诤人，谏劝令舍，不自称誉，卑逊敬物；二、理和合者，见退菩提心人，殷勤劝进，善能分别菩提烦恼平等一相。如实语者亦二：一、事实者，有则言有，无则言无，是则言是，非则言非；二、理实者，一切众生皆有佛性，如来涅槃，常住不变。"包含事与理两面，除了以世间善言利益有情，更高一层是以合于佛教真理的正确言说来帮助有情了解佛法。最后是净修意业，了知心是善恶的源头，心存邪念会推动诸种恶行，心能正确观照因缘则能生发万善。因为无明而妄执我、我所，派生贪欲与瞋恚，所以行者应当观察无我无我所，色心实相不二，一切诸法空无自性，烦恼即是菩提，生死即是涅槃，平等普观，以求最终复归

---

1 《大正藏》第46册，第44页上。

离言绝相的清净心源。[1] 玄觉于此处是以"十善"作为讲解戒行的架构，但说明内容有浅层与深层的差别，初机者可依浅层戒律指导对自己的三业进行要求，奠定基础以推进到后面阶段的佛理探求及止观修习。玄觉原本就在开示中包含浅深的指导，使初学者与久修者各自取用相应的义理和行法。当合辑成十科的次第后，净修三业这个项目的要点落在戒行规范，久学者亦能依据实相真理的领解而从心灵源头上来排解造作恶业的烦恼力量。

四　浅深真理领解

此部分包括"三乘渐次"与"事理不二"两个科目，原本《永嘉集》是安排在止、观、舍的修习之后，但传灯依据《摩诃止观》，主张应该先学习与了解真理，在正修止观的阶段方能进行真理观照，所以将这两项顺序提前。佛陀因应听法者的根机差异而演说不同层次的真理，令学习佛法者得以渐次升进，以佛果为终极目标，通向究竟真理体证。学佛行者应知各层真理的浅深偏圆，次第观修，避免以浅滥深，将偏作圆，而于中途停滞。

"三乘渐次"的三乘是指声闻乘、缘觉（独觉）乘与佛乘（菩萨乘）。根据《法华经》的法义诠解，如来出世说法的根本目的是欲使所有学法者都修学相同的一佛乘而全部成就佛果，但众生暂时有慧根浅深的差别，因而开出三乘路径作为方便引导，借以提高他们的智慧潜能，最终全都会归于一佛乘，了悟佛之知见。[2] 由于声闻行者惧怕无常生死，佛陀因此向他们教导四谛法门，由见世间"苦"而心生厌离，因畏惧生死而寻求断"集"（苦的原因，即烦恼），断除烦恼即冥契无为涅槃（灭），必须通过八正"道"法门而得自身的生死解脱。声闻乘不要求开发大慈悲心，不发起成佛的弘大誓愿，未教导圆满常住的佛性

1　《大正藏》第48册，第388页中、389页中。

2　参见《妙法莲华经·方便品》，《大正藏》第9册，第5页中—10页中。

教理，单重自我度脱而无六度觉他之行，是属于解脱道的第一个真理层次。不像声闻行者要从佛陀听闻法音始能了解出世真理，缘觉行者可依凭自己的智慧潜能觉证出世真理。他们主要观照十二因缘的流转与还灭之理，观看现象变异而领悟世间无常，见到秋天飘零而证入生死解脱。他们的智慧能力虽较声闻行者为高，观无明而了悟空性（析法空），通达业行道理而心契无为，从而独自解脱生老病死之苦，但好栖息山林，不喜说法度众，利他事业未能展开。菩萨行者智慧根机胜过二乘，能了悟人法俱空（体法空）的甚深真理境界，不仅破除爱、见烦恼，更依无缘大慈而广利有情，终日度众而不起度众心念，以六度为实践正因，悲智双运，福慧庄严，远超二乘之上，而为大乘之道。当二乘行者慧根提升，不再恐惧生死，如来即将他们导入一佛乘。佛教最高真理本无一乘三乘的分别，进入一佛乘即了知一乘尚且无有，何况三乘？非一非三而说一说三，只是佛陀为了教化不同根机的修行者所做的权宜施设，由一乘而方便地开出三乘，当三乘会入一乘之时，连一乘都不加执取。[1]三乘行法虽为方便施设，但有其导向一佛乘的特殊功用，如声闻虽称小乘，比佛乘为不足，然而，已能断见、爱烦恼，破除三界分段生死，获得三明六通、九次第定等功德，烦恼深重的众生怎可轻看而不修？行者必须认识自己的程度，不可好高骛远，应选择适当的真理层次从事修行，同时也要能了知更高层次的真理，渐次推进精神体验，不断向上提升。

"事理不二"应是玄觉肯认的最高真理含义，了知三乘的不同层次真理之后，应知所欲导归的究极真理为何，以标示最终修证目标所在。如传灯在《永嘉禅宗集注》上卷说："生老病死苦如是，诸子不觉喜扬扬，长者悲之设津梁，诱以三车出门外，等赐大车真法王。三乘渐次非究竟，事理不二法斯良，厌苦欣乐修三观，乘是宝乘游四方。"[2]传灯说出了三乘与一佛乘的接轨关系，然而，

1　《大正藏》第 48 册，第 392 页上—下。

2　《新续藏》第 63 册，第 288 页上。

他主张事理不二所修真理通于天台圆教，于一心同时做空、假、中三观。[1]玄觉的佛学思想融合了《维摩经》的中道空观与天台宗的圆教义理，他在《永嘉集》虽言及一心三观、三谛圆融的高妙教理，但主要讲述事理不二、非有非无的中道法义以疏通最高真理意趣，相较天台圆教理容易理解。玄觉说道："今之色相纷纭，穷之则非相；音声吼唤，究之则无言。迷之则谓有形声，悟之则知其阒寂。如是则真谛不乖于事理，即事理之体元真；妙智不异于了知，即了知之性元智。然而妙旨绝言，假文言以诠旨；真宗非相，假名相以标宗。"[2]色、声等六尘的实相即是空性，离言绝相，而借言说以为指示真理的方便，如以指指月，手指并非月亮，而借手指看见月亮。能领悟此义，则知现象万物都不离实相真理，以实相真理为依据而显现差别事法，双向而观，事即是理，理即是事，此为事理不二的要旨。迷于这番道理者，以为存在真实的色形和声音等，执取现象与名称而不见真谛，理与事即被割裂开来。玄觉在这个科目的最后用"缘起性空"的思路来助显"事理不二"的意趣："是以万法从缘，无自体耳。体而无自，故名性空。性之既空，虽缘会而非有；缘之既会，虽性空而不无。是以缘会之有，有而非有；性空之无，无而不无。何者？会即性空，故言非有；空即缘会，故曰非无。今言不有不无者，非是离有别有一无也，亦非离无别有一有也，如是则明法非有无，故以非有非无名耳。不是非有非无既非有无，又非非有非非无也。如是何独言语道断，亦乃心行处灭也！"[3]通过缘起性空的中道观，双照缘起假有与自性空无而言亦有亦无，双遮实有与实无而言非有非无，进一步消融名言概念的执取，达于对离言实相的直接观照。

关于"事理不二"之平等均衡的真理观运用在修行实践上的意义与价值，诚如达照法师所说："真理不是说出来的，而是本来如此的，明白了这个理事

1　《永嘉禅宗集注》上卷言："此下文所明事理不二、三观一心之旨，如是圆修方契妙旨。"《新续藏》第 63 册，第 290 页中。

2　《大正藏》第 48 册，第 393 页中。

3　同上书，第 393 页下。

不二的道理以后，不要天天去喊空，而要马上转到事相上去落实，证到空，把五蕴彻底破掉以后，也不停在空里而否认事相上的感受和缘起法。因为我们发过菩提心，接受大乘的空观思想，所以会在愿力的支撑下，无为无造作地行一切善法……不会对事而惑空，也不会因空而废事，终日做事而一层不染，未离方寸而度化万方，这才是真正的事理不二。"[1] 吾人距离事理不二的体悟境界还很远，在了知这层真理之后，虽目前尚无法在同一念中将事与理并观（凡夫一念只能观一个对象），仍要在缘起与性空两方面踏实平衡地观修，不执理废事，在缘起面精进践履一切善法；不执事障理，观照性空以消除实有的执取。长期在这两个方面并进努力修持，逐步将理与事融通起来，朝向事理不二的真理领悟。

五　止观正式修习

经过各层真理的闻思领解，并了知其浅深偏圆之后，即可进入止观的正修阶段，通过禅观来获得对最高真理的如实体悟。这个部分包括"奢摩他颂""毗婆舍那颂""优毕叉颂"三个课目。在"奢摩他颂"这一项，玄觉的论述内容并非单纯指导定学，而是止观综合而说，包含禅宗定慧与天台圆融的义理内容，本文于此处主要从中抽取出止修或定学的表述，以彰显修行次第的前后联结。初学修心者首先要观察、收摄散乱的心念，朝向妄念的止息，玄觉指点"识五念"的摄心方法：

> 入门之后，须识五念：一、故起；二、串习；三、接续；四、别生；五、即静。故起念者，谓起心思惟世间五欲，及杂善等事。串习念者，谓无心故忆，忽尔思惟善恶等事。接续念者，谓串习忽起，知心驰散，又不制止，

1　参见达照《永嘉集讲座（初集）》，第 364 页。

更复续前，思惟不住。别生念者，谓觉知前念是散乱，即生惭愧改悔之心。即静念者，谓初坐时，更不思惟世间善恶及无记等事，即此作功，故言即静。[1]

凡夫的心念惯习于散乱，会故意思虑世间五欲、善恶等杂念，或不自觉地生起这些念头，而且常会跟随念头，以致妄念纷飞。修行者在做止修时若觉察到心念散乱，这时可特意发起惭愧改悔的心，不继续随从世间的恶、善、无记等思虑活动，努力保持心念的寂静与专一。随着以上这五念的逐步停息，最后达到"一念相应"的状态。

所谓一念相应的定心方法，与禅门找到"话头"（念头起处）的参究颇有相类之处，[2] 在生灭相续的心念之流中发现前念与后念之间的了无思虑间隙，截断识心的生灭继起："修心渐次者，夫以知知物，物在知亦在；若以知知知，知知则离物，物离犹知在。起知知于知，后知若生时，前知早已灭，二知既不并，但得前知灭，灭处为知境，能所俱非真。前则灭灭引知，后则知知续灭，生灭相续，自是轮回之道。今言知者，不须知知，但知而已，则前不接灭，后不引起，前后断续，中间自孤，当体不顾，应时消灭。知体既已灭，豁然如托空，寂尔少时间，唯觉无所得。即觉无觉，无觉之觉，异乎木石，此是初心处。冥然绝虑，乍同死人，能所顿忘，纤缘尽净，阒尔虚寂，似觉无知，无知之性，异乎木石，此是初心处，领会难为。入初心时，三不应有：一、恶，谓思惟世间五欲等因缘；二、善，谓思惟世间杂善等事；三、无记，谓善恶不思

1　《大正藏》第 48 册，第 390 页上、中。

2　南宋祖钦著《雪岩祖钦禅师语录》卷二言："洞下尊宿要教人看狗子无佛性话，只于杂识杂念起时，向鼻尖上轻轻举一个'无'字，才见念息，又却一时放下着。只么默默而坐，待他纯熟，久久自契。……我当时忽于念头起处，打一个返观，于返观处，这一念子当下冰冷，直是澄澄湛湛，不动不摇。"《新续藏》第 70 册，第 606 页中。明代德清《憨山老人梦游集》卷二言："提起本参话头，就在此等念头起处一直挨追将去，我者里元无此事，问渠向何处来？毕竟是甚么？决定要见个下落？"《新续藏》第 73 册，第 469 页上。

阒尔昏住。"[1]这应是玄觉自身的深刻禅修体验，找到截断念头之流的特殊静心方法。人类的认识是能所二分的模式，以能知之心认识所知的对象。一般认识的对象是外物，修止者先将识取外物之心转移到识取"知"的活动，见到前知已灭，后知继起，如此的心念生灭相续，这是生死轮回的途径。更进一步，不将能知之心放在所知的"知"的活动上，只是单纯去知，不接前念的灭，不引后念的起，顿时消融能所分立，进入前念与后念之间的无觉无知的清楚觉知，不同于木石那种全然无知的状态。在这种没有能所的清楚觉知当中，即如前述止息善、恶、无记一切念头的一念相应境界。

是否正确处于一念相应之寂静清明的均衡状态，玄觉提供"六种料简"的修习指导与判断准则：

首先，要"识病"，思虑善、恶、无记等妄念之心，都非适于禅修悟理之心，思善思恶的缘虑心令心浮动，无记心则会引发昏沉，如同生病状况。第二，"识药"，处于寂寂则不思虑善恶等境界心相；处于惺惺则不落入无记昏沉的心理状态，这是治病药方。第三，"识对治"，以寂寂对治缘虑心，以惺惺对治昏住心，这是用药施治。第四，"识过生"，寂寂用久则生昏住，惺惺用久则起缘虑，这是用药不当衍生的问题。第五，"识是非"，寂寂不惺惺，会造成昏住；惺惺不寂寂，会引发缘虑；不惺惺不寂寂，不只会发缘虑，时而陷入昏住；既寂寂又惺惺，不仅内心清明，而且安定，这才是有利复归清净本源的微妙心灵性状。第六，"识正助"，以惺惺的清明觉知为正，以寂寂的安定不散为助，修行上必先止息缘虑，让心得以寂寂；接着应保持惺惺，不致落入昏沉，令心清楚明觉，纯熟之时两者同时均衡作用。玄觉说寂寂与惺惺是一念相应心体的二种不同表现，当禅修得力之时，两者应处于并用互成的关系。[2]

对于禅定，玄觉提出三种层次："定中三应须别：一、安住定，谓妙性天然，

1　《大正藏》第48册，第389页下。

2　同上书，第390页中、下。

本自非动。二、引起定，谓澄心寂怕，发莹增明。三、办事定，谓定水凝清，万象斯鉴。"¹先是寂寂不动，然后在寂寂的基础上强化惺惺，最后寂寂与惺惺合为一体，发挥相须相成的强大观照力能。

凭借止修达于心灵的寂静明觉，然后进入智慧观修阶段。如前述"事理不二"项下所论，玄觉主要依据缘起性空的中道义理来论述最高真理的内涵，此即般若智慧所观照的内涵："夫境非智而不了，智非境而不生，智生则了境而生，境了则智生而了。智生而了，了无所了；了境而生，生无能生。生无能生，虽智而非有；了无所了，虽境而非无。无即不无，有即非有，有无双照，妙悟萧然。……达性空而非缚，虽缘假而无着，有无之境双照，中观之心历落。……一切诸法悉假因缘，因缘所生皆无自性。一法既尔，万法皆然。境智相从，于何不寂？何以故？因缘之法性无差别。"²般若智慧的观照活动本身是一个缘起的过程，智慧依了知境界而生起，境界若无智慧则不被了知，智与境是缘起相依的，都是空性。然而，般若智慧不同于将认识对象执为实有的世俗智慧，其观照模式是双遮双照，观看缘起，了达事物非虚无，亦不对假有现象产生执着；照见性空，了知事物非实有，但不为空的概念所束缚。遮除实有实无是非有非无的双遮，照见假有性空是亦有亦无的双照，进而超越言说概念，真正不落有无任何一边，是中观的智慧体现。观照一切万法都是缘起无自性，智慧及其境界也是如此，达致境智冥合，寂而常照，这是离言绝相的智照功用。

佛法重于人生的指导，般若智慧必须运用在生命实践上，带来生死解脱的利益，甚而完成佛道的精神人格圆满。众生世界的苦乐升沉，凡圣心智的迷悟差别，都是因缘和合所成，法无定相，自性本空，这是性空的意义。三乘圣果源自正确的修行因缘而成就，即便是佛果的功德圆满亦由无数善法因缘所汇聚。若能通达此理，一切万事万象无非实相，则无处而非觉证真理的道场；色

1　《大正藏》第48册，第389页下。

2　同上书，第390页下—391页上。

相无边，能了悟色相本空即是般若，因此般若同样无边。不断依所闻思的真理而观修，趣入如实圣智境界："内智寂寂，了无所了，则外境如如，如寂无差。境智冥一，万累都泯，妙旨存焉。故经云："般若无知，无所不知。"如是则妙旨非知，不知而知矣。"[1]玄觉所给出的智慧修学指导，其中包含逻辑推理的论说方式，这是对于般若智慧的"闻""思"进路；同时提供智境合一的悟境说明，这是对"修"（依定修慧）的慧观指点。在阅读时，可析分出这样的慧学次第。

在止修与观修之后，论说平等不二的"优毕叉颂"（舍），教导具体的智慧观心方法。人类置身二元分立的观念世界，分别有无、动静、明暗、愚慧等相对概念，前述通过止观双修达到寂而常照、照而常寂，加入舍则非常又非寂。《永嘉集》如此说："物不能愚，功由于慧；烦不能乱，功由于定。定慧更资于静明，愚乱相缠于暗动，动而能静者，即乱而定也；暗而能明者，即愚而慧也。如是则暗动之本无差，静明由兹合道；愚乱之源非异，定慧于是同宗。宗同则无缘之慈，定慧则寂而常照。寂而常照则双与，无缘之慈则双夺。双夺故优毕叉；双与故毗婆舍那。以奢摩他故，虽寂而常照；以毗婆舍那故，虽照而常寂；以优毕叉故，非照而非寂。照而常寂，故说俗而即真；寂而常照，故说真而即俗；非寂非照，故杜口于毗耶。"[2]止、观、舍三义的综合，在寂而常照、照而常寂的止观相成的智慧鉴照功用之上，再将舍的非寂非照作用整合进来，有超越语言概念的真实体悟意涵，所以引"维摩杜口"的故事来助显其义。所谓无缘大慈的"双夺"，是指四无量心（慈悲喜舍）的舍，冤亲平等，不加分别。此处更论对众生平等的无缘大慈，将大智慧与大慈悲会合起来，彰显功德圆满无欠的无上菩提。

"优毕叉颂"后半部分的重点是"观心十门"，传灯与达照都将其独立出来作为最后一个科目，因为所论内容已不单纯是"舍"的实践，而是智慧观心之

1　　以上本段所述见《大正藏》第 48 册，第 391 页上。

2　　《大正藏》第 48 册，第 391 页上、中。

修学次第的重新统理与具体引导，是宝贵的实修经验传授。传灯《永嘉禅宗集注》上卷说："观心十门者，此则重搜理路，再阐修门，俾三德圆融之性究竟以全彰，三观明妙之修终穷而毕显。至于语其相应，皆果地微妙之证；及于妙契元源，乃大士寰中之秘。以此而结束一书之大旨。"[1] 观心十门渐次引领修行者到佛菩萨的究竟智慧层次，从天台圆教的真理视域来论说圆融无碍的圣智境界与实修进路。第一是"言其法尔"，论说真心实相是空、假、中三谛圆融相即；一心同时具足空、假、中三智观照；法身、般若、解脱涅槃三德圆具无缺。吾人一心即是三千万法，非纵非横，深广不可思议，所以观修真理就从现前一念心观起，如同循着水流而探得本源。第二是"出其观体"，实相真理不可思议，借以观修的第一层真理内容是了知一念即是空不空、非空非不空。第三是"语其相应"，说明当身心正报和环境依报与空不空、非空非不空相应之时的精神体验，超越一切忧喜、苦乐、得失，能够爱见都忘而慈悲普济，内同枯木而外现威仪，永绝贪求而资财周济，实相初明而开佛知见，一尘入定而诸尘出定，身处净域而严土化生，这些是高深智证所显发的智慧力用。第四是"警其上慢"，若生起增上慢心，未得究竟体证而自认究竟，修行即会停顿，无由与最高真理相应。第五是"诫其疏怠"，修心必须入观勤修，方能明心，勿因自负而懈怠淹流。第六是"重出观体"，"知"（照）一念即是空不空，是非有非无的中道；又"不知"（寂）即念即空不空，这是非非有非非无，意谓连中道都不执取。相较于第二的"出其观体"，此项更显寂照同时、超离言说的深义。[2] 第七是"明其是非"，真心实相不可思议，不可以有、无、非有、非无而论，只要有所执取即为非（错误），能超脱执取即为是（正确），必须不断双破有无以达到无所执取，这相当微细难见，有赖神清虑静来仔细观察。第八是"简其

1　《新续藏》第 63 册，第 283 页下。

2　传灯《永嘉禅宗集注》下卷言："祇知，照也；不知，寂也。即照而遮，故即空不空而双非也；即寂而照，故双照也。非去非有，乃是照空；非去非无，乃是照有。前出观体者，且正显中；重出观体者，中亦不立，存然亡然，不可得而名焉，斯臻元妙。"《新续藏》第 63 册，第 316 页上。

诠旨",辨明言诠与要旨、深观与心宗的紧密关系,最高真理虽离言说,须假借言说来阐明其要旨;要旨所指向的真心(宗)并非观法,却要凭借修观以会悟真心。必须透过深观始能会得心宗,依靠正确言诠来明了要旨,既已明了要旨,会悟心宗,则应放下言诠与观法的运用。第九是"触途成观",进一步显明言诠所指涉的要旨及深观所会得的心宗,两者本应无异,是同一法的二个名称,意思是言诠的要旨相应于所观的心宗。言教与观法虽有多样性的呈现,但所说的真理要旨与所观的真谛心性并不因此而别异,具有普遍的一致性,言诠与观法只是引导上的方便。"因言达理,借观契宗"[1],任何法门都可成为修证最高真理的凭借。第十是"妙契玄源",通过教理与观法的正确修习,最终领悟真谛而得证言语道断、心行处灭的不可思议妙理,契入本源真心,这是观心的完成。[2]

不论是禅门止观的修习方法还是实相妙理的精神体验,玄觉均深入其中,提供简明精要的解行教导,铺陈由浅到深的观心次第,更道出一些修证奥秘的经验之谈,融通了教理与禅观的精义。特别是"观心十法",从所观实相真理内容的解明,到观心经验的逐步深入指点,中间包含障碍禅观之偏差心理的告诫,终而引入真心妙理的契悟,条理分明而具一定的难度,值得学佛行者细细玩味。

六　结　论

永嘉玄觉著有《证道歌》与《永嘉集》,讲述他的真理体悟境界与禅观修学次第。后书论说其真理观及通向真理体悟的系统修行方法,包含他的丰富深刻精神体验,对学佛行者尤能提供实践上的具体指导。《永嘉集》是在玄觉圆

1　《永嘉禅宗集注》下卷,《新续藏》第 63 册,第 317 页上。

2　《大正藏》第 48 册,第 391 页中—392 页上。

寂之后由居士魏静汇整编辑而成，含有编辑者对修学次第的见解；明末传灯与今人达照从不同观点重加编次，以使次第更为合理。本文依照传灯与达照的新编次第，探讨修学次第的前后联结意义，分为禅观前行基础、浅深真理领解及止观正式修习三点阐释全书大义。

经过传灯重编的十科大乘佛法修学次第如下：皈依三宝、发弘誓愿、亲近师友、衣食诫警、净修三业、三乘渐次、事理不二、简示偏圆、正修止观、观心十门。达照改"亲近师友"为"亲近善友"，并将衣食诫警并入其中；此外，将"正修止观"再度展开为魏静原编的"奢摩他颂""毗婆舍那颂"与"优毕叉颂"，而为十一个项目。佛教修学的前提是皈依三宝，接着是大乘佛教要求的发菩提心，作为整体佛法实践历程的基石。亲近师友强调生起慕道心志，寻求善知识与敬重、服事善知识，在其指导下习得正确佛法；衣食诫警告诫要戒除骄奢心理，以免妨碍修道；净修三业教导十善行的身、口、意戒行，净化身心业行，做好禅观修行的准备。在正式进入止观修持之前，须先了知佛法真理的内容，作为止观的观照境。需要了解三乘真理的差别与关联，以及最终要导入的事理不二的究竟圆融真理，得以渐次领悟真理。正式的止观修习分为止、观、舍三个阶段，止修为定学，观修为慧学，依定修慧，达于寂而常照、照而常寂的均衡状态，舍的主要意旨是执取的消解，而为非寂非照的离言境界，三者合明正确的智慧禅观体验。

玄觉的真理观分为"三乘渐次"与"事理不二"两项来论述，受到天台《法华经》观之"会三归一"的影响，主张须明三乘的差别真理层次，渐次提升智慧根机，以期领解一乘真理。为了度化不同根器的学佛者，如来于一乘法开为方便的三乘，最后将一切行者都会入一乘，一乘尚无，何况三乘？非一非三而说一说三，行者应知此深义，以一乘为究极目标。然而，声闻虽称小乘，比佛乘为不足，但已能断见爱烦恼，超越分段生死，获得六神通，烦恼众生岂可轻视不修？应该按照自己的智慧潜能由下阶上。"事理不二"是玄觉肯认的至高真理意涵，以标示最终修证目标所在，是了知三乘真理之后所欲导归的究竟真理。万法不离实相，实相为万法依据，了达万物法性即成般若智慧。修习缘起性空的中道空观，明了非有非无的实相真理，获致言语道断、心行处灭的如实体证。

了知三乘与一乘的真理含义，须要透过止、观、舍的禅观方法以通向真实体证。在原书"优毕叉颂"的后半是"观心十门"，传灯将其独立出来为最后一项，是观心修学次第的重新统整与具体指导。首先提出三谛圆融、一心三观、三德圆具等天台圆教义理作为不可思议观境，从自己的一念心观起，逐步引导深化真理领悟的修学进路，以及对妨碍修道之骄慢懈怠心理的告诫，最终契入离言说的本源真心。这十门观法条理分明，可说是玄觉结合佛法领解与禅观体悟的深刻经验之谈，对止观行者能给与相当大的点拨之效。《永嘉集》是中国禅们难得见到的修学次第著作，值得将其用现代语言进行阐释，嘉惠学佛大众。

永嘉大师学术编年

吴龙灿 [1]

内容提要：永嘉大师作为禅宗六祖慧能门下五大宗匠之一，著述《永嘉禅宗集》、《永嘉证道歌》广传于世，在中国文化史和世界佛教史上占有重要地位，但永嘉大师当代研究相对冷门，以至于至今没有较完整的年谱或研究史著述问世。永嘉大师事迹和著述多载佛教文献，然极其简略，比较零散，而又异说纷纭，本文试以永嘉大师学术思想及其影响为线索，分曹溪印法、传法事业和身后广化三部分，择一为序，存其异说，并简录永嘉大师生前重要相关人物和学术事件，方便学者参考探究，裨益当代永嘉大师学术思想研究的开展。

关键词：永嘉大师　玄觉　一宿觉　禅宗　天台宗

永嘉大师（664—713），释名玄觉，俗姓戴，永嘉（今浙江省温州市）人，

1　吴龙灿，温州大学人文学院教授。

唐代高僧。早年出家，先习天台止观法门，后读《维摩经》悟道，经禅宗六祖慧能印可而成为禅宗南宗慧能门下五大宗匠之一，著述《永嘉禅宗集》《永嘉证道歌》广传于世。永嘉大师事迹和著述多载佛教文献，然极其简略，而又异说纷纭。今以永嘉大师学术思想及其影响为线索，分曹溪印法、传法事业和身后广化三部分，择一为序，存其异说，并简录永嘉大师生前重要相关人物和学术事件，方便学者参考探究。

一　印法篇

永嘉大师童年随兄出家，少年受戒，聪慧精勤，清苦修行。其弟子庆州刺史魏静述其早年勤奋苦修行状："少挺生知，学不加思。幼则游心三藏，长则通志大乘。三业精勤，偏弘禅观。境智俱寂，定慧双融。遂使尘静昏衢，波澄玄海。心珠道种，莹七净以交辉；戒月悲花，耿三空而列耀。加复霜松洁操，水月虚襟；布衣蔬食，忘身为法，伤含识，物物斯安；观念相续，心心靡间；始终抗节，金石方坚。"（《禅宗永嘉集序》）永嘉大师在温州龙兴寺侧岩下自构禅庵，独居研学，博览佛藏，先修行天台止观法门，与天台宗八祖玄朗为道友，后读解《维摩经》而开悟，在禅宗六祖慧能大师弟子玄策鼓励下同去曹溪印证其法，得到慧能大师的认可和赞许，因留一宿，得其法嗣，而有"一宿觉""宿觉禅师"雅号。大师一门同修佛法，兄宣法师、妹玄机禅师皆为著名僧尼。

永嘉大师是善于学习和独立思考的思想家，融会天台宗、禅宗、华严宗思想，独创自成体系的永嘉禅学。永嘉学派代表人物叶适赞叹大师："自立证解，深而易达，浅不可测，明悟勇决，不累于生死，盖人杰也。"大师也是力行佛教中国化的典范，除了学术思想上的三教融通，曾不顾寺僧非议诽谤，在寺院恭敬孝养母亲、照顾妹妹，践行儒家伦理和修证佛法并行不悖。

唐高宗麟德元年，甲子（664）[1]，一岁

大师本年出生于永嘉（今浙江省永嘉县[2]）

永嘉大师俗姓戴，字明道[3]。

释玄觉，字明道，俗姓戴氏，汉末祖侃公第五燕公九代孙讳烈，渡江乃为永嘉人也。[4]（《宋高僧传·唐温州龙兴寺玄觉传》）

是年二月五日，释玄奘卒。玄奘（600—664，一说602—664），俗家姓名陈祎，洛州缑氏（今河南洛阳偃师）人。唐代著名高僧，唯识宗创始人，与鸠摩罗什、真谛并称为中国佛教三大翻译家。玄奘13岁在洛阳出家，唐武德五年（622）在成都受具足戒，为探究佛教各派学说分歧，于贞观元年一人西行五万里，历经艰辛到达印度佛教中心那烂陀寺取真经。前后十七年学遍大小乘各种学说，共带回佛舍利150粒、佛像7尊、经论657部，长期从事佛经翻译，译出佛典75部、1335卷。其译典著作有《大般若经》《心经》《解深密经》《瑜伽师地论》《成唯识论》《大唐西域记》等。

唐高宗总章元年，戊辰（668），四岁

大师随兄宣法师在温州禅寺中出家，与侄儿一起修行。

总角出家，韶年剃发，心源本净，智印全文，测不可思，解甚深义。我与

1　永嘉大师唐玄宗先天二年（713）圆寂，按世寿49岁推算当生于664年。另据《宋高僧传》所载，大师出生于唐高宗德麟二年（665）。

2　参见〔南唐〕静筠二禅师编撰，孙昌武、〔日〕衣川贤次、〔日〕西口芳男点校：《祖堂集》，中华书局，2007年，第186页。大师出生地有异说，《弘治温州府志》称"瑞安人，居帆游山"，《戴氏宗谱》称生于温州鹿城区。

3　明道，《祖堂集》作"道明"。

4　〔宋〕赞宁撰，范祥雍点校：《宋高僧传》，中华书局1987年，第184页。

无我，恒常固知。空与不空，具足皆见。既离四病，亦服三衣。德水沫其身，所以清净；良药治其眼，所以光明。兄宣法师者，亦名僧也，并犹子二人，并预缁伍。[1]《宋高僧传·唐温州龙兴寺玄觉传》）

唐高宗咸亨四年，癸酉（673），九岁

玄朗生于义乌县上傅村（今义乌市塔山乡上傅村）。 玄朗（673—754），俗姓傅，字惠明，法号玄朗，天台宗第八祖，人称左溪尊者。

唐高宗上元二年，乙亥（675），十一岁

十月，禅宗五祖弘忍卒。 弘忍（601—675，一说674），俗姓周，湖北黄梅人。7岁从禅宗四祖道信出家，13岁剃度为僧。永徽三年（652）道信付传法衣予弘忍，同年道信卒，弘忍执掌双峰山四祖寺，后世尊为禅宗五祖。永徽五年（654），弘忍在双峰山之东冯茂山创东山寺，其禅法主张"守本真心""缄口于是非之场，融心于色空之境""作坐双修""四仪皆是道场，三业咸为佛事"等，后世称为东山法门。门下弟子有记载者25人，知名者有玄赜、神秀、慧藏、玄约、法如、慧能、智德、义方等，弟子辑有其语录《最上乘论》（一名《修心论要》）传世。

唐高宗仪凤元年，丙子（676），十二岁

二月，释慧能至南海法性寺受戒。 慧能（638—713），一作慧能，俗姓卢，南海（今广州）人，父原在范阳（今河北省涿州市）做官，后贬迁新州（今广

1　[宋]赞宁撰，范祥雍点校：《宋高僧传》，中华书局1987年，第184页。

东新兴县），慧能生于新州，幼年父逝，母子移居南海，以卖柴维持生活，不识文字，因听人诵《金刚经》而悟。龙朔元年（661），慧能至黄梅寺参礼弘忍大师，九个月后弘忍密传法门并付法传衣予慧能。此后慧能混迹商农劳侣多年，仪凤元年（676）至南海（今广州）法性寺遇印宗法师而受戒，始被尊为法师。次年归韶州曹溪宝林寺弘法，继承东山法脉并建立南宗，弘扬"直指人心，见性成佛"的顿教法门，被尊为禅宗六祖。

唐高宗仪凤三年，戊寅（678），十四岁

大师于温州西山龙兴寺受具足戒，法名玄觉。曾在开元寺照顾母亲与妹妹（一说姐姐）。

曾在温州开元寺，孝顺亲母，兼有姊，侍奉二人。合寺合廊，人谤其僧。有一日，亲母下世，着麻，未抛姊，又更被人谤，其僧不能观得。[1]（《祖堂集》）

唐高宗永淳元年，壬午（682），十八岁

十二月 唐高宗李治卒。李治（628—683）为唐太宗第九子，贞观十七年册为皇太子，贞观二十三年（649）即帝位，咸亨五年称天皇。继承太宗以来三教并用的基本国策，一面崇儒学，推尊周孔，一面又尊道教，更看重佛教。他改变了唐初的崇道抑佛之策，尤重佛教。其后武则天先佛后道，改变李渊"老先，次孔，末后释宗"三教先后顺序，对中唐思想学术发生重大影响。

唐中宗嗣圣元年，甲申（684），二十岁

释神会生。神会（684—758），俗姓高，湖北襄阳人，幼学五经、老庄、

1　［南唐］静筠二禅师编撰，孙昌武、〔日〕衣川贤次、〔日〕西口芳男点校：《祖堂集》，中华书局，2007年，第186页。

诸史，后投国昌寺颢元出家，慧能晚期弟子，荷泽宗创始人，建立南宗的重要人物。唐开元十八年（728）至开元二十年（730），代表禅宗南宗的神会连续三年正月十五，在大云寺召开无遮大会，指斥神秀一门"师承是傍，法门是渐"，确立南宗慧能系之正统传承与宗旨。天宝四年（745），神会著《显宗记》，定南北顿渐两门，即以南能为顿宗，北秀为渐教，扬"南能"而贬"北渐"，于是南宗日盛而北宗大衰。

武后垂拱四年，戊子（688），二十四岁

释鉴真生。鉴真（687—763），唐代高僧，后东渡日本。

武周天授元年，庚寅（690），二十六岁

七月，释怀义、法明等上《大云经》，为武则天自立皇帝造势。此后（693），菩提流支等人译出《宝雨经》，进一步为武则天受命造舆论。

九月九日，武则天改国号为"周"。

武周天授二年，辛卯（691），二十七岁

四月，武则天制《释教在道法之上诏》：佛教"开革命之阶，升于道教之上。""令释教在道法之上，僧尼处道士女冠之前。"

唐如意元年，壬辰（692），二十八岁

玄朗在义乌县清泰寺出家剃度为僧，取法号玄朗。出家第二年开始云游四方，寻师学道，30年后选择义乌县夏泉村（今浦江县夏泉村）荆紫岩下的左溪之畔，结庐建寺，参禅修行，讲学授徒，弘传佛法，弟子有行宣、湛然等。

大师受戒后，研习当时已传译来的三藏经论，尤其精通天台宗的止观学说，与天台宗第八祖左溪玄朗大师为道友。《永嘉禅宗集·与友人书第九》即大师与玄朗书。

初觉与左溪朗公为道契，朗贻书招觉山栖，觉由是念朗之滞见于山，拘情于讲，回书激劝，甚辞婉靡，其理明白。俾其山世一如，喧静互用，趣入之意，暗诠于是，达者跫之。[1]（《宋高僧传》）

见龙兴寺旁别有幽邃胜镜，遂于岩下自构禅庵，默默禅修。

觉本住龙兴寺，一门归信，连影精勤，定根确乎不移，疑树忽焉自坏。都捐我相，不污客尘。睹其寺旁别有胜境，遂于岩下自构禅庵。沧海荡其胸，青山拱其背，蓬莱仙客，岁月往还；华盖烟云，晨昏交集。粤若功德成就，佛宝郁兴：神钟震来，妙屋化出。觉居其间也，丝不以衣，耕不以食，岂伊庄子大布为裳，自有阿难甘露作饭。[2]（《宋高僧传·唐温州龙兴寺玄觉传》）

大师读《维摩经》而开悟。

狮子吼，无畏说，深嗟懵懂顽皮靼。祇知犯重障菩提，不见如来开秘诀。有二比丘犯淫杀，波离萤光增罪结。维摩大士顿除疑，犹如赫日销霜雪。（《证道歌》）

武周延载元年，甲午（694），三十岁
武则天令佛经制"卍"字，意为如来吉祥万德之所集。

武周证圣元年（695），乙未，三十一岁
是年大师到曹溪见慧能大师，得到慧能大师印可。

1　[宋]赞宁撰，范祥雍点校：《宋高僧传》，中华书局，1987年，第184页。
2　同上。

觉以独学孤陋，三人有师，与东阳策禅师肩随，游方询道，谒韶阳能禅师而得旨焉。或曰"觉振锡绕庵答对"，语在别录。至若神秀门庭，遐征问法，然终得心于曹溪耳。既决所疑，能留一宿，号曰一宿觉，犹半遍清也。[1]（《宋高僧传·唐温州龙兴寺玄觉传》）

一宿觉和尚嗣六祖，在温州。师讳玄觉，字道明，俗姓戴氏，温州永嘉县人也。内外博通，食不耕助，衣不蚕口，平生功业，非人所测。曾在温州开元寺，孝顺亲母，兼有姊，侍奉二人。合寺合郭人谤其僧。有一日，亲母下世，着麻，未抛姊，又更被人谤，其僧不能观得。有一日，廊下见一禅师，号曰神荣，年近六十有余。弟、姊两人隔帘见其老宿。姊却向弟曰："屈老宿归房里吃茶，还得也无？"弟便出来，屈其老宿。老宿不欲得人，见其僧苦劝，老宿许之。老宿去房里，女出来相看，曰："小弟容易，乞老宿莫怪。"便对老宿坐，又教弟坐，三人说话次，老宿见其僧气色异于常人，又女人亦有丈夫之气。老宿劝其僧曰："孝顺之事，自是一路；难明佛理，未得师印。过去诸佛，圣圣相传，佛佛印可，释迦如来，灯灯授记。若不然者，即堕自然矣。南方有大圣，号曰慧能禅师，可往礼足为师。"僧对曰："昨者母亲下世，只有姊独自，无人看待，争抛得？"姊却向弟说："弟莫疑我。某甲独自身取次寄住得，但自去。"弟僧从此装裹，却去寺主处，具说前事。寺主曰："师兄若这个善心，某甲身自不能去得，某相共造善因。师兄自去，莫愁其姊。某甲孝顺，但换来他房里。"其僧一一依他寺主处分，唤姊去寺主房里，安排了，便发去。其弟僧年当三十一，迤逦往到始兴县曹溪山，洽遇大师上堂……其僧归来，名号先播于众人耳，直道不可思议人也。收过者无数，供应者不一。从此所有歌行、偈颂皆自其姊集也。师先天二年十七日迁化，春秋三十九。[2]（《祖堂集·一宿觉和尚》）

1　［宋］赞宁撰，范祥雍点校：《宋高僧传》，中华书局，1987年，第184页。

2　［南唐］静筠二禅师编撰，孙昌武、〔日〕衣川贤次、〔日〕西口芳男点校：《祖堂集》，中华书局，2007年，第186页。若永嘉禅师去见曹溪时三十一岁，则曹溪证道时在武周延载二年（695）。永嘉大师先天二年（713）圆寂，应为春秋四十九，而非三十九。

《六祖法宝坛经》（元宗宝编本）载大师曹溪证道过程：

永嘉玄觉禅师，温州戴氏子。少习经论，精天台止观法门，因看《维摩经》，发明心地。偶师弟子玄策相访，与其剧谈，出言暗合诸祖。策云："仁者得法师谁？"曰："我听方等经论，各有师承；后于《维摩经》，悟佛心宗，未有证明者。"策云："威音王已前即得，威音王已后，无师自悟，尽是天然外道。"云："愿仁者为我证据。"策云："我言轻，曹溪有六祖大师，四方云集，并是受法者，若去，则与偕行。"

觉遂同策来参，绕师三匝，振锡而立。

师曰："夫沙门者，具二千威仪，八万细行；大德自何方而来，生大我慢？"觉曰："生死事大，无常迅速。"师曰："何不体取无生，了无速乎？"曰："体即无生，了本无速。"师曰："如是，如是！"

玄觉方具威仪礼拜。

须臾告辞，师曰："返太速乎？"曰："本自非动，岂有速耶？"师曰："谁知非动？"曰："仁者自生分别。"师曰："汝甚得无生之意。"曰："无生岂有意耶？"师曰："无意谁当分别？"曰："分别亦非意。"师曰："善哉！少留一宿。"

时谓一宿觉，后著《证道歌》，盛行于世；谥曰无相大师，时称为真觉焉。[1]（《六祖法宝坛经·机缘品第七》）

二　传法篇

"自从认得曹溪路，了知生死不相关。"（《证道歌》）

据传说，曹溪证道当晚，永嘉大师悟证而著《证道歌》，曹溪附近见虚空

1　［元］宗宝编：《六祖法宝坛经》，《大正藏》第48册。

中闪着《证道歌》金字梵光。《证道歌》，亦名《永嘉证道歌》，是大师开悟并得慧能大师印可后所作七言古诗[1]，内容融合禅宗、天台宗、华严宗等多个佛教宗派思想，文辞优美，言浅义深，朗朗上口，易于传播，因此在古今中外影响深远。永嘉大师所著《永嘉禅宗集》，或称《永嘉集》，由弟子庆州刺史魏静编纂。"著有《证道歌》一首，及禅宗悟修圆旨，自浅之深。庆州刺史魏静辑而序之，成十篇，目为《永嘉集》，并盛行于世。"[2]（《五灯会元·温州永嘉玄觉禅师》）《五灯会元》并详述《永嘉集》各品概要和大师法门宗旨。

得到曹溪慧能法师印可后，大师回温州龙兴寺永嘉禅宗道场弘法，名闻遐迩，三吴学者辐辏，齐集阶下问道，弟子有惠操、惠特、等慈、玄寂、新罗国宣法师、吴兴的兴法师、庆州刺史魏静等，"皆传师之法，为时所推"（《佛祖统纪》卷十）。宋彦琪《〈证道歌〉注》后附《永嘉石碑》载法师弘法场景："禅师每日升座，提纲正令，撮其法要以示证道，默然挥一下云：'还会么？'乃说伽陀：'一击天地空，惊开死盲聋。灵光亘今古，遍含法界中。'"弟子魏静赞叹曹溪证道后大师传法盛况："浅深心要，贯花惭洁，神彻言表，理契寰中。曲已推人，啧凡同圣。则不起灭定，而秉护四仪。名垂当时，道扇方外。三吴硕学，辐辏禅阶；八表高人，风趋理窟。"（《永嘉禅宗集序》）

武周大足元年，辛丑（701），三十七岁

释神秀应召入东都，殊加礼遇。神秀（约606—706），俗姓李，陈留尉氏（今河南尉氏县）人，中国禅宗北宗开创者。神秀于唐武德八年（625）在洛阳受具足戒，50岁时至黄梅东山寺参谒弘忍。弘忍圆寂后，神秀赴湖北当阳山玉泉寺修行传法。武则天闻名遣使迎请，大足元年神秀入京颇受礼遇，武则

1　有学者怀疑《证道歌》非永嘉大师所作。宋志磐法师《佛祖统纪》认为《证道歌》辞旨乖庆当为伪造。杨鸿飞认为《证道歌》歌行风格和内容当为宋长沙招贤法师景岑（788—868）所作。参阅杨鸿飞《〈永嘉证道歌〉的年代及其作者》，载《一九八○年佛学研究论文集》，佛光出版社，1981年。

2　[宋]普济撰，苏渊雷点校：《五灯会元》，中华书局，1984年，第91页。

天亲加跪礼。在京六年卒，谥大通禅师。神秀北派主张"渐修"，慧能南派主张"顿悟"，南北二宗分立，史称"南能北秀"。其再传弟子净觉（992—1064）撰《楞伽师资记》，专门表彰神秀一系北宗人物。

唐中宗神龙元年，乙巳（705），四十一岁

上元日，皇太后武则天、中宗诏请慧能大师，慧能上表辞疾，并答特使薛简问法。九月三日，有诏奖谕慧能大师，奉磨纳袈裟、水晶钵，敕韶州刺史修寺宇，赐名"国恩寺"[1]。

正月，武则天传位于皇太子李显，是为中宗。二月，复国号"唐"。

十一月，武则天卒。武则天（623—705），名曌，并州文水（今山西文水县）人，一说四川广元人。14岁进宫，为唐太宗才人，太宗卒后，为李治昭仪，永徽六年立为皇后，上元元年进号天后，中宗即位后尊为皇太后，同年废子自立皇帝，在位22年。开创殿试制度，亲自考试贡士。礼遇华严宗法藏、禅宗神秀、慧能，扬佛于道前，深刻影响中唐学术思想发展。

唐睿宗景云二年，辛亥（711），四十七岁

景云年间（710—711），大师妹玄机剃度。玄机（？—713），永嘉大师妹[2]，一说大师姐。玄机亦唐代著名永嘉禅宗大师，事迹见于《五灯会元》《佛祖纲目》《续比丘尼传》《永嘉高僧碑传集》《温州府志》及《平阳县志》等。玄机剃度后在横阳（今平阳县）大日山筑庵修炼。

---

1 参阅宗宝编：《六祖法宝坛经·护法品第九》，《大正藏》第48册。

2 据《五灯会元》卷二《温州净居尼玄机》称："世传玄机乃永嘉大师女弟。"《说文》："妹，女弟也。"明代传灯重编并注的《永嘉禅宗集注》云："师有妹，名元机，亦出家悟道。传载《传灯录》。"元机，本当作"玄机"，后人避清圣祖玄烨（康熙）讳而改，玄机传今本《传灯录》未见。民国年间沙门震华编述《续比丘尼传》卷一，亦称玄机为"永嘉大师女弟"。

　　温州净居尼玄机，唐朝景云年间得度，常习定于大日山石窟中。一日忽念曰："法性湛然，本无去住。厌喧趋寂，岂为达耶？"乃往参雪峰。峰问："甚处来？"曰："大日山来。"峰曰："日出也未？"师曰："若出，则融却雪峰。"峰曰："汝名甚么？"师曰："玄机。"峰曰："日织多少？"师曰："寸丝不挂。"遂礼拜退。才行三五步，峰召回，曰："袈裟拖地也。"师回首，峰曰："大好寸丝不挂！"（世传玄机乃永嘉大师女弟，尝同游方，以景云岁月考之，是矣。第所见雪峰，非真觉存也。永嘉既到曹溪，必岭下雪峰也。未详法嗣，故附于此。）[1]（《五灯会元·温州净居尼玄机》）

　　据《五灯会元》附记，玄机与玄觉"尝同游方"[2]，同赴广东韶州参见六祖慧能。据传回来后，玄觉写《证道歌》，玄机写《圆明歌》。《圆明歌》未见有关禅宗经典著录，但见于清周天锡《榕庵手抄》[3]，全文引录如下：

　　寻枝摘叶终非极，应须向底帮根觅。如是我济修道人，善恶攀缘都无益。更寻妄想涉狂风，悖然自好受羁笼。不如触处皆无相，将心原地寻虚空。虚空原来无所口，大千世界亦无为。青青翠竹何曾异，是名芥子纳须弥。真如实际甚奇哉！无增无减无去来。看香味触尝三昧，一朵莲花火里开。病是谁，药是谁？阿谁有问阿谁医。当初妄作令除粪，觉后原来无所除。真是谁，妄是谁？但将此事体中推。劝君努力急须荐，莫向宝山空手归。真无相，妄无形，观心心亦是虚名。天鼓自然空里响，寻般纵有复何停。垢是净，净是垢，两边放下逍遥走。任尔野秆百年修，终不解如狮子吼。不求静，不求喧，本来此性是天然。起坐不离家业地，犹如到岸拾舟船。（《榕庵手抄·圆明歌》）

1　[宋]普济撰，苏渊雷点校：《五灯会元》，中华书局，1984年，第94页。

2　《祖堂集》与《五灯会元》记载不同，言玄机在玄觉去曹溪时还未出家为尼，且未同行。

3　[清]周天锡：《榕庵手抄》，现存温州图书馆古籍部。

是年四月，唐睿宗与群臣重论三教关系，令佛、道"齐行并进"。

是年释湛然生。 湛然（711—782），俗姓戚，常州晋陵荆溪（今江苏宜兴县）人，其家世习儒学，唐玄宗开元十八年（730）于东阳遇金华方岩，示以天台教门并授以《摩诃止观》等书，于是求学于天台宗八祖左溪玄朗门下，后继为天台宗九祖。

唐玄宗先天二年，壬子（713），四十八岁

十一月，释法藏卒。 法藏（643—712），华严宗实际创始人，号贤首大师，被尊为华严宗三祖，曾为武则天讲解《华严金师子章》。他阐发"法界缘起""无尽缘起""事事缘起""事事无碍""无尽圆融"等思想，建立"五教"判教说。

唐玄宗先天元年，癸巳（713），四十九岁

五月初八，永嘉大师胞妹玄机禅师倒立示寂。[1]

元机，瑞安人，姓戴氏，乃永嘉大师女弟。……后往温州净居寺，倒立而化。永嘉喝曰："汝生也颠倒，死也颠倒！"乃仆。殡后，一夕大雷电，柩忽不见，寻之，则在大日岩窦，因名其岩曰机岩。（京口夹山沙门震华编述：《续比丘尼传》卷一《唐温州净居寺尼元机传》）。

八月初三，慧能大师圆寂。 唐宪宗追谥为"大鉴禅师"，宋太宗加谥为"大鉴真空禅师"，仁宗再加谥为"大鉴真空普觉禅师"，宋神宗再加谥为"大鉴真空普觉圆明禅师"。

1　玄机或坐化在大师之后，魏静辑《永嘉集》所需材料或为玄机提供，魏静仅择取十篇，《证道歌》或由玄机整理流通传世。参阅张子开《玄机，弘布永嘉玄觉禅法的第一功臣》，载《宗教学研究》，1996 年第 2 期。

十月十七日，大师于龙兴寺别院端坐圆寂，世寿四十九岁。

以先天二年十月十七日于龙兴别院端坐入定，怡然不动。僧侣悲号，以其年十一月十三日殡于西山之阳，春秋四十九。初觉未亡前，禁足于西岩，望所住寺喟然叹曰："人物骈阗，花举蓊蔚，何用之为！"其门人吴兴兴师、新罗国宣师数人同闻，皆莫测之。寻而述之曰："昔日有一禅师，将诸弟子游赏之次，远望一山，忽而唱曰：'人物多矣。'弟子亦不测。后匪久此师舍寿，殡所望地也。"西山去寺里有余程，送殡繁拥，人物沸腾，其感动也若此。又未终前，有舒雁千余飞于寺西，诗人曰："此将何来？"空中有声云："为师墓所，故从海出也。"弟子惠操、惠特、等慈、玄寂，皆传师之法，为时所推。后李北海邕为守括州，遂列觉行录为碑，号神道焉。觉唱道着明，修证悟入，庆州刺史魏静都缉缀之，号《永嘉集》是也。……终，敕谥号无相，塔曰净光焉。[1]（《宋高僧传》）

十一月十三日，大师真身殡于西山之阳。 唐僖宗敕谥"无相大师"，清雍正敕封"洞明妙智永嘉禅师"，禅宗称为"三十四世永嘉真觉禅师"。

三　广化篇

永嘉大师圆寂后，其著作《证道歌》和《永嘉禅宗集》及永嘉禅法流芳广化海内外。先是在寺院和大众中传播，自北宋《景德传灯录》全录《证道歌》之后，永嘉禅学在士宦文人间广泛流传。北宋以来为《永嘉禅宗集》《证道歌》作注释和颂赞者众多，远播渐至朝鲜、日本、西域和欧美。《证道歌》传至西竺（印度），被誉为"东土大乘经"。

永嘉大师对后世佛教影响深远，很多像憨山大师这样的高僧大德服膺其人

1　［宋］赞宁撰，范祥雍点校：《宋高僧传》，中华书局，1987 年，第 184 页。

其说。明代中兴天台宗的二十八祖月亭大师（1531—1588）及再传弟子雁荡山的正智禅师，深受永嘉禅师的禅法影响，倡导"台禅一致"说，扭转天台宗只重讲教不重实修的流弊，同时使禅宗从文字、口头之狂禅颓风中走向真参实学。

永嘉大师的影响并不局限于佛教领域。北宋苏轼等后世学者名士曾全文抄写《证道歌》。南宋大儒朱熹（1130—1200）在《朱子语类》中引用《证道歌》"一月普现一切水，一切水月一月摄"，用来论证他提出的"理一分殊"说："本只有一个太极，而万物各有其秉受，又各自全具一太极尔。"永嘉大师思想也深刻影响着温州区域历史文化特质，永嘉学派不无永嘉大师的烙印，其代表人物叶适推崇永嘉大师"自立证解"的独立精神，而永嘉学派自立宗旨、不轻依傍的思想特质颇得永嘉大师风神。

唐宪宗元和中期（812）前后，永嘉太守杜贲重修永嘉大师墓，发现遗体如生，遂上报朝廷，唐宪宗敕令造真身舍利塔。

唐宣宗大中元年（847），日本来华僧人圆仁撰《入唐新求圣教目录》，最早著录玄觉《证道歌》。该书目详细著录了日僧圆仁在长安城兴善、青龙等寺院巡访抄写所得经论念诵法门，其中有"《曹溪禅师证道歌》一卷，真觉述"[1]。

唐僖宗干符元年（874），温州刺史朱褒将大师事绩表报朝廷，敕谥号"无相大师"，赐塔名"净光"。

唐昭宗光化二年（899），净光塔周围建成塔院，赐额"净光禅院"。

唐北海括州太守李邕为之撰《神道碑》云："有六祖以来，禅师颇众，显者三人：南岳怀让、清源行思、永嘉宿觉也。……无证无修，不离此心而得佛；或默或语，未尝有法以示人。"

后晋天福十二年（947），钱俶任台州刺史时，因修学永嘉禅与愿济和尚同

---

1 〔日〕圆仁著，白化文校注：《入唐求法巡礼行记校注》，石家庄：花山文艺出版社，2007年，第551页。

去天台参拜法眼宗巨子德韶禅师。

后汉高祖干祐元年（948），钱俶登基吴越国王后，礼请愿济法师专程瞻仰永嘉大师舍利塔；愿济法师在南雁开基建十八道场及永嘉大师祖庭头陀寺；在平阳江南设司库（今苍南钱库），征收税赋以弘扬佛法，设粮仓（今钱仓）供养寺院，刻印《证道歌》用于海内外交流。

五代南唐保大十年（952），泉州招庆寺静、筠二禅僧编《祖堂集》二十卷，现存刻本为高丽海印寺于高宗三十二年（1245）所刻。此书只录南宗一系，于卷三有《一宿觉和尚》，最早详细记载大师生平行状。

宋太平兴国三年（978），吴越国王钱俶"纳土归宋"促进国家和平统一。专程朝拜永嘉大师舍利塔之后，赴南雁拜望愿济法师途中在鳌江广福寺少住一宿，史称"一宿楼"。

宋太平兴国五年（980），最迟这一年《证道歌》传至西域。敦煌抄本 P.2104 卷背抄有全文，落款"太平兴国五年岁次庚辰朔"。敦煌文献中保存有六个写卷，全部或部分抄写《证道歌》，皆与其他内容杂抄，书法有楷有行 [1]。

宋文学家、西昆体代表人物杨亿（974—1020）撰《无相大师行状》。

宋太宗（939—997）赐额"宿觉名山"。

宋真宗年间（1004—1007），法眼宗道原著《景德传灯录》，全文引录《证道歌》，歌名《真觉大师证道歌》，是最早全文引录《证道歌》的传世文献，缘此《证道歌》在北宋以后士宦文人间广泛流传。

宋熙宁九年（1076），释法泉作《证道歌颂》，很快传至高丽，曾铸字印刷《南明泉颂证道歌》，又于 1239 年重铸重刊 [2]。

宋绍圣三年丙子（1096），广州六榕寺石刻《证道歌碑》，是现存唯一《证道歌》石刻，碑体严谨、有篆有楷，碑正面篆额题"皇宋广州重开永嘉"，碑

1　参阅侯成成《敦煌本〈证道歌〉再探讨》，载《敦煌学辑刊》，2016 年第 4 期。

2　参阅朴昌根《韩国金属活字印刷术的历史发展》，载会议论文集《纪念李约瑟博士百年诞辰暨中国科技发展研讨会》，上海，2000 年。

阴楷书"证道歌碑"四字，是两宋时期《证道歌》流传于寺院民间的实证。

宋高宗绍兴十六年（1146），释妙空知讷撰、门人德最编《证道歌注》刊行。

宋嘉定元年（1208），永嘉学派代表人物叶适（1150—1223）落职回乡，居温州城郊水心村，次年（时年六十）在松台山下建"宿觉庵"，作《宿觉庵记》云：

> 玄觉师歌诗数十章，虽不与中国之道合，余爱其拨钞疏之烦，自立证解，深而易达，浅不可测，明悟勇决，不累于生死，盖人杰也。既殁六百年，学者载之不衰。所居山，延袤十里，有江月松风之胜，依而寺者十数。余亦在其下，苦疾痼，非人事酬答不妄出。他日，钱塘本然、蜀人居宽固请登焉，则山已入贵家，所存二三而已。枯茶败草，仿佛乱石中，余慨然怜之，为于绝景亭下作小精舍。寺名四字，土人但称"净光"，故重述旧事，题曰"宿觉"，使宽主之。稍种竹树，有所避隐出没，以为风雨晦明之地。而时于坊僧巷友游居其间，以招来其徒，冀遇如觉者。呜呼！余老矣，病而力不给，惰而志不进，岂非不复知以古人自期，而遁流汩没于异方之学者哉！盖世有畏日暮，疾走猖狂而迷惑者，然犹反顾不已。余之记此，既以自警，而又以自笑也。嘉定二年二月。[1]

叶适又作《宿觉庵》诗一首："宿觉名未谢，残山今尚存。暂开云外宅，不闭雨中门。麦熟僧常饿，茶枯客谩吞。荒凉自有趣，衰病遗谁言？"[2]"永嘉四灵"之一徐照读后，在《净光山四咏呈水心先生》之《宿觉庵》中云："公说曹溪事，经今六百年。庵基平地筑，碑记远人传。种竹初遮日，疏岩只欠泉。自当居鼎萧，岂在学修禅。"[3]"永嘉四灵"之一徐玑《宿觉庵》诗云："欲问庵中事，

1　［宋］叶适：《叶适集》，中华书局，1961 年，第 158 页。

2　［宋］徐照、徐玑、翁卷、赵师秀撰，陈增杰校点：《永嘉四灵诗集》，浙江古籍出版社，1985 年，第 96 页。

3　同上书，第 54 页。

无论先与后。还因一宿觉，不用再参禅。门远青山曲，檐依古木边。谁当秋夜静，来看月孤圆。"[1]

宋宁宗嘉定十二年（1219），释彦琪撰、门人慧光编《证道歌注》刊行，全一卷，将证道歌逐句详加阐述，指点初学者参禅悟道门径。

元顺帝至正元年（1341），释竺原永盛撰、德弘编《证道歌注颂》刊行，全一卷，每句下作短评，合数句而加以注释论述，其后附颂。

元至正二十年（1360），逆川大师发起修建净光塔。

明洪武八年（1375），净光塔重建。

明弘治年间（1499），净光塔被毁。

明传灯法师重编《永嘉禅宗集》并作注。传灯（1554—1628），俗姓叶，龙游籍高僧，号无尽，别号有门，自幼学习儒家典籍，不属于走科举之途而遁入空门，终成天台宗一代祖师，著述有二十四种一百余卷，其中《天台山方外志》《幽溪别志》为《四库全书》存目，《永嘉禅宗集注》收入日本《续藏经》卷六十三。

明万历三十九年（1611），憨山大师书法抄写《证道歌》，跋云：

> 永嘉大师初至曹溪，见六祖，机锋迅捷，如脱索狮子，自在无畏，一言印证，即抽身便行，因强留一宿，故号"一宿觉"，退而便作此歌。所谓法门龙象，非彼跛驴所及，千载之下，想见其风神，余料理曹溪，以缘散谢事，时放舟东下，因思古人风规，如永嘉之见曹溪者，能复几几？遂书《证道歌》一首，以追思绕床三匝、振锡而立时也。后生晚辈能知予动法古人，则于一切行业，必不辜负本有矣。万里辛亥九月望日憨山老人书于浈阳舟中。（《证道歌跋》）

1　[宋]徐照、徐玑、翁卷、赵师秀撰，陈增杰校点：《永嘉四灵诗集》，浙江古籍出版社，1985年，第131页。

日本江户时代曹洞宗著名禅僧连山交易（1635—1694）撰《证道歌注》。

清雍正十一年（1733），敕封大师为洞明妙智永嘉禅师。清雍正《御制序》云："今观其问答语，永嘉全是逆水之机，毫无顺水之意。然则曹溪何授而永嘉何受乎？不知永嘉正从此得曹溪法乳，不可诬也。"又云："永嘉言句，西竺推为东土大乘论，联披览之，嘉其修悟双圆，乘戒兼妙，自浅之深，浅深一致，实惟宗徒指南。"

清乾隆年间，临济三十六代彻悟禅师（1741—1810）撰《拟证道歌》。

1924年，印度大诗人泰戈尔访华，欲专程朝拜永嘉大师，时因交通不便，改道访问法源寺。

1985年2月，宣化上人在美国弘扬《证道歌》，撰偈颂永嘉大师。

1988年，木鱼老和尚在江心寺祖师殿塑永嘉大师金身。

1993年，日本曹洞宗协会理事长村上博优一行四人来朝拜永嘉大师圣迹。

1995年，惠空法师担任台中慈光寺住持，次年开办慈光佛学院、慈光禅学研究所，此后每年举办两次四十九天禅七，倡导永嘉禅法和参话头这两个他认为最纯正的禅宗法门。

2001年12月1日，温州市人民政府举行重建净光塔奠基仪式。

2002年，日本永平寺住持木玲哲雄博士一行专程朝拜永嘉大师圣迹。

2003年元月1日，净光塔基出土的旧塔砖上刻有《大乘妙法莲华经》经文，塔基下发现妙骨陶罐，元月15日市佛协迎请到妙果寺，达崇老和尚在四众弟子拥护下找出舍利子。日本东京大学小岛岱山博士专程来温瞻仰永嘉大师舍利子。南怀瑾为松台山净光塔东侧永嘉大师纪念广场题写"宿觉名山"。

2006年春，温州永嘉禅学初级班在温州开办，妙果寺住持达照法师主讲，讲座录像次年在台湾生命电视台播出。

2009年5月12日温州市佛协成立温州佛教永嘉禅学会，推选达照法师为会长。温州佛教永嘉禅学会本年起定期于佛历十月十七至二十三共七天举办永嘉大师舍利子瞻仰祈福法会。10 月，达照法师永嘉禅系列讲座实录《永嘉禅讲座》（初级、中级、高级三集）由中国人民大学出版社出版。

2011 年 4 月至 2018 年 9 月，温州佛教永嘉禅学会已在文成县灵德寺和安福寺举办了 38 期"一宿觉"禅修营，由达照法师担任导师，修学内容是包括天台止观、《永嘉禅宗集》《永嘉证道歌》等在内的永嘉禅，通过教理学习和坐禅实修，裨益参加者树立正确的佛法知见。

2011 年 11 月 12 日温州佛教永嘉禅学会、温州市社科联、复旦大学在温州联合举办永嘉禅文化论坛。

2012 年 6 月 30 日温州市文化与佛教界举办《千古绝唱证道歌》晚会，7 月 15 日在温州广播电视总台播出。11 月 9 日温州市人民政府专题会议纪要决定在妙果寺东边建设永嘉大师宿觉讲堂。11 月 30 日（佛历十月十七），温州市举办纪念永嘉大师圆寂一千二百九十九周年祈福大典暨中央电视台《永嘉大师》纪录片开机仪式。

2013 年 11 月 19 日（佛历十月十七），温州市举办永嘉大师圆寂一千三百周年系列大型纪念活动，内容有"永嘉大师《证道歌》书画展""《证道歌》吟诵晚会""纪念大典暨永嘉大师塑像揭幕""净光塔参观暨舍利子瞻仰""永嘉禅国际文化论坛"等。

2014 年 6 月 20 日，中央电视台制作完成的《永嘉大师》纪录专题片在中央电视台国际频道正式播出。

2018 年秋，温州市瓯海区政协筹备规划"永嘉大师文化园"，选址永嘉大师祖庭头陀寺周边。

永嘉玄觉大师《证道歌》思想探析

——兼论与天台智𫖮"圆教"之"无明即法性"的圆顿思想相比较

赵东明[1]

内容提要：本文的要旨乃在探析永嘉玄觉（665—713）大师《证道歌》中的思想，并尝试与天台智𫖮（538—597）"圆教"之"无明即法性"的圆顿思想做比较。笔者的观点是：永嘉玄觉《证道歌》中的思想，明显地呈现出结合"般若空性"与"如来藏佛性"之思想的倾向。并且，《证道歌》的思想，与天台智𫖮"圆教"的思想一致，都是一种"绝对矛盾的自我同一"之思想观点，应该属于吴汝钧先生判释"如来藏佛性"思想之两大类——"佛性遍觉"与"佛性圆觉"之中的"佛性圆觉"之思想。

关键词：证道歌　佛性遍觉　佛性圆觉　绝对矛盾的自我同一　无明　法性

1　赵东明，华东师范大学哲学系副教授。

一 引言——关于永嘉玄觉大师的《证道歌》及其注释

永嘉玄觉大师的《证道歌》，全一卷，又称《永嘉证道歌》《永嘉真觉禅师证道歌》，唐代永嘉玄觉大师撰，今收于《大正藏》第 48 册（经号 2014）。永嘉玄觉大师初学天台，后听闻禅宗六祖慧能大师的顿教说法，遂而改宗转入禅门，因而撰著本文。《证道歌》全文共有二四七句，每句大部分为七字，共一八一四字（又作：二六七句，一八一七字）。为古体诗之体裁，或四句或六句一解，只分五十一解，揭示永嘉玄觉大师其体悟禅境之要旨。撰述年代据推定大约为唐中宗神龙五年（公元 705）。本文以流利之文体叙述禅宗之真髓，为禅文学之绝唱，故广受禅宗门人所喜爱。[1]

关于永嘉《证道歌》之注释书：（一）《证道歌注》，宋代僧梵天彦琪撰，门人慧光编录，全一卷。宋宁宗嘉定十二年（1219）刊行。今收于《新续藏》第 63 册（CBETA 版，经号 1241）。书中将《证道歌》逐句详加阐述，以指点初学者入于参禅悟道之门径。（二）《证道歌注》，宋代僧妙空知讷（1158—1210）撰，门人德最编，全一卷。约刊行于高宗绍兴十六年（1146）。今收于《新续藏》第 65 册（CBETA 版，经号 1292）。知讷认为佛法虽非由涉猎文字语言而得，然钝根末学者仍必须借助语言文字之诠释，以参悟佛法之旨要，故撰此注释。（三）《证道歌注颂》，元代僧竺原永盛撰，德弘编。元顺帝至正元年（1341）刊行。今收于《新续藏》第 65 册（CBETA 版，经号 1293）。永盛于《证道歌》原文每句下作短评，合数句而加以注释并论述，其后再附颂。（四）日本僧人连山交易撰，全一卷。[2]

永嘉玄觉大师，唐代僧人，温州永嘉（今位于浙江）人。俗姓戴，字明道，

1　释慈怡主编《佛光大辞典》，高雄：佛光大藏经编修委员会，1988 年，第 2015 页。
2　同上书，第 6704 页。

号永嘉玄觉。八岁出家，博览三藏，尤精通天台止观。后于温州龙兴寺之侧岩下自建禅庵，独居研学，并常修禅观。偶因天台宗第八祖左溪玄朗（673—754）之激励，遂起游方参学之志，后与东阳玄策（生卒年不详）共同寻师游方研道。至韶阳时，拜谒禅宗六祖曹溪慧能（又作慧能，638—713）大师，与慧能相问答而得其印可，慧能并留之一宿，翌日即归龙兴寺，时人因之称其为"一宿觉"。其后，学者辐辏，号真觉大师。之后，天台左溪玄朗还赠书并招其入山栖，永嘉玄觉则覆书辞退。于唐玄宗先天二年（713）10 月 17 日（一说唐玄宗开元二年，公元 714，或先天元年，公元 712）跏坐入寂，世寿四十九。敕谥"无相"。著有《证道歌》一首、《禅宗悟修圆旨》一卷、《永嘉集》十卷（庆州刺史魏静辑）等。[1]

二　永嘉玄觉大师《证道歌》思想探析

在本节中，笔者将探讨研析永嘉玄觉大师《证道歌》中的思想，并还搭配宋梵天彦琪的《证道歌注》以及宋妙空知讷的《证道歌注》，这两个注疏，引用做解释上的说明。本段拟分为以下两大部分来探研：（一）《证道歌》结合"般若空性"与"如来藏佛性"之思想及其属于"佛性圆觉"的思想；（二）与天台智顗"圆教"之"无明即法性"的圆顿思想相比较。以下分别论述。

（一）《证道歌》结合"般若空性"与"如来藏佛性"之思想及其属于"佛性圆觉"的思想：

首先，在内容上，永嘉玄觉《证道歌》明显是将"般若空性"思想与"如

来藏佛性"思想，做一紧密巧妙的结合。这点与《六祖坛经》的思想[1]，在整体上来说，基本上是一致的。

永嘉玄觉《证道歌》云："无明实性，即佛性。"[2]

宋梵天彦琪《证道歌注》：

> 无明者，无般若大智之明也；佛性者，即究竟清净觉性也。从无始已来虚生浪死，不能出离，皆因无明而流转也。故知无明即烦恼根本也，为八万四千尘劳之果，作十二因缘之首，河沙烦恼由此而生，尘劫轮回以之不绝……今此道人以般若智照了无明，即明明见佛性，故曰："无明实性，即佛性"也。[3]

宋妙空知讷《证道歌注》：

> 真妄同源，理事不二。无明之性，即是佛性。不须舍妄，别求佛性。若离于妄，即无佛性。然佛性，非有、非无、不有无。若言佛性定可即者，又何异土上加泥。[4]

以上，永嘉玄觉《证道歌》这种"无明实性，即佛性"的思想，笔者以为可从两方面来理解和说明：

1. 如果从"般若空性"思想的角度而言，无明是空，佛性也是空[5]，所以无

1　关于《六祖坛经》结合"般若空性"与"如来藏佛性"之思想，可参阅：杨惠南《慧能》，台北：东大图书，1993 年；杨惠南《六祖坛经——佛学的革命》，台北：时报文化，2012 年（五版一刷）；陈平坤《慧能禅法之般若与佛性》，台北：大千出版社，2005 年；陈平坤《六祖大师的 17 则智慧——慧能禅法之般若与佛性》，台北：大千出版社，2009 年。

2　［唐］永嘉玄觉《证道歌》；引见 CBETA《大正藏》第 48 册，No.2014，第 395 页下。

3　［宋］梵天彦琪《证道歌注》；引见 CBETA《新续藏》第 63 册，No.1241，第 261 页下。

4　［宋］妙空知讷《证道歌注》；引见 CBETA《新续藏》第 65 册，No.1292，第 449 页中。

5　佛性是空，这是从"般若空性"思想而言，就"如来藏佛性"思想言，佛性，当然是不能空的，空的仅是烦恼，这可从《胜鬘夫人经》中看出。

明的实性，从"般若空性"的角度言，就是空性，因此也等同于佛性。这是在其间通过"般若空性"思想，将无明与佛性，这彼此矛盾的两者"间接"的等同。这类似于天台宗从化法四教中"通教"（般若）的角度来看问题。

2. 如果从"如来藏佛性"思想的角度而言，无明与佛性，完全等同，虚妄染污的无明就是清净的佛性，两者皆是清净的实相（佛性）。这是将彼此矛盾的两者，"直接"的等同，是"如来藏佛性"思想的特色。而这种思想，按照业师吴汝钧先生的看法，又可区分为：

（1）"佛性遍觉"，通过一种超越的分解方式，确立一个普遍的佛性、如来藏自性清净心，作为觉悟成佛的清净超越的依据与基础，一切万法都是这个佛性、如来藏自性清净心，只有此心是真实的；《大乘起信论》、华严宗的性起思想、天台宗"别教"、达摩与早期禅宗、北宗神秀禅等皆属之。

（2）"佛性圆觉"，是从凡夫的平常一念心的有染、有净来看待问题，是一种"绝对矛盾的自我同一"[1]之思想展现，将现实中彼此完全矛盾的两者，突破超越上来，直接的等同，这类似于天台宗从化法四教中"圆教"的角度来看问题（例如：讲述"一念无明法性心"，即具三千世间法的"一念三千"；按照天台智颉的说法，佛性即是法性，它与无明，常与一种背反的方式出现，也就是"一念无明法性心"）；天台宗"圆教"、南宗禅中的慧能禅、马祖禅、临济禅等都属于此思想。[2]

而永嘉玄觉大师以及禅门诸师（从上述的两个《证道歌注》也可看出），大抵是比较认同后者这种将彼此矛盾的两者，直接的等同的"如来藏佛性"思想。而且，也更倾向吴汝钧"如来藏佛性"思想分类中的"佛性圆觉"，是一

1　"绝对矛盾的自我同一"，此语乃借用自笔者的博士后导师——吴汝钧先生在说明日本京都学派的哲学大师时的话语："西田几多郎也曾深刻地讨论背反（他称为绝对矛盾）的处理（自我同一）方式……"（吴汝钧，《佛教的当代判释》，台北：台湾学生书局，2014 年，第 652 页）。

2　吴汝钧，第 12 章《佛性遍觉》、第 13 章《佛性圆觉》，《佛教的当代判释》，台北：台湾学生书局，2014 年（初版二刷），第 403—538 页。

种"绝对矛盾的自我同一"之思想的呈现。因此，永嘉玄觉大师的思想，和天台宗"圆教"的思想，确实有着异曲同工之妙。这也是笔者撰著本文的一个主要观点。

而与上面《证道歌》这段"无明实性，即佛性"思想相同的，还有以下这段。永嘉玄觉《证道歌》云："幻化空身，即法身。"[1]

宋梵天彦琪《证道歌注》：

> 既了无明，即是佛性。当知幻身，即是法身也。所言法身者，教有五分法身：一、戒；二、定；三、慧；四、解脱；五、智见也。……达法之人。了父母缘生虚幻之身，即是金刚常住不坏之身。故曰："幻化空身，即法身"也。[2]

宋妙空知讷《证道歌注》：

> 既知无明即是佛性，身随智转，亦了现前。幻化色身，即是真空法身……盖由真空湛然，然虽不可求，而常圆；虽现前，而了不可觅。[3]

以上，这两段永嘉玄觉大师《证道歌》的引文："无明实性，即佛性"与"幻化空身，即法身"，都有一种倾向，亦即将现实中的虚妄杂染（无明烦恼、父母缘生虚幻之身），直接等同于其对反的清净佛性与法身，并一起出现。因而，笔者比较倾向认为这是一种"绝对矛盾的自我同一"之思想，而应当属于上述吴汝钧先生判释的"佛性圆觉"思想。当然，这也有解释成将一切万法归结于佛性、如来藏自性清净心的"佛性遍觉"之思想的空间。但是，笔者更倾向于

1　［唐］永嘉玄觉《证道歌》；引见 CBETA《大正藏》册 48，No.2014，第 395 页下。

2　［宋］梵天彦琪《证道歌注》；引见 CBETA《新续藏》册 63，No.1241，第 261 页下和第 262 页上。

3　［宋］妙空知讷《证道歌注》；引见 CBETA《新续藏》册 65，No.1292，第 449 页中、下。

认为这是属于"佛性圆觉"之思想，以和下面的另一段永嘉玄觉《证道歌》的引文，做一思想区别。

而下面《证道歌》的引文，笔者以为，则有上述吴汝钧先生判释的"佛性遍觉"思想的倾向。亦是《证道歌》将"般若空性"思想与"如来藏佛性"思想，相结合的一个例子。永嘉玄觉《证道歌》云："诸行无常一切空，即是如来大圆觉。"[1]

宋梵天彦琪《证道歌注》：

> 非唯四大之相本空，亦乃所作诸行，尽皆空寂也。言诸行者，非止一行，乃至种种万行，皆悉本来空寂……故云"诸行无常一切空"也。"即是如来大圆觉"者，既了诸法本来空寂，即与大圆觉性相应也。但犹一切众生日用而不知，故裴相云：终日圆觉而未尝圆觉者，凡夫也；欲证圆觉，而未极圆觉者，菩萨也；具足圆觉，而住持圆觉者，如来也。故云："即是如来大圆觉"也。[2]

宋妙空知讷《证道歌注》：

> 四大不有，万行何施？设有所为，性本空寂。如斯履践，何异如来？[3]

从以上永嘉玄觉《证道歌》的引文，以及宋代的两个注释的解释来看，这很明显是慧能禅及其后将"般若空性"思想与"如来藏佛性"思想相结合的一个典型例子。虽然《证道歌》中永嘉玄觉大师自己说是："有人问我解何宗？报

---

1 ［唐］永嘉玄觉《证道歌》；引见 CBETA《大正藏》第 48 册，No.2014，第 395 页下。
2 ［宋］梵天彦琪《证道歌注》；引见 CBETA《新续藏》第 63 册，No.1241，第 263 页下。
3 ［宋］妙空知讷《证道歌注》；引见 CBETA《新续藏》第 65 册，No.1292，第 450 页上。

道摩诃般若力。"[1]，亦即认为自己解悟的是属于"般若空性"之思想。但我们从上面的分析来看，永嘉玄觉《证道歌》的思想，很明显不是单纯只有"般若空性"之思想，而是结合"般若空性"与"如来藏佛性"思想，一起来谈，这也是禅宗后来的典型思想。而且，《证道歌》这里的这句"诸行无常一切空，即是如来大圆觉"，笔者则以为，应当属于上述吴汝钧先生判释的"佛性遍觉"的思想。这是因为这里从文字上看来，还没有明显的"绝对矛盾的自我同一"之思想的倾向。

而永嘉玄觉大师《证道歌》中，上述的这种将"般若空性"与"如来藏佛性"之思想相结合的观点，其思想来源，当然应该和其接触禅宗六祖慧能有关。而这点在《证道歌》中其也有说道："自从认得曹溪路，了知生死不相关。"[2]然而，永嘉玄觉大师《证道歌》中的"绝对矛盾的自我同一"之思想，亦即吴汝钧先生判释的"佛性圆觉"的思想，则应该和其接触天台止观的圆教法门有关，而这在北宋，杨亿（974—1020）为永嘉玄觉大师所作的《无相大师行状》中也曾提及："温州永嘉玄觉禅师者，永嘉人也，姓戴氏，丱岁出家，遍探三藏精天台旨，观圆妙法门……"[3]因此，下面笔者想论述一些天台智颉圆教"无明即法性"之圆顿思想，因为从智颉的这些思想中，我们确可看出永嘉玄觉《证道歌》中与天台圆教相仿的哲学思想。

（二）与天台智颉"圆教"之"无明即法性"的圆顿思想相比较：

在本段中，笔者又将分成两个小段落来论述这个议题：1. 天台智颉"圆教"之"无明即法性"的圆顿思想；2."无明"与"法性"之关系—天台智颉对地论师与摄论师之批判。以下分别论述之。

1. 天台智颉"圆教"之"无明即法性"的圆顿思想：

1　［唐］永嘉玄觉《证道歌》；引见 CBETA《大正藏》第 48 册，No.2014，第 396 页中。

2　同上书，第 396 页上。［宋］梵天彦琪《证道歌注》："自从往曹溪六祖印证心地法门……"［宋］梵天彦琪《证道歌注》；引见 CBETA《新续藏》第 63 册，No.1241，第 267 页上）。

3　［宋］杨亿《无相大师行状》；引见 CBETA《大正藏》第 48 册，No.2014，第 397 页上。

　　关于天台智顗"圆教"之"无明即法性"的圆顿思想，我们可以从天台智顗的《摩诃止观》，论述其之所以为"圆顿止观"之真义时看到：

　　　　"圆顿"者，初缘实相，造境即中，无不真实。系缘法界，一念法界，一色一香无非中道，已界及佛界、众生界亦然。阴、入皆如，无苦可舍；无明尘劳即是菩提，无集可断；边邪皆中正，无道可修；生死即涅槃，无灭可证；无苦、无集，故无世间；无道、无灭，故无出世间。纯一实相，实相外更无别法。法性寂然名"止"，寂而常照名"观"，虽言初后，无二无别，是名"圆顿止观"。[1]

　　亦即在这样的圆教的圆顿系统中，一一诸法皆是法界，皆是中道、实相之显现，所以才会说"生死即涅槃""烦恼即菩提"。[2] 这很明显也是一种与永嘉玄觉《证道歌》中出现的"绝对矛盾的自我同一"之思想相一致的观点。

　　而关于这种"绝对矛盾的自我同一"，例如"烦恼即菩提"这样的说法，智顗在其著作中多所提及，如《摩诃止观》卷五上：

1　［隋］释智顗，《摩诃止观》卷一上；引见 CBETA《大正藏》第 46 册，第 1 页下和第 2 页上。

2　关于此"生死即涅槃""烦恼即菩提""无明即法性"（此三语皆表达同一义）。在此，也许可以引用吴汝钧的研究成果加以说明："以现代哲学的述语来说，明与无明实成一二律背反（antinomy），两者性质正相对反，恒常地和对方相抗衡，但两者总是拥抱在一起，不能分离。我们不能离开其中的一者以求另外的一者。关于这点，智顗举了一个竹与火的例子。竹有火性，或火性是在竹中，两者拥抱在一起，但亦早有一种潜在的抗衡性；当竹中的火性有机会发展成真正的火时，它还是反过来把竹燃烧起来。在我们生命中的善与恶的因素的关系也是一样，两者总是和合在一起，但又互相拒斥。恶总存在于善的推翻中，善也总存在于恶的推翻中。善与恶总是在一个相互拥抱而又相互争斗中存在，它们都属于同一个生命，或属于同一生命的二面性相。既然都是附属于同一生命，我们便不能离开恶而求善，也不能离开善以求恶。"（吴汝钧《天台三大部所反映智者大师的心灵哲学》，《中华佛学学报》第 10 期，台北:中华佛学研究所，1997 年，第 320 页）。然吴汝钧此种见解之"即"义，或许应只是"二物相合"和"背面相翻"之"即"义，而并未是天台圆教"当体全是""完全等于"之"即"义。

……烦恼即法界，如《无行经》云："贪欲即是道"；《净名》云："行于非道，通达佛道"……[1]

而此中的"即"义，并非像智颛判摄之"通教"的如《般若心经》"色即是空，空即是色"之两个东西（空、色）合在一起的"即"字义。也并非如一个钱币有正、反两面，可透过正、反两面互相翻转，来了解的"即"义。而是如宋朝时的天台宗山家派四明知礼（960—1028）大师所言：

应知今家明"即"，永异诸师，以非二物相合，及非背面相翻。直须"当体全是"方名为"即"。[2]

不过，《摩诃止观》此书虽是阐明"圆顿止观"之理，然却十分重视一步一步之阶梯，而不容混淆修行之位次。更不容误解其"烦恼即菩提""贪欲即是道"的这种"绝对矛盾的自我同一"之心性论思想，是一种堕落的邪见思想。这点在智颛的《摩诃止观》卷二下云：

佛说"贪欲即是道者"，佛见机宜，知一种众生，底下薄福，决不能于善中修道。若任其罪，流转无已，令于贪欲修习止观，极不得止，故作此说。譬如父母见子得病，不宜余药，须黄龙汤凿齿泻之，服已病愈。佛亦如是，说当其机，快马见鞭影，即到正路。贪欲即是道，佛意如此。若有众生，不宜于恶修止观者；佛说诸善，名之为道。佛具二说，汝今云何呵善就恶？若其然者，汝则胜佛，公于佛前，灼然违反。[3]

1 ［隋］释智颛，《摩诃止观》卷五上；引见 CBETA《大正藏》第 46 册，第 49 页下。

2 ［宋］释知礼，《十不二门指要钞》上卷；引见 CBETA《大正藏》第 46 册，第 707 页上。

3 ［隋］释智颛《摩诃止观》卷二下；引见 CBETA《大正藏》第 46 册，第 19 页上。

在此引文中，智𫖮清楚地交代了佛之所以说"贪欲即是道者"，完全为了应众生之根器而说，因某一类众生，不适合于善法中修息止观，故在万分不得已的情况下，让这类众生于贪欲中修习止观。而绝不是每一个人都可以修习这样的法门的，更绝非一般邪见或怠惰之人，因着自己的欲望，而故意行于贪欲，还假托符合佛说，实在是大颠倒、大愚痴，等于是在佛前公然唱反调，污蔑圣教之真意。对绝大部分的人来说，都是适合在善法中修习止观的，而佛也明白地为着绝大部分的人，说了种种在善法中修习止观的方法。若明明应该修习善法，却反倒选择不适合自己的修行方式，而行于贪欲的话，除了误解"贪欲即是道""烦恼即菩提"之理外，更是一种愚痴、可被呵斥的行为。[1]

因此，智𫖮所言"烦恼即菩提""贪欲即是道"，这种"绝对矛盾的自我同一"的心性论思想，应是佛应机说法的表现：对上根利器之人，使其当下悟入中道实相之理，了达"一色一香无非中道"。而对极少数的某一类仅适合在恶法中修习止观的人，在万不得已的情况下，为他们开出了一个方便。而且这"即"字，对这两种类型的众生是不同意义的，对上根利器之人言，此"即"字，就是先前提到过的"当体全是""完全相等"之意，因为一一诸法皆是中道实相，所以是完全相等的。而对适合在恶法中修习止观的众生言，"即"字之义，是指由贪欲中止观的修习，"即"能达成佛道，应是"背面相翻"之"即"义。

如此，我们才能明白智𫖮此"烦恼即菩提""贪欲即是道"，这种"绝对矛盾的自我同一"的心性论思想，也才能顺利地修习止观。而对大部分的一

1　关于误解"烦恼即菩提"，印顺法师站在中观学"性空唯名"的立场，有如下的说法："说到'烦恼是菩提'……只知烦恼即菩提，而不知取着菩提就是烦恼！如通达性空，般若现前，那里还有烦恼？如误解烦恼为即是菩提，那真是颠倒了！"（释印顺《印度佛教思想史》，台北：正闻出版社，1993年，第142—143页）。印顺法师这样的说法固然正确，然就天台宗的立场检视，或许只能算是"通教"（般若性空学）的"即"字义。而这样的"即"字，仍只是"二物相合"（色即是空，空即是色）、"背面相翻"（翻恶为善、翻烦恼为菩提）。不同于天台"圆教"站在"一色一香无非中道"之诸法实相的立场，所言的烦恼"即"（当体全是）菩提。

般人而言，则必须渐次修习止观，一步一步稳扎稳打，才能臻于"烦恼即菩提""贪欲即是道"的中道、实相之境，而非一蹴可就，更绝无不修即成和反行颠倒欲望的贪欲之理。同时，每一个众生，因为在心性理体上，都具备解脱成佛之因，故只要发心修行，人人皆能成就。这也是智颛"六即佛"思想中的"理即佛"。

2."无明"与"法性"之关系——天台智颛对地论师与摄论师之批判：

天台智颛在论述其著名的"一念三千"理论之"心"与"三千"的关系时，还认为若定执"心具三千法"，则也是要破除的。智颛除了表示他的观点外，还对当时的"地论师"与"摄论师"[1]进行了不少批判。这在《摩诃止观》中提到：

> 地人云："一切解惑真、妄，依持法性，法性持真、妄，真、妄依法性也。"《摄大乘》云："法性不为惑所染，不为真所净，故法性非依持。言依持者，阿黎耶是也，无没、无明盛持一切种子。"若从地师则心具一切法，若从摄师则缘具一切法，此两师各据一边。若法性生一切法者，法性非心非缘，非心故而心生一切法者，非缘故亦应缘生一切法，何得独言法性是真、妄依持耶？若言法性非依持，黎耶是依持，离法性外别有黎耶依持，则不关法性。若法性不离黎耶，黎耶依持即是法性依持，何得独言黎耶是依持？又违经，经言："非内、非外、亦非中间，亦不常自有。"又违龙树，

---

[1] 关于地论师、摄论师的称呼，最早见于南北朝末年的论著中，而在这些论著里，地论师、摄论师，是被视为批评的对象。地论师、摄论师的著作大部分已经散佚，是以仅能通过后人的记载和零星的逸文，对其稍作了解。关于地论师、摄论师的称呼、起源和相关思想之研究，可参阅：吉津宜英《地论师という呼称について》，载《驹泽大学佛教学部研究纪要》第31期，1973年；廖明活《地论师、摄论师的判教学说》，载《中华佛学学报》第7期，台北：中华佛学研究所，1994年7月，第121—148页；释仁宥（李秋奉），载《摄论宗思想之研究——以心识说为中心》，台北：中国文化大学哲学研究所硕士论文，2002年；释圣凯《摄论学派研究》，北京：宗教文化出版社，2006年；刘朝霞《早期天台学对唯识古学的吸引与抉择》，成都：巴蜀书社，2009年。

龙树云："诸法不自生，亦不从他生；不共、不无因。"[1]

　　引文的"地人""地师"，指"地论师"，因以《十地经论》为所宗之论典，故称地论师；《十地经论》乃印度论师世亲（Vasubandhu，约公元四五世纪）著，北魏菩提流支（Bodhiruci）、勒那摩提（Ratnamati）等译，是解释《华严经·十地品》之论著。引文的"摄师"，则指摄论师，乃以《摄大乘论》（Mahāyāna-saṃparigraha-śāstra）为所宗之论典，故称"摄论师"；《摄大乘论》是印度论师无着（Asaṅga，约公元四五世纪）所著，汉译本有三。[2]然而，不论是地论师或摄论师，皆将阿黎耶识（玄奘译为"阿赖耶识"，ālaya-vijñāna）视为一切真、妄万法的依持或根源。

　　依据上面引文，智颉以为依地论师之意："阿黎耶，是真常净识摄。"[3]亦即阿黎耶识这"心"王，是清净、无染的，而且是作为一切真、妄之法所能依持的真心、法性，也就是宇宙一切万法以这清净之法性、真心为依持之意。[4]而智颉以为，摄论师则认为阿黎耶识"是无记、无明随眠之识，亦名

1　［隋］智颉《摩诃止观》卷五上；引见 CBETA《大正藏》第 46 册，第 54 页上、中。
2　《摄大乘论》的汉译三本即：（1）［后魏］佛陀扇多译，二卷本；（2）［陈］真谛译，凡三卷，又称梁译《摄大乘论》；（3）［唐］玄奘译，题名《摄大乘论本》三卷。
3　［隋］智颉，《妙法莲华经玄义》卷五下；引见 CBETA《大正藏》第 33 册，第 744 页中。地论师又分成南、北两道：南道慧光计阿黎耶识为真，北道道宠计阿黎耶识为妄。从智颉这句"阿黎耶，是真常净识摄。"似乎看不出究竟阿黎耶识是真净或虚妄的。而牟宗三亦认为《十地经论》中并无明确地表示阿黎耶识是真识或妄识。（牟宗三《佛性与般若》上册，台北：台湾学生书局，1983 年，第 268 页）。智颉在此，似应针对南道地论师而言。不过北道地论师虽认为阿黎耶识是杂染虚妄的，却又立一真心作为万法的根源。故南、北两道地论师皆以清净的法性或真心作为万法之根源，亦即智颉所说的认为法性为万法之依持。
4　依据智颉所以为的地论师之意，看来地论师，依据吴汝钧的佛性判摄，应属于"佛性遍觉"，而与智颉圆教"佛性圆觉"的思想有所不同。而且，地论师这种宇宙一切万法乃以清净之法性、真心为依持之意，应该影响了同属吴汝钧的佛性判摄中"佛性遍觉"的后来华严宗性具之思想。

无没识，九识乃名净识"[1]，亦即智颛认为摄论师以阿黎耶识是虚妄的无没[2]、无明识，而法性是不为惑所染、不为真所净，独立于染、净之外的理体，[3] 故不能作万法之依持，能作万法依持的是虚妄杂染的阿黎耶识（玄奘译"阿赖耶识"）。

然而，智颛批判地认为，若按照地论师的说法，清净的阿黎耶识是"法性"，是作为万法之依持。然而"法性"是理体，非心、也非缘，既然非心，若认为心（阿黎耶识）可生一切法，那么缘亦可生一切法才是。如此这样，就不可能单纯地以为非心、非缘的"法性"可生一切法，而为一切法之依持。所以，地论师在这里在逻辑上犯了"以偏概全"的毛病。

另外，智颛则批判地认为摄论师以阿黎耶识为万法之依持，则是脱离了法性谈阿黎耶识。而如若离开法性来谈阿黎耶识，则法性和阿黎耶识不相关，阿黎耶识如何能作为含括法性的万法之依持呢？假若并非离开阿黎耶识而有法性，那又如何只称阿黎耶识是万法之依持呢？[4]

智颛并用龙树诸法非自生、他生、共生、无因生的"无生四句"，来论破地论师与摄论师之过失。智颛这样做之目的，其实就是要彰显，如若定执"心生三千法"或"心具三千法"，都一样是一种过失。而若只要破除这执自性之定见，则说"心具三千法"，乃至缘具、心缘共具、离心离缘具三千法，则亦皆可以。就这一点而言，智颛之天台学确实是颇具龙树学破除自性见的"四句论破"之风格，这应该是他自称上承龙树之学的原因。

1　[隋]智颛，《妙法莲华经玄义》卷五下；引见 CBETA《大正藏》第 33 册，第 744 页中。

2　关于"无没"，唐代的天台学者荆溪湛然（711—782）解释道："言无没、无明者，即阿黎耶识无始恒有，故云"无没"，没谓失没，恒不失故，不同俱生及现行等。"[唐]湛然《止观辅行传弘决》卷五之三；引见 CBETA《大正藏》第 46 册，第 297 页上）。

3　陈英善《天台缘起中道实相论》，台北：东初出版社，1995 年，第 319 页。

4　李四龙《智颛思想与宗派佛教的兴起》（北京大学哲学系博士论文，1999 年），收入佛光山文教基金会主编，《中国佛教学术论典—《法藏文库》硕博士学位论文》第 14 册，高雄：佛光山文教基金会，2001 年，第 289—290 页。

此外，智颛在《法华玄义》中，还明白点出与批判了地论师与摄论师所犯的错误，他说：

> 诸论明心出一切法不同，或言阿黎耶是真识出一切法，或言阿黎耶是无没识，无记无明出一切法。若定执性实，堕冥初生觉，从觉生我心过；尚不成界内思议因缘，岂得成界外不思议因缘。惑既非不思议境，翻惑之解岂得成不思议智。[1]

智颛以为在诸经论中，对阿黎耶识到底是真识？或无没识？并无完全固定的说法。若要像地论师一样，定执阿黎耶识为真识，则会"堕冥初生觉"。而会认为世界之初有清净真常的觉悟存在，而由这觉悟又产生吾人的种种烦恼。这样，便有绝对的清净法（法性），如何缘生出杂染的烦恼法之过失来？如此的问题。而智颛以为，这连界内的思议因缘都达不到，更遑论界外的不思议因缘呢？

而若像上述智颛批判的摄论师一样，定执阿黎耶识是无没、无明之虚妄识，而缘生一切法。则会有可思议的惑心、烦恼法，如何产生不可思议的清净智慧、清净法？这样困难矛盾的问题存在。如此，则成佛便会失去必然的保证与动力了。

所以，依照智颛的看法，其实，万法并非单纯地依持于法性（真识）或无明（妄识），而是在不可思议的任何一念心中（亦即上述"绝对矛盾的自我同一"的心性论思想），皆已具足万法，这正是他所谓的"一念三千"。然而"一念三千"也仅是言语表述上的方便，若执作定实，一样有过失，智颛他之所以用"四句论破"去除定执一念心具三千法，就是为了防范后人落入他以为定执的过失之中。

1　[隋]智颛，《妙法莲华经玄义》卷二下；引见CBETA《大正藏》第33册，第699页下。

从以上的讨论，我们可知智颚"圆教"提出的"一念三千"，应仅是表述他自己所曾经经历的"不可思议"的一种宗教境界。就智颚言，也就是他经历"不可思议"之"心"——"一念无明法性心"，一种"绝对矛盾的自我同一"的呈现，这样一种表达他此经历的心中法门之说，也是一种言语表达上的穷究极致与究竟之语。这点，从智颚的后学荆溪湛然的话语中，也可以理解出来："故至《止观》，正明观法，并以三千而为指南，乃是终穷究竟极说！故《序》中云：'说己心中所行法门！'良有以也！"[1]。

由此，我们可以定位，天台智颚这种"绝对矛盾的自我同一"之心性论思想，与永嘉玄觉大师《证道歌》中"无明实性，即佛性""幻化空身，即法身"的思想，应该是相仿一致的！当然，天台智颚，在分析与论说上，显得有更为清晰的理路与完整的论述。

三 结 语

以上，经由笔者的探研与分析，我们可以得知，永嘉玄觉大师《证道歌》中的思想，乃是大抵遵循《六祖坛经》中，将"般若空性"与"如来藏佛性"，这两种思想相结合的观点。并且，《证道歌》中的"如来藏佛性"思想，也与天台智颚解释的"无明即法性""烦恼即菩提""贪欲即是道"，这种"绝对矛盾的自我同一"的心性论思想观念是一致的。

因而，在这点上，笔者赞同吴汝钧教授提出的"佛性圆觉"的说法，认为永嘉玄觉《证道歌》与天台智颚"圆教"之"无明即法性"的圆顿思想，乃皆属于这种"佛性圆觉"的思想。而与《大乘起信论》、华严宗的性起思想、天台宗"别教"、达摩与早期禅宗、北宗神秀禅等，这类属于"佛性遍觉"的思想。这两类，虽都是表现出"如来藏佛性"的思想，而仍有所差异与不同。

1　［唐］湛然，《止观辅行传弘决》卷五之三；引见 CBETA《大正藏》第 46 册，第 296 页上。

维摩销霜雪，永嘉灭阿鼻

——说"罪"[1]

方　用[2]

　　内容提要：如何理解"罪"的本质及其解脱是佛教的重要论题。永嘉禅师因读《维摩诘经》而印心开悟，其在此问题上承续了维摩诘罪性本空、勿扰其心的理路，在《证道歌》中以"妄心"为生罪之心缘，以"舍妄心"为灭罪之法门，并阐释了罪福、果报等系列问题。

　　关键词：罪　罪感　空　心

《六祖坛经·机缘品》载：

　　永嘉玄觉禅师……因看《维摩经》，发明心地。[3]

1　　本文系作者主持的国家社科基金项目《中国现代哲学中的"时间"观念研究》（15BZX058）阶段性研究成果。

2　　方用，同济大学哲学系。

3　　［唐］慧能《六祖坛经·机缘品》（宗宝本）。

永嘉禅师因读《维摩经》而印心开悟，在其传世的文字，尤其是影响深远的《证道歌》中，也时时显露和传承着维摩的智慧，如"在欲行禅""火中生莲""龙象蹴踏"等，用的都是《维摩经》的典故。但歌中明确言及"维摩"之名的，只有一事：

> 有二比丘犯淫杀，波离萤光增罪结，
>
> 维摩大士顿除疑，犹如赫日销霜雪。

其中所论，即维摩如何为二比丘灭罪。

永嘉《证道歌》又云：

> 证实相，无人法，刹那灭却阿鼻业，
>
> …………
>
> 梦里明明有六趣，觉后空空无大千。

不悟如梦，天地悬隔。一朝觉后，六趣皆空。罪业已灭，何惧阿鼻？永嘉望维摩，相视只一笑。

为了叙述方便，我们先将《维摩经·弟子品》中的这段故事呈上：

> 世尊！我不堪任诣彼问疾。所以者何？忆念昔者，有二比丘犯律行，以为耻，不敢问佛，来问我言：'唯，优波离！我等犯律，诚以为耻，不敢问佛，愿解疑悔，得免斯咎！'我即为其如法解说；时维摩诘来谓我言：'唯，优波离！无重增此二比丘罪！当直除灭，勿扰其心。所以者何？彼罪性不在内，不在外，不在中间，如佛所说。心垢故众生垢，心净故众生净。心亦不在内，不在外，不在中间，如其心然，罪垢亦然，诸法亦然，

不出于如。如优波离，以心相得解脱时，宁有垢不？'我言：'不也。'维摩诘言：'一切众生，心相无垢，亦复如是。唯，优波离！妄想是垢，无妄想是净；颠倒是垢，无颠倒是净；取我是垢，不取我是净。优波离！一切法生灭不住，如幻如电，诸法不相待，乃至一念不住；诸法皆妄见，如梦如焰，如水中月，如镜中像，以妄想生。其知此者，是名奉律；其知此者，是名善解。'于是二比丘言：'上智哉！是优波离所不能及，持律之上而不能说。'我即答言：'自舍如来，未有声闻及菩萨，能制其乐说之辩，其智慧明达，为若此也！'时二比丘疑悔即除，发阿耨多罗三藐三菩提心，作是愿言：'令一切众生皆得是辩。'故我不任诣彼问疾。[1]

《弟子品》中，佛欲遣弟子去维摩诘处问疾，不料众弟子均各述原委，以示不堪此任。此品旨在扬大抑小。十大弟子作为小乘佛法的最高代表，陆续折服于维摩诘所宣说的大乘智慧，此既昭示了大小有别，更弘扬了大乘佛法的精深高妙。

永嘉《证道歌》以优波离之"萤光"与维摩诘之"赫日"对比，显示了大小乘对"罪"的不同诠释及其效果。永嘉又得益于南宗禅法，融合台禅，更以如来秘法灭除罪障[2]，为烦恼众生打开了一条解脱之路。

一 "罪"与"罪感"

灭罪求福是众生所愿。佛法常将罪福并举，如：

罪以摧折为义。造不善业，感彼三涂，得于苦报，摧折行人，目之为

1　《维摩经·弟子品》，[后秦]鸠摩罗什译。

2　永嘉《证道歌》："只知犯重障菩提，不见如来开秘诀。"

罪。福是富饶为义。起于善业，招人天乐果，故称为福。[1]

对于世间的匆匆过客而言，"罪"是恶业，会废乱道行，摧毁福报、折损性命；更有"罪报"如影随形，不期而至。

佛教把造罪之人称为"罪人"。"罪人"在无知无识时不明罪孽深重，可能亦无惭无愧，但自作自受的因果法则不虚，他们被业力所牵，痛苦流转于六道之中。解脱之道首先就要破除无明，唤醒正见。可是当"罪人"在知罪认罪之后却很容易为"罪"所累，陷溺于沉重的"罪感"[2]而无力自拔。

从时间性来看，"罪感"通常指向两个维度：一是过去，"早知如此，何必当初！""罪"因过去之一念无明而铸成，事后则心生悔意，懊恼不安，或以之为辱，惭愧难当；一是未来，罪是恶业，定有苦报，对将堕恶道的恐惧如山在压。在过去与未来的双重挤压下，"罪人"迷失了现在，惶惑茫然之中不知如何才能消弭过去之罪，也不知是否有望求得未来之福。沉重的"罪感"使得解脱之路更加艰辛甚或无望。

《维摩经》常论"罪"。佛告舍利弗：

> 众生罪故，不见如来佛土严净，非如来咎。[3]

不仅众生有罪，菩萨似乎也常与罪相行，入恶道：

1　［隋］吉藏撰《百论疏》卷三。
2　西方文化中的"罪感"是基于基督教"原罪说"而产生的，其具体内涵及赎罪之路都有其特殊性。在此暂且不论。不可否认的是，佛教的传入，极大丰富了中国文化对"罪"的思考。佛教以戒律定"罪"，并把"罪"与因果报应、六道轮回等概念联系起来，从而深刻地影响了"罪人"的心理情态。本文的"罪"与"罪感"仅就佛教而言。
3　《维摩经·佛国品》。

若菩萨行五无间，……至于地狱，……。[1]

具体到《弟子品》中的这个故事，文中只说"有二比丘犯律行"，并没有说明具体罪行。永嘉说"有二比丘犯淫杀"[2]，则表明此二比丘罪大恶极，其业足以堕入阿鼻。对于出家修行的二比丘而言，他们确知自己罪孽深重，并产生了"耻""不敢""疑""悔"等沉重的"罪感"。他们为"罪"所累，心神不宁，茫然无归。

如何除"罪"，又如何卸下这沉重的"罪感"？

佛经曾有"众罪如霜露，慧日能消除"[3]之说，永嘉《证道歌》化此以赞维摩："维摩大士顿除疑，犹如赫日销霜雪。"维摩诘的智慧如同温暖明亮的阳光，立即清除、融化了二比丘心中如霜雪一样冰冷、坚硬的"罪感"。

那么，维摩的妙方是什么？

二　罪性实相

为罪所缚的二比丘去找佛祖门下持律第一的弟子优波离，期望优波离能解其疑悔，帮他们挣脱沉重的"罪感"。优波离说，我正在为他们"如法解说"时，维摩诘来了，他指出来我的言说不过是搅扰其心、使其疑惧更深。永嘉认为，优波离之说如同微弱的萤光，不仅无法为因背负罪感而陷入黑暗的二比丘指明方向，甚至还会使他们因更深的恐惧与无望而更添罪结。

优波离继续说，维摩诘批评我并非真的奉律善解，他亲自讲法，结果"时

1　《维摩经·佛道品》。

2　《维摩经略疏》亦云："有师曾见经云。有一比丘兰若露卧。采薪女见盗行非法。比丘卧觉疑犯初重。又一比丘嗔此女欲打。怖走堕坑而死。比丘心疑惧犯杀戒。耻愧世尊。不敢咨问。遂从波离请决所疑。"《维摩经略疏》，唐智顗说，湛然略。

3　《佛说观普贤菩萨行法经》，刘宋昙摩密多译。

二比丘疑悔即除，发阿耨多罗三藐三菩提心……"，寥寥数言，二比丘当下即疑悔顿消，发心向道。

大乘在小乘"诸行无常""诸法无我"和"涅槃寂静"三法印的基础上，更高标以一切皆空的"实相印"。优波离的"如法解说"即以小乘之道论"罪"。僧肇注云：

> 如法谓依戒律决其罪之轻重。示其悔过法也。[1]

优波离以佛教戒律为依据，判定二比丘所犯之罪，以及能否除灭。可是对已经深陷"罪感"的二比丘来说，这套说辞不仅迂曲无益，还使他们更加心重难安。

以大乘之理观之，优波离和二比丘都不悟"罪"的实相。二比丘以罪为实，为罪所缚而生大烦恼；优波离既不解罪性本空而分别罪相，又不知二比丘心忧之病根，故不能为其绝疑解悔。维摩诘则意在慧剑斩根，应病与药，"当直除灭，勿扰其心"。他直接道出罪性实相：

> 彼罪性不在内，不在外，不在中间。

维摩诘要直接除灭二比丘的"罪"，但"罪"在哪里呢？内觅不得，外寻不至，内外之间亦无。若以二比丘之心与所犯之事为内外，"不在内者不在我心也。若在我心者不应待外也。不在外者不在彼事也。若在彼事者不应罪我也。不在中间者合我之与事也。罪为一矣。岂得两在哉。"[2]

以大乘观"罪"，众缘和合，方以成之。缘起性空，罪无自性。接下来维

1　[后秦] 释僧肇《注〈维摩诘经〉》。
2　同上。

摩诘又以幻、电、梦、焰、水中月、镜中像等大乘譬喻，指出罪之实相亦如诸法，生灭不住，虚妄非实。既然是空，就不永在，维摩诘所云：

> 说悔先罪，而不说入于过去。[1]

既往之罪当有所悔，但空性无常，不该系于过去，不能自拔。既然罪本非实，又何苦以罪为茧，自缚不出？故鸠摩罗什云：

> 若闻实相则心玄无寄。罪累自消。[2]

二比丘闻维摩诘说罪实相，"罪感"亦当下化解。

此亦即永嘉《证道歌》所谓：

> 证实相，无人法，刹那灭却阿鼻业。

不解实相时，众生如倒悬，纠缠于六道之善恶苦乐，种种参差历历在目，搅扰心志。一旦证悟万法皆空之真实相状，就会泯除人法之间的各种区隔与对立，等观一切。了悟实相虽只在短短的一刹那间，却能够消弭堕入无间地狱的重罪恶业。既然大千世界平等如实，天地无别，堕入阿鼻的恐惧、无法解脱的茫然亦荡然无存，"罪人"当下自在。

六祖慧能曾重释忏悔，他以为"忏""悔"有异，"忏"指向过去，"悔"面对未来，故曰：

1　《维摩经·文殊菩萨问疾品》。

2　［后秦］释僧肇《注〈维摩诘经〉》。

> 云何名忏？云何名悔？忏者，忏其前愆。从前所有恶业、愚迷、骄诳、嫉妒等罪，悉皆尽忏，永不复起，是名为忏。悔者，悔其后过。从今以后，所有恶业、愚迷、骄诳、嫉妒等罪，今已觉悟，悉皆永断，更不复作，是名为悔。故称忏悔。[1]

可是众生常以修忏除罪，慧能曾叹：

> 凡夫愚迷，只知忏其前愆，不知悔其后过。以不悔故，前愆不灭，后过又生。前愆既不灭，后过复又生，何名忏悔？[2]

若只重除前罪以得心安，而不悟当面向未来而不二过，终将前功尽弃，又坠旧过。

但是维摩诘为二比丘说法之后，二比丘即生弃小慕大之心，云：

> 上智哉！是优波离所不能及，持律之上而不能说。

他们体认到了优婆离和维摩诘——即小乘和大乘在"罪"上的不同，当下挣出了疑悔之围缠，更发心向道，欲使一切众生皆得闻维摩之智。

以"犯淫杀"而得解脱的故事，在佛经中并不鲜见。典型的如《佛说净业障经》。无垢光比丘，为淫女所诳，犯根本戒，经云其"生大忧悔，举体烦热"，时时处于必堕地狱的恐惧之中。佛以"诸法无实"撤其盖缠，经中说：

> 尔时无垢光闻说是法。心怀踊跃悲喜交集。[3]

1　［唐］慧能《六祖坛经·忏悔品》。

2　同上。

3　《佛说净业障经》，译者不详。

"心怀踊跃悲喜交集"即卸下沉重"罪感"之后法悦充盈的情态。无垢光后来"速得阿耨多罗三藐三菩提心"，佛祖并授记其将在未来世成佛。

经中更有勇施比丘"受行淫法又断人命"，心下惶恐，驰走难安，甚至"举身投地"，意欲自决。多亏鼻揉多罗菩萨以神通变现，施其无畏，勇施乃"心生欢喜，踊跃无量"，佛言勇施比丘已在西天成佛。永嘉《证道歌》云：

> 勇施犯重悟无生，早时成佛于今在。

虽如勇施曾犯重罪，一旦悟得空中不生不灭之理，精进为道，终能成佛。佛祖将《佛说净业障经》视作"诸法之镜"，并说：

> 譬如比丘，善能持律，能除他人破戒疑悔。当知此经亦复如是，能令众生离诸忧悔。[1]

"能除他人破戒疑悔"，"能令众生离诸忧悔"，不仅帮助造罪之人破除对已经过去之"罪"的执着，走出"罪感"的羁绊，而且给予锐意修道者以前行的力量和解脱的希望。这才是真智慧真慈悲，维摩之销霜雪、永嘉之灭阿鼻，其功如此。

三　罪垢与心垢

了然罪性本空，便不再为罪为累，二比丘走出了沉重的"罪感"。"罪"因"缘"而起，故本不实。那么，何为"罪"之"缘"？

---

[1]　《佛说净业障经》。

维摩诘接着说：

> 心垢故众生垢，心净故众生净。心亦不在内，不在外，不在中间，如
> 其心然，罪垢亦然，诸法亦然，不出于如。

众生之垢净皆因心起，何为心之垢净？鸠摩罗什云：

> 以罪为罪则心自然生垢。心自然生垢则垢能累之。垢能累之则是罪垢
> 众生。不以罪为罪此即净心。心净则是净众生也。[1]

"以罪为罪"即把罪当作实法，这样就有了作者、受者及作法等计较，这
种分别与贪执即是"心垢"。本来不当有别而妄自着相，所以"心垢"实为"妄
想"，执着于此必定为其所累。"不以罪为罪"即以实相空性观罪，不生妄想，
不执取各种有相，此则"心净"，心净则无罪，无罪无忧恼。

《维摩经·佛道品》中，维摩诘强调大乘的成佛之道与小乘不同：

> 若菩萨行于非道，是为通达佛道。

菩萨要入五浊世间乃至进地狱等恶道，示现种种违背佛法正理的邪行，
然而：

> 菩萨行五无间，而无恼恚；至于地狱，无诸罪垢；……

正因其心怀度化众生的正行，而以种种方便应机，外虽恶、内实善，外虽

---

1 ［后秦］释僧肇《注〈维摩诘经〉》。

染、内实净，所以其非道所为不仅不生罪，堕地狱亦非罪报。以其留惑润生，悲心利人，各种"邪行"实为智行之方便，亦恰为自利利他之解缚之道。

反之，若心有垢，则自遭罪。如舍利弗以心不净，不见净土。

有罪即有罪报，灭罪才得解脱。维摩诘问：

> 如优波离，以心相得解脱时，宁有垢不？

罪因心起，只有观心实相才能得到真正的解脱。众生因不解空性而不能等观人我诸法，妄计分别、有取贪执，这种妄想、颠倒、取我就是"心垢"。但念念无住，"垢"之心念亦无实，离妄想、无颠倒、不取我便是"净"。故垢净有缘，心无定性。心若虚空，可垢可净，心无垢则罪灭，罪灭则无盖无缠，"罪感"亦消。换而言之，"罪感"缘罪而起，亦一心相，凡所有相皆是虚妄。[1]

可见垢净皆由心起，罪垢由心垢而致，此生故彼生，心起"妄想"，行于造恶。心若清净，所行非罪。故解脱的法门，就是自净其心，去垢除尘。

大乘将自己的解脱法门称作"不可思议"，僧肇云：

> 大乘无相之道……即不可思议解脱法门。[2]

实相无相，无相性空，大乘的智慧即于空理得自在，如《心经》之"照见五蕴皆空，度一切苦厄"。万法以心为缘，心生法生，心净法净，所谓解脱即法随心转，心不为法役，纵任无碍，不拘尘累，心之解脱才是真自在。就此而言，灭罪即净心，而"罪感"的去除，正是"勿扰其心"，复其非垢

1　又：《佛说净业障经》中佛与无垢光比丘的对话更详细地呈现了"心"为"罪"之缘，以及如何从"罪感"中解脱。其关键即在"一切诸法，皆如梦"一句。可对照参看。

2　［后秦］释僧肇《注〈维摩诘经〉》。

实相。

永嘉《证道歌》云：

舍妄心，取真理，取舍之心成巧伪，

学人不了用修行，深成认贼将为子。

损法财，灭功德，莫不由此心意识，

是以禅门了却心，顿入无生知见力。

缺乏空慧，妄心兹起。心有分别，即起取舍。取舍之心，弄巧成伪。以此行事，损财灭功。这颗横起乱判的妄心就是造罪首恶啊！真正的禅门修为，就是要有正确的知见，了却此生罪之心缘。

又云：

自从顿悟了无生，于诸荣辱何忧喜？

若能明解实相，顿契空理，即可荣辱不惊，无忧无喜。罪性本空故无拣择之心，妄心不起，故罪不再生。无罪心自安。

四 罪福不二

罪不可得，福能否求？《维摩经·入不二法门品》中，先后有两个菩萨论罪福之事。

首先是师子菩萨：

罪、福为二。若达罪性，则与福无异，以金刚慧决了此相，无缚无解者，是为入不二法门。

凡夫分别罪福，力求避罪得福。师子菩萨说，如果懂得罪性本空，就应该知道罪福无二。我以如金刚一样的实相慧洞悉此相，明了罪福平等，不被罪所系缚，亦不以福求解脱。

其后是福田菩萨：

福行、罪行、不动行为二。三行实性即是空，空则无福行、无罪行、无不动行，于此三行而不起者，是为入不二法门。

凡夫常将福行、罪行、不动行对立起来，以为于欲界福行为善，能得乐报；罪行不善，必得苦报；修行禅定，能得色界无色界之果报。福田菩萨说：我知道三行实性为空，并无差别，亦不起分别，随处自在。

"二"即对立，有"二"即有分别心，有种种"妄想"。有"二"即不如法："万法云云离真皆名二。"[1]

《入不二法门品》以实相为一，等观诸法。故此二菩萨以空性论罪福及罪行、福行，不将二者对立起来而落入一边，罪福不二是他们的得道法门。

但不明空理者总是有所别，有所取，有所求，结果反以"二"入邪行。《维摩经·弟子品》中大迦叶曾于贫里行乞，维摩诘告诉他应住平等法次行乞食，又说："其有施者，无大福，无小福；不为益，不为损。"

须菩提曾入维摩诘家乞食，维摩诘先强调要等观食与诸法，又说："其施汝者，不名福田；供养汝者，堕三恶道。"

布施与供养都是善行，应得福报。但维摩诘却说布施之人福无大小，利无损益；其所施也并非广种福田，供养须菩提的人甚至会入三恶道。

这不能不让人心慌起疑，罪福无别，行善反而得恶报，难道会"不落因

1　［后秦］释僧肇《注〈维摩诘经〉》。

果"？如果一切皆空，罪福不异，因果大法怎么成立？

　　小乘弟子常托钵乞食，受者赠人善缘，施者应有福德，二者皆由所取。大乘以布施为六度之首，并主张"不住相布施"，认为行布施时应无所住，做到施者、受者与施物"三轮体空"。对于施者而言，其行布施时便不该有希求来日当得福报之心，不该以布施为田以期待获福去罪。否则此心已不净。心起垢，罪已近。所以维摩诘云："布施是道场，不望报故。"[1]

　　不期回报的无相之行才是真正的布施。

　　又云：

　　　　"何谓为悲？"答曰："菩萨所作功德，皆与一切众生共之。"……"何谓为舍？"答曰："所作福祐，无所希望。"[2]

　　即使是福德善业，也从不居功，愿与众生共有共享；现世不求恩，未来不求报。能舍福才是真菩萨行。

　　但是不具空慧之人，却常以行善求福为修道之方。正如慧能之无相颂所呵：

　　　　迷人修福不修道，只言修福便是道。
　　　　布施供养福无边，心中三恶元来造。
　　　　拟将修福欲灭罪，后世得福罪还在。
　　　　但向心中除罪缘，各自性中真忏悔。[3]

　　若存修福之心、为得福报而行善，这是"有我"，慧能云，"有我罪即生"。福罪相倚，以不空之心而处福行，心中已泛起了贪嗔痴三毒，造下了罪缘。那

1　《维摩经·菩萨品》。

2　《维摩经·观众生品》。

3　[唐]慧能《六祖坛经·忏悔品》。

些以为布施财物就能离罪，却不在清净自心上下功夫的众生，即使得福也不能除去罪缘。"成道非由施钱，菩提只向心觅"，必须忘记福报与福行，心净才能福相随。

永嘉则云：

> 着相布施生天福。犹如仰箭射虚空。
>
> 势力尽，箭还坠，招得来生不如意。

那些不解空性而着相布施的众生，自以为可由此而享上天之福，却不知此一造作，已使心蒙垢，福报尽时，必招罪应。

另一方面，若不能以罪福不二之心观众生，自利利他之修行亦难成。《维摩经·佛国品》云："毁誉不动如须弥，于善不善等以慈"。

不能看空毁誉，自心常起波澜；不能等观诸业，慈心难以普照。维摩诘甚至告知大迦叶应以魔王为"住不可思议解脱菩萨"，因为其以恶行魔事教化众生，令修行人忍辱负重，道心弥坚。

永嘉亦歌：

> 从他谤，任他非，把火烧天徒自疲。
>
> 我闻恰似饮甘露，销融顿入不思议。
>
> 观恶言，是功德，此即成吾善知识。
>
> 不因讪谤起冤亲，何表无生慈忍力！

不因他人的诋毁与恶言而起冤亲之别，受毁谤为甘露，视恶言为功德，灭嗔心，修忍性，这样的修行才能成就无生的工夫和平等的慈悲，他人之罪已化为我成道之福。

永嘉云："无罪福，无损益，寂灭性中莫问觅。"

寂灭即空。空中本无罪福之异，亦无损益之别。那些不通空理之人，种种妄想，处处计较，已如灰尘一样蒙遮了心镜。如果不在心上下功夫，而只锱铢于外在的罪福损益，就像那机关木人，"求佛施功早晚成"？

故罪福不二，诸行无异，心净皆无罪，心垢均非福。有心求福反造罪，无心避罪竟得福。罪福性本空，因果自不虚。

罪福不二以空理证因果，但何以确知众生因罪福而六道轮回时，是在"自作自受"？

五　罪与"我"

《维摩经》开篇有一长偈，其中有云："无我无造无受者，善恶之业亦不亡。"[1]

一方面，"已作不失，未作不得"，因果业报是佛法要义，必须"有我"才能自作自受；另一方面，缘起性空意味着"我"无自性，即不存在一个永恒的主宰者；但若"无我"，造善恶诸业者与受福罪之报者之间如何统一？如果"无造无受"，又如何确保为善者获福、为恶者致殃？

僧肇注曰：

> 然众生心识相传美恶由起。报应之道连环相袭。其犹声和响顺形直影端。此自然之理无差毫分。复何假常我而主之哉？[2]

在僧肇看来，众生以"心识"相续，善恶与报应依"心识"而起，如声响

1　《维摩经·佛国品》。
2　［后秦］释僧肇《注〈维摩诘经〉》。

相继，如形影不离。但"心识"亦待缘而起，并非永恒主宰之"常我"[1]。

维摩诘论病，云："无有实法，谁受病者！"[2]

同理，罪无实性，谁来受报？

罪福空性与业报因果，的确是大乘初期曾直接面对的重大责难。[3] 以《维摩经》"不二法门"观之，业报因果是"有"，罪福空性是"无"。"有无二边，无复于习"才是正见。跳不出"有"，或黏滞于"空"，都非"不二"。但是迷人常"二"，或耽空，或滞有。不见其空，为罪所缚；不信其有，无所忌惮。故维摩诘云："空病亦空。"[4]

永嘉《证道歌》则以溺水与投火来比喻执于边见者，特别指出：

1　僧肇注《方便品》"是身无主为如地，是身无我为如火"句："夫万事万形皆四大成。在外则为土木山河。在内则为四支百体。聚而为生。散而为死。生则为内。死则为外。内外虽殊然其大不异。故以内外四大类明无我也。如外地古今相传，强者先宅，故无主也。身亦然耳。众缘所成。缘合则起，缘散则离。何有真宰常主之者。主寿人是一我。义立四名也。纵任自由谓之我。而外火起灭由薪。火不自在，火不自在火无我也。外火既无我，内火类亦然。"此处僧肇强调身"无我"。又，注《弟子品》"无以生灭心行说实相法"句："心者何也。惑相所生。行者何也。造用之名。夫有形必有影。有相必有心。无形故无影。无相故无心。然则心随事转。行因用起。见法生灭。故心有生灭。悟法无生。则心无生灭。……"不悟空法，不达无生。此时心随事转，有生有灭，可见众生之心亦"无我"。又，注《文殊问疾品》"非身合身相离心，亦非心合心如幻故"句："身相离则非身。心如幻则非心。身心既无。病与谁合。无合故无病。无病故不可见也。"所谓"身心既无"，再次说明僧肇之"无我"观。但他的确未能说清楚"有我"即造者与受者的关系。总体而言，《维摩经》及中观学重在以实相论心性本空，之后唯识学主张"境空识有"，并通过阿赖耶识"恒转如瀑流"（世亲菩萨《唯识三十颂》），论证了作为业报轮回主体的"我""非断非常"的重要特征。寂天菩萨《入菩萨行论》则云："依一相续故，佛说作者受。"

2　《维摩经·文殊师利问疾品》。僧肇注曰："处疾之法要先知病本。病疾之生也皆由前世妄想颠倒。妄想颠倒故烦恼以生。烦恼既生不得无身。既有身也不得无患。逆寻其本。虚妄不实。本既不实谁受病者。此明始行者初习无我观也。"［后秦］释僧肇《注〈维摩诘经〉》。

3　青目论述龙树作《中论》之缘起："佛灭度后。后五百岁像法中。人根转钝。深著诸法。求十二因缘五阴十二入十八界等决定相。不知佛意但著文字。闻大乘法中说毕竟空。不知何因缘故空。即生疑见。若都毕竟空。云何分别有罪福报应等。如是则无世谛第一义谛。取是空相而起贪著。于毕竟空中生种种过。龙树菩萨为是等故。造此中论。"（《中论·观因缘品》）可见龙树《中论》之要义即在破此疑。众根机不敏者不解大乘空义，认为空法破坏了因果罪福及一切世俗法："空法坏因果，亦坏于罪福，亦复悉毁坏，一切世俗法。"（《中论·观四谛品》）《中论》从"中道观"和"二谛"两个方面回应了此质疑。详见《中论·观四谛品》。《中论》与《维摩经》的思路大致相同，虽然更理论化。

4　《维摩经·文殊师利问疾品》。

"豁达空，拨因果，莽莽荡荡招殃祸，弃有着空病亦然，还如避溺而投火。"

"豁达空"即断灭空，其弃有着空，既不相信有我，也不承认因果，却不知肆无忌惮之间已造罪无数，殃及自身。

《维摩经》的长偈在讲"无我无造无受者，善恶之业亦不亡"一句之前，先说："说法不有亦不无，以因缘故诸法生。"

诸法以因缘而生，世尊讲法亦无定则，对着有者需言无，对耽空者则论有。具体言说只是因机说法的方便。而在《维摩经》中，非常精彩的一场戏就是《入不二法门品》中的"时维摩诘默然无言"，文殊因此大赞："乃至无有文字语言，是真入不二法门。"

法有可说，有不可说，而真正的不二法门是言说之后的一默如雷。

亦如永嘉歌："默时说，说时默，大施门开无壅塞。"

或说或默，都是打开成佛之门的钥匙。

因此，罪福空性是不可言说的"无"，业报因果是依机设教的"有"。可说与不可说亦"不二"。业报因果是证悟空理进入涅槃必须的一只筏，谁也不能弃舟而渡生死之河。通达"不二法门"者自能不昧因果。

对于业报轮回中作为"造者"与"受者"的"我"来说，《维摩经》贯彻了"不二"之义，如普守菩萨曰：

"我、无我为二。我尚不可得，非我何可得？见我实性者，不复起二，是为入不二法门。"[1]

但"无我"并不意味着"我"的缺席，如维摩诘对迦旃延云：

1　《维摩经·入不二法门品》。

"于我、无我而不二是无我义。"[1]

业报之法不虚故"有我"，"罪"无可逃；心识随缘起灭故"无我"，空中无不变的"罪人"。唯有不疑因果，深植善本，才能远罪积福，自利利人。

六　罪，如来种与如来禅

《维摩经》以心净为本，以除心垢为功，但不言"心本净"；主"垢净不二"[2]，以空智破烦恼，亦不语罪垢有内外。不过其对众生菩提相与如来种的肯定，又为永嘉的如来禅开辟了先路。

《弟子品》中，维摩诘语优婆离：

> 一切众生，心相无垢。

心无实相，客尘[3]所染，垢起罪生。众生虽有罪，但心本无垢。

1　《维摩经·弟子品》。又僧肇《注〈维摩诘经〉》"于我、无我而不二是无我义"一句："什曰。若去我而有无我。犹未免于我也。何以知之。凡言我即主也。经云有二十二根。二十二根亦即二十二主也。虽云无真宰。而有事用之主。是犹废主而立主也。故于我无我而不二乃无我耳。""虽云无真宰"即"无我"，"而有事用之主"即"我"。

2　《维摩经·入不二法门品》：德顶菩萨曰："垢、净为二。见垢实性，则无净相，顺于灭相，是为入不二法门。"

3　《维摩经·文殊师利问疾品》："菩萨断除客尘烦恼而起大悲。"经中"客尘"仅此一处，僧肇注云："什曰：心本清净，无有尘垢，尘垢事会而生，于心为客尘也。肇曰：心遇外缘，烦恼横起，故名客尘。"又僧肇《注维摩诘经》"于我、无我而不二是无我义"一句："生曰。理既不从我为空。岂有我能制之哉。则无我矣。无我本无生死中我。非不有佛性我也。"但《维摩经》本身不言"心本净"或"性本净"，亦不言佛性。心性染净在小乘部派佛教时期就有分歧，如《成实论·心性品》云："有人说，心性本净，以客尘故不净。又说，不然。……不然者，心性非本净，客尘故不净。所以者何？烦恼与心常相应生，非是客相。又三种心：善、不善、无记。善、无记心是则非垢，若不善心，本自不净，不以客故。复次是心念念生灭，不待烦恼，若烦恼共生，不名为客。"《成实论》，古印度诃梨跋摩著，［后秦］鸠摩罗什译。

《菩萨品》中，维摩诘以如如观众生与弥勒：

> 一切众生即菩提相。

众生与弥勒一样，皆可觉悟，皆得成佛。

《佛道品》中，维摩诘又与文殊论"如来种"：

> 一切烦恼为如来种。
>
> 尘劳之俦为如来种。

所有烦恼众生、乃至造五无间罪者，都有成就如来的种子，都能发心求道，证得佛果。

维摩诘还对富楼那说：

> 即时豁然，还得本心。[1]

本心常在，豁然有悟，当下可证。

六祖慧能曾引"即时豁然，还得本心"一句，以示众生"从自心中，顿见真如本性"[2]。慧能明确肯定世人"自心本净"或"性本清净"，真如自性是众生的"成佛因"[3]。又云佛性常在，善根不断[4]。永嘉禅师读维摩而深契于心，又曾游

1　《维摩经·弟子品》。

2　[唐]慧能《六祖坛经·般若品》。

3　[唐]慧能《六祖坛经·付嘱品》："若向性中能自见，即是成佛菩提因。……若能心中自见真，有真即是成佛因。"

4　[唐]慧能《六祖坛经·行由品》："慧能曰：法师讲涅槃经，明佛性是佛法不二之法。如高贵德王菩萨白佛言：犯四重禁，作五逆罪，及一阐提等，当断善根佛性否？佛言：善根有二，一者常，二者无常，佛性非常非无常，是故不断，名为不二。一者善，二者不善，佛性非善非不善，是名不二。蕴之与界，凡夫见二，智者了达，其性无二。无二之性，即是佛性。"

走曹溪而得一宿觉，兼并融汇台禅，最终独成一支如来禅。[1]

如来禅之旨如圭峰宗密禅师所云：

> 若顿悟自心本来清净，元无烦恼，无漏智性本自具足，此心即佛，毕竟无异，依此而修者，是最上乘禅，亦名如来清净禅，亦名一行三昧，亦名真如三昧，此是一切三昧根本。若能念修习，自然渐得百千三昧。[2]

永嘉《证道歌》反复咏唱自心自足，佛性不灭。如：

> 无明实性即佛性，幻化空身即法身。
> 摩尼珠，人不识，如来藏里亲收得。
> 诸佛法身入我性，我性同共如来合。

佛性如同摩尼宝珠，众生烦恼身中皆备。可是迷人常常不知自家宝贝，因为贪嗔烦恼之尘垢早已将其重重隐覆。结果造罪行恶，受苦负重，如同贫困无望的乞儿，只知向外求索。

维摩之如来种，倡明众生已经具足成就如来的根本，如来种是众生可以除恶去罪，积善成佛的根本、因缘。[3]永嘉如来禅更强调烦恼众生自心本净，有如来如胎自藏身中，虽隐不断。对于造罪之人而言，这些无疑都确认了离苦的可能性，重塑了解脱的信心，助其走出罪感，发心向道。所以《维摩经》中，即使娑婆世间众生刚强难化，也终有望除难度脱。《证道歌》中虽叹息末法恶世福薄难调，也从不谓焦芽败种，不能发心。如果不能真实地确信"种性"本有，

1　在此不细究祖师禅与如来禅之别，亦不言具体禅法修习次第。仅就"如来藏里亲收得"而论。

2　［唐］宗密《禅源诸诠集都序》。

3　［后秦］释僧肇《注〈维摩诘经〉》："什曰。种根本因缘一义耳。"

就会如小乘之号泣，自断成佛路。[1]

"如来种"或"如来禅"同时也指明了摆脱罪缚，获得自在的唯一方法，即净心离垢。《维摩经》云：

> 随其心净，则佛土净。[2]

永嘉亦主张"直截根源"，顿觉"本源自性"。

> 但自怀中解垢衣，谁能向外夸精进？

即使是一无所有的贫儿，心里也珍藏着无价之宝。只要精进努力，扫垢除尘，如同自己脱下自己的怀中那件染污的衣服时，那颗圆润光亮的宝珠当下立现。[3]可是如果不识自性，读经修行只是"数他珍宝"，虚行无益。

对于如来禅而言，因为"净"为心性之本，"垢"为外来之尘。故净心除垢更是复其初，得其真。觉得此理，如同漂泊的风尘客重返家园。

> 心是根，法是尘，两种犹如镜上痕；痕垢尽除光始现，心法双忘性即真。

此处言"心"，并非那个本来清净的自家宝藏，而是妄心，分别心，其如根一样，生发法尘。妄心法尘都是遮蔽真心宝镜的污痕垢迹，只有舍弃妄心，擦除无垢，才能重现如来宝藏的光明。但若不识本心，向外求索，反如认贼为

1　《维摩经·不思议品》："大迦叶闻说菩萨不可思议解脱法门，叹未曾有。谓舍利弗：'……我等何为永绝其根？于此大乘，已如败种！一切声闻，闻是不可思议解脱法门，皆应号泣，……'"。《证道歌》亦云："种性邪、错知解，不达如来圆顿制；二乘精进勿道心……"

2　《维摩经·佛果品》。

3　《法华经·五百弟子授记品》中有著名的"衣珠喻"，世尊"以无价宝珠系其衣里"，但贫者不知，勤苦忧恼。

子，造罪损福。

另一方面，烦恼即菩提，如来种的生根发叶，不离世间。故《维摩经》以"不二"观世间出世间，[1] 以烦恼泥生清净莲。永嘉如来禅亦在世间：

> 行亦禅，坐亦禅，语默动静体安然。

无处非道场，事事皆修行。对于慕志求道者而言，又何惧旧罪不去，永堕恶道？佛法以"不作诸恶"及"作已能悔"为"二种健人"。无过虽难，悔罪有道[2]。霜雪可销，阿鼻本空。只要发心向佛，证悟实相，笃信因果，除尘去垢，明心见性，不可思议解脱法门顿然开启。

1　《维摩经·入不二法门品》："那罗延菩萨曰：世间出世间为二。世间性空，即是出世间。于其中不入不出，不溢不散。是为入不二法门。"

2　具体的忏悔方法，佛经及高僧都常论及。如天台智顗《童蒙止观》："夫欲忏悔者，须具十法助成其忏。一者明信因果，二者生重怖畏，三者深起惭愧，四者求灭罪方法。所谓大乘经中明诸行法，应当如法修行。五者发露先罪，六者断相续心，七者起护法心，八者发大誓愿度众生，九者常念十方诸佛，十者观罪性无生。"又如《六祖坛经·忏悔品》以及《永嘉禅宗集》等。

"教禅融合，超越宗派"

——永嘉玄觉修行历程

廖笑焱 [1]

内容提要：永嘉大师玄觉，唐代温州人，"教禅融合，超越宗派"最早践行者，传世著作有《证道歌》和《永嘉集》，尤其是《证道歌》的影响至巨，可谓千古之绝唱，百代之慈航。无论在教理思想，还是禅法直指上，甚至是语言文字上，都具备极高的造诣。永嘉大师是佛教史上的一位重要人物。本文从历史背景、俗世家谱、地域文化和社会主流意识的角度对永嘉大师生平和修行历程进行考据，正本清源，以还原其传奇的一生，为进一步研究永嘉禅学思想做好基础工作。

关键词：永嘉玄觉　教禅融合　超越宗派　修行历程

绪　论

唐代永嘉大师玄觉（665—713），温州人，俗姓戴，字明道，号永嘉玄觉。

1　廖笑焱，温州商学院教授。

在西山龙兴寺剃度出家，唐玄宗先天二年圆寂龙兴别院，初习天台止观，并精华严，又遍探三藏，对禅宗极感兴趣，四威仪中常行禅观，后在禅宗六祖慧能大师座下得以印证，成为六祖门下五大持法者之一，时称"一宿觉"和尚。现存最早禅宗史书《祖堂集》第一次记录了大师行迹。记载"一宿觉和尚，嗣六祖，在温州。师讳玄觉，字道明，俗姓戴氏，温州永嘉县人也。"再后，赞宁《宋高僧传》（988年撰）卷八为立传《唐温州龙兴寺玄觉传》。道原《景德传灯录》（1004年撰）卷五也有传，此传志磐《佛祖统纪》（1269年撰）袭之。关于永嘉大师生平文字记载十分有限，本文从历史背景、俗世家谱、地域文化和社会主流意识的角度去对永嘉大师生平和修行历程进行考据，正本清源，以还原其传奇的一生。

一　永嘉玄觉生平与修行历程

俗家身世与修行历程

玄觉禅师，又名元觉、真觉、一宿觉、无相大师，因生前生活、修行在当时的永嘉郡（今温州市鹿城区），故世称永嘉大师。大师俗姓戴，字明道，唐高宗麟德二年（665）出生于温州鹿城区九曲巷。

据《宋高僧传》卷八《唐温州龙兴寺玄觉传》[1]记载："释元觉，字明道，俗姓戴，汉末祖侃公第五（代），燕公九代孙讳烈，渡江乃为永嘉人也。"可见，玄觉俗姓戴，祖上迁至温州为永嘉人。明弘治《温州府志》记"玄觉禅师，姓戴氏，瑞安人，居帆游乡。"

调研戴氏宗祠族谱发现，今世传永嘉大师为温州瑞安霞川（今属瓯海）一系实为误解。霞川《戴氏宗祠族谱》中虽收录了玄觉兄妹画像记生平文章，但

1　赞宁《宋高祖传》（988年撰）卷八。

没有列出宗支世系，没有注明哪朝哪代收录了画像。据温州地方史料记戴姓宗族族谱所记"温州戴氏始祖戴诔公，在唐宣宗大中年间（847—859）从福建泉州仙游县上茅迁至温州东湖里安仁坊。"而玄觉禅师早在唐高宗麟德二年（665）出生，比戴诔公还早一百四十年左右。显然不符合事实。

查阅《中华戴氏通鉴》[1]，根据浙江卷《世系总支》中记载，玄觉禅师祖上臻公（戴法兴玄孙）在梁武帝时期（501—519）从剡溪（今嵊州）迁至温州九曲巷，再传至六世豹公、彪公。豹公生三子，长子璠，次子明宣，三子明道。璠公传四世至秩公，约在唐德宗贞元年间（784），率全族从温州九曲巷迁居平昌官坡（兰溪）。此信息与宋高僧传卷八记载相符。

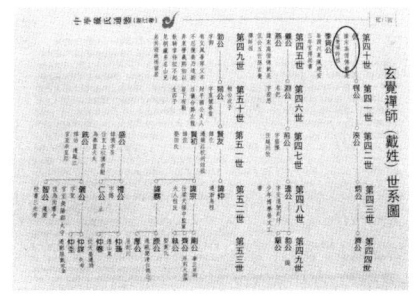

戴氏世袭图1

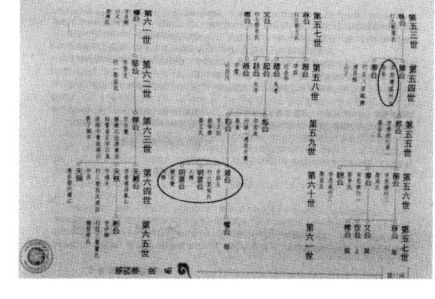

戴氏世袭图2

由此可以断定，玄觉禅师俗姓戴，祖上汉末建安人，是戴侃公二十二世孙。在梁天监间（503—509）燕公九代孙烈从剡溪（今嵊州）迁入温州九曲巷。玄觉禅师是豹公第三子明道。十一世秩公时（784年）又转迁至平昌官坡（今兰溪）。目前约定俗成认为玄觉禅师为温州瑞安霞川（今属瓯海）一系证据不足不符事实。

根据弘治温州府志记载九曲巷在寨桥，今温州鹿城区第一桥附近。古时候第一桥是古城瑞安门今温州市区大南门内第一座桥。故府志中记为瑞安人。玄

1　《中华戴氏通鉴》浙江卷第422页，《玄觉禅师宗支世系考》。

觉出生于此。笔者认为这也是导致今人误认为玄觉是瑞安（现温州县级市）人氏霞川（今属瓯海）一系的原因，实是因地名变迁所致误解。

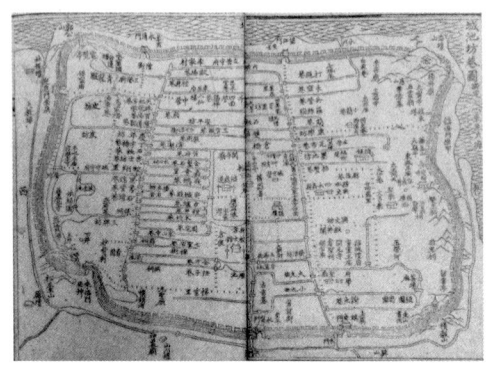

光绪初期温州城市图

据《祖堂集》卷三：

> 一宿觉和尚，嗣六祖，在温州。师讳玄觉，字道明，俗姓戴氏，温州永嘉县人也。内外博通，食不耕锄，衣不蚕口，平生功业，非人所测。曾在温州开元寺孝顺亲母，兼有姊，侍奉二人。合寺合廊，人谤其僧。有一日，亲母下世，着麻未抛，姊又更被人谤，其僧不能观得。

（第167页）

> 有一日，廊下见一禅师，号曰神策，年近六十有余。弟姊两人隔帘见其老宿，姊却向弟曰："屈老宿归房里吃茶，还得也无？"弟便出来，屈其老宿，老宿不欲得入，见其僧苦切，老宿许之。
>
> 老宿去房里，女出来相看曰："小弟容易，乞老宿莫怪。"便对老宿坐，又教弟坐。
>
> 三人说话次，老宿见其僧气色异于常人，又女人亦有丈夫之气，老宿

劝其僧曰："孝顺之事，自是一路，虽明佛理，未得师印。过去诸佛，圣圣相传，佛佛印可，释迦如来，燃灯授记，若不然者，即堕自然矣。南方有大圣，号曰慧能禅师，可往礼足为师。"

僧对曰："昨者母亲下世，只有姊独自，无人看侍，争抛得？"

姊却向弟说："弟莫疑我，某甲独自身，取次寄住得，但自去。"

弟僧从此装裹，却去寺主处具说前事，寺主曰："师兄若这个善心，某甲身自不能去，得某相共造善因，师兄但去，莫愁其姊，某甲孝顺，但唤来他房里。"其僧一一依他寺主处分，唤姊去寺主房里，安排了，便发去，其弟僧年当三十一。

（第168页）

地逦往到始兴县曹溪山，恰遇大师上堂，持锡而上，绕禅床三匝而立，六祖问："夫沙门者，具三千威仪，八万细行，行行无亏，名曰沙门。大德从何方而来，生大我慢？"

对曰："生死事大，无常迅速。"

六祖曰："何不体取无生，达本无速乎？"

对曰："体本无生，达即无速。"

祖曰："子甚得无生之意。"

对曰："无生岂有意耶？"

祖曰："无意谁能分别？"

对曰："分别亦非意。"

祖曰："如是！如是！"

于时，大众千有余人皆大愕然。师却去东廊下挂锡，具威仪便上礼谢，默然击目而出，便去僧堂参众，却上来辞，祖曰："大德从何方来？返太速乎？"

（第169页）

对曰："本自非动，岂有速也？"

祖曰："谁知非动？"

对曰："仁者自生分别。"

祖师一跳下来，抚背曰："善哉！善哉！有手执干戈，小留一宿。"

来朝，辞祖师，禅师领众送其僧，其僧行十步来，振锡三下，曰："自从一见曹溪后，了知生死不相干。"

其僧归来，名号先播于众人耳，直道不可思议人也！收过者无数，供养者不一，从此所有歌行偈颂皆是其姊集也。

师先天二年十月十七日迁化，春秋三十九，敕谥无相大师净光之塔。[1]

（第170页）

禅宗现存最古的灯录《祖堂集》，卷三《一宿觉和尚》第一次记录了永嘉大师行迹。书中讲述，一宿觉和尚玄觉，俗姓戴，字道明，温州永嘉县人，玄觉曾在温州开元寺孝顺亲母，兼有姊，侍奉二人，如此出家等于在家，违反佛教戒律，导致"合寺合廊，人谤其僧"。开元寺是玄觉禅师早年出家修持的寺院，在寺院里他孝顺母亲照顾亲姐，因此嫌招非议。母亡后，神策禅师来寺，劝玄觉去南方寻慧能印证。玄觉安顿其姊，与策禅师同往韶州曹溪参见六组慧能后以得印证。可见，开元寺是玄觉禅师去曹溪参见六祖前修行住处。开元寺当年是温州第一大寺崇安寺，史料记载建于晋太宁三年（325），李整舍宅建崇安寺，也是温州最早建的寺院。唐玄宗开元二十六年（738）改名开元寺，原址在今温州市区公园路新华书城所在的原新华印刷厂址。由于《祖堂集》成书于南唐保大十年（952），故称崇安寺为开元寺。温州，玄宗天宝（742）元年

1　《祖堂集》禅宗现存最古的灯录共二十卷，五代泉州昭庆寺静、筠二师撰于南唐中主保大十年（952），《祖堂集》大抵只录南宗一系，卷三有《一宿觉和尚》，第一次记录了永嘉大师行迹。

复为永嘉郡，故称玄觉温州永嘉县人。

据《宋高僧传》卷八《唐温州龙兴寺玄觉传》：

释玄觉，字明道，俗姓戴氏，汉末祖侃公第五燕公九代孙，讳烈，渡江乃为永嘉人也。总角出家龆年剃发。心源本净智印全文。测不可思解甚深义。我与无我恒常固知。空与不空具足皆见。既离四病亦服三衣。德水沐其身。所以清净。良药治其眼。所以光明。兄宣法师者。亦名僧也。并犹子二人并预缁伍觉本住龙兴寺。一门归信连影精勤定根确乎不移。疑树忽焉自坏都捐我相不污客尘睹其寺旁别有胜境。遂于岩下自构禅庵。沧海荡其胸。青山拱其背。蓬莱仙客岁月往还。华盖烟云晨昏交集。粤若功德成就佛宝欻兴。神钟震来妙屋化出。觉居其间也。丝不以衣耕不以食。岂伊庄子大布为裳。自有阿难甘露作饭。觉以独学孤陋三人有师。与东阳策禅师肩随游方询道。谒韶阳能禅师而得旨焉。或曰。觉振锡绕庵答对。语在别录。至若神秀门庭遐征问法。然终得心于曹溪耳。既决所疑能留一宿。号曰一宿觉。犹半遍清也。以先天二年十月十七日。于龙兴别院端坐入定。怡然不动僧侣悲号。以其年十一月十三日殡于西山之阳。春秋四十九。初觉未亡前禁足于西岩。望所住寺喟然叹曰。人物骈阗花舆蓊蔚。何用之为。其门人吴兴兴师新罗国宣师。数人同闻皆莫测之。寻而述之曰。昔有一禅师将诸弟子游赏之次。远望一山忽而唱曰。人物多矣。弟子亦不测。后匪久此师舍寿。殡所望地也。西山去寺里有余程。送殡繁拥人物沸腾。其感动也若此。又未终前有舒雁千余飞于寺西。侍人曰。此将何来。空中有声云。为师墓所故从海出也。弟子惠操惠特等慈玄寂。皆传师之法为时所推。后李北海邕为守括州。遂列觉行录为碑号神道焉。觉唱道着明修证悟入。庆州刺史魏靖都缉缀之号永嘉集是也。初觉与左溪朗公为道契。朗贻书招觉山栖。觉由是念朗之滞见于山。拘情于讲。回书激劝。其辞婉靡其理明白。俾其山世一如喧静互用。趣入之意暗诠于是。达者韪之。终敕谥号无相。塔曰净光焉。[1]

　　开元寺是玄觉参见六祖前常驻的寺院，龙兴寺便是大师参见六祖得以印证后回温州弘法的地方。据《宋高僧传》卷八记载："总角出家，髫年剃发。觉本住龙兴寺，睹其寺旁，别有胜境，遂于岩下，自构禅庵。"玄觉禅师幼年剃度出家，世传永嘉大师落发处在头陀寺[2]，弘治温州府志由此记载。玄觉曾住温州开元寺出家修行，后因左溪玄朗激励，与东阳策禅师同去曹溪见慧能大师，得以印证，号"一宿觉和尚"。后回温州弘法，本住龙兴寺，发现寺院旁边，别有胜境，于是在岩下，自构禅庵。龙兴寺或指今松台山上，龙兴别院指今妙果寺处。但西山难以断定就是今松台山。据陈闳慧记述，"古时城西诸山，皆名西山"，"今松台与附郭诸山，皆西山之列也"[3]，认为西山即今松台山实为牵强。《万历温州府志》与清《光绪永嘉县志》的《舆地志》里，记载白泉在西山（今景山），古名玉泉，"其水甘冽，唐宿觉禅师所卜堰，久旱不竭，远近人资之"，但考虑松台山亦称西山，颇怀疑是否在松台山，因为玄觉既住松台山，若需要饮用水，应当就近卜堰，干吗跑到老远的景山去？[4]这里指出"西山去寺里有余程"与《弘治温州府志》所描述"西山山城三里"相符，文中所指西山，或许可以认定为今雪山，根据西山青瓷窑遗址[5]，"系晚唐至北宋初期生产瓷器的窑厂遗址。窑址范围，以今护国寺岭脚为中心，南起净水，经锦山、护国寺岭脚，北至双桥的乌岩头，横亘三四里。西山，一名瓯浦山，又名金丹山。位处本区西郊，故名。西山是个总名，包括雪山、锦山、弥陀佛山、莲花心、外营盘山、底营盘山等大小山头，自北而南，横亘三里余，

1　赞宁《宋高僧传》（988年撰）卷八为立传《唐温州龙兴寺玄觉传》。

2　《弘治温州府志》卷三，一宿觉剪发于头陀山。

3　出自《梅冷生集》卷五之"永嘉名胜一览"

4　南航《玄觉：六祖弟子，永嘉大师》，载《温州日报》。

5　《温州市鹿城区地名志》，温州市鹿城区人民政府刊行，1987年刊行，第180页。

总面积达 2 259 000 平方米"。[1]据《宋高僧传》卷八唐温州龙兴寺玄觉传记载：
"以先天二年十月十七日。于龙兴别院端坐入定。怡然不动僧侣悲号。以其
年十一月十三日殡于西山之阳。"又曰"西山去寺里有余程，送娱繁拥，人
物沸腾，其感动也若此。"可推断寺院到西山有一定距离，《弘治温州府志》
也描述"西山去城三里"。如果龙兴寺在松台山，玄觉师会不会安葬于西山
今景山呢？

玄觉禅师卒后百年，唐宪宗元和年间（806—820），永嘉太守杜贲因喜爱
玄觉所著《证道歌》，重修永嘉大师墓，发现遗体如生，遂上报朝廷，唐宪宗
敕令造真身舍利塔。此时选址在其生前寺院旁，火化迎请入塔是极有可能的。
后太守朱褒将此事上报朝廷，唐僖宗赐谥号"无相大师"，塔名"净光"。净光
寺位于温州府城内，松台山东麓。光化二年（899），净光塔周围建成塔院，唐
昭宗赐匾额"净光禅寺"。《唐温州龙兴寺玄觉传》称，"觉本住龙兴寺"，后"睹
其寺旁，别有胜境，遂于岩下，自构禅庵"，此即龙兴别院的由来。净光寺以
玄觉为祖师，龙兴别院或为其前身。[2]宿觉庵，宿觉禅师道场[3]，在西洋。康熙年
间《永嘉县志》载，西洋在松台山西面。宋太宗时，赐匾曰"宿觉名山"。宋
重建净光七层宝塔于松台山顶，官民纷纷舍塔砖以筑之。[4]净光塔，曾经"镇
三溪之水，为一城表"，虽然历代多次毁坏。其中，最著名的一次毁坏是明弘
治十二年，温州知府文林以该塔"妨于地理毁之"，在文林毁掉净光塔后，跟
着被毁的是净光禅寺，到清代只剩下故址。南宋嘉定二年晚岁居乡的大儒叶适
《宿觉庵记》记述，山上的十来处寺院仅剩二三，惊愕山已被富贵权要占据，
"枯茶败草，仿佛乱石"中，慨然怜之，在绝境亭下建小精舍，题曰宿觉庵，

1　《温州市鹿城区地名志》，温州市鹿城区人民政府刊行，1987 年刊行，第 185 页。

2　马丛丛《妙果寺志》，《上海师范大学硕士研究生论文》。

3　［清］张宝琳修《永嘉县志》。

4　考今出土文物，有庆历八年（1048）、熙宁壬子七月（1072）、元祐五年（1090）等年代的塔砖，
可见宋时曾重建。

让居宽为庵主，种下竹树，招来僧徒，希望能再邂逅一位玄觉般的大师。这便是宿觉庵，此庵非宿觉道场原址。崇祯年间（1627—1644），天台宗灵操在松台山西建宿觉丛林，也称"宿觉庵"。清代雍正十一年（1733），敕封宿觉大师为洞明妙智禅师。2001 年 12 月 1 日温州市人民政府举行重建净光塔奠基仪式。2003 年 1 月 1 日在净光塔基下发现妙骨陶罐，15 日市佛协组织迎请暂放妙果寺，达崇老和尚在四众弟子拥护下找出舍利子，瑞相纷呈。2012 年 8 月 20 日净光塔移交佛教界管理。9 月 30 日中秋节在净光塔下举办"净光明月，妙果禅心"安福利生感恩活动。同年 11 月 9 日温州市人民政府专题会议纪要决定在妙果寺东边建永嘉大师宿觉讲堂。

永嘉玄觉与天台宗源

据《景德传灯录》卷五

温州永嘉玄觉禅师者，永嘉人也，姓戴氏。丱岁出家，遍探三藏，精天台止观圆妙法门，于四威仪中，常冥禅观。后因左溪朗禅师激励，与东阳策禅师同诣曹溪。[1]

玄觉早年为天台宗法嗣，师承关系见宋释志磐《佛祖统纪·诸祖旁出世家第二·永嘉真觉禅师》（1269 年撰），记真觉禅师为天宫惠威旁出世家之二世。《景德传灯录》（1004 年）卷第五记载："丱岁出家，遍探三藏，精研天台止观，圆妙法门，与天台宗八祖——左溪玄朗为同门友。"志磐以为二人俱出自天台七祖天宫慧威门下。永嘉大师早年精研天台止观，圆妙法门。冒广生《永嘉高僧碑传集叙》中记："因以授梓人梓成自为之叙，叙曰言永嘉高僧者多目元觉，府县志方外列传亦以元觉称首，灌顶为天台五祖在元觉前，乃书缺有间岂，以传称灌顶为临海之章安人，遂人之今台州之临海耶，嬴秦以还郡县，改异离合增省，历代不同后汉书郡国志，永和三年以章安县东瓯乡为永宁县。

1　道原《景德传灯录》（1004 年撰）卷五。

永宁今之永嘉，章安则今之瑞安也。"旧时，以章安县东瓯乡为永宁县，永宁民国时的永嘉，永嘉章安就是瑞安，晋书地理志临海郡，吴置统县八则，永嘉郡地当时固皆临海郡地，隋代陈平废临海郡改县属永嘉郡（见隋书地理志），如皋冒广生曰："今之瑞安其地当省入于临海，文人记载沿古称谓，故《灌顶传》不曰永嘉之临海人，而曰临海之章安人。实则隋时以后尚有临海郡章安县也，府县志世无善本承修之士，又多略与二氏灌顶遂为台州之临海人，而不知本传所云祖世避地东瓯因而不返，故可为瓯僧非台僧之铁证也，譬之水，元觉海也，灌顶河也，不从流以溯源乌睹学之所谓滥觞哉。"正如冒广生先生所言，同属永嘉籍高僧，天台五祖灌顶到永嘉玄觉是有法脉源流之溯。隋唐时期天台宗盛行，温州邻近天台，自然僧人往来频繁，天台宗在温州境内广为流传。

《景德传灯录》记载永嘉玄觉精研天台止观，圆妙法门，与天台宗八祖——左溪玄朗为同门友。现存玄觉所著《永嘉集》里存《劝友人书第九》载录了玄朗写信招玄觉归隐山居，以及玄觉的回复答书。玄觉以"见道忘山者，人间亦寂也"辞之。两人虽在证道认知存在分歧。左溪玄朗与永嘉玄觉为慧威门下是有依据的。宋释志磐《佛祖统纪·诸祖旁出世家第二·永嘉真觉禅师》，记真觉禅师为天宫惠威旁出世家之二世，内容与《景德传灯录·温州永嘉玄觉禅师》大同小异，想必袭之。志磐谓："《左溪本纪》称与真觉为同门友，《真觉传》中称'左溪激励，遂谒曹溪'，而又言'精于天台止观之道'，可见玄觉与玄朗曾同门学于天宫。再则，玄觉《永嘉集》中全用'止观遮照'之旨，直系之天宫，用见师授之意。据此可知，志磐根据玄觉与左溪朗禅师关系，以及《永嘉集》的意旨，判定玄觉在天台宗的宗派归属。北宋杨亿《无相大师行状》说玄觉"精天台旨观圆妙法门"，《坛经》（契嵩本）也说"永嘉玄觉禅师少习经论，精天台止观法门"。可见玄觉早年是为天台宗法嗣。

永嘉玄觉与六祖慧能

据《六祖大师法宝坛经》：

> 永嘉玄觉禅师，温州戴氏子。少习经论，精天台止观法门。因看《维摩经》发明心地。偶师弟子玄策相访，与其剧谈，出言暗合诸祖。策云："仁者得法师谁？"曰："我听方等经论，各有师承。后于《维摩经》悟佛心宗，未有证明者。"策云："威音王已前即得，威音王已后，无师自悟，尽是天然外道。"曰："愿仁者为我证据。"策云："我言轻。曹溪有六祖大师，四方云集，并是受法者。若去，则与偕行。"觉遂同策来参，绕师三匝，振锡而立。师曰："夫沙门者，具三千威仪、八万细行。大德自何方而来，生大我慢？"觉曰："生死事大，无常迅速。"师曰："何不体取无生，了无速乎？"曰："体即无生，了本无速。"师曰："如是，如是！"玄觉方具威仪礼拜，须臾告辞。师曰："返太速乎？"曰："本自非动，岂有速耶？"师曰："谁知非动？"曰："仁者自生分别。"师曰："汝甚得无生之意。"曰："无生岂有意耶？"师曰："无意，谁当分别？"曰："分别亦非意。"师曰："善哉！少留一宿。"时谓一宿觉。后著《证道歌》，盛行于世（谥曰无相大师，时称为真觉焉）。[1]

玄觉到韶州（今广东省韶关）曹溪宝林寺参见六祖慧能接引者有两人。《景德传灯录》记玄觉"后因左溪朗禅师激励，与东阳策禅师同诣曹溪"。《祖堂集》记载了，因神策劝诚去参见慧能师，时年三十一岁，策禅师六十有余。其参见的动机"独学孤陋，三人有师"。于是安顿好姐姐，偕同策禅师同往。以逆水之机，顿时得悟。既决所疑，慧能留住一宿，翌日便下山而去，时称"一宿觉"，犹如温州土语"半遍清"。从而得到了六祖慧能的"印证"，即验证了

1　《六祖大师法宝坛经》，《大正新修大藏经》，第48册，2008年。

自己见解的正确。这一段对话本身就是明心见性禅理的生动体现。由于玄觉仅留一宿，翌日回温，故《指月录》将玄觉列为"旁出法嗣"，但仍认为是合法的继承者。对此清雍正帝在《御制序》中论述："今观其问答语，永嘉全是逆水之机，毫无顺水之意。然则曹溪何授而永嘉何受乎？不知永嘉正从此得曹溪法乳，不可诬也。"雍正帝认为玄觉得曹溪六祖法乳无疑，即继承衣钵无异议。

作为慧能门下五大弟子之一，玄觉与怀让、行思、神会、慧忠并列。玄觉回温州后，声誉鹊起。他的门徒惠操、惠持、等慈、玄寂，都能传授师傅之法，颇受时人推重。其兄宣法师，与玄觉同日剃染入道，终成名僧。另有侄子二人，并预瑙伍。其妹玄机，也出家悟道，常习定于大日山石窟中，后住温州净居寺，《景德录》有传。可以说是全家归信。

二 永嘉禅理论的创建

永嘉玄觉主要著作有《永嘉集》和《证道歌》，《证道歌》的影响更为巨大，可谓千古之绝唱，百代之慈航！无论在教理思想，还是禅法直指上，甚至是语言文字上，都具备极高的造诣。

《永嘉集》与天台教义

《永嘉集》是玄觉参见慧能之前的著述，更多地体现了同天台宗的渊源关系。传世典籍中，最早记载玄觉生平的是魏静《永嘉集序》，但其中只言及所著十篇而已："大师在世，凡所宣纪，总有十篇。集为一卷，庶同归郢悟者，得意忘言耳。今略纪斯文，多有谬误，用俟明哲，非者正之。"赞宁《宋高僧传》卷八《唐温州龙兴寺玄觉传》，提到魏静所辑："觉唱道着明，修证悟入，庆州刺史魏靖（即魏静）都辑缀之，号《永嘉集》是也。"

《永嘉集》是建立在"道不浪阶，随功涉位"（《禅宗永嘉集·慕道志仪第一》）的基础之上的。全书共十门，除第九门《劝友人书》外，通篇论述的是如何通过渐修而逐步登阶涉位，直到悟道。前三门分别为"慕道志仪""戒骄奢意""净修三业"，统属于"入道次第"。论述必须立志修道，严持戒律，贱身贵法，净修身业、口业、意业。从第四门到第六门统属于"修道次第"，分别是"奢摩他颂""毗婆舍那颂""优毕叉颂"。论述修道必须"修心""观见""观心"。其内容繁杂，有的来自地论师，有的来自天台宗和三论宗。也有玄觉自己的创见，但与禅宗无涉，甚至有批评禅宗的言辞。第七门"三乘渐次"。讲佛教真理是绝对的，对众生一视同仁，但众生的根性不同，分上、中、下三等，悟有快慢、深浅，故有三乘渐次之分。这种思想来自天台宗。第八门"事理不二"，主张"学游中道"，这种思想源于华严宗。[1]可见《永嘉集》是强调修行次第的，这与《证道歌》悟道观念和文体上均存在很大的差异。

《证道歌》禅学思想

唐代玄觉《证道歌》已流传百世，享誉佛界、学界，被印度梵僧尊为《东土大乘经》(《佛祖统纪》卷十引洪觉范语："梵僧觉称，谓西竺目此歌为'东土大乘经'。")其地位犹如《金刚经》在中国。然对《证道歌》的作者归属问题一直是有争议的。其原因主要是时任庆州刺史的魏静收录玄觉著作十篇为《永嘉集》，并作序，其中未收《证道歌》，两部作品无论从觉悟境界还是文体上均存在很大的差异。然而，永嘉玄觉虽早年修学天台止观法，终究是得六祖慧能印证。当时，玄觉与六祖慧能的对话，与《证道歌》中所写"自从认得曹溪路，了知生死不相关。行亦禅，坐亦禅，语默动静体安然。"无不充分体现"顿觉了，如来禅""是以禅门了却心"之实。所以，永嘉大师是以禅宗了悟无疑。

至于《证道歌》流传问题，禅宗现存最古的灯录《祖堂集》记载，玄觉曾

1　《玄觉〈劝友人书〉的成书时间及其禅观》，浙江大学学报（人文社会科学版）第31卷，第3期，2001年5月。

在温州开元寺孝顺亲母，兼有姊，侍奉二人。又云"其僧归来，名号先播于众人耳，直道不可思议人也！收过者无数，供养者不一，从此所有歌行偈颂皆是其姊集也"。这里明确记载，玄觉有一姊，从此所有诗歌行偈都由其姐姐收集。《五灯会元》卷二《玄觉传》下附的《玄机小传》，"世传玄机乃永嘉大师女弟"，《弘治温州府志·仙释》亦载"玄机，瑞安人，戴氏女，宿觉师女弟"，籍贯、姓都与玄觉相同，还都是玄字辈，把"女弟"解作妹妹。"明代天台山幽溪沙门传灯重编并注的《永嘉禅宗集注》，谈到"师有妹，名元机，亦出家悟道。传载《传灯录》。"元机，本当作"玄机"，后人避清圣祖玄烨（康熙）讳而改；《玄机传》，今本《传灯录》未见。民国年间沙门震华编述《续比丘尼传》，亦称玄机为"永嘉大师女弟"（卷一）。实际上，"妹"乃"姊"之形误，玄机应为玄觉的姐方是。[1] 她的事迹见于《五灯会元》《佛祖纲目》《续比丘尼传》《永嘉高僧碑传集》《温州府志》及《平阳县志》。相传玄机有《圆明歌》传世，收录《榕庵手抄》。[2]《证道歌》与《圆明歌》无论从禅观还是文体上都颇为接近。深入浅出，顺口可诵，阐明证道境界。由此可据，《证道歌》为永嘉玄觉见六祖得印证后所著，由其姐玄机收集传世。

结　语

随着佛法东渐，唐中期佛教发展进入鼎盛期，宗派林立，僧人归属各宗甚至壁垒森严。永嘉大师玄觉超越宗派、教禅共修，开启教理与禅修融合之道。不仅对唐代禅学，甚至是现在乃至将来的中国文化都将影响深远。从思想层面上甚至可以说奠定温州文化的雏形。对永嘉大师的思想有待进一步深入研究。

1　张子开《玄机，弘布永嘉玄觉禅法的第一功臣》，《宗教学研究·佛教研究》1996 年第 2 期。

2　[清]周天锡《榕庵手抄》，现存温州图书馆古籍部。

参考文献：

[1] 大正新修大藏经 [M]. 石家庄：河北省佛教协会刊行，2005.

[2]［明］王瓒著，胡珠生校注. 弘治温州府志 [M]. 上海：上海社会科学院出版社，2006.

[3] 戴世德主编. 中华戴氏通鉴 [M]. 浙江卷. 北京：国际文化出版公司，2012.

[4] 温州市鹿城区地名志 [M]. 温州：温州市鹿城区人民政府，1987.

[5] 马丛丛. 妙果寺志 [D]. 上海：上海师范大学硕士研究生论文.

[6]［清］张宝琳主修. 清光绪永嘉县志 [Z]. 影印本

[7]［清］周天锡. 榕庵手抄 [Z]. 影印本，现存温州图书馆古籍部.

[8] 杜继文、魏道儒. 中国禅宗通史 [M]. 南京：江苏人民出版社出版，2008.

[9] 曾其海. 天台佛学三要 [M]. 北京：宗教文化出版社，2010.

永嘉玄觉大师的天台止观思想

悟　灯[1]

内容提要：在诸多的禅宗传记典籍当中，《景德传灯录》是最初说永嘉玄觉精通天台止观圆妙法门，并且说他是受到天台宗第八祖左溪玄朗大师的激励，才与东阳玄策禅师一起到曹溪参访六祖慧能禅师，因此把他列入六祖慧能禅师的法嗣之中，从此之后禅宗的传记典籍都是沿用此说。然而，作为天台宗门人的志磐在《佛祖统纪》中，却把永嘉玄觉记为天台宗第七祖天宫慧威大师的嗣法弟子，与天台宗第八祖左溪玄朗大师是同门的关系。

关于《永嘉集》与天台止观的关系，宋代神智就提出《永嘉集》全用天台圆顿之法。明代幽溪传灯提出《永嘉集》的章目是依据天台止观的篇目而设定。此外，《永嘉集》的思想内容除了专门术语大多与天台止观相同之外，以及引经用典大多也都是出自天台止观典籍，思想上更是呈现天台圆顿止观之意。

关键词：永嘉玄觉　永嘉集　天台止观

1　悟灯，北京大学博士后，浙江工商大学东亚研究院客座研究员。

一　前　言

　　永嘉玄觉在禅宗史籍上被定为是禅宗六祖慧能禅师的嗣法弟子。然而，在天台宗史籍中又被确立天台宗的传人。永嘉玄觉究竟是属于宗门还是教下，难以分辨，本文就此问题做一考察。

　　另外，关于他的著作，却又被冠于"禅宗"二字。编辑是想传达后学者，此乃是禅门典籍？但是通过对其著作内容的考察，全然是天台圆教之义理。介于此，本文想对《禅宗永嘉集》做一考察，其与天台止观思想有何关联。

二　永嘉玄觉与天台宗

　　关于永嘉玄觉的传记资料，最早是出自唐魏静的《永嘉集序》，其次是《祖堂集》，依次是《宋高僧传》《景德传灯录》《无相大师行状》《佛祖统纪》等佛教史籍。以下，通过这些史籍对永嘉玄觉与天台宗的关系做一个检视。

1.《禅宗永嘉集序》

　　根据史料的时间前后考察。关于永嘉玄觉的生平传记最早的应该是唐庆州刺史魏静在《禅宗永嘉集序》提到他的一点生平事迹。魏静说道：

> 大师俗姓戴氏。永嘉人也。少挺生知。学不加思。幼则游心三藏。长则通志大乘。三业精勤。偏弘禅观。境智俱寂。定慧双融[1]。

　　魏静没有直接地写明永嘉玄觉与天台宗的关系，只是说他"偏弘禅观。境

1　［唐］庆州刺史魏静述《禅宗永嘉集序》、T48.0387b21。

智俱寂。定慧双融"，这也是很难判断他与天台宗有什么关联，以及是否就是
天台宗门下的弟子。

然而，在《永嘉集》中收有《劝友人书第九》一书信。这封书信是天台宗
第八祖左溪玄朗至书给永嘉玄觉，劝他归山隐居修行，以及永嘉玄觉给左溪玄朗
的回信。然而，最后永嘉玄觉的署名则是称"同友玄觉[1]"。通过整封书信的考察，
可以看出他们之间的关系是非常密切，也是无法断定他们即是同门的关系。

2.《祖堂集》

在《祖堂集》[2] 中，题首即是"一宿觉和尚"。在此中只提到永嘉玄觉是内外
博通，平生功业非人所测，与其母亲和姐三人同住在温州开元寺，并受到他人
讥嫌。后遇六十岁的神策，与之交谈，神策赞叹他说："虽明佛理，未得师印"[3]。
遂建议他到南方找六祖慧能禅师印可。并没有说神策与永嘉玄觉一起前往，但
是记明了永嘉玄觉当时是为三十一岁。永嘉玄觉到曹溪山时，正好遇上六祖慧
能禅师在上堂说法。因此永嘉玄觉持锡杖而绕慧能三匝，在中间站立而问慧能
问题。永嘉玄觉与慧能问答录文如下：

1 问：夫沙门者具三千威仪八万细行。行无亏名曰沙门。大德自何方而
来生大我慢。

2 对曰：生死事大无常迅速。

六祖曰：何不体取无生。达本无速乎。

3 对曰：体即无生。达即无速。

1　《禅宗永嘉集》，《劝友人书第九》，T48.0394a10。

2　为我国初期禅宗史传之一，五代南唐保大十年（952）泉州招庆寺静、筠二师编著。其内容系继
承宝林传之祖统说。卷首有静、筠二人之师文登所撰之序文、匡栎所撰海东新开印版记、目录等，
卷一至卷二十辑录过去七佛、初祖大迦叶至三十三祖大鉴慧能，迄青原下八世、雪峰义存之孙徒、
南岳下七世、临济义玄之孙徒等二百五十余人。以佛祖传灯相承之次第，录其机缘之法语；此传灯说
迨为后世诸灯史之根据。为现存最古之综合禅宗史传。

3　《祖堂集》卷三，《一觉和尚》《禅宗全书》第 1 册，第 498 页，台北：文殊出版社，1988 年。

祖曰：甚得无生之意。

4 对曰：无生岂有意耶？

祖曰：无意谁能分别？

5 对曰：分别亦非意。

祖曰：如是如是。

6 师却去东廊下挂锡，具戒仪，便上礼谢。默然击目而出，便去僧堂参众，却上来辞。

祖曰：大德从何方来？返太速乎？

7 对曰：本自非动，岂有速也。

祖曰：谁知非动。

8 对曰：仁者自生分别。

祖师一跳下来，抚背曰：善哉善哉。有手执干戈，少留一宿。[1]

以上，是永嘉玄觉与慧能禅师的八次对话的内容。整篇传记中只字未提与天台教学以及与左溪玄朗的关系，也没有说是东阳玄策陪同一起至曹溪参访慧能禅师。

3.《宋高僧传》

在《宋高僧传》[2]卷八中记有《唐温州龙兴寺玄觉传》[3]。赞宁说永嘉玄觉是从小出家，并没有说是依何宗门出家，以及剃度师是谁。但是，在传记的最后提及永嘉玄觉与天台宗的左溪玄朗是"道友"关系，并记载着左溪玄朗至书给永嘉玄觉，劝他一起住山隐居修行[4]。提及与东阳策禅师一起游方问道，到韶阳参

1　《祖堂集》卷三，《一觉和尚》《禅宗全书》第 1 册，第 498 页，台北：文殊出版社，1988 年。

2　［宋］释赞宁撰。唐释道宣作高僧传，所载至贞观而止。宋太平兴国七年（982）敕赞宁续之。故所载自唐高宗时为始，凡五百三十三人，附见一百三十人，分为十类，仍道宣之例。传后附以论断。于传授源流，最为赅备。

3　［宋］赞宁撰：《宋高僧传》卷八，《唐温州龙兴寺玄觉传》、T50.0758a10。

4　同上。

拜六祖慧能禅师，并得法于六祖慧能禅师，六祖慧能禅师留他住一宿再走，因此被称为"一宿觉"。

4.《景德传灯录》

在《景德传灯录》[1]卷五中，永嘉玄觉被立为禅宗第三十三祖慧能大师的法嗣。记载如下：

> 温州永嘉玄觉禅师者永嘉人也。姓戴氏。丱岁出家遍探三藏。精天台止观圆妙法门。于四威仪中常冥禅观[2]。

《景德传灯录》记述永嘉玄觉是从小出家，研习经、律、论三藏，并且是专精天台止观，与天台的圆妙法门。在行住坐卧的四威仪中都在修习禅观。并且说永嘉玄觉是受到左溪玄朗大师[3]的激励，才与东阳玄策禅师[4]一起到曹溪参

1　［宋］道原撰，略称《传灯录》，为我国禅宗史书之一。原题名为《佛祖同参集》，收于《大正藏》第 51 册。本书集录自过去七佛，及历代禅宗诸祖五家五十二世，共一七〇一人之传灯法系，内容包括行状、机缘等。其中附有语录者九五一人。以宋真宗景德元年（1004）具表上进，并奉敕入藏，故以"景德"名之；又以灯能照暗，法系相承，犹如灯火辗转相传，喻师资正法永不断绝，故称"传灯"。

2　道原撰《景德传灯录》卷五，《温州永嘉玄觉禅师》，T51.0241a27。

3　左溪玄朗（673—754），唐代僧，乃天台宗第八祖。婺州乌伤县（浙江义乌）人，一作东阳（位于浙江）人。俗姓傅，傅大士之六代孙。字慧明，号左溪。九岁出家。武后如意元年（692，中宗嗣圣九年），二十岁，蒙敕住东阳清泰寺。因就光州岸律师受具足戒，从学律仪经论，常恨古人章疏之判断有不允当者；乃博览群籍，精研涅槃经，曾至会稽妙喜寺与印宗禅师研学禅要。闻天台之宗可清众滞而趣一理，因诣东阳天宫寺，从慧威学法华经等。复依恭禅师修习止观。又涉猎儒书，兼好道宗。而自此止观为入道安心之要。其后，因好山林，厌人寰，而隐居婺州浦阳县左溪岩，常随仅十八僧物，复行十二头陀，麻衣蔬食，独坐一龛，达三十余年。开元十六年（728），应婺州刺史王正容之请，暂居城下，寻以疾辞还山。平日诲人不倦，颇勤讲学。天台教法，由斯转盛。门下有中兴天台宗之湛然，与新罗人法融、理应、纯英等，名僧辈出。一日，顾门人曰："吾六即道圆，万行无得，戒为心本，汝等师之。"天宝十三年（754）示寂，世寿八十二。吴越王谥号"明觉尊者"。世称左溪尊者。撰有《法华科文》2 卷。

4　东阳玄策禅师六祖慧能大师得法弟子也。《景德传灯录》五曰："婺州玄策禅师者，婺州金华人也。出家游方，师曹溪六祖。后却金华，大开法席。"T51.0243c14。

访六祖慧能禅师[1]。永嘉玄觉遇到六祖慧能禅师后，两人问答与《祖堂集》中稍微有所不同。最后，也是六祖慧能禅师留他住一宿，而得名"一宿觉"之称号[2]。此乃是第一个从禅宗门人记述永嘉玄与天台宗的关系的史料，并且《景德传灯录》是禅宗门人所著，作为禅宗的正史书应该是可靠。

5. 其余禅门史籍记载

《无相大师行状》[3]是附在《永嘉证道歌》之后，为杨亿所述，《景德传灯录》的序文也是杨亿所写。可以断定《无相大师行状》的产生与《景德传灯录》是同一时间，并且所记载的内容也是与《景德传灯录》是一致。

《传法正宗论》[4]卷下记载"永嘉大师玄觉。本学天台三观。义解精修[5]"。而未记载永嘉玄觉与左溪玄朗、东阳玄策以及六祖慧能禅师的关系。

然而，在《祖庭事苑》[6]中记载："永嘉玄觉因习天台止观。内心明静。求证于曹溪大祖[7]。"而未说明与永嘉玄觉与左溪玄朗以及东阳玄策等之间的关系。

1　道原撰：《景德传灯录》卷五，《温州永嘉玄觉禅师》："后因左溪朗禅师激励。与东阳策禅师同诣曹溪。" T51.0241a27。

2　《景德传灯录》卷五，T51.0241b10。

3　［宋］杨亿述：《无相大师行状》，T48.0397a08。

4　［宋］明教大师契嵩（1007—1072）著。收于《大正藏》第51册。系由传法史考订禅门祖师之正脉法统，并论述师徒面授、付法相承之问题，为传法正宗记之姊妹篇。契嵩认同出三藏记集、达摩多罗禅经等诸说，而非议付法藏因缘传之说，以阐明自释尊至达摩二十八祖嫡传法系之正统性，并答辩禅门"以心传心""教证一如"等问难。

5　［宋］释契嵩著，《传法正宗论》卷下 T2080_.51.0783a20。

6　［宋］睦庵善卿编。收于《新续藏》第113册。全书系就云门文偃、雪窦重显等师之语录，牒释其难解之语义，揭示其典据缘象，并匡正脱落之字句，凡有二千四百余项。卷首有法英之序文，其内载有述作本书之缘由。本书为古来禅林初学广为使用的辞典之一。卷尾有大观二年（1108）八月建武军节度使之跋、绍兴二十四年（1154）尽庵比丘师鉴之再刊跋，及同年六月玉津比丘紫云之后序。

7　［宋］睦庵编《祖庭事苑》卷五，《一宿祖关》，X64.0383a24。

至《五灯会元》[1]，也是把永嘉玄觉归在六祖慧能禅师的旁出法嗣第一世中，所记载的内容与《景德传灯录》是一致[2]。

最后，至元代宗宝编的《六祖大师法宝坛经·机缘第七》中，附有永嘉玄觉传记[3]。

记载内容如下：

永嘉玄觉禅师，温州戴氏子。少习经论，精天台止观法门[4]。

说他从小学习经论，犹精天台止观。是遇到六祖慧能禅师的弟子玄策来访，与其探讨佛法大意；玄策觉得永嘉玄觉的言语与其师父六祖慧能禅师相同，并问永嘉玄觉师出何门，回答说是自己悟得"佛心宗"。然而，玄策建议说"自从威音王之后，无师自悟是外道"，所以建议他到曹溪参访其师父六祖慧能禅师，求六祖慧能禅师给予印可，从而永嘉玄觉就起身与玄策一起前往曹溪参访六祖慧能禅师。永嘉玄觉见到六祖慧能禅师后，两人的问答是与《景德传灯录》中所记相同。最后，六祖慧能禅师留永嘉玄觉住一宿，也因此而得名"一宿觉"。

以上，都是禅宗门人们所记载。都是说永嘉玄觉精通天台止观，并没有说他是天台宗的门人，而是说他是禅宗六祖慧能的嗣法弟子。然而，作为天台宗

1　［南宋］僧普济撰（宋刊本作慧明撰）。今收于《新续藏》第138册。此书取自《景德传灯录》以下之《五灯录》，即于《景德传灯录》《广灯录》《续灯录》《联灯会要》《普灯录》等，撮要会为一书，故称五灯会元。其内收录过去七佛、西天二十七祖，东土六祖以下至南岳下十七世德山子涓嫡传付法禅师之行历、机缘。及南宋亡，其板木为元兵烧毁，会稽韩庄节与太尉康里重刻。明代僧南石文琇于永乐十五年（1417）完成《五灯会元补遗》一卷，列述杭州灵隐东谷光等五灯会元后之二十人之略传。收于《新续藏》第142册增集《续传灯录》之附录。

2　［宋］释普济撰：《五灯会元》卷二，《六祖大鉴禅师旁出法嗣第一世·永嘉真觉禅师》，X800057c24。

3　［元］宗宝编的《六祖大师法宝坛经·机缘第七》，T48.0357b29。

4　同上。

门人的志磐在《佛祖统纪》中，却把永嘉玄觉记为天台宗第七祖天宫慧威的嗣法弟子，与天台宗第八祖左溪玄朗是同门[1]。但是，关于永嘉玄觉传记的内容，是与《景德传灯录》所记载的是一致的。如下：

> 禅师玄觉。永嘉戴氏。出家遍探三藏。精天台止观圆妙法门。四威仪中常冥禅观。因左溪朗公谢厉。遂与东阳策禅师。同诣曹溪[2]。

也是说永嘉玄觉是精通天台止观，圆妙法门。因左溪玄朗的激励，与东阳策禅师一起参访曹溪六祖慧能禅师。永嘉玄觉见到六祖慧能禅师后，两人的问答的内容也是与《景德传灯录》中所记是一致。最后，六祖慧能禅师留他住一宿。

总之，禅宗门人们所记，说永嘉玄觉是六祖慧能禅师的嗣法弟子，但是又说他精通天台止观，以及天台的圆妙之法。由于天台宗第八祖左溪玄朗的激励，与东阳玄策一起前往曹溪参访六祖慧能禅师。目的是自己已经悟得"佛心宗"，无人印证，所以到曹溪求六祖慧能禅师给予印证。永嘉玄觉与六祖慧能禅师经过八番问答，得到六祖慧能禅师的印可。印可完毕，永嘉玄觉立即向六祖慧能禅师礼谢要辞别，六祖慧能禅师留他住一宿，因此而被称为"一宿觉"。

三 《永嘉集》与天台止观

关于永嘉玄觉的著作，最早是在日本圆仁是在大唐开成四年（839）四月二十日录的《日本国承和五年入唐求法目录》中，此中录有："最上乘佛性歌一卷（沙门真觉述）。"[3]同样，在《慈觉大师在唐送进录》中记载圆仁在承和七年（840）正月十九日，送回日本天台宗总本山比叡山延历寺的典籍中有："佛性

1　［宋］志磐撰：《佛祖统纪》卷十《天宫旁出世家》，T49.0202b01。

2　［宋］志磐撰：《佛祖统纪》卷十《天宫旁出世家》，T490202b01。

3　《天台宗请益传灯法师位圆仁录》《日本国承和五年入唐求法目录》，T55.1076b07。

歌一卷（沙门真觉述）。"[1] 另外圆仁在承和十四年（847）献给日本天皇的《入唐新求圣教目录》中也记录有："曹溪禅师证道歌一卷（真觉述）。"[2]

然而，圆仁所记载的三部两本的《佛性歌》与《证道歌》，是圆仁在扬州大都督府，巡礼扬州城内诸寺而抄写取得[3]。从经题上看，圆仁带回日本的《证道歌》应该是两个版本。

其次，是日本圆珍的《福州温州台州求得经律论疏记外书等目录》中记有"永嘉觉大师集一卷（一帖）"，是抄写于唐大中八年（854）月二十日[4]。日本圆珍又在唐大中十一年（857）十月，录的《日本比丘圆珍入唐求法目录》中，亦抄写有："永嘉觉大师集一卷"。[5] 日本圆珍回到日本后，在日本天安三年（859）四月十八日献给太政府的《智证大师请来目录》中，记载有"永嘉觉大师集一卷"[6]。这是日本圆珍在三个目录中取得《永嘉集》，并带回日本的记载。

1.《永嘉集》的纲目与天台止观

今就通过对《永嘉集》的考察，检讨永嘉玄觉的天台止观思想。《永嘉集》共1卷，现收录在《大正大藏经》第48册，经题为《禅宗永嘉集》，为唐慎水沙门玄觉撰。是永嘉玄觉圆寂后由其弟子唐庆州刺史魏静整理成册，流传至今[7]。然而，早在宋时，神智（1042—1091）就评论说："永嘉集全用天台圆顿法而不言天台之说[8]"。

《永嘉集》的结构共分为十门，现抄列如下：

1　《慈觉大师在唐送进录》，T55.1076b15。

2　《入唐新求圣教目录》，T55.1078b29。

3　《日本国承和五年入唐求法目录》："右件法门等。圆仁去承和五年八月到大唐扬州大都督府，巡历城内诸寺写取。"T55.1076a25。

4　《日本国求法僧圆珍目录》，T55.1095c04。

5　《日本比丘圆珍入唐求法目录》，T55.1101c01。

6　《智证大师请来目录》，T55.1108a03。

7　［唐］玄觉撰，《禅宗永嘉集》，T48.0387c21。

8　［宋］宗鉴集，《释门正统》第八，X75.0357b21。

慕道志仪第一　戒骄奢意第二　净修三业第三

奢摩他颂第四　毘婆舍那颂第五　优毕叉颂第六

三乘渐次第七　理事不二第八　劝友人书第九

发愿文第十[1]。

然而，关于《永嘉集》章节的安排，明幽溪传灯[2]（1554—1627）就提出异议。幽溪传灯以"六不可[3]，"批评魏静编辑的《永嘉集》的章节，前后顺序不合理。首先提出无论是印度还是中国的祖师们著书立说，第一章都是先以归命三宝为开始。然而，魏静把《永嘉集》中的归命三宝放在第十章。所以说是"一不可"。其二，又指出整卷《永嘉集》都是以天台止观为宗旨。但是，天台《摩诃止观》的五略中是发大心为其首，其次是修大行、感大果、裂大网、归大处是天台《摩诃止观》的顺序。然而，《永嘉集》却把发弘誓愿与大心放在最后，幽溪传灯认为是"二不可"。其三，如果以天台止观作为标准，幽溪传灯则认为《永嘉集》的"慕道志仪。事师仪则"都属于天台止观的第六章中的内容。即是二十五方便中，属于具五缘的内容。依次，"戒骄奢第二"应当属于二十五方便中的"呵五欲"与"弃五盖"中的内容。"净修三业第三"应当属于二十五方便中的"行五事"的内容。而魏静都把它们列在第二、三，幽溪传灯批评说这是魏静不懂修禅的大意。因此，幽溪传灯认为是"三不可"。其四，如果以天台止观十章而论，第一是以"观理境以融其心"，然后再发心"以廓

1　[唐] 慎水沙门玄觉撰，《禅宗永嘉集》，T48.0387c21。

2　幽溪传灯（1554—1627），浙江西安人，俗姓叶，号无尽。少投进贤映庵大师剃染，后随百松大师学天台教法。于万历十年（1582）问百松大师楞严大定之旨，见百松大师瞪目周视，忽而契入得授金云紫袈裟。万历十五年，卜居天台山幽溪高明寺，立天台祖庭，教授学徒兼研习禅及净土。其所撰《净土生无生论》融会天台宗三观之旨，阐扬净土法门。万历二十五年，撰《楞严经玄义》四卷，续出《天台山方外志》三十卷、《楞严经圆通疏》十卷、《性善恶论》六卷、《阿弥陀经略解圆中钞》二卷、《维摩经无我疏》十二卷、《天台传佛心印记注》二卷等。师常开讲席，于新昌大佛前登座竖义时，大众齐闻天乐铿锵齐鸣。每岁修法华、大悲、光明、弥陀、楞严等忏，并四种三昧。明崇祯元年（1628），临终手书《妙法莲华经》五字，亲自高唱三遍，而安详圆寂，世寿七十五，僧腊五十年，住幽溪四十三年。

3　[明] 天台山幽溪传灯重编并注，《永嘉禅宗集注》上卷，X63.0283a01。

其怀"，才能够加功用行而修止观。但是《永嘉集》却把"事理不二"置于第八，幽溪传灯认为是"四不可"。其五，把"三乘渐次"置于第七，然而在天台止观的十大章中，是属于"明偏圆，辨权实"，所以幽溪传灯认为是"五不可"。其六，幽溪传灯认为把朋友之书信也放在集子之中，有损朋友之美誉，为"六不可"。

因此，幽溪传灯把《永嘉集》的章节做了重新的安排与调整。如下：

皈敬三宝第一　发宏誓愿第二　亲近师友第三

衣食诫警第四　净修三业第五　三乘渐次第六

事理不二第七　简示偏圆第八　正修止观第九

观心十门第十[1]

如此前后顺序的调整，是幽溪传灯完全凭借天台止观的章节顺序而排列。

2. 净修三业与天台止观

《永嘉集》中的"净修三业第三"，是从身三、口四、意三等三业，合论即是十恶业。永嘉玄觉认为在求大道时，必须先清净此身口意三业，然后在行住坐卧的四威仪中，才能"渐次入道"。以及更进一步强调六根对六尘之时，要清楚地知道能观之智与所观之境是不可得，要达到"双寂"，这才是"妙旨"。

此处所讲"渐次入道"即是天台智颉的渐次止观。在渐次止观《释禅波罗蜜次第法门》卷二中强调，在修止观之前必须要"具五缘[2]"。这其中"具五缘"的第一条即是要求持戒清净。修习佛道之人，若能做到持戒清净，即是身口意三业清净。然而，又说道"六根所对，随缘了达，境智双寂"。此乃是与《释禅波罗蜜次第法门》的"释禅波罗蜜修证第七之三"中所讲的"修还相"的思想是一致的主张。如下：

1　［明］天台山幽溪传灯重编并注，《永嘉禅宗集注》上卷，X63.0283b08。

2　［隋］天台智者大师说，《释禅波罗蜜次第法门》卷二《分别禅波罗蜜前方便第六之一》，T46.0483c26。

观心本自不生。不生故不有。不有故即空。空故无观心。若无观心。岂有观境。境智双亡。还源之要也。是名修还相[1]。

天台止观强调"观心无心",了达无我,以达到所观境与能观之心智双亡、双寂,还源到本来的不生不灭,本来清净。天台智𫖮在《六妙门》第二"次第相生六妙门"中,亦有同样的论述[2]。

净三业中,把"身业"归纳为不杀生、不偷盗、去除贪欲。此处的"身业"即是"具五缘"中,第一"持戒清净"就已经含摄了。例如,净"身业"对去除贪欲的论述:

于诸女色。心无染着。凡夫颠倒。为欲所醉。耽荒迷乱。不知其过。如捉花茎。不悟毒蛇。智人观之。毒蛇之口。熊豹之手。猛火热铁。不以为喻。铜柱铁床。焦背烂肠。血肉糜溃。痛彻心髓。作如是观。唯苦无乐。革囊盛粪。脓血之聚。外假香涂。内唯臭秽。不净流溢。虫蛆住处。鲍肆厕孔。亦所不及。智者观之。但见发毛爪齿。薄皮厚皮。肉血汗泪。涕唾脓脂。筋脉脑膜。黄痰白痰。肝胆骨髓。肺脾肾胃。心膏膀胱。大肠小肠。生藏熟藏。屎尿臭处。如是等物。一一非人。识风鼓击。妄生言语。诈为亲友。其实怨妒。败德障道。为过至重。应当远离。如避怨贼[3]。

去除贪欲心,把女色譬为"毒蛇"想。这是天台智者大师在《金光明经文句》卷 3 的《释忏悔品》中所说:"犯欲人作毒蛇口想。此观成时淫罪即灭。[4]"

1　[隋] 天台智者大师说,《释禅波罗蜜次第法门》卷七《释禅波罗蜜修证第七之三》,T46.0525a19。

2　《六妙门》,T46.0550b02。

3　[唐] 慎水沙门玄觉撰,《禅宗永嘉集》,T48.0388b25。

4　[隋] 天台智者大师说,《金光明经文句》卷三《释忏悔品》,T39.0060c04。

即是把淫欲观想成"毒蛇",作为对治法。天台智者大师在《小止观》中引用《大智度论》亦说:"五欲害人,如践毒蛇"[1]。其次,"脓血之聚""不净流溢""发毛爪齿。(中略)如是等物"都是对天台止观中所讲的修习不净观的内容,以及观自身的"三十六物[2]"的引述而已。

又例如,对意业的解释:

> 云何净修意业。深自思惟。善恶之源。皆从心起。邪念因缘。能生万恶。正观因缘。能生万善。故经云。三界无别法。惟是一心作。当知心是万法之根本也[3]。

此中"善恶之源。皆从心起""故经云。三界无别法。惟是一心作""当知心是万法之根本"这些思想都是来自天台止观。首先,如《摩诃止观》中说:"心与缘合则三种世间三千相性皆从心起[4]"。三种世间与三千相性即是包括了一切善恶之法,亦即是一念三千之法都是从一念心而生起。天台智者大师在《法华三昧行法》中又说:"一切妄想颠倒所作罪福诸法皆从心起。离心之外则无罪福及一切法[5]。"其次,所引用的"故经云。三界无别法。惟是一心作"之句,这句话在经典原文是没有的,是天台智者大师从《华严经》中取意而来,并且在天台智者大师的著作中随处可见。如《摩诃止观》第五上说:"心具一切

1　《修习止观坐禅法要·诃欲第二》,T46.0463c24。《大智度论释初品中禅波罗蜜》卷二十八,T25.0181a17。

2　[隋]天台智者大师说,《释禅波罗蜜次第法门》卷八,释禅波罗蜜修证第七之四:"三十六物者,诸发、毛、爪、齿、薄皮、厚皮、筋、肉、骨、髓、脾、肾、心、肝、肺、小肠、大肠、胃、胞、屎、尿、垢、汗、泪、涕、唾、脓、血、脉、黄痰、白痰、阴、肪、脂、脑、膜。……复次,行者非但见身三十六物,四大假合不净可恶,亦觉知五种不净之相。"T46.0530a21。《六妙门》:"皮肉筋骨。三十六物。(中略)心眼开明。彻见三十六物。及诸虫户。内外不净。"T46.0550a15。

3　[唐]慎水沙门玄觉撰,《禅宗永嘉集》,T48.0389a27。

4　[隋]天台智者大师说,《摩诃止观》卷五,T46.0055a26。

5　《法华三昧行法》,T46.0954a29。

法。闻者欢喜。如言三界无别法，唯是一心造，即其文也[1]"。在卷十下又说：
"心即三界。三界无别法，惟是一心作[2]"。又如在《维摩经玄疏》卷二上说："一
切三界皆从心起。故华严经云。三界无别法，唯是一心造。"[3] 又如所说的"当知
心是万法之根本"的思想，是来源自《六妙门》第八中所讲的"观心六妙门"。
《六妙门》云：

> 何等为诸法之源。所谓众生心也。一切万法由心而起。若能反观心性
> 不可得心源。即知万法皆无根本[4]。

天台智者大师的这种主张"诸法之源即是众生心，一切万法都是由心而
起"，在《永嘉集》中是直接地引用。

3. 三谛、三智、三德

《永嘉集》在观心十门中通过对"法尔"的解释，把天台中的"三眼""三
智""三谛""三德"有机地结合在一起。如下：

> 第一言其法尔者。夫心性虚通。动静之源莫二。真如绝虑。缘计之念
> 非殊。惑见纷驰。穷之则唯一寂。灵源不状。鉴之则以千差。千差不同。
> 法眼之名自立。一寂非异。慧眼之号斯存。理量双消。佛眼之功圆着。是
> 以三谛一境。法身之理恒清。三智一心。般若之明常照。境智冥合。解脱
> 之应随机。非纵非横。圆伊之道玄会。故知三德妙性。宛尔无乖。一心深
> 广难思。何出要而非路。是以即心为道者。可谓寻流而得源矣[5]。

1　[隋] 天台智者大师说:《摩诃止观》卷五上，T46.0054c09。

2　[隋] 天台智者大师说:《摩诃止观》卷十下，T46.0140a15。

3　天台山修禅寺沙门智颛撰:《维摩经玄疏》卷二，T38.0526a08。

4　《六妙门》，T46.0553c22。

5　[唐] 慎水沙门玄觉撰，《禅宗永嘉集·优毕叉颂第六》，T48.0391b14。

天台止观原本把法眼、慧眼、佛眼对应一切智、道种智、一切种智。从圆教的角度来看问题，对于一境当体就是即空即假即中的三谛圆融。然而，又用非纵非横的伊字三点来说明法身、般若、解脱之三德是一体。如《摩诃止观》中说：

> 约心论法界故有中道非空非假。三谛具足只在一心。分别相貌如次第说。若论道理只在一心。即空即假即中。如一刹那而有三相。三相不同生住灭异。一心三观亦如是。生喻假有灭喻空无住喻非空非有。三谛不同而只一念。如生住灭异只一刹那。三观三智三止三眼。例则可知。如是观者。则是众生开佛知见[1]。

约心而论法界，所以才是中道之非空非假，但是此空、假、中之三谛是在一心中具足。如果从理上而论的话，当下这一念即是即空即假即中。好比一刹那而有生、灭、无住之三相。然而，这三相又是不同，也是生、住、灭、异。所以空、假、中之三观也是如此，亦是在一念心具足。所以把生相譬喻为假有，灭相譬喻为空，无住譬喻为非空非有。所以说空、假、中之三谛的不同，但是也是一念而已，如生、住、灭、异也是仅一刹那。依此而推论三观、三智、三止、三眼亦是在一念心中具足。依此而观，即是开佛知见，当下即是佛眼、一切种智。

4. 三兽渡河

《永嘉集》在《三乘次第第七》中，亦是引用三兽渡河之喻来说明三乘的根机差别，以及三乘与一乘的不同。河代表一佛乘之教法，而三兽则是分别地

1　[隋]天台智者大师说，《摩诃止观》卷六下，T46.0084c28。

代表着声闻、缘觉、菩萨三乘根机之人。佛之教法是没有差别，而是众生的根机是存在着利与钝。就好比动物的脚有长短，并不是河水有深浅。这只是各自的认知不同，而产生了认为河有三条。其实河只有一条，河水也没有浅与深，而是三兽的脚有长短而已。如：

> 譬夫三兽渡河。河一宁从兽合。复何独河非兽合。亦乃兽不河。分河尚不成。三河岂得以河而合兽。兽尚不成一。兽岂得以兽而成河。河非兽而何三。兽非河而何一。一河独包三兽。而河未曾三。三兽共履一河。而兽未尝一。兽之非一。明其足有短长。河之不三。知其水无深浅。水无深浅。譬法之无差。足有短长。类智之有明昧。如是则法本无三。而人自三耳[1]。

以上的论述，与天台智者大师在《法华玄义》中所述的内容几乎是相一致。如：

> 譬三兽渡河，同入于水，三兽有强弱，河水有底岸，兔、马力弱，虽济彼岸，浮浅不深，又不到底；大象力强，俱得底岸。三兽喻三人，水喻即空，底喻不空，二乘智少不能深求，喻如兔马；菩萨智深，喻如大象；水软喻空，同见于空，不见不空；底喻实相，菩萨独到，智者见空，及与不空。到又二种：小象但到底泥，大象深到实土，别智虽见不空，历别非实，圆见不空，穷显真实。如是喻者，非但简破兔、马二乘非实，亦简小象不空非实，乃取大象不空，为此经体也。此约空、中，共为真谛，作如此简也[2]。

此即是天台圆教最有名的三兽渡河喻。天台智者大师分别把兔子、马、象

1　［唐］慎水沙门玄觉撰，《禅宗永嘉集·三乘渐次第七》，T48.0392b21。
2　天台智者大师说，《妙法莲华经玄义》卷八下，T33.0781c12。

三兽譬喻成声闻、缘觉、菩萨。或者再加一小象成四兽，亦是分别譬喻藏、通、别、圆四教之人。又把河水譬喻为智慧，水软譬喻成空性，河底譬喻成实相。以及把见底不见底譬喻成实与非实、空与不空。兔子与马力弱，在河面浮游而过岸，虽然也是同样地入河水，但是全然不知河之深浅。此乃譬喻藏、通二教之人，虽然都理解佛法之大海，但不知道有佛法大海的深浅。藏、通二教之人虽然同见空性，但不是实相。小象譬喻成别教之人，虽然能够触及河底之泥，认知不空，但是还不是真实的穷究诸法实相的究竟之理。大象譬喻大乘菩萨，是实踏河底而过，是真实地穷究诸法实相之理。

四　结　论

以上，首先是通过对永嘉玄觉的传记考察，《景德传灯录》最初开始记载永嘉玄觉是精通天台止观，由于受到天台宗第八祖左溪玄朗的激励，遂与东阳玄策一起南下至曹溪，参访六祖慧能禅师，目的是找六祖慧能禅师给予印可。永嘉玄觉与六祖慧能禅师之间，八番问答后，得到六祖慧能禅师的印可。因六祖慧能禅师挽留永嘉玄觉在曹溪住一晚，因此永嘉玄觉而得名为"一宿觉"之称号。其实永嘉玄觉在参访六祖慧能禅师之前已经就悟道了，只是无人给印证而已。

其次，通过对《禅宗永嘉集》的考察，发现如神智所说，《禅宗永嘉集》全是天台圆教之理。如幽溪传灯对《禅宗永嘉集》的章节，重新编订后，更显得清楚明了，即是全部都是按照天台止观之理而撰述。

晚明佛教中的永嘉道影 [1]

——以紫柏真可、憨山德清为中心

孙国柱 [2]

内容提要：永嘉禅学，是中国禅学的重要组成部分，是一种具有独立范式意义的禅学形态。本文从历史影响的角度考察了永嘉禅学在后世的接受问题，这一视角有助于考察永嘉禅学在中国禅学历史上的真实地位。有道是术业有专攻，本文以紫柏真可、憨山德清为例进行了个案性考察。研究可知，紫柏真可、憨山德清两位大师高度推崇永嘉禅学，不仅视《永嘉集》《证道歌》为禅学经典，将永嘉禅学著作与《坛经》《楞严经》并列一起予以推介，而且深入挖掘且系统诠释了永嘉禅学的精髓，为永嘉禅学在后世的传播做出了杰出的贡献。

关键词：晚明佛教　永嘉玄觉　紫柏真可　憨山德清

1　基金项目：本文系国家社科基金重大项目"汉传佛教僧众社会生活史"（17ZDA233）、中国政法大学科研创新年度青年项目"中国传统文化视域中的共生思想"（19ZFQ73001）的阶段性成果。
2　孙国柱，中国政法大学人文学院讲师。

诚如太虚大师所言——中国佛学特质在禅。[1] 禅宗作为中国佛教的代表，在历史上枝繁叶茂，源远流长。事实上，中国禅学的存在从来都不是单面的。这其中，慧能所传的南宗禅，玄觉所创的永嘉禅，皆为其中翘楚。应该单独指出的是，六祖慧能大师嗣法弟子众多，永嘉玄觉虽然为慧能门下弟子，然而是较为特殊的一位，慧能门下其他弟子，比如荷泽神会、青原行思、南岳怀让、南阳慧忠等，都是在慧能门下开悟的，永嘉玄觉则是在开悟之后方至慧能门下印可，并为后世留下了"一宿觉"的美名。从创新性的角度而言，永嘉禅为天台宗与禅宗融合之结晶，具有开创性意义。有足够的理由认为永嘉禅学是一种具有独立意义的禅学范式。除此之外，永嘉玄觉还为中国传统山林佛教的形成做出了巨大贡献。永嘉玄觉主张"绝学无为闲道人""入深山，住兰若""江月照，松风水""永夜清宵""雾露云霞"，召唤人们回到山林自然，过一种"境静林间独自游"的生活，在更深的层次上体现了中国佛教的本地化特色，可称之为"山林优游禅"。[2] 又兼永嘉禅的语言流丽典雅，堪称禅文学的佳篇，历史上备受世人瞩目，为文人接触禅学提供了难得的媒介。总之，作为一种具有独立范式意义的学术形态，永嘉禅学值得人们充分重视、深入研究。

事实上，只要深入了解中国禅学的历史就可以发现，永嘉禅学在后世的影响十分深远。玄觉的著作计有《证道歌》《禅宗悟修圆旨》《永嘉集》（又称《玄觉永嘉集》《永嘉禅宗集》）等，在后世颇有影响，有关注疏甚多。事实上，永嘉禅学的影响还不限于禅林。如宋儒朱熹在论证其"理一分殊"思想时，所引用的"一月普现一切水，一切水月一月摄"即出自《永嘉证道歌》。可以这样说，永嘉禅学在后世的接受，是一个宏大而艰巨的研究课题。有道是术业有专攻，笔者仅仅从长期关注的明清佛教入手，探讨晚明佛教中的永嘉道影，也就是永嘉禅学在晚明佛教丛林接受的问题，至于讨论的具体个案则以紫柏真可、

1　太虚大师讲，光宗、性觉、弘悲记《中国佛学特质在禅》，出自《禅学论文集》（禅学专集之二），张曼涛主编，大乘文化出版社，1976年，第1—94页。

2　杜继文、魏道儒著《中国禅宗通史》，江苏古籍出版社，1993年，第168—171页。

憨山德清为中心。这是因为在学界的一般论述中，四大师（高僧）成了晚明佛教的代表。不过，在四大师中，云栖祩宏（1535—1615），字佛慧，别号莲池，力弘净土法门，被后世尊为中国净土宗第八代祖师。蕅益智旭（1599—1655），别号八不道人，后人尊其为净土宗第九祖、天台宗第三十一祖。相比之下，紫柏真可、憨山德清两位老人在禅学方面建树颇著，故加以独立考察。

一

紫柏真可（1543—1603），字达观，自号紫柏老人，后世尊为紫柏尊者，有"远追临济，上接大慧"之誉。曾主持刊刻《径山藏》，复与憨山议修《大明传灯录》。后因妖书案，蒙冤下狱，寂于狱中。贯通宗教，调和儒释，有《紫柏尊者全集》三十卷行世。弟子甚多，与陶望龄、瞿汝稷、董其昌、汤显祖、王肯堂等一时俊彦多有交接。

紫柏老人之于永嘉禅学甚为推崇，这主要体现在以下诸方面。

其一，永嘉禅学可以激发禅者的勇猛心，坚定道性。紫柏老人在多处特意推举永嘉玄觉为禅者的楷模。在《〈心经〉说》中，紫柏老人如是言：

> 依般若波罗蜜多故，心无罣碍。无罣碍故，无有恐怖。远离颠倒梦想，究竟涅槃。三世诸佛依般若波罗蜜多故，得阿耨多罗三藐三菩提者。谓此经不惟众生宗之，度生死流而登彼岸，直饶诸佛菩萨，分真究竟，亦必本此也。此盖赞劝流通此经，使诸众生，依般若而进修，庶不遭魔外眩惑也。永嘉曰："大丈夫兮秉慧剑，般若锋兮金刚焰。非但空摧外道心，早曾落却天魔胆。"大都有志于出世者，如此力量，如此风云之思，如此激烈之怀抱，如大火聚，使万物婴之，直下灰飞烟灭可也。不然则少见可欲，而儿女情生矣。[1]

---

1 《紫柏老人集》卷十一，紫柏真可撰述，《紫柏大师全集》，明学主编，上海古籍出版社，2013年，第253页。

紫柏老人在此明言：诸佛菩萨，度生死流而登彼岸，都离不开阿耨多罗三藐三菩提（即无上正等正觉）。而三世诸佛之所以达到无上正等正觉，皆依"般若波罗蜜多"。有道是"般若为诸佛之母"，在这个意义上，般若的方法论价值十分巨大。《心经》所传达的根本义理就是佛教的般若思想。《心经》的文字虽然短小（不足三百字），却十分精练，涵盖了佛教的主要名相和根本思维。从一定角度来讲，掌握了一部《心经》，犹如通达了三藏十二部。在此，紫柏老人借用永嘉大师的名言高度赞叹了般若经典的功能。这句名言就是禅林耳熟能详的"大丈夫兮秉慧剑，般若锋兮金刚焰。非但空摧外道心，早曾落却天魔胆"。紫柏老人直接使用了三个"如此"赞叹了永嘉大师的说法——如此力量，如此风云之思，如此激烈之怀抱。可见，紫柏老人认为永嘉大师的表达酣畅淋漓，彻底精到，所以直接袭用之。

紫柏老人还有一篇颇为有趣的文章《跋〈证道歌〉》。在这篇文章中，紫柏老人认为永嘉大师虽然外貌柔秀，如张良诸杰类似，但是人不可貌相，都是当世罕有匹敌的人杰，有大担当。因此，紫柏老人号召禅者当以永嘉大师为榜样，勇猛精进，有成佛致道之心，摆脱五欲缰锁，超然而去，做真正的大丈夫。

汉留侯状如美妇人，本朝刘诚意亦状如妇人，然皆临大事，决大几，若镜中见眉目然，当世无与等者。永嘉大师，虽云外枯禅，貌亦柔秀。宋寂音尊者，初读其《证道歌》，至"大丈夫秉慧剑"句。寂音以为此老，貌必杰特，威掩万僧者。及礼其道影，始知体不胜衣，貌如少年宣律师。乃叹曰："断不可以言貌观人。"盖此老平生践履明白，心智猛利，故吐辞等刀锯耳。譬如香象，摆脱五欲缰锁，超然而去，真大丈夫哉。迩来去圣转遥，人根薄劣。……余浪迹江海，三十余年，足迹遍天下，在在处处，所见缁流黄冠，率饱食横眠，游谈无根，靡丑不作，污佛污老，退人信心。若使一宿老人，肉目睹此，安得不痛哭流涕哉。夫子房龙门，设不为经世用，出家求无上菩提，当不在永嘉下风。……乃今狐兔成群，龙象腾逝。则释迦老子，正当为酒肉班头。呜呼痛哉！[1]

永嘉玄觉有"一宿觉"的美名。在此"一宿老人"即是指永嘉玄觉，从这一称呼中可见紫柏老人对于永嘉大师的景仰崇敬。

紫柏老人还以永嘉大师为借教悟宗的典范，号召人们破除禅家"教乘不可悟道"的偏见。

此来佛法大患，患不在天魔外道，患在盲师资七大错耳。一者，以为禅家古德机缘，可以悟道，悟道断不在教乘上。我且问你：安禅师读楞严破句悟道，永嘉看维摩经悟道。普庵肃禅师、英邵武皆读华严论悟道。你谓唯禅家机缘可悟道，教乘不可悟道，岂非大错？[2]

在这段材料中，紫柏老人以"永嘉看维摩经悟道"为例说明"教乘不可悟道"是一种偏见，应该破除。在另外一则材料中，紫柏老人则认为永嘉大师和中土禅学三祖僧璨并得别传之妙。

皖山、永嘉，并得教外别传之妙，贵在坐断语言文字，直悟自心。而《信心铭》《证道歌》则千红万紫，如方春之花，果语言文字耶？非语言文字耶？有旁不禁者试道看——虽然，花果碍春乎？花如碍春，春则不花可也。知碍而春必花之，则春之痴矣。春而不痴，花果碍春哉？如此则语言

1　《紫柏老人集》卷十五，紫柏真可撰述，《紫柏大师全集》，明学主编，上海古籍出版社，2013年，第342页。

2　《紫柏老人集》卷三，紫柏真可撰述，《紫柏大师全集》，明学主编，上海古籍出版社，2013年，第88—89页。

文字，与教外别传，相去几许。[1]

皖山即僧璨，其《信心铭》字字珠玑，为禅林宝典。在这段材料中，紫柏老人主要针对禅林误解不立文字的风气而言。在紫柏大师看来，语言文字与"教外别传"无二无别，犹如花不碍春，《信心铭》《证道歌》都是禅林应该重视的经典。

其二，紫柏老人不仅视永嘉大师为天下衲子的榜样，而且还常常为禅宗初学者推荐永嘉大师的作品。在《示觉皮持〈永嘉集〉》中，紫柏老人认为：

> 夫众人之与圣人，初非两人也。圣人，人也；众人，亦人也。然圣人则无往而非率性，众人则无往而非率情。率性则惺寂双流，率情则昏散齐骋。惺寂双流，则根尘空而不废能所之用。昏散齐骋，则根尘障而昧一真之体。故我永嘉大师，于无门之中，开此十门。门虽次第，理实一条，譬之珠虽有数，线本一条。故心通理达者，门无不历。浅深不同，然其究竟不越乎理即也。……觉皮来前，吾语汝，汝当谛听："此集乃永嘉祖师心髓也。始由读，读而诵，诵而持，持而精，精则一，一则独立，独立则物我平等，古今一条矣。嘻！人为万物之灵，不此精而他精，非愚则狂也。觉皮勉之。"[2]

在此，紫柏老人所言"故我永嘉大师，于无门之中，开此十门"应当是指《永嘉集》所分大章，计有十篇：慕道志仪、戒骄奢意、净修三业、奢摩他颂、毗婆舍那颂、优毕叉颂、三乘渐次、事理不二、劝友人书、发愿文。紫柏

1　《紫柏老人集》卷十六，紫柏真可撰述，《紫柏大师全集》，明学主编，上海古籍出版社，2013年，第369页。
2　《紫柏老人集》卷一，紫柏真可撰述，《紫柏大师全集》，明学主编，上海古籍出版社，2013年，第44—45页。

老人认为世间存在两条道路——率性则惺寂双流，率情则昏散齐骋。人作为万物之灵，应该空其根尘，否则就有可能昧其一真之体，陷入昏散齐骋的境地。不精永嘉禅学所开示的心地法门，非愚则狂也；精通永嘉祖师的心髓，则有望超凡入圣，达到物我平等，古今一条。

有关紫柏老人时常推荐永嘉大师作品的材料所在不少。比如在《法语》中，紫柏老人开示道：

> 达观道人乞食，足迹遍天下，凡名山福地，佛老道场，靡不历至。其两家之书，亦颇涉猎。然终必以无生为宗，久视为资。即撊火练魔，水斋之业，亦所不弃。近寓潭柘山嘉福寺，率二三禅人，期服水斋一期。既而辄改初辙，因诸禅人根器，随其便宜，或终其期，或不克其期，则命其读大乘内典，如《天台四教仪》《永嘉禅宗集》。或者白道人曰："既服水斋，则内典非所急也。兹废水斋而勤文字般若，似不可耳。"道人愀然对曰："若无正知正见，非但服一期水斋，徒受枯淡，即服千期万期，于正知见中有何干涉？故沩山施众僧小衣，一僧不受。且曰：'我自有娘生裤在。'沩遂拶曰：'父母未生前穿甚么？'僧无语。无语之僧，不逾年坐化。至火焚其躯，得舍利无算。有僧传至沩山，沩山曰：'纵有八斛四斗，不若当时酬老僧一转语。'由是观之，为佛弟子，若不以开佛知见为急务，饶你勤苦累劫，非无漏正因也。且水斋之创，考诸大藏，并无所出。我辈凡所举止，必奉教而行。可以利当世，开来学。"（水斋）[1]

这段材料反映了明代佛教"禅讲教三分"的基本格局，其中水斋属于"教"。紫柏老人认为，水斋这件事情，考诸大藏，并无所出，但是也不应轻易否定，

1　《紫柏老人集》卷八，紫柏真可撰述，《紫柏大师全集》，明学主编，上海古籍出版社，2013 年，第 183—184 页。

在稍微从事水斋能够营生之后，就应该真正深入禅教了，"终必以无生为宗，久视为资"。紫柏老人还用沩山与无语僧的公案来说明开佛知见为急务的道理，言下之意，沉溺水斋并非无漏正因。在此，紫柏老人展示出鲜明的禅学立场。在推荐僧人深入禅教时，紫柏老人所举的大乘内典为《天台四教仪》《永嘉禅宗集》。从中可见，永嘉大师在紫柏老人那里所占据的"殊胜"地位。

在法语开示中，紫柏老人还记述了为昙衡梅禅人推荐《禅宗永嘉集》的详细过程。

> 昙衡梅禅人，一朝辞紫柏道人于清凉山中，将由燕京而图南，乞一言以为资粮。道人嘱之曰："若所持诵《禅宗永嘉集》，言略义要，此永嘉大师已验之方。依之行持，必然出苦。道人何言？"而禅人犹低首长跽不起。复次嘱之曰："众生日用，无往而非昏动。菩萨日用，无往而非止观。诸佛日用，无往而非定慧。谓之三耶？则外昏动本无止观，外止观本无定慧。谓之一耶？则昏动不即止观，止观不即定慧。果一之耶？果三之耶？若于一三之间未能判然了彻，岂唯《永嘉集》不能资汝出苦，一大藏教亦皆长物矣。何况非法？……且依永嘉大师此集行持，终不误汝。勉之勉之。[1]

紫柏老人认为修行的窍要，《禅宗永嘉集》已经揭示了，根本无需自己多言。《禅宗永嘉集》言略义要，乃是永嘉大师已验之方。若是后辈学人依之行持，必然能够出离苦海。昙衡梅禅人还期待紫柏老人有更深的开示，于是紫柏老人指出，《永嘉集》中所开示的止观法门就是对治众生昏动的良药，与诸佛的定慧无二无别。紫柏老人说，如果《永嘉集》不能资汝脱离苦海，那么一大藏教的经典也不过是摆设罢了。依靠《永嘉集》修行终不会误人子弟，应该自

1　《紫柏老人集》卷五，紫柏真可撰述，《紫柏大师全集》，明学主编，上海古籍出版社，2013年，第159—160页。

我多加勉励。从这样的论述中，可以充分说明《永嘉集》在紫柏老人心目中的崇高地位。

更有甚者，对于一般的儒生，紫柏老人亦首先推荐《永嘉集》。在《勉韩生》一文中，紫柏老人说：

> 中国微言，不越乎六经。西来大法，宁出乎三藏？至于庄老之书，亦不可不读者，此古人博达君子之所务也。是以白首穷经，燃灯精法，代不阙人。虽求之于纸墨，十年之功，不若求之于心性，一朝可敌也。……无论若儒若道若释，先妙悟自心，而博达群书，谓之推门落白。自然之妙，用之出世，则谓之最上乘；以之经世，则谓之王道，此真学真才也。再次由博而约，博则学耳，约即心也，此又其次也。至于读书虽多，临机无用，如叶公画龙，望之非不头角宛然，遇亢旱欲其雷雨，无有是处。故先约而后博，禅门诸祖十中七八；先博而后约，自古及今，一切座主十中一二耳。佛者既然，儒老之徒，大抵亦皆如此。……汝自今而后，当先熟《永嘉集》，勿读注。次则读《肇论》，再次则读《圆觉》。已上既熟，当熟四书白文，及老子道德经。则六经三藏，若博若约，工夫成熟，自知好恶矣。"[1]

韩生是刀笔吏，并不是禅林中僧人，紫柏老人却推荐了《永嘉集》。从这段材料可知，紫柏老人认为永嘉禅学作为一种学问是具有普遍意义的。在紫柏老人看来，一切学问当求之于心性，妙悟自心是最为重要的，然后再博达群书，这样"自然之妙，用之出世，则谓之最上乘；以之经世，则谓之王道，此真学真才也"。紫柏老人还为韩生开设了一个书单，首先是《永嘉集》。熟读《永嘉集》，妙悟自心之后，再来学习六经三藏等一切学问，自知好恶。紫柏老人

1　《紫柏老人集》卷五，紫柏真可撰述，《紫柏大师全集》，明学主编，上海古籍出版社，2013年，第121—122页。

还特意叮嘱"勿读注",这是因为,在紫柏老人看来,《永嘉集》已经非常清晰晓畅了,根本不需要注解,阅读后人的注解反而造成理解的困难。

其三,紫柏老人在开示时经常引用《永嘉集》。比如,在《读〈永嘉集〉示众》一文中,紫柏老人说:

> "恰恰用心时,恰恰无心用。无心恰恰用,常用恰恰无。"此四句乃是大师悟心之后,消融习气实效也。前两句谓调心之功,贵在血脉不断。后两句圆续本脉,有"恰恰用心无,恰恰无心用"则不免粘带故也。盖妙性独立,坐断两头,血脉绵然,廓尔虚融,习气任运而消,真体无心而契。任运而消,习忘而本无功。无心而契,体证而本无得。无功则无修,无得则无寄。无修无寄,口挂东壁,且道说甚么法?细听年年三月里,鹧鸪啼处百花香。此皆大师亲曾践履过来的光景,故其吐辞浑璞,不辞圭角,模写自受用境界,何其切哉。且道如何是血脉?瞥起,便是伤他。无念,佛即受杀。伤杀之际,血脉断矣。此个窍子,须是见地洁净,保任不虚,触着自知痛痒。[1]

"恰恰用心时,恰恰无心用。无心恰恰用,常用恰恰无。"此四句出自《禅宗永嘉集》"奢摩他颂第四"。在佛教中,"奢摩他"通常翻译成中文是"止"的意思,为"定"的异名,乃是关于调心的方法。在紫柏大师看来,这四句话,乃是永嘉大师悟心之后的方法,有消融习气之实效,并非常精妙地指出了悟后保任工夫的关键所在——"瞥起,便是伤他。无念,佛即受杀。伤杀之际,血脉断矣。"真正的禅定无心而常用,常用而无心,犹如慧能大师所言"不断百思想"。一般的禅师常以一念不生为禅定最高境界,殊不知此境业已堕入顽空。

---

1 《紫柏老人集》卷十六,紫柏真可撰述,《紫柏大师全集》,明学主编,上海古籍出版社,2013年,第365页。

真正的禅法应该是活泼泼地，无所住而生其心。在这种情况下，则可以"任运而消，习忘而本无功。无心而契，体证而本无得"。

二

憨山德清（1546—1623），字澄印。早年为云游僧，后应圣母皇太后之请"祷储"。充军广东间，曾中兴曹溪。博通内外之学，倡导禅净无别、三教归一之说，有名言曰"不知《春秋》，不能涉世；不精《老》《庄》，不能忘世；不参禅，不能出世"。著述丰富，有《楞严经通议》《道德经解》《观老庄影响论》《大学中庸直解指》《春秋左氏心法》等，后由门人编辑为《憨山老人梦游集》。

与紫柏老人一样，憨山大师亦深为钦佩永嘉大师的禅学。憨山大师之于永嘉禅学的吸纳与接受，主要体现在三个方面。

其一，憨山大师的悟道因缘，是在住山时开启的，而此住山之法与永嘉大师所言"见道忘山"之语大有干系。在《示双轮照禅人》一文中，憨山大师不仅开示了住山之法，还款款回忆了自己的住山经历。

双轮照禅人来参，且云将隐居山中，单究向上事，乞老人住山之法。因示之曰：

> 古人住山，乃大舍身命处，殊非细事，专要善用其心。用心之法，单提向上一念，直须向佛祖不容处一着，立定脚跟。次则要将胸中一切知见玄言妙语杂毒，一齐吐却。次则识得本体了无一法，不可被妄想习气影子发生种种境界，惑乱正念。次则要看本参话头，如六祖不思善不思恶如何是本来面目公案，极力提撕。但有一切恶习现前，即将本来无一语看破，切不可随他相续流转，咬定牙关。此处定要把得住，方不被他摇夺。如此用心，乃是惺惺时着力处。若用心着力太过，则懈怠心生，便起昏堕，此

时只须快着精彩，不可落在昏沉窠窟中。急须持咒，仗此咒力，足敌此魔。以藏识中多劫恶习，今被话头逼出变化无穷境界，一切魔境从妄想生，一切昏沉从散乱生，正恰用心之时。忽一念散乱即落昏沉，是须善知。永嘉寂寂惺惺四料拣语，最为切要。……

大段古人住山，不是养懒图快活，单为自己生死大事。所以走向万重寒岩，作没伎俩活计。若在此因循度日，虚丧光阴，岂不更可悲哉？虽然，用心差别，既已知之，其山中目前变幻境缘，即水流风动，猿吟鸟噪，云腾雾拥，枞然在前，更为喧杂。永嘉"见道忘山"之语，切须看破。

老人初住五台龙门时，万丈寒岩之下，冰雪堆里如埋死人，彻骨严寒五内俱透，唯有微微一息。视从冰中出入，至此返观，觅自心一念起处了不可得，此境正是助道之缘。又大风时作，万窍怒号，日夜不休，及雪消涧流，响若奔雷，又如千军万马奔腾之状。如此杂乱境界，初最难当。因思古人有言："听水声三十年不转意根，可许入道。"老人遂即发愤于独木桥上坐立，终日听水声。始则聒聒难消，久则果尔忽然寂灭，自此一切境界皆寂灭矣。所谓"万境本闲，惟人自闹"。此又是道人住山第一着工夫也。禅人记取，毋忽。[1]

永嘉"见道忘山"之语，出自《永嘉集》第九篇《劝友人书》，该书为永嘉大师答左溪玄朗（673—754）的复信。在这封著名的书信中，永嘉大师为山林佛教奠定了真正的理论基础。[2]住山、山居乃是山林佛教的重要内容。晚明禅林住山之风颇盛，"影不出山"几乎成为检验修行程度的标准。此一住山之风，

1　《憨山老人梦游集》卷五，《卍新续藏》第 73 册 No.1456，第 492 页。（本文凡引《憨山老人梦游集》原文，根据 CBETA 检索而得，下不赘述。）

2　"若未居山而先识道者，但见其道，必忘其山。忘山则道性怡神，忘道则山形眩目。是以见道忘山者，人间亦寂也。见山忘道者，山中乃喧也。必能了阴无我，无我谁住人间？若知阴入如空，空聚何殊山谷？如其三毒未祛，六尘尚扰，身心自相矛盾，何关人山之喧寂耶？"《大师答朗禅师书》，出自《禅宗永嘉集》，《大正藏》第 48 册 No.2013，第 394 页中。

从当时颇为流行的山居诗即可以看出。[1] 至于憨山大师本人，曾有五台龙门静修之经历，其生平悟道因缘即是在住山中开启的，可以称为山居禅师的重要代表。[2]憨山大师认为住山此一形式不能等同修行本身，仅是助道之缘。憨山大师甚至认为"永嘉见道忘山之语，切须看破"，在住山中应该向内用功夫，体悟"万境本闲，惟人自闹"的道理。毫无疑问，在所有的道理中，"永嘉寂寂惺惺四料拣语，最为切要"。

其二，抒发景仰永嘉玄觉大师的心情，在多种场合推荐永嘉禅学著作。憨山大师曾经写过《永嘉无相大师赞》，将永嘉禅师视为后世衲子的楷模，《永嘉无相大师赞》其言曰："金锡孤标，生龙活虎。不是老卢，几遭轻侮。言前荐得，一宿便行。纵然超越，犹是儿孙。"[3] 这首赞，高度肯定了永嘉大师的见地和境界，最后一句"纵然超越，犹是儿孙"更是将永嘉大师的谦卑之德勾勒出来了。

在《大师示曹溪僧众法语·示曹溪塔主》中，憨山大师认为：

> 今观六祖大师，虽久灭度，而全身不散，如入禅定。我则谓之与多宝如来无异，即大师未入灭时，与今日无异。彼是时也，如永嘉一见，即证无生。强留一宿，而不可得。……曹溪塔主执侍大师，朝夕盥漱，茶汤粥食，与现生无异。晨昏钟鼓音声。大师广长舌相，炽然说法，未尝暂歇，执侍之侪，朝夕目睹耳闻，未尝暂隐。不审诸侍者，还有如永嘉之证无生者乎？[4]

1　相关研究可见廖肇亨《晚明僧人〈山居诗〉论析——以汉月法藏为中心》，出自《中边·诗禅·梦戏：明末清初佛教文化论述的呈现与开展》，允晨文化，2008 年 9 月，第 273—300 页。

2　憨山大师曾有《山居二十八首》，详见《憨山老人梦游集》卷四十九。

3　《憨山老人梦游集》卷三十五，《卍新续藏》第 73 册 No.1456，第 717 页上。

4　《憨山老人梦游集》卷五十一，《卍新续藏》第 73 册 No.1456，第 818 页中。

憨山大师认为六祖大师虽然灭度，但是全身不散，与多宝如来无异。今日诸位塔主执侍六祖慧能大师全身舍利，与现生无异。在这样的情况下，当今禅林最为缺少的就是犹如永嘉大师那样的利根了，一见"慧能"，即证无生。

在《示妙光玄禅人》一文中，憨山大师认为"入道因缘，门路各别，但随夙习般若种性，浅深不一"。[1] 因此，憨山大师列举了不同的入道典型："有先顿弃文字，单提古德机缘话头而悟入者。有先从教中亲习种种修行妙门，而后抛却杂毒，专依观行而悟入者。如永嘉大师，于天台止观，顿见自心，如观掌果，及见曹溪，如脱索狮子。"[2] 可见，在憨山大师看来，永嘉大师属于由教悟宗的典型。

更为关键的是，憨山大师不仅认为永嘉大师是禅学衲子的楷模，其著作更是修学的金针。在《与徐明宇侍御》一文中，憨山大师认为修行的方法应该从《六祖坛经》《永嘉集》《楞伽经》诸书中寻找。

> 其修行之方，诸经俱有，只是不要作玄妙话会。若作话会，多一重障耳。《六祖坛经》，最为心地法门之指南，但中下根人，不能凑泊，以无工夫故耳。《永嘉集》一书，实是坛经注脚。若见解依六祖，用工夫如永嘉，何患不一超直入，只恐作话会耳。《楞伽》最是直捷，只是难看。独此二书可为羽翼。愿公留心念之。[3]

憨山大师认为，这其中，《六祖坛经》富于见地，最为心地法门之指南，但是其弊端在于"中下根人，不能凑泊，以无工夫故耳"。至于《楞伽》最是直截，但是囿于烦琐深奥之名相，只是难看。在这种对比之下，《永嘉集》是较好的修行入门书籍。所以，憨山大师认为："《永嘉集》一书，实是坛经注脚。

---

1 《憨山老人梦游集》卷四，《卍新续藏》第 73 册 No.1456，第 485 页中。

2 同上。

3 《憨山老人梦游集》卷十五，《卍新续藏》第 73 册 No.1456，第 569 页中、下。

若见解依六祖，用功夫如永嘉，何患不一超直入，只恐作话会耳。"

憨山大师推举《永嘉集》例子所在不少，下面再举一例。比如在《示周子寅（以下海印槁附）》中，憨山大师认为：

> 从上佛祖教人之法，门路虽多，不出戒定慧三学。所谓因戒生定，因定发慧。其节目之详，经不过《楞严》。至若祖语，无如《永嘉集》一书。足下熟读玩味，至于其中入定用心之诀，如云："恰恰用心时，恰恰无心用。无心恰恰用，常用恰恰无。"又云："忘缘之后寂寂，灵知之性历历。无记昏昧昭昭，契本真空的的。"此用心之神符也。如四勿三省者，正乃戒耳，此中具悉。其实修心工夫条目，不出止观等持三门而已。此《集》中奢摩他，止也；毗婆舍那，观也；优毕叉，止观双运、定慧等持也。[1]

在这段论述中，憨山大师又进一步提升了《禅宗永嘉集》在佛学经典中的地位。戒定慧三学是佛学的总称，憨山大师亦秉持此种见解。在此基础上，憨山大师尤其高扬禅宗。从止观双运、定慧等持的工夫角度而言，憨山大师认为《禅宗永嘉集》是祖语中优秀的作品，不乏入定用心之诀。憨山大师还特别拈出《禅宗永嘉集》"奢摩他颂第四"的法语（"恰恰用心时，恰恰无心用。无心恰恰用，常用恰恰无。"又云："忘缘之后寂寂，灵知之性历历。无记昏昧昭昭，契本真空的的。"）称之为"用心之神符"。至此，人们不难理解憨山大师为什么这样说——"其节目之详，经不过《楞严》。至若祖语，无如《永嘉集》一书"。

其三，憨山大师在各种场合经常化用永嘉大师的开示话语，比如"比来尘镜未曾磨，今日分明方剖析。"（《示灵洲镜上人》）[2]"弃有着空病亦然，犹如避溺而投火。"（《与陈剑南贰师》）[3]"无明实性即佛性，幻化空身即法身。"（《答郑昆

---

[1] 《憨山老人梦游集》卷十二，《卍新续藏》第 73 册 No.1456，第 541 页上。

[2] 《憨山老人梦游集》卷三，《卍新续藏》第 73 册 No.1456，第 477 页中。

[3] 《憨山老人梦游集》卷十五，《卍新续藏》第 73 册 No.1456，第 570 页中。

岩中丞》)[1]，等等。下面略举数例来看憨山大师对于永嘉禅学的化用。

在所有的法语中，憨山大师对于永嘉大师的禅学以下两点最为推崇。

首先，憨山大师尤其重视永嘉禅师有关忍辱、无生法忍的开示。

> 吾佛有言："一念瞋心起，百万障门开。"此普贤菩萨利生之大忌，以瞋与慈悲，不两立耳。唯今但愿消得一分习气，便露十分光明。除得一分瞋慢，便立百分功德。古人所谓"不用求真，惟须息见。"又云："不必别求，放下便是。"又云："看得破，佛也做。"永嘉云。"从他谤，任他非，把火烧天徒自疲。我闻恰似饮甘露，消融顿入不思议。"于此足见古人无他长。只是肯将胸中不可人意的事，一齐放得下，只是人所不堪忍处自己忍得过。始也生忍，若忍至无生，则顿登佛地，又有何微妙伎俩，以涂人之耳目哉？[2]

在这段材料中，憨山大师强调了瞋心之害，为利生之大忌，修行时要克治三毒之一的嗔，在忍辱中才能得力，若达至无生法忍，则顿登佛地。在开示时，憨山大师特意引用了《永嘉证道歌》——"从他谤，任他非，把火烧天徒自疲。我闻恰似饮甘露，消融顿入不思议"。在开示结尾，憨山大师还不忘再补充一下，这样的修行方式，是十分简易直截的，并没有特别的微妙伎俩。

在另外一篇材料《示法锦禅人》中，憨山老人开示云：

> 法锦自言性多嗔习，老人因以方便调伏，而示之以忍辱法门，更为开导之曰："永嘉大师有言：'我师得见然灯佛，多劫曾为忍辱仙。'是知忍之

1　《憨山老人梦游集》卷二，《卍新续藏》第 73 册 No.1456，第 470 页上。

2　《与丁右武大参（字觉非）》，出自《憨山老人梦游集》卷十六，《卍新续藏》第 73 册 No.1456，第 572 页下—573 页上。

一行，为成佛之第一妙行也。"[1]

在这段材料中，憨山大师依然表示出推崇忍辱法门的态度与立场，认为"忍之一行，为成佛之第一妙行"。憨山大师在此处所引用的材料，仍然是《永嘉证道歌》——"我师得见然灯佛，多劫曾为忍辱仙"。《永嘉证道歌》此句所言包含两个典故，其一为然灯授记，其二为忍辱仙人。这其中，忍辱仙人出自佛教里面菩萨忍辱行满的著名故事。克实而言，憨山大师对于忍辱的推崇是非常有道理的。忍辱为六波罗蜜之一，乃菩萨道的必修德目。没有忍辱，瞋之一毒，根本难以化解。

其次，憨山大师尤其钦服永嘉禅学，这可以从憨山大师总结的"惺寂双流之实行""永嘉寂寂惺惺四料拣语"等集中体现出来。[2] 所谓"惺寂双流""永嘉寂寂惺惺"具体是指"寂寂惺惺是，寂寂无记非。惺惺寂寂是，惺惺乱想非"。此四句开示，出自《禅宗永嘉集》"奢摩他颂第四"。所谓"四料拣"，本是临济宗祖师义玄的常用方法，如云"有时夺人不夺境，有时夺境不夺人，有时人境俱夺，有时人境俱不夺"。憨山大师将永嘉"惺寂双流之实行"称为四料拣语，可以看出憨山大师对于永嘉大师的高度推崇。

通过文本可知，憨山大师认为"永嘉寂寂惺惺四料拣语"具有"殊胜"的功能，此四句话揭示了修行的核心要义，举凡公案、念佛、话头，最终所要达到的皆是"寂寂惺惺"，"从上佛祖，自受用地，无二无别"。事实正是如此，永嘉大师不仅揭示了禅学的核心奥义，也总结出了入定调心的普遍理则。这是因为整个禅修就是讲如何用心，犹如《金刚经》主旨所言"如何应住，如何降

1　《示法锦禅人》，出自《憨山老人梦游集》卷二，《卍新续藏》，第 73 册 No.1456，第 475 页下。

2　"惺寂双流之实行"出自《示沈大洁》，详见《憨山老人梦游集》卷九，《卍新续藏》，第 73 册 No.1456，第 524 页上。"永嘉寂寂惺惺四料拣语"，出自《示双轮照禅人》，详见《憨山老人梦游集》卷五，《新续藏卍》，第 73 册 No.1456，第 492 页上。

服其心"。[1] 一般禅学常言"定慧不二",实际上如何做到不二,往往言之笼统,而永嘉禅学开示地十分明白晓畅。在《示念佛参禅切要》一文中,憨山大师这样说道:

> 念佛审实公案者,单提一声阿弥陀佛作话头,就于提处,即下疑情。审问者念佛的是谁,再提再审,审之又审。见这念佛的毕竟是谁,如此靠定话头,一切妄想杂念,当下顿断,如斩乱丝,更不容起,起处即消。唯有一念,历历孤明,如白日当空。妄念不生,昏迷自退,寂寂惺惺。永嘉大师云:"寂寂惺惺是,寂寂无记非。惺惺寂寂是,惺惺乱想非。"谓寂寂不落昏沉无记,惺惺不落妄想。惺寂双流,沉浮两舍。看到一念不生处,则前后际断,中间自孤,忽然打破漆桶,顿见本来面目,则身心世界,当下平沉,如空华影落,十方圆明,成一大光明藏,如此方是到家时节,日用现前,朗朗圆明,更无可疑。始信自心,本来如此,从上佛祖,自受用地,无二无别。到此境界,不可取作空见,若取空见,便堕外道恶见。亦不可作有见,亦不可作玄妙知见。但凡有见,即堕邪见。若在工夫中,现出种种境界,切不可认着,一咄便消。恶境不必怕,善境不必喜,此是习气魔。若生忧喜,便堕魔中。当观惟自心所现,不从外来。应知本来清净,心中了无一物,本无迷悟,不属圣凡,又安得种种境界耶?今为迷此本心,故要做工夫,消磨无明习气耳。若悟本心本来无物,本来光明广大清净湛然,如此任运过时,又岂有甚么工夫可做耶?今人但信此心,本来无物,如今做工夫,只为未见本来面目,故不得不下死工夫一番,方有到家时节。从此一直做将去,自然有时顿见本来面目,是出生死永无疑矣。[2]

1　事实上,宋元以后的整个佛教都是围绕"一心"观念展开的。有关一心或一念之研究,可见冉云华《论中国佛教核心思想的建立》,载《中华佛学学报》,第 13 期,2000 年 7 月,第 419—429 页。

2　《憨山老人梦游集》卷九,《卍新续藏》第 73 册 No.1456,第 520 页上、中。

　　在此，憨山大师指出修行所要达致的正念是历历孤明，如白日当空的一念，此一念寂寂惺惺，就是永嘉禅学所强调的。憨山大师指出这一念孤明应该"寂寂不落昏沉无记，惺惺不落妄想。惺寂双流，沉浮两舍"。可以这样说，这抓住了定慧双修的根本矛盾，即"惺惺寂寂"。"永嘉寂寂惺惺四料拣语"从反面来讲，主要防止了两种歧出：其一，由于偏于寂寂导致的无记；其二，由于偏于惺惺所导致的乱想。在禅定修习时，应该避免这两种弊端，照而常寂，寂而常照，寂照不二，定慧等修。随后憨山大师又继续补充到——真正的禅学是应该超越空有、善恶的。在空有方面，"不可取作空见，若取空见，便堕外道恶见。亦不可作有见，亦不可作玄妙知见。但凡有见，即堕邪见"。意即不取空见，不取有见，也不取亦空亦有、非空非有等玄妙见解，"但凡有见，即堕邪见"，应该离言绝相。在善恶方面，"恶境不必怕，善境不必喜，此是习气魔。若生忧喜，便堕魔中"。克实而言，佛教虽然也谈善恶，但是并不是完全从善恶立论，善恶也并不是佛教最为深刻的哲学范畴。真正的修行应该透过善恶境界，明心见性，这也就是憨山大师强调的"当观惟自心所现，不从外来。应知本来清净，心中了无一物，本无迷悟，不属圣凡，又安得种种境界耶？"憨山大师认为，经过这一系列的超克，方能有到家时节，顿悟自性，本来光明广大清净湛然，出生死永无疑。

　　在《示沈大洁》一文中，憨山大师则将"永嘉寂寂惺惺四料拣语"视为沟通禅净的基本方法。

　　　禅净二行，原无二法。永明大师，示之于前矣。禅本离念，固矣。然净土有上品上生，未常不从离念中修。若曰念佛至一心不乱，岂存念耶？但此中虽是无二，至于下手做工夫，不无巧拙，以参究用心处最微最密。若当参究时，在一念不生。若云念佛，则念又生也。如此不无两概，念就参究念佛处，打作一条，要他不生而生，生即不生，方是永嘉惺寂双流之实行也。何耶？若论参究提话头，堵截意根，要他一念不生，如此虽是参的工夫，古人谓抱桩摇橹，只者要他不生的一念是生也，岂是真不生耶？只如念佛，若将一声佛号，挂在心头，念念不忘，岂是真一心不乱？古人教人参活句，不参死句，正在生处见不生意。如经云："见刹那者，方悟无生。"即此一语，则参究、念佛，当下可成一条矣。道人谛听：参究、念佛，此中易落淆讹，不可忽也。[1]

在此，憨山大师明言，永明延寿大师早就指出了禅净本无二。憨山大师又继续强调，净土若要达到上品上生，则必须一心不乱，虽然有念佛的形式，但不是要单独立一个念佛的念头，未常不从离念中修。参究，则在于一念不生，而如果堵截意根，强求一念不生则又是一种念头，犹如抱桩摇橹。实际上，参究即念佛，念佛即参究，两者都系于一念，应该打作一条，不生而生，生而不生。在《示沈大洁》下面的一段材料中，憨山大师又将参究即念佛、念佛即参究的方法进行了详细开示：

> 如何参究即念佛，念佛即参究耶？如今参究，就将一句阿弥陀作话头，做审实工夫，将自己身心世界，并从前一切世谛，俗习语言，佛法知见，一齐放下。就从空空寂寂中，着力提起一声阿弥陀佛，历历分明。正当提起时，就在直下看觑。审实此念佛的是谁，重下疑情。审之又审，疑之又疑，如驴觑井，觑来觑去疑来疑去，疑到心思路绝处，如银山铁壁，无转身吐气处。是时忽然磕着触着，真无生意。忽然猛的现前时则通身汗流，如大梦觉。到此方信生即无生，无生即生，参即是念，念即是参。回头一看，始知向来，如在含元殿里觅长安也。……总之一切圣凡迷悟都不管，单单只是追求一念下落，追到赶尽杀绝处，久久自见本来面目。如十字街头见

1　《憨山老人梦游集》卷九，《卍新续藏》第 73 册 No.1456，第 524 页上。

阿爷，更不向人问觅也。看来此事，元是人人本分上事，更无甚奇特处。[1]

克实而论，"永嘉寂寂惺惺四料拣语"在最为开始的时候，仅仅是一种参禅的方法，本身并不一定是为了解决禅净之间的矛盾。憨山大师之所以如此运用"永嘉寂寂惺惺四料拣语"，其根本原因在于憨山大师自身对于禅学的理解——当然，其背后的原因则是永嘉禅学确实可以在沟通禅净中提供一个基本的路径。在憨山大师看来，参即是念，念即是参，参和念最终所要达到的终极境界都是一致的，"如在含元殿里觅长安"。在《示沈大洁》中所开示的参禅念佛方法，与上文《示念佛参禅切要》中揭示的类似，在此不再重复分析。

非常值得一提的是，憨山大师还曾手书《证道歌》，至今流传，是中华书法的旷世珍品。憨山大师手书《证道歌》的时间显示为万历辛亥年（1611）九月望日，地点显示为浈阳舟中。[2]

三

研究可知，紫柏真可、憨山德清两位大师对于永嘉禅学展现出高度的认可与推崇。两位大师都认为永嘉大师的道心志愿尤其令人钦佩，堪称禅林僧人的楷模，当下禅林最为需要的人物就是永嘉大师这样的龙象了。在禅林衲子修学的经典方面，两位大师亦十分推崇永嘉大师的作品，尤其是憨山德清认为"《永嘉集》一书，实是坛经注脚。若见解依六祖，用功夫如永嘉，何患不一超直入"。又说"其节目之详，经不过《楞严》。至若祖语，无如《永嘉集》一书"。在这样的论述下，《永嘉集》实际上成为憨山大师心目中的代表性禅林经典。在引用方面，两位大师尤其关注《永嘉禅宗集》中的"奢摩他颂"，紫柏真可

1　《憨山老人梦游集》卷九，《卍新续藏》第 73 册 No.1456，第 524 页上、中。

2　详情可见《憨山行书〈证道歌〉册页（上）》，《书法》，2013 年第 4 期。《憨山行书〈证道歌〉册页（下）》，《书法》，2013 年第 5 期。（有关憨山大师书迹情况，详见文末撷影。）

尤其关注的是"恰恰用心时，恰恰无心用。无心恰恰用，常用恰恰无。"憨山德清尤其关注"寂寂惺惺是，寂寂无记非。惺惺寂寂是，惺惺乱想非"。憨山德清还称之为"永嘉寂寂惺惺四料拣语"。当然憨山德清也非常看重"恰恰用心时，恰恰无心用。无心恰恰用，常用恰恰无"这几句话，认为此乃"用心之神符"。比较而言，憨山德清对于永嘉玄觉的引用与推崇更具自觉性，也更系统宽广。比如，憨山德清在践行忍辱法门时所引用的法语就是永嘉大师的《证道歌》。或许有人会有疑问，既然紫柏真可、憨山德清两位大师这么重视永嘉大师的作品，为什么没有相关的注疏呢？其实，这应该是因为永嘉大师的作品已经相当简洁明了，没有必要多此一举，比如紫柏老人明言"汝自今而后，当先熟《永嘉集》，勿读注"。

研究可知，在一般的禅宗史中，永嘉禅师往往作为慧能弟子的身份出现，而且多是一笔带过，甚至忽略不计。然而只要转换一种视角，从中国禅学的后世接受史中就可以看出，永嘉禅学深受后世禅僧推崇，这方面紫柏真可、憨山德清就是典型。[1] 之所以出现这种情况，其实并不难理解。后世的禅僧面对枝繁叶茂的禅宗谱系与博大精深的禅学遗产，有充足的空间做出更为恰当的选择。任何一位身处传统之中的僧人，都可以广采博引，甚至为自己量身定做富有个性化的修行途径。正像本文研究的那样，紫柏真可、憨山德清两位大师对于永嘉禅学的引用，是杂糅性的，在旁征博引中再加以强调或凸显，这体现了晚明以降佛教的高度融合精神。在这种自觉选择的情况下，富有方法论精神、见地深刻的永嘉禅学脱颖而出。比如"永嘉寂寂惺惺四料拣语"，实际上成为憨山大师自己修习禅学的心法。而且，永嘉禅学的山林论调，展现出高雅的文化格调，也深受具有高度文化素养的文人或禅僧青睐。比如，憨山德清的悟道因缘与住山经历大有干系。[2]

1　事实上，在研究中国禅学时，基于接受史的视角来撰写一部中国禅学史是非常有必要的。

2　笔者认为基于法脉传承视角的禅学研究，有利于梳理禅宗的人物谱系；而基于影响接受视角的禅学研究，则有利于发现后世禅学的实际面貌。

总之，从紫柏老人、憨山大师对于永嘉大师的引用与推崇可以看出，永嘉禅学是非常富有价值的。永嘉禅学，体现了极强的创造力，深刻地揭示出禅法的切要精髓，为后人的修学提供了切实可靠、简明扼要的方法，这是永嘉禅学深受紫柏老人、憨山大师青睐的根本原因。经过紫柏老人、憨山大师的拣择，《证道歌》《禅宗永嘉集》这些著作的精髓也愈加凸显出来，并被赋予了更多的价值与功能。在这一后世禅学接受史中，永嘉禅学展现出强大的生命力——《证道歌》《禅宗永嘉集》是禅林历久弥珍的经典，永嘉禅学也获得了非同寻常的学术意义。

附：憨山大师书《证道歌》撷影

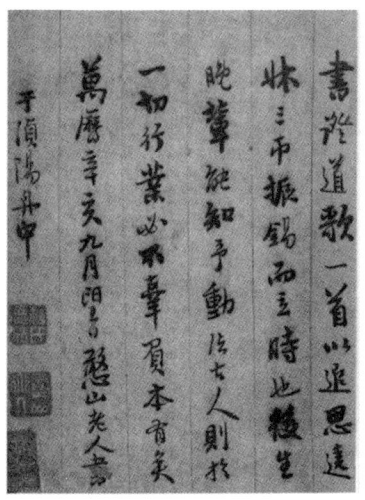
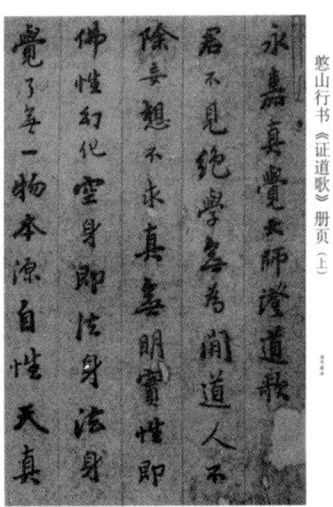

憨山行书《证道歌》册页（上）

浅论《永嘉证道歌》中的《维摩诘经》思想

林丹慧

内容提要：永嘉玄觉禅师是禅宗史上的重要人物，其作品《永嘉证道歌》思想丰富，内容深刻，是永嘉禅之精髓。玄觉禅师与《维摩诘经》渊源深厚，此经思想在《永嘉证道歌》中亦大有显露。因此本文试图从认识思想、修行方法、成佛境界三个方面分析、阐发《永嘉证道歌》的思想内容及其与《维摩诘经》的联系，以此来了解《永嘉证道歌》的思想要义及其思想来源，管窥永嘉禅的精神风采，同时为永嘉禅学思想做好基础性研究。

关键词：《证道歌》《维摩诘经》 禅宗

《永嘉证道歌》是一首宣扬大乘佛教教义，长达两千余字的长诗，以诸法无生、自性具足为宗旨，倡导顿悟自觉、自利利他的大乘精神。此诗传唱不息，流布广泛[1]，在中国佛教史上有重要地位。

---

[1] 《永嘉证道歌》向西流传到敦煌地区，向东传播至日。详见论文：侯成成《唐宋时期释玄觉〈证道歌〉的版本与传播——以敦煌文献、碑刻资料为中心》[J]. 中国典籍与文化，2018（1）：22—27。

《永嘉证道歌》由唐代高僧玄觉禅师所撰。他是浙江温州人，俗姓戴，字明道，法号玄觉。他少年出家，遍习三藏，精于天台止观法门，"因看《维摩经》，发明心地"，后于慧能大师处得其印可，暂留一宿即归去，时人称之"一宿觉"。[1]《维摩经》即《维摩诘经》，是大乘佛教的权威性经典，其思想内容极为丰富，被誉为"大乘佛教文献宝冠之珠"，在印度佛教和中国佛教中都占有极为重要的地位。[2]对中国的禅宗、华严宗、天台宗等佛教宗派具有非常深远的影响。

玄觉禅师虽说遍习三藏，但其对自己的佛学思想来源的概括则为"因看《维摩经》，发明心地"，由此可见，玄觉禅师[3]的思想必受《维摩诘经》影响无疑，其代表作品《永嘉证道歌》中也确实闪烁着不少《维摩诘经》的智慧，例如文中直接说道："维摩大士除疑虑，犹如赫日销霜雪"。本文试图以《永嘉证道歌》中所体现的《维摩诘经》[4]思想为研究对象，以此管见永嘉禅师的佛学思想与永嘉禅之精神。

一　"本源自性"的认识思想

《永嘉证道歌》[5]开篇即说道：

> 君不见，绝学无为闲道人，不除妄想不求真，无明实性即佛性，幻化空身即法身，法身觉了无一物，本源自性天真佛。

1　［唐］慧能《六祖大师法宝坛经》，《大正藏》第48册，No.2008，第357页。

2　《维摩诘经》，载《佛教十三经》，中华书局，2010年版，第1页。

3　《景德传灯录》将玄觉禅师列入慧能大师法嗣，因此可说玄觉属禅宗一脉。

4　《维摩诘经》在中土共有七译，但影响最大、流传最广的，当推后秦鸠摩罗什之译本。本文就以鸠罗什所译为准。

5　［唐］玄觉《永嘉证道歌》，《大正藏》第48册，No.2014，第395、396页。以下所引诗歌内容均在此二页中，故不再一一标注。

寥寥数句便表达了玄觉禅师对实相认识的三种思想。第一，"不除妄想不求真"表现其"无住"的思想，不执着除妄，亦不执着求真；第二，"无明实性即佛性，幻化空身即法身"表现其"不二"的思想，即无明与佛性不二，空身与法身不二；第三，"法身觉了无一物"表现了其"净心"的思想，即性心清净，本无生灭。而上述三种思想与《维摩诘经》中传达的"从无住本，立一切法""不二法门""心净则佛土净"等思想有紧密的联系。

1. "不除妄想不求真"的无住观

《永嘉证道歌》开篇即言：

> 绝学无为闲道人，不除妄想不求真。

此句表达了玄觉"绝学""无为"，不住真妄之相的"无住"观。《永嘉证道歌》在讨论真、妄、空、有、内、外时，都展现了其"不住"的思想，如讨论真与妄时，他说：

> 不求真，不断妄，了知二法空无相。
> 舍妄心，取真理，取舍之心成巧伪。
> 真不立，妄本空，有无俱遣不空空。

"真"指佛法真理，"妄"指烦恼妄心。"求真断妄"本是修行者们一贯秉持的修行目标，但又往往陷入对"求真断妄"的执着。在大乘佛教看来，诸法本来空相，无"真"可求，亦无"妄"可断，"真""妄"乃是假名安立来对治执着之心，若刻意求之，反落边见。正如《永嘉证道歌》所说："学人不了用修行，深成认贼将为子。"诗中还谈到"不住空有"的问题，这与"真""妄"问题本质上是一样的。如文中说道：

> 梦里明明有六趣，觉后空空无大千。
>
> 弃有着空病亦然，还如避溺而投火。

　　诸法如梦如幻，假有性空，不能执"有"也不能住"空"。要做到所谓的"无相无空无不空"，即"不住"，才能得如来真实相。《永嘉证道歌》还讨论了"不住内外"的思想：

> 心镜明，鉴无碍，廓然莹彻周沙界，万象森罗影现中，一颗圆光非内外。

　　这一句有两层含义：第一，觉悟之心，外不住境。此心如明镜，森罗万象只是镜中之影，纤毫不取；第二，觉悟之心，内不住空。此心虽无自性，却能明鉴森罗外象，是心之妙用，非断灭空。可知觉悟之心，内不住空，外不住境，无内无外，浑然一体。因此说是"一颗圆光非内外"。

　　《永嘉证道歌》这种无住思想可能源于《维摩诘经》。经中曾记载，舍利弗在树下宴坐，维摩大士见此批评道：

> 不必是坐，为宴坐也。……心不在内，亦不在外，是为宴坐。……不断烦恼而入涅槃，是为宴坐。[1]

　　这句话的意思是，常坐不动，自缚其心，不是坐禅，修行者内不住空，外不住境，不住烦恼、涅槃等名相，才是真正的禅坐。也就是说，真正的修行乃是心不住相，不住外在形式。且经中有言曰："法无取舍……法无处所……法无

1　《维摩诘经》，载《佛教十三经》，中华书局，2010年，第34页。

名相……法不可住……若求法者，于一切法应无所求。"[1]意思是求佛法，应该对一切诸法都无所住、无所求。若住于求法，则非求佛法。这就是玄觉否定"求真断妄"的原因。《维摩诘经》强调"无住为本""从无住本立一切法"。它认为，无住则无颠倒、无虚妄分别、无贪欲、无我执，从而不善不生，善法不灭，正念当行，烦恼断除，成就功德。[2]《永嘉证道歌》开篇首句即提出不求真妄的"无住"思想，可以说很好地阐释了《维摩诘经》中"从无住本立一切法"的思想。

2. "幻化空身即法身"的不二观

"不二"即无二边见，摒弃一切对待。《永嘉证道歌》言：

> 无明实性即佛性，幻化空身即法身。

此句表达了"无明"与"佛性"不二、"空身"与"法身"不二的思想。文中多处可见这种不二观，并且从三种不同角度对"不二"进行阐释。

其一，从"无相"的角度讲"不二"。

> 了知二法空无相，无相无空无不空，即是如来真实相。

大乘佛教认为，世上一切事物或现象都是因缘和合而成，并无自性。我们平时所看到的事物都不是它们真正的形相，真正的形相是"无相"。因而"无明""佛性""空身""法身"皆是"无相"，因此诸法平等，无有分别。即《维摩诘经》所说："明、无明为二，无明实性即是明，明亦不可取，离一切数，于其中平等无二者，是为入不二法门。"[3]意思是说"无明"即是"明"，因为"无明"

1　《维摩诘经》，载《佛教十三经》，中华书局，2010年，第98页。

2　同上书，第111页。

3　同上书，第146页。

与"明"的本性都是空，二者平等，无有差别。

其二，从"一切法无生"的角度讲"不二"。

> 无罪福，无损益，寂灭性中莫问觅。

玄觉认为事物表面上虽千差万别，但都是假象幻影，本就不是一种真实的存在，因而是无生。罪、福等诸法等根本无生，因而是不二的，何况其损益。其无生的思想可能源于《维摩诘经》："知诸法，如幻相；无自性，无他性，本自不然，今则不灭。……其有施者，无大福，无小福；不为益，不为损。"[1]即一切诸法从根本上说是无生的，也就无所谓罪福、损益、大小的区别。并且《维摩诘经》中亦有从"法无生灭"的角度谈"不二"思想。如经云："诸仁者，生灭为二，法本不生，今则无灭，得此无生法忍，是为入不二法门。"[2]即是说若能知诸法本来不生不灭之理，是入不二法门。

其三，从"烦恼即菩提"的角度讲"不二"。

> 无明实性即佛性，幻化空身即法身。

只有在"无明"众生中才能生起"佛性"，没有"无明"，也就没有所谓的"佛性"；只有从"幻化空身"的虚妄中，才能生起"法身"的真实，没有"空身"则无"法身"，二者相待而生，不二不异。《维摩诘经》中有一段对话，正反映了这种思想。维摩诘问文殊师利："何等为如来种？"文殊师利言："有身为种，无明有爱为种，贪嗔痴为种……以要言之，六十二见及一切烦恼皆是佛种。……烦恼泥中，乃有众生起佛法耳……起于我见如须弥山，犹能发于阿耨

1　《维摩诘经》，载《佛教十三经》，中华书局，2010年，第40页。

2　同上书，第140页。

多罗三藐三菩提心，生佛法矣。是故当知，一切烦恼，为如来种。"[1] 即是说只有在充满烦恼的众生中，佛法才有落脚处，如果不入烦恼大海，也无法获取佛教的无上妙法。

《维摩诘经》中的"不二法门"是整个中国佛教的方法论依据[2]，《永嘉证道歌》中虽未出现"不二"的字眼，实际上整篇都洋溢着"不二"的思想，也正是《维摩诘经》中的核心思想之一。其"诸法平等""烦恼即菩提"，远离一切因缘对待，视诸法平等的思想在《永嘉证道歌》中均有非常明显的体现。

3. "法身觉了无一物"的净心观

净心是指觉悟之心，净心观是指，一切事物是心内起念时的种种变现，以觉悟的清净之心观之，则无一物污秽，若以迷妄之心观之，则万物秽恶。因而《永嘉证道歌》言：

> 法身觉了无一物。

此句现了其"净心"的思想，并有两方面意思。

其一，净心乃心无染着，则无一物秽恶。文中说：

> 损法财，灭功德，莫不由斯心意识。

玄觉禅师认为，心中有"法财""功德"的相，且执着其增损、生灭，是因为心不净，有染着、有分别。这种净心观正是吸收了《维摩诘经》中的"心净则众生净"的思想。《证道歌》甚至直接引用《维摩诘经》中的典故来阐明自己的净心观：

1　《维摩诘经》，载《佛教十三经》，中华书局，2010年，第128页。

2　同上书，第5页。

有二比丘犯淫杀，波离萤光增罪结，维摩大士顿除疑，犹如赫日销霜雪。

此典故源自《维摩诘经·弟子品》。此品讲述两位比丘犯了戒律，不敢去问佛祖如何消除罪业，便来问号称"持律第一"的优波离。优波离正按照经律告诉他们如何消除罪过，维摩诘便见状即说：

> 唯，优波离！无增重此二比丘罪，当直除灭，勿扰其心。所以者何，彼罪性不在内，不在外，不在中间。如佛所说："心垢故众生垢，心净故众生净。"[1]

此番论述即是说，心中有所染垢，众生才有罪垢，心中若是清净，则众生亦无罪垢。玄觉禅师正是以此净心观而悟到"了即业障本来空，未了应须还夙债"。若心不净，则夙债重重，若性心清净，则业障顿消，甚至可"刹那灭却阿鼻业"。

其二，净心乃心无生灭，则无一物生灭。《永嘉证道歌》言：

> 心是根，法是尘，两种犹如镜上痕，痕垢尽除光始现，心法双忘性即真。

玄觉认为不仅要心不染着，还要"心法双忘"，即心无生灭，诸法无生，最后达到"无一物"的状态。如他说道："了了见，无一物，亦无人，亦无佛。大千沙界海中沤，一切圣贤如电拂。"而这一思想很可能也来自于维摩诘批评优波离的故事，其言：

---

1 《维摩诘经》，载《佛教十三经》，中华书局，2010年，第52页。

一切法生灭不住，如幻如电，诸法不相待，乃至一念不住，诸法皆妄
见，如梦如焰，如水中月、如镜中像，以妄想生，其知此者是名奉律。[1]

此即是说，一切法因妄想、颠倒而生，如果知道一切法究竟无生，才是奉
持经律，而这一切取决于"净心"，即心无生，则诸法无生。这就是《永嘉证
道歌》中所谓的"不见一法即如来，方得名为观自在。"由此可以说，《永嘉证
道歌》中的"净心观"思想很可能来自于《维摩诘经》。

二 "直截根源"的修行方法

玄觉禅师不仅在佛学思想上得益于《维摩诘经》，更在修行方法上深谙其
道，运化无碍。本节分列"在欲行禅知见力"的道场观、"行亦禅坐亦禅"的
修行观以及"一超直入如来地"的顿悟观三部分，来阐述玄觉禅师的修行思想
与方法，并以此对照《维摩诘经》中所展现的"在欲行禅""出世亦入世""不
畏深义，如实能入"等思想，从中找出玄觉禅师修行思想的渊源。

1. "在欲行禅知见力"的道场观

道场指修行学道的处所。《永嘉证道歌》中的"道场"可分为具象与抽象
两种道场。从具象道场的角度分析，《正道歌》中玄觉禅师描述自己是个"绝
学无为闲道人"，且多处描写山林幽景，如"游檀林，无杂树，郁密森沈狮子
住，境静林间独自游，飞禽走兽皆远去"等。因而玄觉禅师的修行禅法多被认
为是山林悠游禅[2]，倾向在出世间的山林道场修行。不可否认，《证道歌》确实体
现了玄觉对悠游静坐的山居修行的憧憬之情，但这只是其道场观的一方面，且

1　《维摩诘经》，载《佛教十三经》，中华书局，2010 年，第 52 页。

2　　杜继文《中国禅宗通史》，江苏人民出版社，2008 年，第 185 页。杜继文先生把玄觉禅师的禅法
表述为"山林悠游禅"。

是其觉悟后的状态与境界。在玄觉禅师的《禅宗永嘉集·劝友人书》中我们可以看到其道场观的另一方面：

> 若非解契玄宗，行符真趣者，则未可幽居抱拙。……若未识道而先居山者，但见其山，必忘其道。若未居山而先识道者，但见其道，必忘其山。忘山则道性怡神，忘道则山形眩目。是以见道忘山者，人间亦寂也；见山忘道者，山中乃喧也。……如其三毒未祛，六尘尚扰，身心自相矛盾，何关人山之喧寂耶？[1]

可见，玄觉禅师认为如果"三毒未祛，六尘尚扰"，即便身处山中，亦觉喧闹，无清净道场可言。如果"解契玄宗，行符真趣"，则人间山林皆是寂静道场。可见玄觉禅师认为，只要自性清净，"山林"和"人间"皆可为道场。并且认为入世修行更是难得，如他在《正道歌》中说道：

> 在欲行禅知见力，火中生莲终不坏。

而这句话正是出自《维摩诘经·佛道品》。[2] "在欲行禅"是《维摩诘经》的核心思想之一。维摩诘居士上至自在天宫，下至魔窟淫舍，无处不去[3]，却无一染着，且善于智度，通达方便，他既出世又入世，不住涅槃、不住世间的大乘思想对中国佛教，特别是对禅宗影响甚深。玄觉禅师不仅属禅宗一脉，并且说自己是因看《维摩诘经》而发明心地，因此其"在欲行禅"的修行思想来自于《维摩诘经》不言而喻。

1　[唐]玄觉《永嘉禅宗集》，载《大正藏》第48册，No.2013，第394页。
2　《维摩诘经》："火中生莲华，是可谓希有；在欲而行禅，希有亦如是。"《佛教十三经》，中华书局，2010年，第134页。
3　同上书，第60页。

再从抽象道场的角度分析，人生即修行道场，人生的顺境、逆境为不同修行处所。《永嘉证道歌》中说道：

> 顺行逆行天莫测，吾早曾经多劫修。
>
> 纵遇锋刀常坦坦，假饶毒药也闲闲。我师得见燃灯佛，多劫曾为忍辱仙。

玄觉禅师认为人生的顺行、逆行、锋刀、毒药、忍辱皆是人生修炼的道场。若是能够在逆境中"常坦坦""也闲闲"，则是不住我人四相，于诸道场行"无生慈忍"，得"摩诃般若力"。这种将道场抽象化，并以逆境为修炼道场的思想亦可以在《维摩诘经》中可寻得源头。如《维摩诘经·菩萨品》中，光言童子问维摩诘从何所来，维摩诘偷换概念，将具象转为抽象，答道："吾从道场来。"接着，维摩诘列举了何所是道场，如忍辱、诸烦恼、三界皆是道场。最后得出结论："一念知一切法是道场……举足下足，当知皆从道场来，住于佛法矣。"[1] 即是说道场无处不在，菩萨所行之处，无非道场。

由此可知，玄觉禅师认为无论是客观场所上的入世出世，还是人生经历上的顺行逆行，只要身心清净，无处不是修行道场。这种思想正是深受《维摩诘经》既出世又入世、道场无处不在等思想的影响。

2."行亦禅坐亦禅"的修行观

"行亦禅坐亦禅，语默动静体安然。"这是《正道歌》中传唱最广泛的句子之一。也是禅宗中"即心即佛""触类是道"思想的典型表达，也是近现代"人间佛教"的思想来源之一。慧能一脉的禅宗提倡自性即是佛性，返归众生的本性，以求自我觉悟。玄觉禅师继承了慧能"自性是佛"的思想，提出只要护持本心，行住坐卧、语默动静皆是修行，皆是佛理。《永嘉证道歌》中随处可见

---

1 《维摩诘经》，载《佛教十三经》，中华书局，2010年，第65页。

把禅法融于日常生活的思想，如：

> 江月照，松风吹，永夜清宵何所为。佛性戒珠心地印，雾露云霞体上衣。

江月、松风、永夜、清宵、雾露、云霞皆是日常随处可见之景，凡夫观之执为实有，而觉悟之人观之，知一切皆是自心之所现，能照见实相性空，体入诸法妙用。并且玄觉禅师认为只要抓住了修持佛法的根本核心（明悟心性），那么修行的形式是变通的，持戒、念佛、参禅、诵经等皆是末技之学，非究竟之道，如他说：

> 吾早年来积学问，亦曾讨疏寻经论。分别名相不知休，入海算沙徒自困。

玄觉禅师认为，修行者若执着于佛法名相、经律教规，则犹如把指月的手指当成月亮，把经律当作佛法真谛，而不能生实解。而这一思想在《维摩诘经》中可找出源头。《维摩诘经·弟子品》中，维摩诘这样批评正在宴坐的舍利弗：

> 不必是坐，为宴坐也。夫宴坐者不于三界现身意，是为宴坐；不起灭定而现诸威仪。是为宴坐；不舍道法而现凡夫事是为宴坐；心不住内亦不在外，是为宴坐……[1]

可知，维摩诘认为真正的禅坐不是身体安坐不动，而是心无所住。即大乘佛法的修行不必拘泥于任何形式，不必有别于百姓日用，只要遵循佛法核心，行住坐卧、挑水砍柴皆是禅坐，皆是入定状态。禅宗重要著作《坛经·定慧

---

1 《维摩诘经》，载《佛教十三经》，中华书局，2010年，第34页。

品》中就直接举此典故，为其说佐证，[1] 亦可说是对此经文的化用。并且《维摩诘经·弟子品》中就提出："出淤泥，无系着，无我所，无所受，无扰乱，内怀喜，护彼意，随禅定，离众过，若能如是，是真出家。"[2] 即真正的出家是出淤泥而不染，心境自然平静不为外界扰乱，心怀欢喜护诸众生，行住坐卧皆在禅定之中，远离一切过失。非离家修行才为出家，发无上菩提心就已经是出家了。《维摩诘经》这种深刻的入世修行的思想对禅宗倡导佛教大众化、生活化起了非常大的影响。玄觉禅师作为禅宗六祖的法嗣之一，其"行亦禅，坐亦禅"的修行思想就是非常明显的例子。

3. "一超直入如来地"的顿悟观

玄觉禅师作为禅宗一脉，其所倡导的修行法门正是禅宗中最具特色之一的"顿悟"法门，如《永嘉证道歌》中就有"自从顿悟了无生，于诸荣辱何忧喜""是以禅门了却心，顿入无生知见力""顿觉了，如来禅，六度万行体中圆"等语句。

《永嘉证道歌》中的"顿悟观"有三个方面特点。

第一，重视抓"本"。如《证道歌》说道：

> 但得本，莫愁末，如净琉璃含宝月。
>
> 直截根源佛所印，摘叶寻枝我不能。

"本"是灵觉之心，"末"是修行所得。玄觉认为一旦成就灵觉，一通百通，万事自然能了。[3] 如《永嘉证道歌》这样说道："一性圆通一切性，一法遍含一切

1　[唐]慧能《坛经》："心不住法，道即通流。心若住法，名为自缚。若常坐不动是，只如舍利弗宴坐林中，却被维摩诘诃。"载《大正藏》第 48 册，第 353 页。

2　《维摩诘经》，载《佛教十三经》，中华书局，2010 年，第 55 页。

3　杜继文《中国禅宗通史》，江苏人民出版社，2008 年，第 188 页。

法，一月普现一切水，一切水月一月摄，诸佛法身入我性，我性同共如来合，一地具足一切地"。并且，他认为只要能自识其"本性（灵觉之心）"，就能"一悟即至佛地"。如他说道："争似无为实相门，一超直入如来地。"这种重视抓本的思想在《维摩诘经》有非常明显的体现。经文开篇第一品，宝积问佛，如何得佛国土清净，即如何达到如来之境。佛说：

> 若菩萨欲得净土，当净其心；随其心净，则佛土净。[1]

可见，《维摩诘经》也是以"心"为本，只要净心，就可得净土，入佛境地。此经开篇即直截根源，抓住本质，直指人心。经文中维摩诘更是以此来开示佛众弟子及菩萨。如《弟子品》中，维摩诘以"心垢故众生垢，心净故众生净"为根本，阐明"心""罪垢""诸法"的本质[2]，提出"诸法皆妄见"，他这种"当直灭除，勿扰人心"的精神对玄觉大师的顿悟观是有直接影响的，因为玄觉大师在《证道歌》中对维摩大士称颂道："维摩大士顿除疑，犹如赫日销霜雪。"由此可见，《维摩诘经》这种重视抓"本"的思想方法对玄觉是有深刻影响的。

第二，不住文字。如《永嘉证道歌》说道：

> 吾早年来积学问，亦曾讨疏寻经论，分别名相不知休，入海算沙徒自困，却被如来苦诃责，数他珍宝有何益。

玄觉禅师反对耽溺于经论之学，认为如果没有抓住佛法的根本核心，讨疏寻经就如同入海算沙，自我缠缚。如他所说："空拳指上生实解，执指为月枉施功。"《维摩诘经》中亦有"不著文字"的说法。如：

1　《维摩诘经》，载《佛教十三经》，中华书局，2010年，第16页。

2　《维摩诘经》："心垢故众生垢，心净故众生净。心亦不在内，不在外，不在中间。如其心然，罪垢亦然；诸法亦然，不出于如。"载《佛教十三经》，中华书局，2010年，第52页。

一切言说，不离是相，至于智者，不著文字，故无所惧。[1]

一切言说都是假名，有智慧的人不会执着文字相。且《维摩诘经·入不二法门品》中的"文殊无言，净名杜口"[2]也是禅宗以心传心、不立文字的经典和历史依据。不言说也是一种言说，亦是一种教化，维摩一默正如《永嘉证道歌》所说的"说时默，默时说"，是以心传心的方式来教化。

第三，无畏无惧。《永嘉证道歌》说道：

有疑不决直须争，不是山僧逞人我，修行恐落断常坑。

大丈夫，秉慧剑，般若锋兮金刚焰，非但空摧外道心，早曾落却天魔胆。

要抓住"本"就必须拥有无畏邪念的勇气、直指人心的锋芒、破除外道的威力。玄觉禅师这种无畏无惧的精神可以说深受《维摩诘经》的影响。经中维摩大士破除外道的大威力随处可见，如使得魔王波旬对其畏惧俯仰、无处遁形，又感化魔界天女远离魔道，悉发菩提心[3]。还开示须菩提，如能不惧"于一切众生而有怨心，谤诸佛，毁于法，不入众数，终不得灭度"才可解脱。因为他把握了宗旨：

一切诸法，如幻化相，汝今不应有所惧。[4]

1　《维摩诘经》，载《佛教十三经》，中华书局，2010 年，第 43 页。

2　维摩诘让诸菩萨谈何为入不二法门，最后文殊菩萨认为一切法无言说，无示无识，离诸问答，是为入不二法门。问维摩诘何为入不二法门时，维摩诘默然无言。文殊菩萨赞叹道："乃至无有文字语言，是真入不二法门。"《维摩诘经》，载《佛教十三经》，中华书局，2010 年，第 154 页。

3　《维摩诘经》，载《佛教十三经》，中华书局，2010 年，第 68 页。

4　同上书，第 43 页。

了悟了佛道真谛就应当无所畏惧。玄觉禅师称其为："狮子吼，无畏说。"《维摩诘经》中虽然没有提出顿悟法门，但是注重抓"本"、不住文字、无畏无惧的精神在经文中有明显展露。可以说，它对玄觉禅师的顿悟观的形成是有深刻影响的。

三　"象驾峥嵘"的成佛境界

大乘佛教认为，学佛参禅不应只局限于获得个人解脱，独享寂灭安宁，大乘菩萨更应有"地狱不空，誓不成佛"的无限悲心，以智不住世间，悲不住涅槃的精神做到舍己利他、饶益众生。《维摩诘经》就是宣扬大乘佛教精神的典型代表。玄觉禅师在思想解脱论及成佛境界上就是彰显了这种大乘精神，并在一定程度上受到了《维摩诘经》的影响。本节分列"龙象蹴踏润无边"的大乘法、"销融顿入不思议"的解脱力以及"自利利他终不竭"的菩萨行三部分，来阐述玄觉禅师的解脱论与成佛境界，并联系《维摩诘经》中"依义不依语、依法不依人""不思议解脱法门""众生之类是菩萨佛土"等思想，从中找出玄觉禅师成佛境界的思想源泉。

1. "龙象蹴踏润无边"的大乘法

禅宗是中国大乘佛教的典型代表，《永嘉证道歌》作为禅宗一脉的佛教作品，其内容中亦洋溢着破除小乘，弘扬大乘的思想精神。如其说道："龙象蹴踏润无边，三乘五性皆醒悟。"其以大乘思想破小乘外道主要从四个方面入手。

第一，无生灭相。《永嘉证道歌》言：

> 是以禅门了却心，顿入无生知见力。

"无生"是《永嘉证道歌》的核心范畴，是其悟入成佛境界的标志。以一切法无生故，"真"不可求，"妄"无从断。故《永嘉证道歌》云："不求真，不断妄，了知二法空无相""舍妄心，取真理，取舍之心成巧伪。"

第二，破诸法相。《永嘉证道歌》说：

> 五阴浮云空去来，三毒水泡虚出没。

由"无生"这个基本观点可知，五阴、三毒等诸法相根本无生，其变化皆由心造，不可执为实有。同时，经律教规作为名相，本质上也是"无生"，因而也不可执着。故《永嘉证道歌》有言"深嗟懵懂顽皮靼，只知犯重障菩提，不见如来开秘诀"。

第三，不住相布施。《永嘉证道歌》言：

> 住相布施生天福，犹如仰箭射虚空。势力尽，箭还坠，招得来生不如意。

凡夫、小乘者往往以求福德而布施，而以福德为实有者则是妄想，实无福德可得，此布施亦非真布施。故玄觉禅师说："损法财，灭功德，莫不由斯心意识。"

第四，不落空相。《永嘉证道歌》言：

> 谁无念，谁无生，若实无生无不生。

"无生"是为了对治凡夫执法为实有，而一些修行者又易落二边见，知"无生"而不知"无不生"，即玄觉禅师所谓"修行恐落断常坑"，于是提"无生"时亦提"无不生"，以警示不住空相。如《永嘉证道歌》说："无相无空无不空，即是如来真实相。"玄觉禅师秉"无生"之"慧剑"，摧破凡夫与小乘者们对五阴三毒、经律、福德、布施等一切法的执着，同时破除对"无生"的执着。

《永嘉证道歌》中这四种破除小乘法的观点以及方法皆可以从《维摩诘经》中找到端倪。维摩大士以"一切法无生灭"的基本观点统摄全文，并以此随机点化小乘修行者们。如他以"诸法寂灭"点化舍利弗"于一切法应无所求"[1]，即是无生灭相；以"一切法生灭不住"点化优波离"心垢故众生垢，心净故众生净"[2]，即是破诸法相；以"知诸法，如幻相；无自性，无他性"点化大迦叶；"其有施者，无大福，无小福，不为益，不为损，是为正入佛道，不依声闻"[3]，即不住相布施；以"无以生灭心行，说实相法"点化摩诃迦旃延"法本不然，今则无灭，是寂灭义"[4]，即不落空相。更是告诫富楼那"欲行大道莫示小径；无以大海内于牛迹，无以日光等彼萤火"[5]，即是说不可以向大乘根器之人宣说小乘法。玄觉正是化用这一思想，在《永嘉证道歌》里说道："大象不游于兔径。大悟不拘于小节。"

凡此种种点化，不可胜举。总之，无论是《永嘉证道歌》中破除小乘法的观点还是其破除的方法皆与《维摩诘经》中的方式极为相似。

2. "销融顿入不思议"的解脱力

玄觉禅师曾大赞维摩大士的不可思议法门，他说：

> 不思议，解脱力，妙用恒沙也无极，四事供养敢辞劳，万两黄金亦消得，粉身碎骨未足酬，一句了然超百亿。

"不思议"即不可思、不可议，"不思议，解脱力"指的就是《维摩诘经》中所展现的不可思议解脱法门。维摩诘通过神通，显示广窄兼容、久暂互摄、

1　《维摩诘经》，载《佛教十三经》，中华书局，2010年，第98页。

2　同上书，第52页。

3　同上书，第40页。

4　同上书，第48页。

5　同上书，第46页。

须弥纳芥子、七日涵一劫等种种不可思议事迹，开示凡夫、二乘"能善分别诸法相，于第一义而不动"[1]则是真解脱，甚至《维摩诘经》亦被称为《不可思议解脱经》，可见"不可思议"法门在《维摩诘经》中的地位。玄觉禅师对此不可思议法门极为崇奉，认为这是"妙用无极"，他认为能听到这样的法门，即便辞劳四事，消得万两黄金，甚至粉身碎骨都不足以酬报维摩大士的开示之恩，其一句话就顶过他人百亿句话。同时，《永嘉证道歌》中的解脱思想也是化用了《维摩诘经》的不可思议解脱法门，如：

> 弹指圆成八万门，刹那灭却三祇劫。

意思是说，在极短的时间内能成就八万法门，也能灭除三祇劫的罪业。因为见道者知刹那、三祇劫、罪业皆无定相，可生灭于弹指刹那间。而凡夫、小乘之人，因执时间、罪业为定相，为实有，故而夙债重重，业障难空。这与《维摩诘经·不思议品》中"演七日以为一劫，令彼众生谓之一劫……促一劫以为七日，令彼众生谓之七日"[2]这种破除时间定相，久暂互摄的不可思议的解脱思想有异曲同工之妙。

不可思议法门的种种神通法力是基于对诸法本相的了悟，其目的是用以解脱世间种种烦恼。维摩诘曾示现"火纳腹中"的神通：

> 又十方世界劫尽烧时，以一切火内于腹中，火势如故，而不为害。[3]

他将十方世界的大火置于腹内，火虽在腹中烧他却安然无恙，不为所害。十方世界，大火烧天是因妄想生，如心清净，则火不伤身。玄觉禅师就是用这

---

1 《维摩诘经》，载《佛教十三经》，中华书局，2010年，第9页。

2 同上书，第101页。

3 同上。

种不可思议解脱力来对治世间种种烦恼。如《永嘉证道歌》云：

> 从他谤，任他非。把火烧天徒自疲，我闻恰似饮甘露，销融顿入不思议。

凡夫之人，闻非、谤之言则心生烦恼，譬如有人以火烧天，焦灼难耐。见道之士则知非、谤皆是名言假设，是幻化相，无自性，故谤者徒劳自困，闻者如饮甘露，心常清净，玄觉称这是顿入"不可思议"法门。这种以不可思议法门对治烦恼的思想在《维摩诘经·佛道品》中有诸多体现，经中列举贪欲、嗔恚、愚痴等种种非道，维摩诘以"非道即佛道"的不可思议法门言："示行贪欲，离诸染着；示行嗔恚，于诸众生无有恚碍；示行愚痴，而以智慧调伏其心。"玄觉禅师认为若能化用此不可思议解脱力，其结果则是：

> 观恶言，是功德，此即成吾善知识，不因讪谤起冤亲，何表无生慈忍力。

"不思议解脱力"能化"恶言"为"功德"，化"讪谤"为"慈忍"。《永嘉证道歌》中提到的"龙女顿成佛""日可冷，月可热""大千沙界海中沤，一切圣贤如电拂"皆是玄觉禅师以对治非道，开示众人的不可思议解脱法门。

凡夫滞有，沉沦世间，无所谓解脱。小乘耽空，厌离世间，其所谓之解脱，乃遁世自了，与大乘不可思议解脱背道而驰。[1]而玄觉禅师所提倡的"不思议，解脱力"则是蕴含着《维摩诘经》所倡导的"非道即佛道""烦恼即菩提"的大乘精神和对不可思议解脱法门的"妙用无极"。

3."自利利他终不竭"的菩萨行

大乘佛教所追求的终极理想是以"自利利他""自觉觉他"为宗旨，上求

1　王新水《维摩诘经思想研究》，[D].上海：复旦大学哲学系中国哲学，2006年。

佛道，下化众生，强调众生"共业"的共同转化，以求实现人间净土。[1] 佛教中国化后，更是把这一思想发挥到极致，禅宗就是这方面的典型代表。《维摩诘经》则是禅宗入世精神的经典依据与思想宝库。《永嘉证道歌》就是一首宣扬大乘精神的禅诗，从中我们可以感受到其自利利他，饶益众生的思想，且在一定程度上受到了《维摩诘经》思想的影响。

《永嘉证道歌》云：

> 我今解此如意珠，自利利他终不竭。
>
> 无价珍，用无尽，利物应机终不吝。

"如意珠"即指摩尼宝珠，具诸功德，无上珍贵，利用如意。而玄觉禅师愿意解此如意珠来度化有情，可见其舍己利人的无限悲心。并且愿以他的"无价珍"，即佛法真谛，来利乐有情，应机点化，绝无吝惜。且这自利利他，饶益众生的菩萨行终不停歇，犹如"地狱不空，誓不成佛"。可见玄觉禅师度脱众生的理想与决心。

这一度化大众的思想则是《维摩诘经》的终极宗旨。如《维摩诘经》中佛说：

> 具福德故，不住无为；具智慧故，不尽有为；大慈悲故，不住无为……知众生病故，不住无为；灭众生病故，不尽有为。[2]

所谓"不尽有为"是不离开世俗世界、世俗众生；所谓"不住无为"是不住于空，不以证空为归趣。"不尽有为，不住无为"展现了大乘菩萨不住涅槃、不离世间、地狱不空、誓不成佛的慈悲济世精神。[3]

1　方立天《佛教哲学》，中国人民大学出版社，2012年，第29页。

2　《维摩诘经》，载《佛教十三经》，中华书局，2010年，第177页。

3　同上书，第168页。

再者，佛说：

> 众生之类，是菩萨净土。……菩萨取于净土国，皆为饶益众生故。[1]

可知成佛的终极理想就是饶益众生，而非局限于个人解脱。并且告诫说法者"欲行大道，莫示小径；无以大海内于牛迹，无以日光等彼萤火"。[2]《正道歌》正是继承了这种思想，说道：

> 象驾峥嵘谩进途，谁见螳螂能拒辙。莫将管见谤苍苍。

大乘菩萨的境界功德殊胜，非凡夫、小乘可测。大乘精神的峥嵘进途非小乘螳臂所能阻碍。此以象、螳螂比喻大、小二乘，优劣即明，高下立判。见性之人不为戒律所拘，如高沙弥不受戒，药山不看经等，大乘教法不可管窥蠡测。

佛陀有言，佛法"依于义，不依语；依于智，不依识；依了义经，不依不了义经；依于法，不依人"。[3]并以八万四千法门对治众生种种烦恼。维摩诘亦是辩才无碍，游戏神通，上至天宫，下入魔窟，示现神通，随机点化，助人解脱。玄觉禅师发明心地，化用此法，创作《永嘉证道歌》，以诗歌的形式展现佛法意趣，使高深难测，佶屈聱牙的佛教经文变得通俗易懂，朗朗上口，传说于市里巷间，潜移默化，以此法布施来普惠大众，饶益众生。这也是大乘佛教大化众生的重要方式之一。彦琪《永嘉证道歌注·序》有言："以后天下丛林无不知也，诸方世人中或注或颂，以至梵僧传皈印土，翻译受持。"知讷《永嘉证道歌注·序》亦大赞："余尝览吾家，渔猎文字语言极多。而腾耀古今、脍炙人口者亦少。至于永嘉著歌以证道，慳于二千言，往往乳儿灶妇能钻仰此道，

1　《维摩诘经》，《佛教十三经》，中华书局，2010年，第14页。

2　同上书，第46页。

3　同上书，第197页。

争诵遗章断稿，况在士夫衲子蚁慕云骈，不待云后谕。……信夫！西土谓之'证道经'，名不诬矣。"《佛祖统纪》卷十引洪觉范语："梵僧觉称，谓西竺目此歌为'东土大乘经'"。[1] 此诸评论皆可见《永嘉正道歌》慈悲济世，广种善根的大乘精神。

四 结 语

《永嘉证道歌》思想深刻，博杂广泛，融会了禅宗、天台宗、华严宗等教义，是永嘉禅法之精髓。《维摩诘经》作为对中国佛教影响最大的经典之一，其思想在《永嘉证道歌》中也大有彰显。本文通过分析、阐发《永嘉证道歌》中所体现的《维摩诘经》的思想，有利于全面地了解《永嘉证道歌》的思想要义及其来源，以此管窥永嘉禅的精神风采。

本文分别从认识思想、修行方法、成佛境界三个方面分析《永嘉证道歌》思想内容及其与《维摩诘经》的联系。据以上分析，《永嘉证道歌》秉持"本源自性"的基本观点，以"无住""不二""净心"三种方式观照世界，了知一切法"无生无不生"，而这三种观照方式与《维摩诘经》中提倡的"从无住本，立一切法""不二法门""心净则众生净"等思想有紧密的联系。在修行方法上，玄觉禅师提倡在欲行禅的"道场观"、不离日用的"修行观"以及直入佛地的"顿悟观"，主张在世俗生活中以自性自悟，顿觉佛性的方式来修行，而这种修行思想很大程度上来自于《维摩诘经》所倡导的"心净则佛土净""出世又入世"的思想。在成佛境界方面，玄觉禅师弘扬大乘，力破小乘，运用多种方式度化众生，自利利他，这种"象架峥嵘"的大乘精神所继承的正是《维摩诘经》中"不住涅槃、不离世间"的核心思想与不可思议解脱法门。

《永嘉证道歌》不仅在禅宗史上有深远影响，在当代也能发挥其重要价值。

1　张子开《永嘉玄觉及其〈证道歌〉考辨》[R].，四川大学宗教学研究所，1994年，第55页。

其"行亦禅坐亦禅"的思想以及朗朗上口的诗歌形式为中国近现代佛教所倡导的"人间佛教"提供了重要的思想材料。"人间佛教"是用佛教思想来解决人生问题，净化人心，净化社会，使世人获得更好、更幸福的生活，最后成人成佛于世间，这也是《永嘉证道歌》的核心宗旨。笔者期望通过深入挖掘《证道歌》的精神，助力它的广泛传播，以其广博深刻的思想，通俗质朴的语言，悠远隽永的曲调，为这个纷繁杂乱，物欲横流，颠倒虚幻的凡夫世间中注入一股清凉甘露。后世众生亦可借《永嘉证道歌》的摩诃般若力契入禅门，以清净自性融于大乘佛教的无尽藏中，破除迷妄，觉悟自我，利乐有情。

玄觉的"无生"观

陈中浙[1]

内容提要: 玄觉在禅宗史上影响很大,他初次见六祖慧能并与慧能之间的一段对话尤为后人津津乐道。其中谈到的"无生"思想,更是触及到了佛教当中的核心机密。在玄觉看来,"生死事大,无常迅速",人生在世,瞬息万变,充满了"无常"与"无我",所以了脱生死才是大事情。事物"无常"与"无我"的"空"性,决定了事情在本质上是无所谓生,也无所谓灭,这就是"无生"。证得了这个"无生",就会有圆融无碍的大智慧现前,也就成了大丈夫(佛)。师徒两人的这段对话,不仅体现了人生通透了悟之后的禅意,也有助于禅门学人对"无生"思想的理解。

关键词: 玄觉 无生 无常 无我 空

玄觉禅师(665—713),唐朝高僧,"温州戴氏子"。唐时的温州隶属于永

1 陈中浙,中共中央党校哲学部教授。

嘉郡，玄觉就出生在这里的一户戴姓人家，为了表示对禅师的一种尊重，世人便称其为永嘉大师。有关他的生平，史料记载并不是很多，现在能够找到的资料也只是对他一生轮廓的基本勾勒，没有详细内容。但玄觉在禅宗史上影响却很大，他的两部著作《永嘉禅宗集》和《永嘉证道歌》，皆为研习禅宗的人所知晓。除此之外，他的事迹最为后人津津乐道的，就是他初次来见六祖慧能的表现及与慧能之间的一段对话。而这段对话恰好涉及到了佛教当中的一个核心概念——"无生"思想。本文便就玄觉禅师心目中的这个概念谈一点看法。

一 "生死事大，无常迅速"

从现有的这些材料来看，玄觉的修习次第，是从天台止观法门打坐观心开始的，后来他又研习过《维摩经》，开悟后就写了《永嘉禅宗集》。但是他也不知道自己的开悟是否正确，为了验证才来谒见六祖慧能大师。他在慧能那里只住了一个晚上，第二天就回永嘉了，因为这，史上还留下了"一宿觉"的佳话。所以从严格意义上说，玄觉禅师并没有像慧能其他的弟子那样跟随慧能去修习。但是他与慧能之间的这段对话，尤其谈到的"无生"思想，却是触及到了佛教当中的核心机密。这两个人为何会谈到"无生"呢？这还要从玄觉禅师前倨后恭的拜师模式说起。

> 觉遂同策来参，绕师三匝，振锡而立。师曰："夫沙门者，具三千威仪，八万细行，大德自何方而来，生大我慢？"觉曰："生死事大，无常迅速。"（《坛经·机缘品》）

这里的策，指慧能的弟子玄策。在慧能众多弟子当中，玄策最大的特色是读的佛经很多，博学强记堪称第一。既然是博学，那就应该还要广闻。所以，玄策在慧能身边待了几年后，就被慧能打发下山，让他去结识更多的高僧大德，增进修为利于悟道。有一天他恰好遇到了玄觉禅师，觉得他"出言暗合诸祖"，所说都能契合过去一切祖师的道理，并且与自己的见解也很接近。后来在玄觉禅师的恳求下，玄策就把他带到了慧能这里来。可是玄觉禅师到了宝林寺参拜六祖慧能大师，却"绕师三匝，振锡而立"，他一见慧能什么话都不说，拿着锡杖摇得哗哗作响，围着慧能转了三圈。然后，把锡杖在慧能面前一立，既不参拜，也不说话，好像发脾气似的。慧能见他这样，也不生气，说："夫沙门者，聚三千威仪，八万细行，大德自何方而来，生大我慢？"沙门就是出家人。三千威仪，指平常的行、住、坐、卧，各有二百五十条威仪，这是一千。过去一千、现在一千、未来一千，就成了三千威仪。八万细行，指出家人在行、住、坐、卧四威仪中，所应注意的八万四千种细微的仪行，这里说八万细行，是取了一个大概的说法。这句话是说，出家人应该具有三千种威仪相，八万种品行，而你倒好，生出这副傲慢的样子，你这是从哪里来的啊？

玄觉禅师的回答很不客气，说了句"生死事大，无常迅速"来回应慧能。对生死问题的认识，在佛教当中非常重要。人生苦短，聚散无常。所以，怎么样快点脱离生死是头等大事情。五祖弘忍法师，当年在寻找衣钵传人的时候也说过"世人生死事大"（《坛经·行由品》）这句话。因为学佛修行若只是"终日只求福田，不求出离生死苦海"（同上），那"自性"还是迷惑的。"自性若迷，福何可救？"（同上）自性迷惑，心跑出去，在外面找个不停，到头来还是一无所有，得到的一点福报也无济于事，帮不了自己成佛。所以，若是自性迷惑，即便求得再好的美色，得到许多的金钱，坐上更高的位置统统也是没有用的。

一个人活在世上，生、死是最重要的事情，如果能够过了生死关，那这个人也就成佛了。为什么呢，因为"生"是一个人最留恋的东西，"死"是一个人最害怕的东西，如果你这一辈子连最留恋的东西跟最害怕的东西都不在乎了，那这个世上还有什么东西能让你执着啊，毫无执着了，不就是成佛了吗？

换句话说，我连死亡都不惧怕，连生命都不留恋，天地间也就没有什么东西能动我的心了。但是，众生都会有一个"生"的想法，也会有一个"死"的念头，有了这个执着，就只能继续困在"六道轮回"里无休止地在那里生，在那里死。所以玄觉禅师说："几回生，几回死，生死悠悠无定止。自从顿悟了无生，于诸荣辱何忧喜。"（《永嘉证道歌》）要是顿悟明白了"无生"这个道理，世间上的生死、荣辱等，一切都会不动于心，无所谓了。

因为无"生"，也就不存在"死"了。玄觉禅师深知生死相依的道理，所以他说："谁无念，谁无生，若实无生无不生。"（《永嘉证道歌》），虽然众生很难摆脱生死的观念，但要是真能不生出这些生死的妄念，也就能在"空"境里自然把握妙有了。这份妙有的获得，实则就是禅意，觉悟之后的心境。所以，把这个心降服住了，安住了，你也就成了一个大自在人！所以，过生死观，看透生死，是每一个学佛之人的本分大事。而把生死看透，其实也就是脱离了生死轮回。然而，一般人学佛大都是把精力与心思花在了对福报的追求上，而往往忽略了脱离生死这件大事。五祖弘忍法师说的"终日只求福田，不求出离生死苦海"，就是指不要每天只求福报，而要去求一个出生死关的法门。那么怎样才能求得这个法门呢？弘忍说要"取自本心般若之性"（《坛经·行由品》），找到了这种"般若"，也就认识到了自己的心性（本来清净），同时也就可以自如地来处理生死的问题。"般若"是梵文的音译，意译为"智慧"，这种智慧在每个人身上都有，谁获得它、认识它，谁就可以不再受生死的牵累。

正因为生死问题非常重要，所以对于慧能的这句话，玄觉禅师就说"生死事大，无常迅速"。言下之意是指目前对我说其他事都不重要，了脱生死才是大事情。人生在世，短短几年，瞬息万变，充满了"无常"与"无我"，是空的，如果不早点去感悟生与死，那岂不是枉来一趟？所以我根本就没有时间去顾及什么威仪不威仪、礼节不礼节的。这是玄觉见慧能时，第一次谈到了"生"的问题。

二 "体即无生，了本无速"

生死问题在佛教当中非常重要。慧能看玄觉既然提到了这个问题，就顺着他的话说：

何不体取无生，了无速乎？（《坛经·机缘品》）

"无生"是什么意思呢？根据佛教因缘理论的说法，所有事物都是"无常""无我"的，所以没有自性，是空的，也就不存在"无生灭"变化的说法。但是凡夫俗子贪念太重，迷执太深，以为存在一个"生灭"变化，于是就出现了"生灭"的烦恼来。由此就进入了一个追生厌死的迷执当中。所以，为了破除这些凡夫俗子的迷执，就必须要懂得"无生"的道理，认识到万事万物的实相乃是"无生灭"或者是"无生无灭"的。《圆觉经》卷一上说的"一切众生于无生中，妄见生灭，是故说名转轮生死"以及《金光明最胜王经》卷一上说的"无生是实，生是虚妄，愚痴之人，漂溺生死，如来体实，无有虚妄，名为涅槃"，就是这个意思。那么谁已经证得了这个"无生"的境界呢？经文上说，证得阿罗汉果位的人，已经断尽了三界烦恼，跳出"六道轮回"，所以也就不再于三界当中受生，无所谓"生灭"，也就没有了"生灭"的烦恼。所以"无生"就是不生不灭的意思，即达到涅槃的境界。《最胜王经卷一》《摩诃止观卷五下》均有论及。

玄觉说"生死事大"，要赶紧把生灭问题弄清楚，慧能就来了句"何不体取无生，了无速乎？"意思是说既然如此，你为何不去体悟不生不灭的实相，来感悟生命本来没有速度快慢之别的真理呢？"生灭"问题既然在佛教当中这么重要，玄觉来找慧能之前，难道就没有感悟吗？《坛经》上介绍玄觉时，说：

> 少习经论，精天台止观法门，因看《维摩经》，发明心地。(《坛经·机
> 缘品》)

从这句话的描述来看，玄觉从小"少习经论"。据《高僧传》记载，玄觉禅师四岁就随他的哥哥到庙里去，从小就在寺庙里学习和长大，年幼便知晓佛法教理。佛教典籍分为经、论、律三类，其中"经"是佛陀一生所说言教的汇编，也是佛教教义的基本依据。"律"是佛陀为佛教徒或信众制定的纪律与行为规范。"论"是菩萨或各派的论师对经、律等佛典中教义的解释或重要思想的阐述。从这四个字来看，玄觉禅师在少年时期，就对佛教已经下了很大的功夫。而且玄觉禅师尤其"精天台止观法门"，据《高僧传》记载，他十四岁于龙兴寺正式出家，法名玄觉，并开始按照天台教的止观法门修习禅定。佛教发展到了唐代，出现了很多宗派，天台是其中一个比较有影响力的宗派，止（定）观（慧）是它指导实修的重要法门，也是其主要思想之一。此外，玄觉禅师"因看《维摩经》，发明心地"。他从这部佛经当中，看出了什么东西呢？就是"发明心地"。我们为什么会无明，为什么会烦恼，都是因为没有把心看管好，跑到外面去忘记了回来，甚至甘心为外物所役，不想回来，也难以回来。这样的话，当然就会有所分别，什么生死、美丑、对错等分别念头就出来了。这些"识"一旦形成，则自然就会出现"生灭"观念。所以心是最根本的，如果紧紧把握住了心，将其开发明白，就可以顿悟成佛。在大乘佛教早期经典之中，《维摩经》对中国佛教影响最大。这部佛经提倡的"心净则佛土净""亦入世亦出世""在入世中出世"思想，成为禅宗最为重要的思想资源和经典依据。因为这部经的主人公维摩诘是一位在家的大乘佛教居士，是著名的在家菩萨，经名也因其而来。这几个字告诉我们，玄觉禅师来谒见慧能之前，对《维摩经》做过研读，而且还很有自己的心得，所以又有人称他

为"真觉"。

从这三句话的描述来看，玄觉在见慧能之前，他的佛学修为已经相当深厚了，而且他对佛教中"无生"这么重要的一个概念肯定也是了解的。洪迈在《容斋五笔·八种经典》说："证无生忍，造不二门，住不可思议解脱，莫极于《维摩经》。"说的就是在所有的佛教经典里面，谈"无生"没有比《维摩经》更精当的了。何况玄觉禅师又对《维摩经》有过研习，所以有理由相信他对"无生"的理解很可能直接来自于这部经。他看慧能提到了"无生"，就说：

体即无生，了本无速。（《坛经·机缘品》）

《大宝积经》卷八十七上说："无生者，非先有生，后说无生，本自不生，故名无生。""无生"并不是原先有了"生"，后来灭掉了才叫"无生"，而是本来就没有"生"过，又哪里来得生不生呢？再者，生是相对于死而言的，死对于生也是如此，没有了生，也就没有了死，所谓的生死观念都是人为造成的认识，所以这个世界上的万事万物根本就没有什么生死、有无，甚至于美丑、高低、是非、对错之别。所以，在日常生活当中，这些分别之念也是统统不存在的。玄觉禅师就说过："不因讪谤起冤亲，何表无生慈忍力。"（《永嘉证道歌》）如果能做到不因外在的这些褒贬相状而起怨恨心、憎恶心，甚至欢喜心，那就是"无生"了。而不让这些心生起，也正说明你已经具有了"无生"这种慈悲忍耐的力量。悟到了这个地步，你说还有什么东西值得去害怕啊！万事万物在本质上是"无常"与"无我"的，了解了这个"空"性，就不会再去执着了，也就不会怕逝去了。来了就让它来，去了就让它去，来去自如，通体无碍。所以，任何事情在本质上无所谓生，也无所谓灭，既然如此，那么感悟生命也就不存在速度快慢之别了。这是玄觉对慧能刚才那句话的回应。

应该说，慧能是非常认同玄觉对"无生"的这番感悟的。所以，他听了玄觉的这句话，不禁发出了"如是，如是"（《坛经·机缘品》）的赞叹。

三 "无生岂有意耶"

得到慧能的认同，等于是得到了修行开悟成功的印证。这下玄觉异常高兴，"方具威仪礼拜"（同上），恭恭敬敬地按照参访高僧的规矩、礼仪向慧能磕头礼拜。

按照玄觉对佛法的感悟，他应该懂得傲慢是不对的，但一见慧能却如此傲慢无礼，估计有故意试探慧能佛学修为深浅的可能性，或者也是想通过这样的方式来求证自己的感悟是否正确。这种前倨后恭的拜师模式，也是出乎常人意料。而更让人惊讶的是下面这句话——"须臾告辞"（同上），得到了印证，磕完头起来，马上就想回去。慧能看他这么急急忙忙的，出于礼貌就说："返太速乎？"（同上）言下之意是说你干嘛这么急着走啊，既然来了，就多待会儿吧！对话至此，也许是禅者交流时一种自由精神的涌动，玄觉看慧能这样说，就抓住机会，说：

> 本自非动，岂有速耶？（《坛经·机缘品》）

从上文《大宝积经》卷八十七上的那句话来看，就知道"无生"本来就没有"生"过，也就无所谓灭不灭了。同样，既然本来就没有"动"过，自然也就不存在"动"还是"不动"了。所以，玄觉的这句话是说我本来就没有动，自然也就不存在回去啊！不是无生无死吗，所以我也是无来无去，哪有什么急不急的？

慧能见玄觉如此，就顺着他的话应起了禅机，说："谁知非动？"（同上）谁知道你动了没有啊？玄觉当即不让，竟大着胆子回答："仁者自生分别。"（同上）这是玄觉在将慧能的军，把球踢给了慧能，认为来也罢去也好都是慧能自己生出来的分别。显然，玄觉的回答，慧能很满意，就说："汝甚得无生之意。"

（同上）通俗点讲，是说玄觉啊，你确实已经真正悟到了"无生"的含义。人生若是连最留恋的生和最恐惧的死都不在乎了，这个世上也就没有什么东西能够奈何得了你了。那真是了无生死空空如也，所以佛教当中讲"生死事大"，只有看破了生死，其他的事情自然也就无所执着了。这个时候，玄觉已经完全得到了慧能的印证。按理说，玄觉也应该见好就收，但是他并不善罢甘休，而是将这番意趣盎然、生动活泼的对话推向了一个更高的层级。他接着说：

无生岂有意耶？（《坛经·机缘品》）

若是"无生"，自然就"无灭"，所以也就无所谓是否还有个"意"存在。因为一旦有"意"在动，肯定会有一个东西出现。一有某个东西出现，自然会落在一边，也就不会做到"不落两边"了。这样的话，离"不二"法门思想就很远了。"不二"法门是《维摩经》最为重要的思想，玄觉禅师对这部经有过研习，自然深知"不二"法门的道理，所以他对"无生"的理解，干脆把最初的那个"意"也要给否定掉，可见他空得很彻底。佛教当中的这个说法，后来在王阳明的"四句教"上也得到了体现。第一句"无善无恶心之体"，是说心的本体晶莹纯洁，清净无为，是没有善恶好坏的。但"意"念一经产生，好坏善恶的想法就会随之而来，这就是他的第二句"有善有恶意之动"。你觉得这个事情是好的，是坏的，说明是你的良知在起作用了，这是第三句"知善知恶是良知"。既然知道了善恶，那就应该想办法扬善去恶，把恶去掉，把善的东西发挥扩大出去，这就是第四句"为善去恶是格物"。王阳明对"意"的理解与定义其实就是慧能说的"妄"。这个妄很讨厌，它会让你有好的、坏的想法出现。慧能对惠明说的那句"不思善，不思恶，正与么时，那个是明上座本来面目"（《坛经·行由品》），说的就是这个意思。不起"妄"，不动"意"，才是事物的本来面目与真实相。一旦有了"意"，自然就会有所分别了，按照唯识宗的说法，是你的"识"在起作用了。有了"识"，各种烦恼痛苦就会随之而来。

但是众生有一个毛病，经常用"识"引发的妄想心来揣测推度，所以玄觉禅师说："莫不由斯心意识。"（《永嘉证道歌》）千万不能用这种"心"、这种"意"、这种分别的"识"去认识事物。否则，就会"损法财，灭功德"，不但会损伤你的真法，而且也会灭掉你的功德。因为有了这个"意"，便总想要有所得，这样就会有一个执着。如此修行，越修离道就越远。所以，他说："学人不了用修行。"（同上）不明了这个道理，就会把这个"意"当作是用功的一个工具，这样就会生了大执着。正因为如此，"是以禅门了却心"（同上）。这个"了却心"，就是指没有了这个"心"，而这个"心"实际上就包括了"意""识"在里面。没有了"意"，去掉了"心"，也不用"识"，就是"禅到无心便是道"（同上）。这个时候，你就能"顿入无生知见力"（同上），证得了这个"无生"，就会有圆融无碍的大智慧现前，这时候你就成了一个大丈夫（佛）。

显然，慧能对玄觉的回答是很满意的。为了进一步点化玄觉，抑或是那份生机勃勃的禅意萌动，他继续说道："无意谁当分别？"（《坛经·机缘品》）这是说，不管是有意，还是无意，到底是谁在那里觉知，谁在那里去分别啊？言下之意是指如果你认为我有想法的话，那么谁来分别它啊，这不是你在那里分别吗？估计这个时候玄觉应该是非常开心了。接着慧能的话，他又说了一句：

分别亦非意。（《坛经·机缘品》）

这个"意"不仅仅只是"意识"，而是指全部的六识。所以，一旦有各种"识"参与进来，就必定会对万事万物有所分别，一有分别，则必有执着。但若是能够"转识成智"，将这份"识"所获得的"分别"，转换成"妙观察智"，那这个分别其实就是一种智慧了。所以，玄觉这句话的意思是说，我这个分别啊，可不是"意"在起作用的分别，而是"妙观察智"之后才形成的。师徒两人对话至此，可谓圆满至境。玄觉的最后一句话，也算是给这场精彩的师徒法战做了一个总结。慧能见玄觉讲得非常透彻，对"无生"的理解也很到位，他也做了一个"善哉"（同上）的总结，当然这个"善哉"可不是出家人平常的口头语，而是契合我意的一种赞叹。估计那个时候，已是傍晚黄昏时刻，出于礼貌与爱护，慧能就希望玄觉小住一晚，次日再走。因为玄觉只在慧能这里住了一个晚上就开悟了，所以史上便留下了"一宿觉"这段佳话。

玄觉得到慧能的印证回到永嘉之后，就把他在慧能六祖大师那里得到验证的彻悟禅法，结合他原先修行禅法的心得，写出了《永嘉证道歌》。此文影响巨大，是学佛之人必读的经典。玄觉来谒见慧能之前，就已经写了一部《永嘉禅宗集》。从这两部著作来看，他后来写的《永嘉证道歌》似乎已经脱离了天台宗，更多地吸收了慧能的禅宗思想。我们知道玄觉在谒见慧能之前，修习的是禅数之学。所谓禅数之学，就是修行时都用一个数字作为修行次第。比如说修止观，就是先修止，再修观，这样的话止和观就变成两个法，构成了禅法的次第。所以禅数之学是有所追求、有所得、有所住的。而慧能的禅法恰恰与此相反，并不主张打坐观心或修禅数之学，而是在言语对答之间，直指人心，顿悟成佛，反对执着，强调无所得。"无生"反映的就是这种思想。在《永嘉证道歌》里，"无生"这个概念就出现了六次，而在《永嘉禅宗集》里只出现过一次。可见，他没来谒见慧能之前，虽然已经读过《维摩经》，也了解"不二法门"思想，对"无生"思想也有所关注与思考，但尚未理解与感悟得这么深厚。所以他即便已有所开悟，但仍旧没有通透，缺乏自信，才跑到慧能这里来求印证。当然，与慧能的一番交谈之后，玄觉对"无生"的理解就更加圆融了。

与《坛经》中提到的其他几位慧能弟子相比，玄觉是属于天才型的禅师。虽然他与慧能只有这么短短的一段对话与一个晚上的缘分，但是对话涉及的"无生"思想却是佛教当中最核心的机密，也是慧能禅宗教人感悟最为看紧的切入点。师徒俩人的这段对话，不仅体现了人生通透了悟之后的禅意，也有助于禅门学人对"无生"思想的理解。

（本文是在拙著《〈坛经〉散讲》第一品《行由品》与第七品《机缘品》的基础上修改而成的。）

图书在版编目（CIP）数据

发明心地：永嘉大师圆寂1305周年国际学术研讨会
论文集 / 陈中浙主编. — 北京：商务印书馆，2021
ISBN 978 − 7 − 100 − 20455 − 2

Ⅰ. ①发… Ⅱ. ①陈… Ⅲ. ①永嘉大师 — 禅宗 —
思想评论 — 国际学术会议 — 文集 Ⅳ. ①B949.92-53

中国版本图书馆 CIP 数据核字（2021）第212988号

发 明 心 地
永嘉大师圆寂1305周年国际学术研讨会论文集
陈中浙　主编

商 务 印 书 馆 出 版
（北京王府井大街36号　邮政编码 100710）
商 务 印 书 馆 发 行
山西人民印刷有限责任公司印刷
ISBN　978 − 7 − 100 − 20455 − 2

2022年1月第1版　　　　开本 720×1020　1/16
2022年1月第1次印刷　　　印张 24¼

定价：89.00元